문화로 읽는 **페미니즘**

그리스 신화에서 한옥까지

문화로 읽는 페미니즘

그리스 신화에서
한옥까지

여성문화연구회 지음

FEMINISM

이화여자대학교출판문화원

| 책을 펴내며 |

페미니즘을 모르면 대한민국 사람이 아닌 시점이 도래했다. 최근 코로나 바이러스의 펜데믹(세계적 대유행)이 벌어지기 얼마 전까지만 해도 '페미니스트'가 네이버 국어사전 검색 상위권을 차지했었다는 점, 어린이용 페미니즘 책(『언니들의 세계사』, 2018)이 발간되었다는 점 등이 이를 말해준다. 2016년 5월 17일 강남역 여성 살인 사건 이후 디지털 네이티브 여성들(주로 1980년대와 1990년대 태어난 여성들)이 온라인에서 뛰쳐나와 오프라인 공간(강남역)에서 만나 여성 타자로서의 고통스러운 체험을 나누며 연대했고, 이어서 2018년 1월 서지현 검사의 '미투#MeToo'를 시작으로 현재까지 사회 전반에 걸쳐 '미투' 운동이 지속, 확산되고 있다. 이런 사건들이 미디어를 통해 급속히 전파되면서 페미니즘은 한국 사회의 중요한 키워드가 되었다.

그런데 여성이 타자로서 겪었던 각종 피해와 폭력 경험이 공적 영역으로 소환되자 이에 대응하여 2015년부터 격화되어왔던 온라인과 SNS 상 혐오 논쟁이 더욱더 격렬해지고 이것이 최근에는 대학 내의 불꽃 튀는 젠더 갈등으로 심화되고 있다. 20대 디지털 페미니스트 중심의 페미니즘 열풍에 대한 20대 남성들의 반발이 거세지면서 남녀 대결이 현실 공간에서 본격화된 셈이다. 이 대결에는 취업난, 경기 침체 등 악화된 사회적 불안이 겹쳐 있는데, 조한혜정 교수의 지적대로 남녀를 불문하고 "20대가 사회적 좌절을 상대 성에게 투사하고 서로 피해자라고 주장하면서 분단 갈등보다 더한 젠더 전쟁을 벌이는"[1] 상황이다.

이런 가운데 20대 남녀 청년들의 페미니즘 지식에 대한 욕구는 점차 강렬해지고 있다. 서로 관점은 다르지만 남성과 여성 모두 학교 및 각종 제도권에 여성학 강의가 더 많이 개설되기를 요청하고 페미니즘 관련 서적들을 맹렬히 찾아 헤매고 있다. 사회 곳곳에 만연한 여성 혐오를 직간접적으로 체험한 여성들은 이에 저항하고 자신들의 목소리를 내기 위해서, 아직 가부장제의 이득을 누리지 못한 남성들은 자신들도 피해자라며 남성 혐오 현상에 억울한 마음을 호소하면서 페미니즘을 거듭 소환하고 있다. 젠더 전쟁 참여 당사자들인 20대들이 자발적으로 페미니즘이 무엇이냐고 질문하고 있는 것이다. 이 책은 바로 이러한 20대 젊은 세대들의 질문에서 출발한다.

지난 30여 년간 한국은 오프라인에서 여성 운동에 정진해왔고 빠른 시간 안에 호주제 철폐를 비롯한 꽤 많은 것들을 성취했다. 그러나 이나영 교수의 진단대로, 특정 여성 단체 주도로 목표가 설정되고 제도가 빠르게 개혁되면서 대중이 그 모든 변화 과정의 의미들을 소화할 충분한 여유가 없었다. 대다수의 여성들은 제도 변화의 특혜를 받고 있음에도 불구하고 변화된 제도 이전 상황과 변화 과정의 의미에 대해 성찰하지 못했던 것이다.[2] 이와 비슷한 현상이 여성 문화와 학문 분야에서도 그대로 반복되었다고 볼 수 있다. 문화계와 각 분야 학술계는 여성을 화두로 다양한 변화를 시도했고 일정 부분 성공을 이루었다. 하지만 여성 운동처럼 문화와 문학, 철학, 역사를 비롯한 각 학계도 대중에게 그 변화를 인지하고 성찰할 틈을 제공하지 못했다. 특히 학계는 서양 페미

1 양성희, 중앙선데이, 2019. 1. 19에서 재인용. https://news.joins.com/article/23303466

2 이나영, "여성혐오와 젠더차별, 페미니즘: '강남역 10번 출구'를 중심으로," 「문화와 사회」 12(2016), 170쪽 참조.

니즘 이론들에 치중한 나머지 20대 디지털 세대의 현실 체험과 동떨어진 이야기를 전하곤 했으며, 난해한 학술 언어를 매개로 대중을 차단시키는 엘리트 페미니즘의 성향을 보여왔다.

온라인을 통해 연결, 공유, 확산되고 있는 혐오 담론과 이에 근거한 오프라인 젠더 전쟁의 특징은 배타성(편 가르기)과 극단적 감정(열등감과 우월감, 분노)이다. 자신의 목소리를 내면서 낡은 습관을 깨부수고 있다는 고무적 측면을 완전히 부정할 수는 없지만, 이와 같은 배타적이고 극단적인 디지털 세대의 감정 폭발은 우리 사회는 물론 그 참여 당사자들을 정체모를 늪 속에 빠뜨려 허우적거리게 할 뿐이다. 늪에 빠진 이들은 스스로 늪으로부터 빠져나와야 한다. 그러나 그럴 수 있도록 최소한의 손길을 뻗어 도움을 주어야 한다. 이 책은 그 작은 손길의 역할을 떠맡고자 한다. 이 책은 20대 디지털 세대들이 배타적 편 가르기와 분노의 감정에서 벗어나 사회와 인간, 남성과 여성을 객관적으로 바라볼 수 있는 능력을 갖추고 새로운 세계를 상상할 수 있는 힘을 스스로 찾을 수 있도록 돕고자 기획되었다. 그러나 20대뿐만 아니라 페미니즘, 여성 차별, 성 전쟁 등 우리 사회의 성과 젠더 문제에 관심을 갖고 있는 모든 세대의 일반 독자들에게도 도움이 될 수 있는 책이 되고자 한다.

이 목적을 염두에 둔 이 책은 '여성'의 관점에서 쓴 다양한 문화 관련 글들을 모아놓은 모음집이다. 1부에서는 고대 그리스 시대부터 르네상스 시대까지 서양 문화 속에 재현된 여성 인물들을 살펴본다. 먼저 현대 문화의 기저를 형성한 유럽 문명의 두 기둥, 고대 그리스 문화와 기독교 문화 속 여성관과 여성 재현을 비판적으로 점검한다. 즉 여신들과 여성들을 열등하게 묘사한 그리스의 트로이전쟁 신화와 그 반대로 규범에 저항하는 강한 여성 인물들을 등장시킨 고대 그리스 드라마(『안티고네』와 『리시스트라테』)를 분석한 후, 고대의 가부장적 관점에서 저술된 기독교의 경전 성서가 의외로 여성들의 삶과 가치를 소중히 여겼다는 점을 찾아낸다. 이로써 고대의 남성 중심적 텍스트들이 가부장적 여성관을 드러내면서도 동시에 여성의 목소리가 들릴 수 있는 미묘한 틈새를 간직하고 있다는 점을 확인한다. 그다음으로 유럽의 중세 시대와 르네상스 시대 여성관 및 그 재현 양상을 꼼꼼하게 들여다보면서, 이 두 시대가 고대 시대보다 오히려 더 가부장적이었다는 점을 밝혀낸다. 중세의 아서 왕 이야기를 다룬 글은 중세 여성이 여신처럼 남성의 숭배를 받았지만 자기 결정권을 상실한 수동적인 존재에 불과했다는 점을, 르네상스 시대 셰익스피어의 두 희극 (『말괄량이 길들이기』와 『베니스의 상인』)을 분석한 글은 중세 시대의 연장선상에서 르네상스 시대가 단순히 여성을 차별하는 단계를 넘어 결혼 및 상속 제도를 통한 규제를 강화했다는 점을 각각 보여준다.

2부에서는 18세기부터 1960년대까지 서양에서 여성이 공적 영역에 처음 등장한 이후 여성 문제가 점차 대두되고 페미니즘 운동이 전개되는 과정을 추적한다. 구체적으로 여성 작가가 등장하는 과정, 여성 교육권과 참정권이 진전되는 과정, 그리고 페미니즘 운동의 발전과 그 학문적 성과 등 문화 현상을 탐구한다. 18세기 말부터 19세기 초 영국에서 어떻게 여성 작가가 출판 시장에서 자신의 첫 목소리를 내게 되었는지를 샬럿 브론테의 『제인 에어』를 중심으로 살펴본 후, 여성교육사 지식을 기반으로 18세기부터 20세기 초반까지 영미권 여성들이 벌였던 여성의 교육권과 참정권 획득을 위한 긴 투쟁의 역사를 개괄한다. 나아가 1960년대 서양에서 시작된 제2기 페미니즘 운동의 발아 배경을 탐색하고, 그 중심을 차지했던 자유주의 페미니즘과 급진주의 페미니즘의 성취를 정리한 후 1980년대에 부상한 흑인 페미니즘과 포스트모던 페미니즘의 주요 의제들을 살펴본다. 이와 같이 여성 작가들의 등장부터 포스트모던 페미니즘에 이르는 여성 인권 및 페미니즘 발전의 긴 역사를 개괄함으로써 현재 여성의 위치를 정확히 맥락화하고 여성과 페미니즘의 미래를 노정해가는 데 필요한 기반을 마련한다.

3부에서는 서양의 현대 문화 속 여성 및 여성을 둘러싼 제 문제들을 조망한다. 먼저 20세기 후반 미국 페미니즘 연극이 탄생하게 된 배경과 그 대표 극작가들의 작품들을 고찰한 후, 현대 자본주의 사회에서 이뤄지는 여성 몸의 상품화를 페미니즘 영화비평가 로라 멀비와 아네트 쿤의 이론에 기댄 〈7년만의 외출〉(마릴린 먼로 주연) 분석을 통해 알아본다. 아울러 현대 연극 분야와 영화 분야에서뿐 아니라 현대 미술 분야에서도 페미니즘이 큰 위력을 발휘하고 있다는 점도 점검한다. 즉 현대 미술이 여성을 대상으로 그린 서양 남성 작가들의 작품들을 페미니스트의 시각에서 비판하는 한편으로 페미니즘을 실천하는 여성 화가들을 대거 배출하기에 이르렀음을 밝혀낸다. 이로써 20세기 후반의 페미니즘 연극, 페미니즘 영화 비평, 현대 미술의 페미니즘 적용이 제2기 페미니즘 운동의 문화적 영향 속에서 이뤄진 의미 있는 문화적 실천이라는 것을 확인한다. 20세기 후반 연극, 영화, 미술 등 각기 다른 분야에서 페미니즘 극작가들, 페미니즘 영화비평가들, 그리고 미술계의 여성 예술가들이 내는 각각의 힘찬 목소리들이 서로 공명하며 21세기 우리 문화권에도 그 파장을 전달하고 있다는 점은 주목할 만하다.

1부에서 3부까지 서양 문화와 여성 관련 주제들을 고찰해보았다면, 4부에서는 한국 사회와 문화 속 여성의 제 문제들을 파헤쳐본다. 전통적으로 한옥에서 차지했던 여성의 위치를 점검한 후, 1950년대 한국 문학과 1970년대 한국 영화 속에 드러난 여성 재현을 분석한다. 먼저 가부장적 전통을 일정 부분 이어온 한국 사회에서 한옥의 구조가 어떻게 여성에게 긍정적인 역할과 위상을 부여하게 되었는지를 살펴본다. 이어서 한국 문학의 대모인 박경리의 『표류도』 분석을 통해 6.25전쟁 직후 보수화되었던 1950년대 한국 여성의 억압적 현실을 고발하고 여성의 자아를 표출함으로써 페미니즘 문학의 기초를 마련했던 여성 작가들의 성과를 되짚어본다. 나아가 1970년대 한국의 영화 분야는 문학 분야와는 판이하게 여성을 재현했다는 점도 알아본다. 특히 1970년대에 유행한 호스티스 영화는 처음으로 여성을 주인공으로 내세웠다는 점에서 한국 영화사에 유의미한 공헌을 했지만 미국의 1950년대 대중영화처럼 여성 섹슈얼리티를 상업화했다는 점에서 매우 문제적임을 밝혀낸다. 이런 과정에서 한옥은 서양의 성서처럼 의외로 여성 존중의 미덕을 내포하고 있다는 점, 그리고 박경리의 소설과 호스티스 영화는 각각 19세기 초 영국 브론테의 소설과 1950년대 미국 대중영화와 연결되어 있다는 점을 인지한다.

이 책은 이와 같이 각기 다른 시대와 문화권의 문화 현상과 텍스트 재현을 비판적으로 읽어내고 그 속에 내재된 가부장제 및 각 시대의 이데올로기를 드러내는 작업을 시도한다. 이로써 독자들이 난해한 페미니즘 이론에 기대지 않고도 비판적 성찰 능력과 균형적 시각을 가질 수 있도록 돕고자 한다. 이 책의 장점 중 하나는 아마도 고대 그리스 시대부터 현재에 이르기까지 각 시대의 문화 현상 및 재현을 역사적으로 고찰하면서도 서양 문화와 한국 문화의 각 분야(교육, 정치, 소설, 연극, 영화, 미술 등)를 모두 아울러 폭넓게 살펴본다는 데 있을 것이다. 왜냐하면 다양한 시대를 역사적으로 고찰하고 다양한 문화권의 문화들을 상호 비교하는 관점을 제공할 때 독자들이 가부장제의 연속성을 인지하는 동시에 각 문화 양상이 언제든 파기되거나 변화될 수 있는 특수한 시대적 산물임을 깨달을 수 있기 때문이다. 또한 다른 시대와 다른 문화권의 문화 양상을 비교하며 바라보는 일은 현재 한국의 제 양상들을 어느 한쪽으로 기울지 않은 채 객관적으로 바라볼 수 있도록 도울 수 있다. 더 나아가 다양한 시대와 문화권의 재현 및 현상과의 만남은 독자들에게 현재 빠져 있는 감정의 늪에서 탈출하여 미래의 새로운 세계를 상상해볼 수 있는 기회를 제공할 수 있을 것이다. 부디 이 책을 통해 독자들이 '페미니즘은 ○○○이다'라는 답을 스스로 찾게 되기를 바란다.

2020년 7월

여성문화연구회를 대표하여,

이희원(편집위원) 씀

3부 현대 문화와 여성

4부 한국 문화와 여성

1부

서양 문화의 시작과 여성

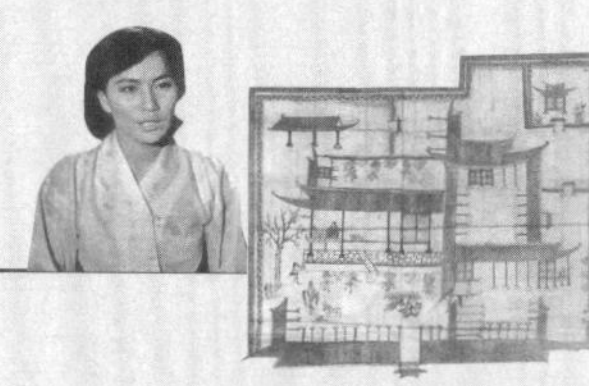

1

그리스 신화와 여성
: 트로이전쟁 신화 속 여성들

최경희

이 글은 그리스 신화 중 트로이전쟁 신화 속의 여성들이 전쟁과 남성들의 폭력을 겪으며 희생되는 과정을 고대 그리스 서사시와 비극을 통해 살펴본다. 또한 남성 작가들이 집필한 고대 그리스 서사시와 비극들이 남성 중심적 관점에서 작품 속 여신이나 여성을 어떻게 열등한 존재로 만들고 있는지에 대해서도 알아본다. 동일 신화를 바탕으로 한 최근 영화와 연극을 통해 오늘날에도 진행되고 있는 여성에 대한 폭력 및 여성에게 희생을 강요하는 관행에 대해서도 생각해볼 기회를 갖는다.

1. 시대적 배경과 여성의 지위

고대 그리스 문명과 그리스 신화의 형성

고대 그리스 문명은 기원전 3000년 무렵부터 에게해의 여러 섬과 연안 지방에서 시작되었으며, 그 중심지는 에게해 최대의 섬인 크레타 섬이었다. 기원전 2000년경부터 그리스 본토에 이주한 인도유럽어족 언어를 쓰는 아카이아인들이 문명을 일구기 시작할 무렵 크레타 섬은 본토보다 먼저 문명을 발전시켰다. 기원전 2000년경에 크레타 섬에서는 이미 궁전이 건축되고 고대 그리스 최초의 상형문자도 사용되었다. 그러나 크레타 문명의 절정기인 기원전 1500년경을 지나며 문명의 중심은 그리스 본토 펠로폰네소스 반도의 미케네 지방으로 넘어갔다. 펠로폰네소스 반도에 꽃피운 미케네 문명은 기원전 1500년경부터 1400년경까지 크레타 섬을 지배한 것으로 추정된다. 미케네 문명 또한 기원전 1325년경부터 1200년경까지 화려한 절정기를 이루었으나 청동기 시대가 끝나가는 기원전 1200년경 도리아인이 침입하면서 쇠망의 길을 걷게 되었다. 미케네 문명이 갑자기 몰락한 원인은 분명하지 않다. 그러나 비슷한 시기에 트로이, 이집트, 히타이트[1]가 차례로 멸망하고 미케네 문명까지 완전히 붕괴된 것을 보면 이 무렵 지중해 동부 지역에 정확히 이유를 알 수 없는 위기가 있었던 것 같다. 고대 그리스는 이후 약 400년간 암흑기(문명이 몰락하며 문자가 없어졌기 때문에 그 시대의 기록이 부재하는 시기)를 겪었다. 비교종교학자인 카렌 암스트롱Karen Armstrong은 아마도 이 시기에 쇠퇴해가던 미케네의 그리스인들이 마지막 힘을 다해 지중해 동부의 트로이를 멸망시킨 것으로 추측한다. 미케네 문명이 무너지며 고대 그리스인들은 문명과 단절되어 혼란 상태로 빠져들었으나 그 문명의 존재는 신화와 전설을 노래한 호메로스Homeros(기원전 8세기)의 서사시 속에 살아남았다. 그래서 후세 시인들이 명예를 중시하던 전사들이 활보하던 이 시대를 영웅 시대라고 기억할 수 있게 되었다(암스트롱, 95-98; 이진성, 55-58).

고대 그리스 문명을 시기별로 보면 다음과 같다. 고대 그리스에서

1 기원전 1800년경에 지금의 터키인 아나톨리아 북부에 형성된 왕국으로 기원전 1400년경에 가장 번성했으며 기원전 1180년경에 멸망했다.

청동기 시대는 기원전 2600년경부터 시작하여 미케네 궁전이 무너지는 기원전 1200년 무렵까지 지속되는데 이 시기에 고대 그리스 문명의 기반이 다져졌다. 청동기 시대가 끝나가는 기원전 1200년경 트로이가 함락되고 고대 그리스 시대의 흔적이 사라지는 암흑기에 접어든다. 기원전 1050년경부터 시작된 철기 시대에 제작된 많은 도기들에 남아 있는 그림은 당시의 전설과 신화에 대한 정보를 알려주는 중요한 자료이다. 그 후 기원전 800년경에 도시국가인 폴리스polis가 형성되기 시작했으며 기원전 750년경에는 소아시아와 이탈리아 남부에 식민지가 건설되었다. 대표적인 폴리스였던 아테네는 민주 정치를 발전시켰으며 상업과 해상무역으로 번성했으나 기원전 431년 펠로폰네소스 전쟁에서 강력한 폴리스인 스파르타에 패배하고 쇠퇴의 길을 걷다가 기원전 4세기 후반에 북방의 마케도니아 왕국에 정복당했다. 살라미스 해전에서 그리스군이 페르시아 함대를 격퇴한 기원전 478년부터 알렉산드로스 대왕이 사망한 기원전 323년까지를 고전기라고 부른다.

그리스 신화의 시대 범위는 일반적으로 호메로스의 서사시들이 쓰인 기원전 8세기경부터 로마 황제 테오도시우스Theodosius 1세(347-395)가 기독교를 로마의 공식적인 국가 종교로 선포했던 기원후 380년까지로 잡는다. 그러나 문헌이나 형상으로 표현되기 이전에 입에서 입으로 전승되던 이야기까지 생각하면 이보다 훨씬 이전까지 거슬러 올라간다. 미케네 시대부터 음유시인들에 의해 구전되어왔던 그리스 신화와 전설은 기원전 850년에서 750년 사이에 서사시인들에 의해 문자로 정착되기 시작하여 이후 비극 작가들과 철학자들에 의해 보다 체계적인 형태를 갖추게 되었다. 그리스 신화와 전설의 배경이 되는 지역은 오늘날의 아테네를 포함해서 그 주변 지역인 아티카와 중부의 보이오티아, 북부의 테살리아와 트라케가 있는 그리스 본토, 펠로폰네소스 반도와 에게해의 섬들, 그리고 오늘날의 터키의 서부 해안 지역 및 남부

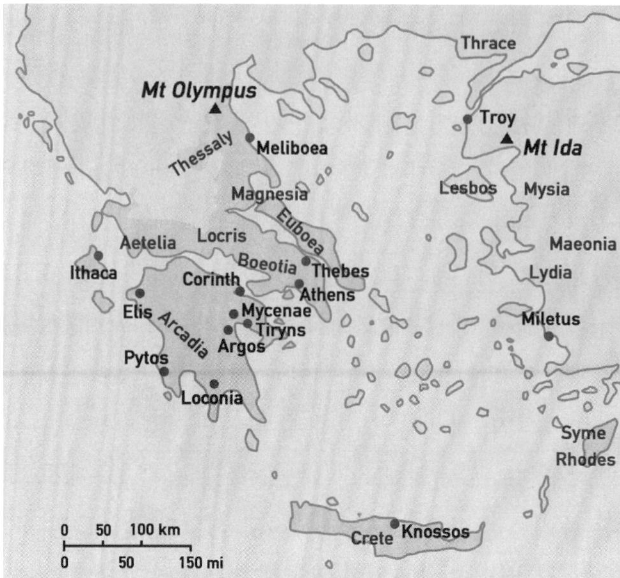

: 고대 그리스와 트로이 지도

이탈리아 지역까지 펼쳐진다. 그런데 이 넓은 지역에 사는 고대 그리스인들은 모두 단일 문화를 공유한다는 의식이 강했다. 그들은 같은 인종이며, 같은 언어를 사용했고, 동일한 신들에게 경배를 올리는 관습을 지니고 있었기 때문이다. 이런 맥락 속에서 그리스 신화는 광대한 지역의 문화를 흡수하며 오랜 세월을 거치면서 여러 시인들과 학자들의 손에 의해 더욱 완성된 통일성을 지니게 되었다(이진성, 33-36).

그러나 그리스 신화는 오랜 세월을 거치면서 초기의 여신 중심 서사에서 점차 남신 중심 서사로 변화했다. 그리스 신화에서 대지의 여신 가이아는 우주 창조 신화에서 중요한 역할을 담당하나 우라노스와의 결합으로 자식을 낳은 후 남편에게 지배당하지만 아들인 크로노스와 손자인 제우스를 도와 영향력을 발휘했다. 제우스의 아내 헤라는 가부장제 신화 속에서 질투심 많은 여신으로 묘사되나 실제로는 제우스의 누나로서 크로노스로부터 제우스를 보호하기 위해서 그를 크레타로 데려간 바 있다. 헤라는 제우스보다 훨씬 오래된 대지의 여신이며 올림포스 신들이 등장하기 이전의 위대한 어머니 여신의 면모를 많이 지니고 있다. 아프로디테는 크로노스에 의해 거세된 우라노스의 남근이 바다에 빠진 후에 생긴 거품에서 태어났다고 전해진다. 물은 영원한 생명력의 원천으로 그녀는 풍요와 다산의 여신이다. 아테나는 고대 그리스 여신들 가운에 인간들에 의해 가장 많은 변형을 겪은 여신이다. 제우스는 메티스 여신에게서 태어나는 자식에게 올림포스의 왕좌를 빼앗길 것이라는 예언을 듣고 아테나를 임신한 메티스를 통째로 삼켜버렸고, 아테나는 제우스의 머리에서 완전무장한 채 태어나게 된다. 이렇게 어머니의 자궁이 아닌 아버지의 머리에서 태어난 아테나는 어머니 여신으로서의 역할을 대부분 상실하고 주로 남성 영웅들을 보호하는 역할을 담당하게 되었다.

초기 그리스 신화는 청동기 시대 중반 크레타의 신들의 영향을 많이 받았을 뿐 아니라, 농사를 짓던 에게해 연안 그리스 본토 주민들의 다산과 풍요의 위대한 어머니 여신과 관련된 제의의 영향을 받았다. 그러나 이러한 어머니 여신 제의는 북쪽에서 남하한 인도유럽인의 날씨의 신(그리스 신화의 최고신인 제우스와 관련된 신) 숭배와 충돌을 일으켰다(장영란, 2001: 222-31; 2005: 137-38). 세월이 흘러 마침내 제우스가 올림포스의 최고신으로 등극하게 되자, 이전에 대지의 생명력을 상징하고, 혹은 아들을 도와 아버지의 권위를 전복시키는 어머니의 역할을 맡았던 여신들은 점차 그 권위와 역할을 빼앗기게 되었다. 여신들은 초기의 어머니 여신의 지위에서 물러나 남신과의 결혼을 통해 남신의 신화에 흡수되어버린다. 호메로스가 기록한 트로이전쟁 신화에도 이러한 가부장적 관심이 드러나 여신들이 부정적으로 혹은 수동적으로 그려지고 있다.

트로이전쟁과 호메로스의 서사시

미케네 문명(또는 청동기 시대) 그리스를 배경으로 한 사건 중 많은 사람들을 사로잡은 것은 트로이전쟁이며 이 전쟁은 훗날 그리스의 많은 서사시와 드라마의 소재로 등장한다. 트로이전쟁은 청동기 시대 지중해와 에게해 연안 국가들의 역사와 맞물려 있다. 독일인 고고학자 하인리히 슐리만Heinrich Schliemann(1822-1890)에 의해 19세기 말에 세상에 모습을 드러낸 도시의 흔적은 외부의 침략에 의해 트로이가 붕괴되는 역사적 사건이 실제로 일어났음을 증명했다. 그러나 고고학적 발굴의 성과에도 불구하고 트로이전쟁은 물론이고 청동기 시대 미케네인들의 생활상이나 사회상 등에 대해 호메로스의 서사시만큼 자세히 알려주는 기록은 존재하지 않는다. 트로이전쟁에 대한 가장 중요한 두 가지 문헌은 호메로스가 영웅담을 노래한 두 편의 긴 서사시 『일리아드*The Iliad*』와 『오디세이*The Odyssey*』[2]이다. 『일리아드』는 트로이전쟁 끝 무렵 두 달 동안 일어난 사건을 그리고 있으며, 『오디세이』는 트로이전쟁이 끝난 후 10년에 걸친 오디세우스의 힘든 귀향길을 다룬다. 그러나 이 이야기들은 호메로스가 창작한 것이 아니며, 트로이의 멸망에 대해 오랜 세월 구전되어온 전설을 모으고 엮어서 고대 그리스에 문자가 정착하게 되었던 기원전 8세기경에 호메로스가 서사시 형식으로 기록한 것이다. 그 과정에서 트로이의 붕괴라는 역사적 사실은 점차 미화되고 상상력이 가미되어 체계를 갖춘 방대한 이야기가 되었다. 고대 그리스인들은 트로이전쟁이 실제로 일어났던 사건으로, 거기 등장하는 영웅들을 실제 인물들로 믿었을 뿐 아니라, 『일리아드』 속 이야기를 기원전

---

2 이 장에서 고대 그리스 작가명은 그리스 원어 발음을 따르지만, 이 작가들의 작품명과 인물명은 독자에게 익숙한 영어 발음을 따른다. 따라서 고대 그리스어로 『일리아스*Ilias*』, 『오디세이아*Odysseia*』를 『일리아드』, 『오디세이』로 표기한다.

12세기경 미케네의 실제 모습이라 생각했다.

그리스 신화 속에 나오는 트로이전쟁의 원인에 대해서는 『일리아드』뿐 아니라 서사시인 『신들의 계보*Theogony*』(B.C. 8세기), 비극인 『아가멤논*Agamemnon*』(B.C. 458), 『트로이의 여인들*The Troyan Women*』(B.C. 415)에 잘 나타나 있다. 트로이전쟁의 발단은 제우스 신에게서 시작한다. 제우스는 바다의 여신 테티스를 사랑하지만 테티스가 낳은 자식이 아버지를 지배할 것이라는 예언 때문에 테티스를 펠레우스라는 인간과 결혼시킨다. 그러나 테티스와 펠레우스의 성대한 결혼식에 초대받지 못한 불화의 여신 에리스는 '가장 아름다운 여신에게'라고 새겨진 황금사과를 결혼식장에 굴려 보냈다. 미의 여신 아프로디테와 헤라와 아테나 여신에게서 가장 아름다운 여신을 가려달라는 요구를 받은 제우스는 트로이의 이다 산에서 양치기로 살고 있던 트로이의 왕자 파리스에게 결정권을 넘겨버린다. 파리스에게 세상에서 가장 아름다운 여인을 아내로 주겠다고 약속한 아프로디테가 최고의 여신으로 선택되자 그녀는 이미 스파르타의 왕 메넬라오스의 아내이며 자식까지 둔 헬레네를 파리스의 아내로 줌으로써 전쟁을 일으키게 한다. 그러나 전쟁의 불씨는 에리스 여신이 황금사과를 던진 순간부터 이미 지펴졌으며 여신들의 허영심과 제우스 신의 계략 때문에 인간들은 오랜 전쟁으로 고통을 당해야 했다. 올림포스의 신들이 편을 갈라 각자 그리스군과 트로이군을 도와줌으로써 전쟁은 신들의 영역으로까지 확대되었다. 호메로스에 의하면 트로이전쟁은 10년간 지속되었으며 올림포스의 신들도 적극적으로 개입했다. 전쟁은 트로이 왕자 파리스가 스파르타의 아름다운 왕비 헬레네를 유혹해서, 두 사람이 함께 왕가의 보물을 갖고 도망가면서 일어났다. 그리스 연합군은 트로이 앞바다에 상륙해 헬레네와 보물을 헬레네의 남편인 메넬라오스에게 돌려줄 것을 요구했으나 트로이인들은 이를 거부했다. 이후에 그리스인들은 9년 동안 트로이

⋮ <파리스의 심판>, 루벤스, 1636년

주변의 마을과 섬들을 습격하고 약탈했으나 난공불락의 요새인 트로이는 점령할 수 없었다. 결국 전쟁은 10년을 끌었고 그리스군은 목마와 같은 계략에 의존해 겨우 트로이를 함락시킬 수 있었으며, 이후 전쟁에서 패한 트로이의 남자들은 모두 죽었고 여자들은 포로로 끌려갔다.

그러나 당시의 역사적 배경은 트로이전쟁의 원인이 호메로스가 그린 것처럼 헬레네라는 한 부정한 여자 때문만은 아니라는 사실을 짐작하게 한다. 미케네의 왕자이지만 왕위 계승권이 없었던 메넬라오스는 헬레네와 정략 결혼함으로써 스파르타의 왕위를 물려받았다. 당시에는 동맹으로 맺어진 왕조 간의 혼인을 침해하는 일은 선전포고를 하는 것이나 마찬가지였다. 게다가 파리스는 메넬라오스가 집을 비운 사이에 헬레네를 데리고 도망감으로써 주인의 환대를 원수로 갚았으니 이는 곧 제우스의 법을 어긴 것이다. 따라서 메넬라오스는 자신의 명예를 지키기 위해, 아가멤논은 제우스 신을 대신해 파리스를 응징하기 위해 전쟁은 반드시 수행해야 할 의무가 되었다. 신의 뜻을 거스른 자를 응징한다는 명분 외에도 경제적 이익의 유혹도 메넬라오스와 아가멤논을 포함한 그리스 본토 부족장들을 전쟁으로 이끌었다. 부유한 트로이를 함락시킬 때 따라올 노예를 포함한 많은 전리품은 전쟁에 동참한 많은 부족장들에게 큰 유혹이 되었던 것이다. 트로이는 청동기 시대인 기원전 3000년경부터 약 2,000년간 존재했던 도시였다. 흑해와 에게해를 잇는 지정학적 위치 때문에 청동기 시대 후기 에게해 연안에서 가장 큰 도시이자 무역의 요충지로 부와 번영을 누렸다. 당시 에게해 동쪽 연안의 지배권을 두고 히타이트 제국과 대립하던 미케네 측에서 보면 트로이는 싸워서 빼앗을 만한 충분한 가치가 있는 상대였다. 이렇게 볼 때 헬레네는 단순히 전쟁의 원인이라기보다는 전쟁을 일으킬 핑계였을 수도 있다. 그러나 문제는 트로이전쟁이 헬레네라는 한 부정한 여인 때문에 일어났으며 더 앞서서는 헤라, 아테네, 아프로디테라는 세 여신의 허영심과 어리석은 미모 대결에서 출발했다는 사실이 일반적으로 받아들여지고 많은 예술 작품의 소재로 등장하게 되었다는 점이다. 이와 같이 가부장적인 그리스 신화 속에서 최고의 여성인 여신들조차 열등하게 묘사된 것을 볼 때 고대 그리스의 일반 여성들의 지위를 어느 정도 가늠해볼 수 있을 것이다.

고대 그리스 시대 여성의 지위

고대 그리스인들이 그들의 신화나 법률을 문자로 기록하기 시작한 기원전 800년경 가부장제는 어느 정도 확립되어 있었으며 여자의 지위를 결정하고 부여하는 것은 전적으로 남자들의 몫이었다. 이 무렵 고대 그리스는 암흑기에서 벗어나며 작고 독립적인 도시국가 폴리스polis

를 세우기 시작했다. 폴리스는 평등한 사회로, 노예와 여자를 제외한 모두가 시민이 될 수 있었다. 그러나 여자들은 오히려 암흑기에 더 나은 지위를 누렸다. 부족국가 시절 그리스 여성의 지위는 높았다. 남성들이 사냥하는 사이 여성은 아이를 양육하고 맹수를 길들이고 몸에 좋은 약초를 모으고 집안의 재물을 관리하는 일을 했다. 자연환경에서 살아남기 위해서 남성은 자연과 긴밀한 접촉을 하는 여성의 말을 잘 들어야 했고 남녀 관계도 여성이 씨를 줄 수 있는 남성을 선택하여 관계를 갖는 구조였다. 고대 그리스 민족이 발칸 반도를 차지하고 에게해 동부 연안에 정착했을 무렵에도 역시 모계 사회를 유지했고 그들이 모시는 데메테르는 대지의 여신이며 곡식의 어머니로 숭배되었다. 이런 사회는 평화를 존중하고 여성은 남성의 동반자로 존경받고 높은 지위를 지녔다. 그러나 폴리스에서는 여성들이 주변으로 밀려났을 뿐 아니라 외부에 드러나지 않는 여자들만의 공간인 집안에 격리되어 노예 옆에서 집안일을 하며 노예만큼이나 대접받지 못했다.

그렇다면 언제부터 또 무슨 이유에서 자유를 누리고 존경을 받던 여성들이 아이 낳는 도구와 보잘것없는 하녀의 신세로 전락하게 되었을까? 여기에 대해 저명한 그리스 문학 교수인 앙드레 보나르André Bonnard는 남자들이 금속을 사용해서 무기를 만들고 전쟁을 시작하면서 여성의 지위가 하락하기 시작했다는 의견을 제시한다. 보나르에 의하면 크레타 문명이 붕괴한 시기에 여성들의 우월한 지위도 끝났고 일부일처제가 시작되었다. 남자들이 전쟁을 통해 획득한 재물을 자신의 자식에게 물려주고 싶었기 때문이었다. 그래서 남자들에게는 아들을 낳아 자기의 혈통을 이어줄 여자(아내)가 필요했고 나머지 여성들은 쾌락의 대상으로 전락했다(보나르, 232-33). 고대 그리스인들은 명목상 일부일처제를 지켰으나 "우리에게는 정신의 쾌락을 위해서 헤타이라(첩)가 있으며, 감각의 쾌락을 위해서는 창녀가, 그리고 우리에게 자식을 주기 위해서는 아내가 있다."라는 데모스테네스Demosthenes(고대 그리스의 연설가, B.C. 384-322)의 언급처럼 편의에 따라 적당히 일부다처로 지냈다(키토, 333). 따라서 고대 그리스 사회의 일부일처제는 결혼이라는 제도 안에서 여성의 지위를 보호하는 것이 아니라, 모계 혈통 중심의 원시 사회에서 부계 혈통 중심의 가부장제 사회로 넘어가는 과정에서 여성을 종속시키는 수단이 되었다고 볼 수 있다.

고대 그리스 남자들은 여자들을 보잘것없는 신분으로 만들어놓았을 뿐 아니라 마음속 깊이 여자에 대한 혐오를 지니고 있었다. 그들은 여자가 갖고 있는 속성 중에서 부정적인 면만을 부각시키고 여자를 과거의 신성한 존재에서 부정한 존재로 전락시켰다. 그중 헤시오도스Hesiodos(그리스 보이오티아 지방의 농부이며 서사시인, B.C. 8세기경)는 여성 혐오의 선두주자로 보인다. 그의 『신들의 계보』에 수록된 신화에 따르면, 여성이 존재하기 전에는 조화로웠던 이 세상이 판도라가 탄생하면서 고통과 악으로 가득 차게 되었다. 프로메테우스의 반역으로 불을 소유하게 된 인간을 벌하기 위해 신들이 내린 선물인 판도라는 여성들의 시조로서 인간 세상에 존재하는 삶의 고통과 악의 근원이 되었다. 헤시오도스에 따르면 판도라(즉 여성)는 남자가 평생을 고통스럽게 살도록 하기 위해 대장간의 신 헤파이스토스가 제우스의 명을 받고 만든 뻔뻔스럽고 탐욕스러운 인간이다. 이 이야기에는 노골적인 여성 혐오가 담겨 있는데 아마도 신화 속에 등장하는 모든 여신과 인간 여성 중에 판도라만큼 탄생부터 행동까지 온통 부정적으로만 그려진 존재도 드물 것이다(김윤성, 133). 이 신화에서 헤시오도스는 인간이 점차 신의 은총으로부터 멀어짐에 따라 현실 세계의 일부분이 되어버린 고통과 악을 여성에게 전가시키고 있다.

2. 트로이전쟁 신화에 등장하는 여성들

앞에서 살펴보았듯이 그리스 신화는 일종의 가부장적 담론이라 할 수 있다. 제우스가 하늘을 통치하게 되자 대지의 여신인 가이아와 레아는 퇴위할 수밖에 없었으며 데메테르도 숭배를 받기는 했지만 최고의 지위를 누리지는 못했다. 또한 판도라 신화가 보여주듯이 타자의 위치로 밀려난 여성은 신성한 것에서 부정한 것으로, 이성과 질서에 반하는 광기와 혼란으로, 세상을 어지럽히는 사악한 것으로 규정되어 혐오의 대상으로 전락했다.

트로이전쟁 신화를 다룬 고대 그리스 서사시와 비극들에 재현된 여성들도 대개의 경우 권력자인 남성의 지배를 받는 피억압자 또는 희생자로 그려지고 있다. 이 절에서는 트로이전쟁 신화를 소재로 한 고대 그리스 서사시와 비극들에서 피억압자로 구현된 여성 인물들—클리타임네스트라, 이피게네이아, 헤카베, 안드로마케, 카산드라, 헬레네—을 재해석해냄으로써 고대 그리스 사회가 가부장제 구축을 위해 어떻게 여성을 억압하고 희생시켰는지를 살펴보고, 더 나아가 남성보다 도덕적으로 우월한 여성들의 목소리를 찾아보기로 한다.

클리타임네스트라와 이피게네이아

그리스 신화와 문학에 등장하는 여성 인물 중 가장 논쟁적인 인물로 클리타임네스트라를 들 수 있다. 그녀는 남편을 죽인 가해자이자 피해자요, 가부장제에 도전하는 전복적 인물이다. 클리타임네스트라는 트로이전쟁에서 그리스군의 총사령관인 아가멤논의 아내이며 아르고스의 왕비이다. 아이스킬로스Aeschylus(B.C. 525?-456?)의 삼부작 『오레스테이아*Oresteia*』 중 첫 번째 작품 『아가멤논』에서 트로이전쟁을 승리로 이끈 아가멤논은 10년 만에 귀향하던 날 아내 클리타임네스트라에 의해서 도끼로 무참하게 살해된다. 아내는 남편이 10년 전에 함대를 이끌고 트로이로 떠날 때 폭풍을 달래기 위해[3] 맏딸 이피게네이아를 제물로 바친 것을 용서할 수 없었다. 이피게네이아의 희생에 대한 이야기는 『일리아드』에는 전혀 언급되지 않았으며, 『아가멤논』에서는 코러스의 대사를 통해 비교적 간략하게 언급되어 있을 뿐이다. 현명한 예언자 칼카스는 트로이 원정대가 아울리스 항구에 발이 묶여 출항하지 못하고 있는 이유가 새끼를 밴 토끼 한 마리를 그리스군이 죽였기 때문이라고 말한다. 이어서 아르테미스 여신의 분노를 가라앉히는 유일한 방법은 아가멤논의 딸을 제물로 바치는 것이라고 하는데, 예언자의 말을 들은 총사령관 아가멤논은 갈등에 빠진다. 신의 명령에 "복종치 않는다는 것은 진정 괴로운 일이나 내 집안의 낙인 자식을 죽임으로써"(206-07)[4] "아비의 손을 딸의 피로 더럽힌다면"(208-09) 괴로운 일이라고 심정을 토로한다. 그러나 곧 "어찌 동맹의 서약을 저버리고 함대를 이탈할 수 있단 말이오?"(212-13)라고 공적 의무의 중요성을 강조하고는 "처녀의 피를 제물로 바치는 것도 바람을 잠재우기 위함이니 부당하다고 할 수 없다"(214-15)며 자식을 죽이는 것을 정당화시킨다. 짧은 갈등을 겪던 아가멤논은 자신의 정치적 이익을 위해서 제단에 딸을 제물로 바친다.

그녀의 기도에도, '아버지!'라고 부르짖는
그녀의 절규에도 그녀의 순결한 청춘에도
호전적인 지휘관들은 아랑곳하지 않았다네.

---

3 원전에 따라 폭풍을 달래기 위해서 또는 바람을 불러일으키기 위해서라고 다양한 이유를 제시한다.

4 아이스킬로스, 「아가멤논」, 『아이스킬로스 비극전집 1』, 천병희 옮김, 도서출판 숲, 2009. 앞으로 본문 인용은 괄호 안에 행수만 기입한다.

그리고 그녀의 아버지는 기도를 올린 뒤
시종들에게, 자기 딸이 졸도하거든
그녀가 입고 있는 겉옷으로 사정없이 휘감아
새끼 양처럼 그녀를 제단 위에 올려놓되
가문을 저주하는 소리를 지르지 못하도록
그녀의 아름다운 입을 틀어막으라고 명령했다네. (228-37)

이렇게 이피게네이아는 입에 재갈이 물려진 채 저항하지 못하고 아버지와 그리스 병사들에게 끌려서 제단으로 간다. 한없이 순결하고 순수한 그녀에게 가해지는 폭력은 아버지와 그녀가 아버지의 연회에서 여러 번 노래를 불러주었던 남성들에 의해 자행되는 폭력이다.

그러나 이 모든 폭력은 국가, 법, 가문, 그리고 아버지의 이름으로, 즉 여성을 대상화시킨 고대 그리스 도시의 법과 관습으로 정당화된다(김덕희, 5). 무자비한 폭력 하에서 목소리조차 낼 수 없는 그녀가 할 수 있는 일은 오로지 애원하는 눈길을 보내는 것뿐이다. 그러나 이미 "마음의 바람도 방향이 바뀌어 불경하고, 불손하고, 부정하게"(219-20) 되어버린 아가멤논은 신의 명령이라는 예언자의 말에 그녀를 희생제물로 삼기 위해 "무슨 일이

⋮ <이피게네이아의 희생>, 세바스티앙 브르동, 1653년

든 꺼리지 않는다"(221). 전쟁에서 승리하기 위해, 순조로운 항해를 위해 이피게네이아를 제물로 바치기로 결심한 것은 자식을, 나아가 여성을 소유물로 취급하는 오만함과 광기의 발로라고 볼 수 있다.

클리타임네스트라가 아가멤논을 살해한 가장 큰 이유는 물론 이피게네이아를 희생시켰기 때문이다. 그녀는 딸을 죽인 아가멤논에게 복수를 완수한 후 당당한 태도로 코러스[5]에게 "해묵은 불화를 끝내줄 이 결전을 나는 오래전부터 계획하고 있었고 드디어 성취했다"(1378-79)고 말한다. 이피게네이아는 아가멤논의 자식이지만 어머니의 자식이기도 하다.

> 내가 그에게서 잉태했던 내 자식을,
> 두고두고 눈물 흘리게 했던 이피게네이아를
> 그는 남들이 보는 앞에서 공공연히 죽였으니까
> 그는 자기 행동에 대한 응분의 벌을
> 받은 것이오. (1524-28)

그러나 그녀에게는 딸의 죽음에 대한 복수 이외에도 다른 살해의 동기가 있었다. 아가멤논은 아내에게 자신의 수레에 태워온 전리품인 카산드라를 "군대가 준 선물로, 수많은 재물 중에서 특별히 나를 위해 뽑은 꽃으로 나를 따라온"(955) 여인이니 상냥하게 집 안으로 데려가라고 명한다. 클리타임네스트라는 이처럼 권위적이고 위선적인 아가멤논의 남성 중심적인 태도를 참을 수 없었던 것이다. 십여 년 동안 버림받았던 그녀는 아가멤논이 카산드라를 첩으로 데리고 당당히 나타나자 모

---

5 고대 그리스 연극에서 12-15명으로 이루어진 합창단으로 때로는 배우의 역할을, 때로는 해설자의 역할을 하기도 한다.

⋮ <아가멤논의 살해>, 피에르 게랭, 1818년

욕감과 분노를 느꼈을 것이다. 프랑스 페미니스트 학자인 뤼스 이리가레 Luce Irigaray는 "클리타임네스트라는 계속해서 열정적인 연인이다."라고 말하며 단지 어머니로서의 클리타임네스트라가 아니라 욕망을 가진 여성으로서의 그녀에게 주목한다(김덕희, 2 재인용).

하지만 『아가멤논』에서 클리타임네스트라의 이런 살해 동기들은 남성 코러스가 대변하는 가부장적 가치관에 의해 정당한 것으로 받아들여지지 못한다. 그녀의 행위는 딸을 죽인 남편에 대한 복수이기에 앞서 남편을 죽이고 왕을 시해한 사악한 반역 행위로 매도된다. 남성우월주의에 빠진 코러스가 가장 참을 수 없는 것은 그들의 수호자가 일개 여자에 의해서 죽임을 당했다는 사실이다. 코러스는 남편을 죽인 클리타임네스트라를 죄인으로 낙인찍어 "시민들의 격렬한 증오의 대상이 되어 도시에서 추방될 것"(1410-11)이라고 위협하고 나아가 다음과 같이 헬레네를 트로이전쟁의 원흉으로 지목한다.

> 한 여인의 소행으로
> 많은 고통을 당하신 뒤 누워 계시니
> 그 여인의 손에 목숨을 잃었기 때문이라네. (1452-54)

여기서 코러스의 입을 통해 강조되는 것은 여성의 태생적인 사악함과 위험성이다. 그러나 이런 남성우월주의와 여성 혐오에 맞서는 클리타임네스트라는 다음과 같이 담담하게 말한다.

> 그대의 노여움을 헬레네에게 돌리지도 마시오.
> 또한 그녀를 남자들의 파괴자라거나, 그녀 혼자서
> 수많은 다나오스 백성들의 생명을 파괴함으로써
> 견딜 수 없는 슬픔을 가져다주었다고 말하지도 마시오. (1464-67)

『아가멤논』의 클리타임네스트라는 여성에 대한 혐오와 억압이 당연시되었던 남성 중심 사회에서 아버지의 권한에 맞서서 과감하게 어머니의 목소리를 내고 전복을 시도한 인물이었다. 그러나 『오레스테이아』 삼부작 중 두 번째와 세 번째 작품인 『제주를 바치는 여인들*The Libation Bearers*』과 『자비로운 여신들*The Eumenides*』에서 클리타임네스트라는 다른 모습으로 나타난다. 그녀는 아버지의 복수를 명하는 아폴론의 신탁에 따르는 아들 오레스테스에게 살해당하는 희생자로 그려진다. 아이스퀼로스는 어머니를 살해한 오레스테스가 아버지의 몸에서 태어난 아테나 여신의 법정에서 무죄 판결을 받게 함으로써 아버지의 질서를 공고히 하려는 가부장적 사고를 보여준다. 이 두 작품에서 아들의 어머니 살해로 클리타임네스트라의 모성은 거부당하고, 그녀의 남편의 권위에 대한 저항과 복수도 그 의미를 상실한다.

『아가멤논』보다 50여 년 후에 에우리피데스Euripides(B.C. 480-406)는 이피게네이아를 소재로 쓴 두 편의 비극 『아울리스의 이피게네이아*Iphigenia in Aulis*』(B.C. 408)와 『타우리케의 이피게네이아*Iphigenia in Tauris*』(B.C. 412)에서 이피게네이아를 죽이지 않음으로써 클리타임네스트라의 살해 동기를 부정한다. 에우리피데스는 전자에서는 이피게네이아가 아울리스에서 희생제물이 되는 과정을, 후자에서는 죽지 않고 타우리케에서 아르테미스 여신의 사제가 된 이피게네이아가 살아 고향으로 돌아오는 과정을 그리고 있다.

『아울리스의 이피게네이아』에서 클리타임네스트라와 이피게네이아는 『아가멤논』에서와는 완전히 다른 모습으로 등장한다. 이 비극의 클리타임네스트라는 『아가멤논』의 강렬한 모성애를 지닌 클리타임네스트라가 아니다. 그녀는 딸을 구하고자 아킬레우스에게 도움을 청하면서도 체면을 생각할 정도로 유약한 인물로 그려진다. 오히려 트로이전쟁을 위해 아킬레우스와의 거짓 결혼을 미끼로 딸을 아울리스의 진영으로 오게 하면서 아가멤논은 아내에게 보내는 편지를 썼다가 찢어버리기를 반복할 정도로 심한 내적 갈등을 겪는다. 반면에 이피게네이아는 아가멤논의 속임수에 넘어가 아울리스로 온 후 자신의 운명을 알게 되자 강한 삶의 의지를 보인다. 이 비극의 이피게네이아는 『아가멤논』의 이피게네이아처럼 재갈이 물려져 침묵을 강요당하지 않고 자신의 목소리로 부성애에 호소한다.

> 탄원자의 나뭇가지처럼 저는 어머니가 낳아주신
> 이 몸을 아버지의 무릎에 밀착시키고 엎드립니다.
> 제 명이 되기도 전에 저를 죽이지 마세요. 이 세상의 햇빛에
> 아직도 미련이 있어요. 땅 속에 묻히도록 저를 강요하지 마세요.
> 제가 맨 먼저 아버지를 아버지라 불렀고, 아버지도 저를
> 처음으로 딸이라고 부르셨어요. (1216-21)[6]

그러나 딸의 애원에도 아가멤논은 "헬라스에 나는 원하든 원치 않든지

6 에우리피데스, 「아울리스의 이피게네이아」, 『에우리피데스 비극전집 2』, 천병희 옮김, 도서출판 숲, 2009. 앞으로 본문 인용은 괄호 안에 행수만 기입한다.

너를 제물로 바쳐야 하며, 내게는 이에 맞설 힘이 없는 것이다."(1271-72)라고 매몰차게 거절한다. 이피게네이아는 비통한 심정으로 자신의 신세를 한탄한다.

오오 어머니, 어머니.
나를 낳아주신 아버지는 불쌍한 나를
혼자 있게 내버려두고 떠나갔어요.
아아, 불쌍한 내 신세. 내가 재앙의
헬레네를 처음 본 날은 저주받아라.
나는 불경한 아버지의 손에 불경하게
살해당하게 생겼으니 말예요. (1312-18)

『아울리스의 이피게네이아』에서 에우리피데스는 아가멤논이 아니라 이피게네이아에게 죽음의 명분을 제공하는 듯이 보인다. 살려달라고 애원하던 이피게네이아는 특별한 동기도 없이 돌연 "영광스럽게 죽기로 결심했다"(1375)고 어머니를 설득한다.

어머니도 저와 함께 곰곰이 생각해보시면, 제 말이 얼마나 옳은지
아실 거예요. 가장 위대한 헬라스가 지금 전부 저를 보고 있어요.
함대의 출항과 프뤼기아인들의 멸망은 제게 달려 있어요. (1377-79)

이 점도 생각해보도록 해요. 이분이 한낱 여인 때문에
전 아르고스인들과 싸우다가 죽는 일이 있어서는 안 돼요.
수천의 여인보다 한 남자가 목숨을 건지는 게 더 나아요. (1392-94)

여기서 이피게네이아는 여성의 희생이 당연하다고 주장함으로써 지

극히 남성 중심적인 가치관에 동조하는 입장을 드러낸다. 이러한 이피게네이아의 선택은 남성들이 추구하는 가치를 강화시키고 나아가서 자신을 희생시킨 남성들의 책임감을 덜어주는 데 기여한다. 『아가멤논』에서와 달리 에우리피데스가 이피게네이아를 소재로 쓴 두 비극에서 어떤 이유로 이피게네이아를 죽이지 않았는지는 알 수 없지만 이는 결과적으로 클리타임네스트라의 복수의 동기를 희석시킨다. 게다가 『타우리케의 이피게네이아』에서 이피게네이아는 아버지의 원수를 갚기 위해 어머니를 죽인 동생 오레스테스와 함께 고향으로 돌아옴으로써 다시 아버지가 대표하는 가부장제의 질서 속에 편입되는 모습을 보여준다. 이와 같이 엄격한 가부장제 사회였던 기원전 5세기경 아이스킬로스와 에우리피데스라는 두 남성 극작가의 손에서 이피게네이아의 희생이라는 신화적 소재는 여성의 저항을 무력화시키고 가부장제를 확립시키는 데 이용되었다.

헤카베와 안드로마케, 카산드라

트로이전쟁에서 희생된 또 다른 여성 인물들로는 트로이의 왕족인 헤카베와 안드로마케, 그리고 카산드라를 들 수 있다. 왕비 헤카베는 그리스군에 의해 멸망한 트로이의 왕 프리아모스의 아내이다. 그리고 안드로마케는 헤카베의 아들 헥토르의 아내이고, 카산드라는 헤카베의 딸이다. 이들이 등장하는 작품 중 에우리피데스가 쓴 『트로이의 여인들』과 『헤카베*Hekabe*』(B.C. 424)는 패망한 트로이를 뒤로하고 그리스군에 의해 포로로 끌려가 비참한 노예의 삶을 살아야 하는 트로이 여인들의 모습을 그린 매우 암울한 비극이다. 이 두 비극은 인간이 전쟁에서 얼마나 잔인하고 가혹한 행동을 할 수 있는가를 보여주면서 전쟁은 패자뿐만 아니라 승자에게도 마찬가지로 고통과 파멸을 초래한다는 점을 강조한다.

여성 인물들은 작품마다 다른 모습을 보여주는데 그중 『트로이의 여인들』의 헤카베는 철저하게 희생자로 등장한다. 헤카베는 이 비극의 시작부터 끝까지 무대를 떠나지 않고 바닥에 쓰러져 있는 인물로 그리스에 함락되어 불타 무너져 내리는 트로이의 고통을 상징한다. 트라케의 "공주였던 헤카베는 프리아모스 왕에게 시집와서 훌륭한 아들딸들을 낳았으나"(475),[7] 생전에 가장 사랑했던 헥토르와 파리스를 비롯하여 모든 아들들이 "그리스군의 창에 쓰러지는 것을 보았고"(479-80) "애지중지 길렀던 딸들을 모두 빼앗기고 만"(485-86)다. 사랑하는 딸 폴뤽세네가 아킬레우스의 산 제물로 희생되고 아폴론의 여사제인 카산드라가 아가멤논의 첩으로 끌려가는 것을 속수무책으로 지켜볼 수밖에 없다. 그녀는 카산드라의 신세를 한탄하며 "내 딸아, 신들과 함께했던 카산드라야, 이런 비참한 처지에서 네가 순결을 잃게 되다니!"(500-01)라고 괴로움에 몸부림친다. 그러나 카산드라는 "내가 왕과 결혼하게 된 것을 기뻐해주세요."(354)라고 말하며 자신이 장차 아가멤논의 집안을 파괴하고 그래서 자신과의 결혼이 "헬레네의 결혼보다 더 큰 재앙"(358)이 되게 하겠다고 다짐한다. 더 나아가서 "한 여인 때문에, 그것도 폭력에 의해서가 아니라 좋아서 끌려온 여인 때문에"(372-73) 이국에서 죽어간 그리스 병사보다는 "조국을 위해 죽어 아름다운 명성을 얻은"(386-87) 트로이인들은 고향에서 사랑하는 가족의 애도를 받기 때문에 더 행복하다는 역설적인 의견을 내놓는다. 카산드라도 트로이전쟁이 헬레네라는 부정한 여인 때문에 일어났다는 데 의견을 같이한다.

트로이의 여인들은 전쟁에서 정절이나 지조를 소중히 여길 수 없고

---

7 에우리피데스, 「트로이의 여인들」, 『에우리피데스 비극전집 1』, 천병희 옮김, 도서출판 숲, 2009. 앞으로 본문 인용은 괄호 안에 행수만 기입한다.

생존을 위해서는 무시해야 하는 상황에 처한다. 사랑하는 남편 헥토르를 잃고 그를 죽인 아킬레우스의 아들인 네오프톨레모스의 첩으로 끌려가는 안드로마케는 삶보다 죽음이 차라리 낫다는 생각을 한다. 그녀는 새 남편과 동침하는 것이 죽기보다 싫은 것이다. 안드로마케로부터 폴뤼세네가 죽었다는 말을 전해 들은 헤카베는 희생된 딸을 불쌍해하며 한없는 비탄에 빠진다. 그러나 안드로마케는 죽은 그녀는 "불행을 지각할 수 없어 고통을 느끼지 못하니까"(638) 살아 있는 자신보다 차라리 행복하다고 생각한다. 죽은 남편에게 지조를 지키지 않는 여자를 경멸한다는 그녀에게 헤카베는 죽은 아들을 잊고 새 주인을 존경하여 "손자를 길러 트로이아에게 큰 이익이 되게"(702) 하라는 충고를 해준다. 하지만 헥토르의 어린 아들 아스튀아낙스는 그리스군 전령에게 끌려가 곧 처참한 시신으로 되돌아오고 헤카베가 품었던 희망이 헛된 것이었음이 증명된다. 조각난 아스튀아낙스의 시신을 안고 "이 아이가 무엇이 두려워 그대들은 전례 없는 살인을 저질렀단 말이오?"(1159)라고 절규하는 헤카베의 모습은 트로이의 완전한 몰락을 상징하며 전쟁의 참혹함과 부조리함까지 보여준다.

에우리피데스의 다른 비극인 『헤카베』에서 헤카베는 자식을 잃은 슬픔과 비참함에 몸부림치는 수동적인 어머니의 모습을 넘어서서 불의에 복수하는 분노의 화신으로 등장한다. 고국으로 귀환하던 그리스 함대가 바람이 불지 않아 트로이와 그리스 사이에 있는 트라키아 해변에 발이 묶인다. 아킬레우스의 망령이 나타나 자신에게 희생제물을 바칠 것을 요구하자 헤카베의 딸 폴뤼세네가 제물로 결정된다. 헤카베는 사람을 제물로 바치는 것이 야만스러운 행위임을 지적하고 황소를 제물로 바칠 것을 주장하나 문명국임을 자부하는 그리스 측의 오디세우스는 아킬레우스가 폴뤼세네를 원한다는 궁색한 변명과 함께 폴뤼세네를 제물로 희생시킨다. 이 야만적인 행위는 이전에 아가멤논이 순조로운 출항을 위해 친딸 이피게네이아를 희생제의의 제물로 바친 것과 같은 맥락에서 이해할 수 있다. 한편 딸의 죽음에 대한 슬픔을 씻을 겨를도 없이 헤카베는 해변에서 어린 아들 폴뤼도로스의 시신을 발견한다. 트라케의 왕 폴뤼메스토르가 황금에 눈이 어두워 맡겨놓았던 아들 폴뤼도로스를 죽인 것이다. 헤카베는 폴뤼메스토르를 유인해 그의 두 아들을 죽이고 그의 두 눈알을 뽑아버림으로써 아들의 죽음에 대한 복수를 완수하고 그리스로 가는 길목에서 바다에 뛰어들어 자살한다. 헤카베는 죽은 후에 불같은 눈을 가진 암캐로 변해 개의 무덤에 묻힐 것이라고 전해지면서 우리에게 트로이전쟁을 겪은 여인들 중 가장 비극적인 운명을 지닌 인물로 기억된다.

⋮ 아스튀아낙스의 죽음

홍미로운 사실은 헤카베, 카산드라, 이피게네이아, 안드로마케 같은 여성 인물들이 남성들이 일으킨 전쟁의 희생자로 고통을 감내하면서도 아가멤논이나 메넬라우스, 오디세우스 같은 남성 인물들보다 더 용감할 뿐 아니라 윤리적으로 더 성숙한 인물로 그려진다는 점이다. 인간을 희생제물로 바치는 잔인하고 비윤리적인 행위를 서슴지 않는 아가멤논과 오디세우스의 반대편에는 의연하게 죽음을 받아들이는 이피게네이아, 폴뤽세네, 그리고 카산드라가 있다. 한편 폴뤼메스토르를 벌함으로써 아들 폴뤼도로스의 원수를 갚게 해달라는 헤카베의 간청에 응하는 아가멤논의 태도는 주목해볼 만하다. 헤카베가 천륜과 도리에 호소했을 때 귀담아 듣지 않던 아가멤논이 자신의 첩이 된 카산드라와의 사적 인연 때문에 헤카베의 복수 계획을 묵인하는 일은 인간의 기본적 도리뿐만 아니라 불의를 용서하지 않는 최고 권력자로서의 자질도 결여하고 있음을 드러낸다. 특히 『일리아드』에서 여성들이 성벽 위에서 전투 장면을 지켜보는 것은 트로이 여성들의 상대적으로 높은 위상을 보여준다. 미노스와 미케네의 예술품에서도 전투를 지켜보는 여자들이 묘사되어 있다. 청동기 시대에 실제로 여자들이 그런 위험한 위치에 나가 강한 영향력을 행사하며 인상적인 역할을 했을 수도 있다(스트라우스, 157-58). 『일리아드』 6권에서 안드로마케는 트로이군이 그리스군과의 싸움에서 고전하고 있다는 말을 듣고 서둘러 성벽 위로 올라간다. 성벽 위에서 뒤따라온 헥토르와 만난 안드로마케는 남편에게 전쟁터로 돌아가지 말 것을 애원하며 다음과 같이 군사적 조언을 해준다.

> 그러니 자, 당신은 불쌍히 여기시고 여기 탑 위에 머물러 계세요!
> 제발 당신의 자식을 고아로, 당신의 아내를 과부로 만들지 마세요.
> 그리고 백성들을 저 무화과나무 옆에 세우도록 하세요. 그곳은
> 도시로 기어올라와 성벽을 공격하기 가장 쉬운 곳이니까요.
> 두 아이아스와 유명한 이도메네우스와 아트레우스의 아들들과
> 튀데우스의 용감한 아들을 둘러싼 가장 용감한 전사들이
> 벌써 세 번이나 그곳으로 몰려와 공격을 시도했답니다. (6.431-37)[8]

헥토르는 명성을 지키지 못할 때 트로이 여성들이 자신을 어떻게 평

8 호메로스, 『일리아스』, 천병희 옮김, 도서출판 숲, 2007. 앞으로 본문 인용은 괄호 안에 권과 행수만 기입한다.

가할 것인가에도 신경을 쓰는데, 이는 그리스군의 관습에 따르면 놀라운 일이다.

> 난들 어찌 그런 모든 일들이 염려가 안 되겠소. 여보!
> 하지만 내가 만일 겁쟁이 모양 싸움터에서 물러선다면
> 트로이인들과 옷자락을 끄는 트로이의 여인들을 볼 낯이
> 없을 것이오. 그리고 내 마음도 이를 용납하지 않소. (6.441-44)

위의 대목들은 고대 그리스에 비해 트로이 여성들이 상대적으로 높은 지위와 자유를 누렸을 것이라는 주장을 뒷받침하는 부분이다. 같은 맥락에서 헬레네가 고향과 남편, 어린 딸까지 버리고 파리스를 따라나서는 결정을 한 것은 단순히 사랑에 눈이 멀었기 때문이라고 볼 수는 없다. 스파르타는 평화로웠지만 트로이만큼 풍요롭지는 않았기 때문이다. 청동기 시대 트로이를 비롯한 아나톨리아[9] 여자들은 스스로의 인장을 지닐 만큼 자유와 권력을 누렸지만 고대 그리스에서 여자는 종종 상품으로 취급될 정도로 지위가 낮았다(스트라우스, 57-58). 헬레네는 검소하고 여성에게 엄격한 스파르타를 벗어나 좀 더 부유하고 여성의 지위가 높은 트로이로 가고 싶었을 수도 있다.

헬레네

트로이전쟁 신화에 등장하는 또 다른 여성 인물로 헬레네가 있다. 헬레네는 트로이전쟁의 원흉으로 알려져 있지만 고대 그리스에는 헬레

9 고대 그리스 시대 소아시아라 불리던 지방으로 현재 터키 영토에 속하는 에게해 연안의 반도이다.

네에 대한 다양한 이야기들이 존재한다. 가장 흔히 알려진 이야기는 헬레네가 트로이 왕자 파리스를 스스로 따라갔다는 설이다. 그러나 헬레네는 아무 데도 가지 않고 스파르타에 머물러 있었다는 이야기도 있고, 파리스를 따라 트로이로 간 것은 헬레네의 환영이며 실제 헬레네는 이집트에 있다가 남편을 만나 스파르타로 돌아갔다는 주장도 있다. 호메로스와 헤시오도스 등이 헬레네를 부도덕한 여인으로 간주하는 반면 역사가 헤로도토스는 헬레네가 이집트에 머물렀다고 주장한다. 헤로도토스는 호메로스도 이 이야기를 알고 있었으나 그의 서사시의 소재로 적합하지 않아 의도적으로 생략했을 것이며, 만약 헬레네가 트로이에 있었다면 트로이가 큰 희생을 감수하며 그녀를 돌려보내지 않았을 리가 없다는 주장을 편다(헤로도토스, 227).

흔히 '트로이의 헬렌'으로 불리는 아름답고 성적 매력이 넘치지만, 재앙을 불러오는 헬레네에 대한 묘사는 『일리아드』에서부터 나타난다. 『일리아드』 3권에서 헬레네는 방에서 베를 짜고 있다가 파리스와 메넬라오스가 결투를 벌여 자신이 누구든지 이기는 사람의 아내가 될 것이라는 말을 전해 듣고 서둘러 싸움 장면을 보러 성벽 위로 올라간다. 성벽 위에는 프리아모스 왕을 둘러싸고 트로이의 원로 노인들이 앉아 있다가 탑 위로 올라온 헬레네를 보고 다음과 같이 말한다.

> 트로이인들과 훌륭한 정강이받이를 댄 아카이오이족이
> 저런 여인 때문에 오랫동안 고생을 하는 것은 나무랄 일이
> 아니오. 그 생김새가 너무나 불사의 여신을 닮았으니 말이오. (3.156-58)

헬레네의 여신 같은 미모에 홀려 두 나라가 끔찍한 고통을 겪는 것은 당연하다고 말하면서도 원로들은 "우리와 후손들에게 재앙"(3.160)

이 되지 않도록 그녀를 돌려 보내라고 권고한다. 『아가멤논』과 『트로이의 여인들』에서도 헬레네는 사악한 마력의 소유자로 그려진다. 두 작품에서 각각 그녀는 "함선을 파괴하고 남자와 도시를 파괴했던"(688-89) 전쟁의 원흉으로 "남자들의 눈을 사로잡고, 도시들을 파괴하고, 집들을 불태우게"(892-93) 하는 유혹녀로 묘사된다.

: <트로이의 헬렌>, 단테 가브리엘 로제티, 1863년

그래도 호메로스는 헬레네를 사악하고 파렴치한 여인으로 그리지는 않는다. 비록 헬레네 때문에 수많은 사람들이 죽고 고통을 받았으나 그것은 그녀의 잘못이 아니라는 주장을 프리아모스의 다음 대사를 통해 펼친다.

> 이리 오너라, 아가! 내 앞에 앉아 네 전 남편과
> 친척들과 친구들을 보도록 해라.
> 네게는 잘못이 없다. 잘못은 아카이오이족의
> 이 피눈물 나는 전쟁을 내게 보내준 신들에게 있다. (3.163-66)

헬레네도 "아드님을 따라 이리 오기 전에 제가 차라리 사악한 죽음을 택했더라면 좋았을 것"(3.174-75)이라고 자책하며 인자한 헥토르에게 "나야말로 재앙을 가져다주는 끔찍하고 염치없는 여인이에요. 어머니께서 나를 처음 낳으시던 그날, 세찬 폭풍이… 나를 휩쓸어버렸더라면 좋았을 것"(6.344-48)이라며 괴로운 심정을 토로한다. 이렇게 볼 때 헬레네는 신의 도구로 쓰이고 있을 뿐이며, 프리아모스의 말대로 그녀에게는 잘못이 없다. 그녀를 아름답게 꾸며서 외간남자와 놀아나게 한 것은 신이다. 게다가 헬레네는 그녀의 의지와는 상관없이 메넬라오스와 파리스의 대결에서 이기는 사람을 따라가야 하는 처지에 놓여 있었다. 만약 겁쟁이 파리스를 물리치고 메넬라오스가 승리한다면 그녀는 다시 그리스로 돌려보내질 것이다. 메넬라오스와의 대결에서 궁지에 몰린 파리스를 구출한 아프로디테는 헬레네에게 파리스의 침실로 가서 아름다운 파리스를 만나라고 권유한다. 그러나 헬레네는 아프로디테에게 "여신이여, 왜 나를 다시 파멸로 몰고 가지요? 다음엔 프뤼기아를 떠나 나를 또 어느 웅장하고 호화로운 도시로 데려갈 셈인가요?"(3.389-91)라고 항변한다. 그러면서 다시는 겁쟁이 파리스와 동침하지 않겠다고 말한다. "트로이 여자들은 오랜 세월 동안 나를 경멸할 것이며, 마음속의 고통은 영원히 끝나지 않을 것"(3.408-409)이라는 그녀의 항변은 헬레네도 일종의 전쟁 피해자일 수 있다는 점을 전달한다. 이렇게 볼 때 『트로이의 여인들』에서 부정하고 뻔뻔스러운 여성으로 등장하는 헬레네가 "나는 미모 때문에 팔려갔고, 게다가 당연히 내가 머리에 영관을 써야 할 사건들로 되레 욕을 먹고"(936-37) 있다고 주장하는 것을 정말 가증스러운 거짓말로 간주해야 할지 의문을 갖게 한다. 하지만 호메로스의 서사에 의하면 헬레네는 성실한 아내는 아니었다. 남편과 딸을 버리고 파리스와 함께 트로이로 떠났다가 함락된 트로이를 뒤로하고 그녀의 미모에 현혹된 메넬라오스와 함께 스파르타로 돌아온 것으로 묘사되니 말이다.

『일리아드』 24권에 묘사된 헬레네의 모습은 주목할 만하다. 24권은 프리아모스 왕이 아들 헥토르의 시신을 아킬레우스로부터 찾아왔을 때 애도하는 트로이 여인들을 차례로 보여준다. 가수들의 선창이 끝나자 헥토르의 아내 안드로마케가 우선 앞으로 닥칠 자신의 비참한 운명을 두려워하며 통곡한다. 다음으로 헤카베가 자신이 가장 사랑했던 아들 헥토르의 죽음을 탄식하며 애도한다. 마지막으로 헬레네가 애도한다. 헬레네는 트로이의 모든 사람들 가운데서 헥토르만이 자신을 모욕하지 않았고 다정하게 대했다며 "비통한 마음으로 그대와 함께 내 자신의 불행을 슬퍼하는 것이라"(24.772-73)고 애도한다. 여기에서 친족도 아닐 뿐더러 트로이 여인들의 증오의 대상인 헬레네가 마지막 애도를 하는 것은 놀라운 일이다. 헥토르를 향한 헤카베와 안드로마케의 애도는 남편과 아들을 잃은 슬픔에 트로이의 영웅이었던 헥토르에게 경의를 표하는 대신 남편과 아들을 잃은 슬픔만을 표현한다. 이 때문에 이들의 애도는 철저히 개인 차원의 슬픔에 머무른다(임철규, 639-40). 그러나 헬레네는 공적 차원의 애도 의식을 수행한다. 그녀는 비겁한 남편 파리스와 달리 조국을 위해 목숨을 아끼지 않은 전사였던 헥토르의 탁월한 인간성을 칭송하고 위대한 인물의 죽음을 애도하는 것이다.

한편 에우리피데스가 여러 작품에 헬레네를 등장시키며 작품에 따라 그녀에 대해 다른 평가를 제시하는 점은 흥미롭다.[10] 기원전 430-425년 사이에 상연된 『안드로마케』와 기원전 415년에 상연된 『트로이의 여인들』에서 헬레네는 부도덕하고 파렴치한 여인으로 그려지고 있다. 『트로이의 여인들』에서 자기를 데리러 온 메넬라오스와 대면한 헬레네는 당당하게 자신이 트로이전쟁의 원흉이 아니라고 주장한다.

---

10 펠로폰네소스전쟁이 시작되던 시기에 상연된 『안드로마케』와 아테네의 시칠리아 원정이 시작되던 해에 상연된 『트로이의 여인들』에는 라이벌인 스파르타에 대한 적대감이 드러나 있으나, 3년 뒤에 쓰인 『헬레네』는 시칠리아 원정에서 참패한 후 두려움과 좌절감에 빠져 있던 아테네인들이 스파르타의 수호 여신인 헬레네의 분노를 달래 스파르타와의 화평을 추구해보려는 분위기를 반영한다. 자세한 내용은 최혜영의 「에우리피데스의 헬레네와 아테네의 시칠리아 원정(기원전 415-413)」 참조.

> 첫째, 여기 이 여인이 파리스를 낳음으로써 이 모든 재앙에
> 원인을 제공했던 거예요. 둘째, 노왕이 언젠가는
> 쓰라린 횃불이 될 알렉산드로스[파리스]를 갓난아이 때 죽이지
> 않음으로써 트로이아와 내게 파멸을 안겨주었던 거예요. (919-22)

> 여신 퀴프리스[아프로디테]가 이겼고, 그리하여 내 결혼은 헬라스에
> 큰 이익을 가져다주었어요. 그대들은 전쟁에 의해서든
> 폭군에 의해서든 야만족의 통치를 받지 않았으니까요.
> 하지만 헬라스에 행운이었던 것이 내게는 파멸을 의미했어요.
> 나는 미모 때문에 팔려갔고, 게다가 당연히 내가 머리에
> 영관을 써야 할 사건들로 되레 욕을 먹고 있으니까요. (932-37)

그녀는 자신의 목숨을 구하기 위하여 메넬라오스에게 변명을 늘어놓는다. 자신의 변절은 신들의 농간에 의한 것이고 이보다 앞서 자신을 유혹한 파리스를 낳아서 살려둔 헤카베의 잘못이며, 더 나아가 그녀를 외간남자와 버려두고 집을 비운 남편 메넬라오스를 비난하고 원망한다. 헬레네의 변명을 적반하장이라 생각한 헤카베는 분노하며 자신의 아들이 빼어난 미남이었기 때문에, 그리고 헬레네가 부유하지 못한 스파르타를 떠나 "황금이 넘쳐흐르는 프뤼기아인들의 도시"(994)에서 마음껏 사치와 호사를 누리고자 자진해서 파리스를 따라나선 것이라고 반론한다. 이어서 헤카베는 그리스군이 트로이를 공격했을 때 헬레네에게 고향으로 돌아가도록 충고했지만 헬레네는 트로이 왕국의 화려함이 좋아 그대로 머물러 있었다고 말한다. 코러스 여인들도 헬레네가 그럴듯한 말로 자신의 악행을 무마시킨다고 비난하며 메넬라오스에게 "누구든지 남편을 배신한 여인은 죽어야 한다는 법을 다른 여인에게도 세워주세요!"(1031-32)라고 하며 헬레네를 죽여 달라고 요구한다. 여

기서 헤카베와 코러스는 여자이면서도 불륜을 저지른 여성에게 대가는 죽음뿐임을 주장함으로써 지극히 남성 중심적인 가치관을 드러낸다. 메넬라오스도 헬레네를 죽여 여인들에게 정숙할 것을 가르치는 본보기로 삼을 것이라 다짐한다. 하지만 여기서 우리는 트로이 여인들을 강제로 첩으로 끌고 가는 남성들의 이중성, 즉 자기 여인들의 정절은 지켜져야 하지만 다른 여인네들의 정절은 중요하지 않다는 남자들의 이중성을 엿볼 수 있다.

그런데 불과 3년 후에 상연된 『헬레네*Helen*』(B.C. 412)에서 헬레네는 욕정 때문에 남편을 버리고 도망간 여자가 아니라 남편을 위해 끝까지 정절을 지키는 정숙한 여인으로 등장한다. 이 작품은 파리스의 심판에 앙심을 품은 헤라가 파리스와 헬레네의 결혼을 방해하기 위한 계략으로 헬레네의 환영만 파리스를 따라 트로이로 가도록 하고 헬레네는 헤르메스가 이집트로 데려가 프로테우스 왕의 보호를 받는다는 내용을 담고 있다. 이 작품에서 정숙한 여성 인물인 헬레네는 자신을 보호해주던 프로테우스가 죽고 그의 아들로부터 결혼의 압박을 받자 프로테우스의 무덤가에서 다음과 같이 한탄한다.

> 퀴프리스는 내 아름다움을—불행을 안겨주는 것도
> 아름답다면—알렉산드로스 품에 안게 해주겠다고
> 약속하고는 이겼어요… (26-28)[11]
>
> 하지만 헤라는 자신이 이기지 못하자 앙심을 품고
> 알렉산드로스가 나와 결혼하는 것을 무산시키려고

11 에우리피데스, 「헬레네」, 『에우리피데스 비극전집 2』, 천병희 옮김, 도서출판 숲, 2009. 앞으로 본문 인용은 괄호 안에 행수만 기입한다.

> 프리아모스 왕의 아들에게 내가 아니라 바람으로 만든
> 나를 빼닮은 살아 있는 허상을 주었어요… (31-34)

> 그리하여 프뤼기아인들의 전쟁에 내가 아니라 내 이름이
> 헬라스인들에게 상으로 내걸린 거예요. (42-43)

에우리피데스는 이 작품에서 헬레네가 전쟁으로 고통을 받는 트로이인들의 원수가 된 것은 그녀의 자발적 의사에 의한 것이 아니라 "누가 가장 아름다운지 파리스에게 심판해주기를 원했던"(26) 세 여신과 "헬라스의 가장 강력한 영웅을 세상에 널리 알리고자"(39-40) 전쟁을 일으킨 제우스 신의 탓이라는 의견을 제시한다. 헬레네는 신의 계획을 달성하고 목적을 이루기 위한 도구로 사용된 것이다. 『트로이의 여인들』의 결말에서 그리스로 끌려가는 헤카베가 "오오, 신들이시여! 내가 왜 신들을 부르지? 그분들은 내가 아무리 도움을 청해도 들어주시지 않았는데."(1280-81)라고 신들을 원망한 것과 마찬가지로 이 비극에서도 인간에게 죽음을 안겨주고 끔찍한 불화를 가져다준 신들에 대한 에우리피데스의 원망과 불신이 나타난다.

3. 트로이전쟁 신화의 재해석과 재생산

앞에서 살펴보았듯이 고대 그리스 서사시와 비극들에 재현된 트로이전쟁 신화 속에 등장하는 여성들은 대부분 남성 작가들의 가부장적인 가치관이 만들어낸 산물이라고 할 수 있다. 무엇보다도 트로이전쟁이 헬레네라는 한 부정한 여인 때문에 일어났고 더 앞서서는 헤라, 아테나, 아프로디테라는 세 여신의 허영심과 어리석은 미모 대결에서 출

발했다는 묘사들은 신화 속에 내재된 가부장적 사고를 엿보게 한다. 트로이전쟁 신화 속의 여성들도 대개의 경우 남성 중심 사회에서 권력자인 남성의 부당한 지배를 받는 피억압자 또는 희생과 고통을 강요당하는 피해자의 모습으로 그려지고 있다.

그러나 희생당하고 차별받는 여성 인물들을 다른 시각에서 보면 그들은 억압하는 남성들보다 여러 측면에서 우월하다는 사실을 알 수 있다. 남편을 살해함으로써 가부장적 질서에 도전하는 클리타임네스트라는 악녀로 매도되지만 실상은 형편없는 아버지에 대항해 딸의 죽음에 대한 복수를 완수하는 당당한 어머니이다. 남성을 유혹하여 전쟁을 일으키고 파멸을 가져오는 부정한 여인으로 낙인찍힌 헬레네도 알고 보면 자신의 의지와는 무관하게 신들의 계략의 도구로 사용된 피해자이다. 헤카베는 남성들이 일으킨 전쟁의 폭력으로 남편과 자식들을 잃고 슬퍼하기만 하는 수동적인 여인이 아니라, 스스로 아들의 죽음에 대한 복수를 함으로써 불의와 부당한 행위를 간과하는 아가멤논보다 더 용감하고 도덕적으로 우위에 있다는 것을 보여준다. 트로이전쟁에서 남성들의 폭력의 가장 큰 피해자요 희생자는 이피게네이아와 카산드라, 그리고 폴뤽세네라 할 수 있다. 그러나 이들도 용감하고 의연하게 운명을 마주함으로써 가장 비참한 상황에서도 인간의 존엄성을 잃지 않는 고결함을 보여준다.

트로이전쟁 신화에 등장하는 여러 인물과 이야기들은 후세에 문학, 미술, 음악, 조각, 건축, 영화를 비롯한 많은 예술 영역에서 소재를 제공했고 영감의 원천이 되었다. 그중에서도 순결하고 죄 없는 여성의 고귀한 희생을 다루는 이야기, 특히 이피게네이아의 이야기는 근대와 현대 여러 예술가들에 의해 재생산되었다. 그리스 비극의 전통을 충실히 계승하고자 했던 17세기 프랑스 고전주의 극작가 라신Jean Racine(1639-1699)과 18세기 독일의 낭만주의 작가 괴테Johann Wolfgang von Goethe(1749-1832)는 에우리피데스의 이피게네이아를 소재로 하여 각각 『이피제니*Iphigénie*』와 『타우리케의 이피게네이아*Iphigenie auf Tauris*』를 집필했다. 또한 이피게네이아의 이야기는 베리 언스워드Barry Unsworth의 소설 『왕의 노래*The Songs of Kings*』(2004)의 소재가 되었으며 최근 미국의 극작가 네일 라부Neil LaBute도 자신의 바쉬Bash 연작 중 하나인 단막극 『오렘의 이피게네이아*Iphigenia in Orem*』(1999)에서 이 이야기를 차용했다.

18세기 말 독일의 작곡가 글루크Christoph Gluck(1714-1787)는 이피게네이아를 주인공으로 한 에우리피데스의 드라마를 소재로 〈아울리스의 이피게네이아Iphigénie en Aulide〉와 〈타우리스의 이피게네이아Iphigénie en Tauride〉 두 편의 오페라를 만들었다. 또한 『아울리스의 이피게네이아』는 미국의 작곡가인 요한 페터 쉬켈레Johann Peter Schickele가 요한 세바스찬 바흐Johann Sebastian Bach의 가족의 일원으로 만들어 낸 가상의 인물인 바흐P.D.Q. Bach의 칸타타 〈브루클린의 이피게네이아Iphigenia in Brooklyn〉(2006)로 재창조되었다.

그리스의 영화감독 미카엘 카코야니스Michael Cacoyannis는 트로이전쟁을 소재로 1971년에 〈트로이의 여인들The Trojan Women〉, 1977년에 〈이피게네이아Ifigeneia〉를 만들었다. 에우리피데스의 『아울리스의 이피게네이아』에서 모티브를 가져온 또 다른 영화로 그리스의 영화감독 요르고스 란티모스Yorgos Lanthimos의 〈킬링 디어The Killing of a Sacred Deer〉(2017)가 있다. 〈킬링 디어〉라는 제목은 아가멤논이 죽인 암사슴과 희생제물로 바쳐져 암사슴으로 변신하는 이피게네이아의 죽음을 상징한다. 주인공 마틴은 외과의사인 스티븐에게 자신의 아버지를 죽인 대가로 스티븐 자신의 손으로 가족 중 하나를 선택하여 희생제물로 바칠 것을 요구한다. 란티모스 감독은 거대한 딜레마에 직면했을 때, 극단적 상황에 처한 인간의 본능을 보고 싶었다고 말한다. 감독이 말한

'거대한 딜레마'는 『아울리스의 이피게네이아』와 영화 〈킬링 디어〉에서 모두 목격된다. 그런데 트로이전쟁 신화에 등장하는 인물 중에서도 유독 이피게네이아가 여러 번 등장하는 점은 주목할 만하다. 희생당하는 여성에 대한 관심이 많다는 것은 아마도 오늘날에도 여성에게 희생을 강요하는 관행이 여전히 존재한다는 사실을 반증한다고 볼 수 있다.

그러나 트로이전쟁 관련 영화들이 모두 이피게네이아에 대한 관심을 표한 것은 아니다. 트로이전쟁을 전반적으로 보여주는 영화들이 20세기 후반 등장했는데 그중 가장 대중적인 영화는 2004년에 나온 볼프강 피터슨Wolfgang Petersen 감독의 〈트로이Troy〉이다. 그러나 이 영화는 당시 유명 배우를 앞세운 호화 캐스팅으로 흥행에 성공했지만 여성 인물들에 대한 진지한 배려가 없고 많은 부분에서 원전을 벗어나 있다. 〈트로이〉는 브리세이스와 아킬레우스의 사랑을 가장 중요한 모티브로 설정하여 영화의 끝 장면에서 아킬레우스가 브리세이스를 찾으러 갔다가 파리스의 화살에 맞아 죽는 것으로 처리한다. 게다가 파리스와 헬레네가 도피에 성공하여 행복하게 살게 될 것임을 암시하며 영화를 끝냄으로써 사랑하는 남녀가 결국은 해피엔딩으로 끝난다는 할리우드 공식에 들어맞는 각색을 보여준다.

국내 연극계에서도 트로이전쟁 신화는 전쟁의 비인간적인 잔인함을 고발한다는 측면에서 한국의 근현대사와 맞물려 인기를 끌었다. 예술의 전당 토월극장에서 2007년 11월에 공연된 〈트로이의 여인들〉은 같은 해 5월에 비엔나 페스티벌의 공식 참가작으로 오스트리아 현지의 뜨거운 관심을 받았다. 〈트로이의 여인들〉은 에우리피데스의 비극 속에 투영되는 일제강점기 위안부의 실체를 통해 전쟁과 여성의 운명에 대해 보여줌으로써 '서양의 고전이 한국의 실화로 육화되었다'는 평가를 받았다. 또한 에우리피데스의 『트로이의 여인들』을 바탕으로 한 2017년 극단 떼아뜨르 봄날의 〈그리스의 여인들 2, 트로이의 여인들〉 공연이 대중적 성공을 거두었다. 이 공연은 절제된 대사와 동작으로 트로이 여인들이 느끼는 무력감과 절망감뿐만 아니라 그 속에서도 그들이 지키려고 했던 인간다움과 의연함을 잘 전달했다는 평가를 받았다. 『트로이의 여인들』은 2016년 11월 국립창극단에 의해 창극으로도 만들어졌는데 이 공연은 헬레네 역에 남자 소리꾼을 배정하고, 각 배역과 악기의 특징적인 소리를 연결시켜 소리꾼의 목소리와 악기 반주가 극의 서사를 함께 이끌도록 했다. 이 작품은 2018년 런던, 암스테르담, 비엔나 등의 연극 페스티벌 초청으로 진행된 유럽투어에서 "전통과 현대가 어우러진 공연"이라는 찬사를 받았다.

주요 토론 주제

1. 아가멤논이 공적인 의무를 위해 딸을 희생시킨 행위는 정당한가요? 그렇다면 정의의 이름으로 이피게네이아의 복수를 행한 클리타임네스트라의 행위는 정당화될 수 있을까요?
2. 아가멤논이 이피게네이아를 희생시키지 않았다면 트로이전쟁은 일어나지 않았을까요?
3. 헬레네를 트로이전쟁의 희생자가 아니라 원흉으로 간주하는 것은 현대판 마녀재판이나 여성 혐오의 연장으로 볼 수 있을까요?
4. 트로이전쟁에서 나타나는 남성의 권력욕과 이에 수반되는 약자에 대한 폭력은 한국에서 최근 일어난 강남역 살인 사건 같은 여성에 대한 폭력과 닮은꼴로 볼 수 있을까요?
5. 고대 그리스 비극, 특히 『아가멤논』에 나타난 남성 지배와 여성 지배 사이의 충돌을 남성 중심 사회에서 여성의 목소리를 내려는 한국의 최근 페미니즘 운동과 연결하여 토론해봅시다.

2

고대 그리스 드라마와 여성
: 『안티고네』와 『리시스트라테』를 중심으로

이희원

고대 그리스의 대표적 극작가인 소포클레스와 아리스토파네스는 각각 비극 『안티고네』와 희극 『리시스트라테』에서 두 여성, 안티고네와 리시스트라테를 주인공으로 등장시켰다. 이 글은 기원전 5세기 아테네의 무대에 나타난 규범에 저항하는 이 두 여성 인물의 성과와 한계를 텍스트 분석을 통해 살펴보면서, 이 두 인물이 2,500여 년의 시간을 뛰어넘어 우리에게 어떤 의미를 지니는지 짚어본다. 더 나아가 두 인물을 잣대로 오늘날의 젠더 지형 속에서 현대 여성들이 점유한 위치를 진단하고 나아갈 방향을 모색해본다.

1. 시대 배경과 여성의 지위

고대 아테네의 민주주의와 고대 그리스 드라마[1]

기원전 5세기 아테네는 민주주의의 산실이자, 예술, 체육, 철학, 과학 등 문화와 학문의 중심지였다. 그리고 그 중심에 도시국가, 즉 폴리스polis가 있었다. 고대 그리스의 폴리스는 여러 지역에서 이주해온 사람들에 의해 기원전 800년경부터 서서히 형성되었다.[1] 이주해온 고대 그리스 사람들은 가족, 친척, 부족을 넘어 같은 지역에 사는 사람들을 중심으로 외부의 적에 함께 대응하기 위해 삶의 기본 단위로 폴리스를 구축했다. 폴리스는 초기에 귀족정으로 통치되었으나 식민 활동에 힘입어 경제적 부를 축적하며 평민들의 권한이 확대되자 점차 민주정으로 옮겨갔다. 고대 그리스의 여러 폴리스들 중 식민 활동이 가장 활발했던 아테네는 기원전 594년 솔론Solon(B.C. 630-560)에 의해 평민들 중 일부를 재산의 정도에 따라 정치에 참가시키는 금권 정치를 도입했다. 이후 귀족들의 참주 정치가 얼마간 지속되었지만 기원전 510년경 참주정이 무너지고 기원전 502년에는 클레이스테네스Cleisthenes(B.C. 570?-508?)의 행정 개혁과 참정권 확대 정책으로 직접민주주의를 실현하게 되었다. 아테네는 페르시아전쟁 승전 이후 고대 그리스 폴리스들의 맹주로 부상하고 또 기원전 457년 페리클레스Pericles(B.C. 495-429)가 집권하면서 민주 정치를 꽃피우게 되었다. 페리클레스는 시민들의 회의체인 민회의 권한을 강화시키는 한편 귀족회의의 권한을 약화시켰다. 그는 또한 운동, 예술, 학문 등을 장려하는 문화 정책을 펼쳤는데, 덕분에 아테네는 고대 그리스 교육과 문화의 중심지로 명성을 얻었다. 그러자 지중해 인근의 학자들이 아테네로 몰려와 시민들에게 합리적으로 생각하면서 지적 토론을 할 수 있는 기반을 마련해주었으며, 이를 바탕으로 아테네는 후에 플라톤Platon(B.C. 427-347)과 아리스토텔레스Aristoteles(B.C. 384-322)와 같은 위대한 철학자들을 배출했다. 고대 아

---

1 이 절의 글은 배린저, 배철현, 키토, 영문 위키피디아Wickipedia의 고대 그리스 전반 및 고대 그리스 민주주의, 드라마, 디오니소스 축제 항목을 참고하고 필자의 기존 지식에 기초해 작성되었으므로, 특별한 경우를 제외하곤 따로 인용 표시를 하지 않는다. 또한 앞으로 이 장 전체에서 고대 그리스 작가명은 그리스 원어 발음을 따르지만, 이 작가들의 작품명과 인물명은 영어 발음을 따른다.

⋮ 아테네 디오니소스 극장의 현재 모습

테네는 전해 내려오는 호메로스Homeros의 『일리아드*The Iliad*』[2] 같은 서사시와 드라마 공연을 통해서도 시민들을 교육시켰다. 페리클레스 통치 하의 아테네는 신을 찬미하는 합창단 공연, 호메로스 시 낭송회, 운동회, 그리고 드라마 공연을 통해 성숙한 민주주의적 공동체 삶을 형성할 수 있었다(키토, 114-15). 이중에서도 가장 크게 고대 아테네 민주주의에 기여했던 것은 기원전 6세기경부터 디오니소스 축제The City Dionysia 기간에 무대에 올랐던 드라마 경연대회였다.

봄에 개최되었던 디오니소스 축제는 어느 정도 고대 아테네의 부와 문화를 보여주기 위한 축제였는데, 관리들, 드라마 후원자들, 사제들의

2 호메로스의 생몰 연도와 『일리아드』의 집필 연도는 불확실하다. 호메로스는 기원전 800-750년경에 살았으며, 『일리아드』는 기원전 8세기경에 집필된 것으로 추정된다.

행렬로 시작되어 희생제의, 합창대회, 드라마 경연대회의 순으로 진행되었다. 후원자들의 경비로 아테네 관리가 체계적으로 관리했던 드라마 경연대회는 디오니소스 축제의 꽃이었으며 관중들은 새벽부터 하루 종일 비극과 희극을 관람했다. 아이스킬로스Aeschylus(B.C. 525?-456?), 소포클레스Sophocles(B.C. 496?-406?), 에우리피데스Euripides(B.C. 480-406) 같은 비극 작가들은 대부분 전통 신화에서 소재를 가져와 각자의 독특한 해석을 덧붙인 비극을 무대에 올려 시민들에게 연민의 감정을 일깨우고 지혜를 제공했으며, 아리스토파네스Aristophanes(B.C. 446-386) 같은 희극 작가들은 성적 소재나 당대의 정치 문제를 유머와 해학으로 풀어내는 희극으로 관중에게 해방의 쾌락을 제공하면서 동시에 사회를 풍자했다.

이후 고대 그리스 드라마는 디오니소스 축제뿐 아니라 아테네가 지배했던 지역의 여러 축제들에서도 공연되었으며, 관중들 중에는 아테네 시민들뿐만 아니라 여자, 노예, 상인, 외국인 방문객, 거류 외국인 등 비시민들도 함께 섞여 있었다(배린저, 19). 그러나 아테네 원형극장에 모인 15,000여 명의 관중은 대다수가 아테네 시민들이었고 시민들은 드라마 공연을 관람하면서 공동체를 형성했다. 특히 비극은 전래되어 내려오는 그리스 신화를 무대에 올림으로써 아테네 시민들이 (집단적 경험으로 전해지는) 비극적 사건들을 한 공간에서 함께 나눌 수 있는 기회를 제공했다. 기원전 472년 20대 후반의 젊은 페리클레스가 드라마 후원자로서 아이스킬로스의 첫 비극인 『페르시아 사람들*The Persians*』 공연에 필요한 모든 재원을 지원함으로써 시민들로부터 정치적 명성을 얻었던 것은 고대 그리스 드라마가 아테네 시민들의 삶과 직결된 민주 정치의 산물이자 문화적 행사였다는 점을 예시한다.

게다가 최선의 작품을 올려 극작가들끼리 공정한 경쟁을 거침으로써 극작가 각각의 잠재된 탁월성을 드러내도록 했던 드라마 경연대회

체제는 당시 발전한 민주주의를 반영하는 것이자 동시에 탁월한 비극과 희극을 탄생시키는 촉발제가 되었다. 고대 그리스 드라마가 2,500여 년의 간극을 넘어 여전히 우리의 심금을 울리며 지적 탐구의 대상이 되는 것은 바로 드라마 경연대회의 공정한 경쟁이 낳은 작품의 탁월함 때문일 것이다. 기원전 5세기 아테네가 황금기를 누렸던 것은 단순히 민주주의에 기반한 정치적 안정과 경제적 풍요로움 때문만은 아니었을 것이다. 고대 아테네 시민들은 아이스퀼로스, 소포클레스, 에우리피데스, 아리스토파네스가 쓴 탁월한 비극들과 희극들을 관람하며 세상에 대한 지혜를 얻었고 세상을 헤쳐 나갈 용기를 배웠을 것이다(배철현). 이러한 교육을 통해 얻어진 아테네 시민들의 지적 능력과 깊은 통찰력이 고대 아테네를 찬란하게 빛냈다고 할 수 있다.

고대 아테네 여성의 삶과 그 연극적 재현의 대조[3]

고대 아테네 여성의 가정과 사회 내 지위와 역할에 대해서는 여러 의견들이 있다. 폴 크리스탈Paul Chrystal은 기원전 5세기경 고대 아테네 여성들이 비교적 자유로웠다고 주장하며, 문혜경도 고대 아테네의 여성들이 정치적·법적으로는 제한을 받았지만 종교 활동 참여를 통해 폴리스에 기여했다는 입장을 취한다. 그러나 대다수의 연구자들에 따르면, 민주주의를 발전시켰던 고대 아테네에서 그 민주정의 혜택을 받는 자들은 남성들에 국한되었다. 무엇보다 고대 아테네에서 여성들과 남성들의 삶은 확연히 분리되었다. 남성들은 고대 아테네의 시민으로서

3 이 절의 글은 문혜경, 네빗Nevitt, 오우스트Oost, 프리촤드Pritchard, 렘Rhem, 로이Roy, 쇼Shaw, 셰로Shero, 색슨하우스Saxonhouse, 셀트먼Seltman, 조은정, 키토의 글과 영문 위키피디아의 고대 그리스 여성 항목, 그리고 맥라추란MacLachlan의 고대 그리스 원전 선집을 참고로 작성했다. 구체적인 인용을 할 경우를 제외하곤 따로 인용 표시를 하지 않는다.

폴리스에서 사회관계망을 형성하고 정치·사회적 문제들을 해결하는 일을, 여성들은 가정, 즉 오이코스oikos의 살림을 돌보는 일을 부여받았다. 물론 여성들의 삶이 오이코스에 한정되긴 했지만 고대 아테네에서 폴리스의 번영은 오이코스의 운영에 달렸기 때문에 여성들도 아테네 사회의 중요한 구성원으로 여겨지긴 했다.

하지만 고대 아테네 여성들은 자신들이 주도적 역할을 했던 오이코스의 주인이 될 수는 없었다. 오이코스의 주인은 남자 후견인Kyrios이었다. 고대 아테네 여성들은 결혼 전에는 아버지를, 결혼 후에는 남편을, 아버지도 남편도 없을 때는 가장 가까운 남자 친척 어른을 자신들의 후견인으로 섬겼으며 남성들과의 관계 속에서만 자신의 정체성을 확립할 수 있었다. 한마디로 고대 아테네는 여성들에게 그 어떤 법적·정치적·경제적 권한도 부여하지 않았으며, 시민권도 허락하지 않았다. 페리클레스의 법이 제정된 이후 아버지와 어머니 모두 아테네 태생이어야 그 아들이 시민권을 얻을 수 있었을 때에도 정작 어머니인 여성에겐 시민권이 부여되지 않았다(Pritchard, 188; 문혜경, 158-59). 고대 아테네 여성들은 아테네의 민주 정치에서 배제된 채 남편들이 집안 걱정 없이 사회 활동에 전념할 수 있도록 돕기 위해, 장차 폴리스를 위해 싸울 군인이 될 아들들을 낳고 키우기 위해, 남편이 주도하는 오이코스를 존속시키기 위해 오이코스에 머물렀다.

이런 가운데 고대 아테네 남성들은 여성들의 재생산 능력을 칭송하기는커녕 여성 혐오의 근거로 삼았다. 즉 이들은 여성들이 천성적으로 성적 욕망을 통제할 수 없으며 남성보다 훨씬 더 섹스를 즐긴다는 편견에 사로잡혀 있었다. 이런 상황에서 고대 아테네 사회는 여성들의 성적 욕망을 통제하기 위해 여성들에게 '외출 금지'의 미덕을 요청했다. 투키디데스Thucydides(B.C. 460-400)의 기록이 말해주듯이 여성들은 밖으로 나가지 않음으로써 "남성들 사이에서 칭찬이든 비난이든 어떤 말을 듣지" 않아야 했다(Pritchard, 178 재인용). 또한 고대 아테네 여성들에겐 '침묵과 남성들에 대한 복종'의 의무도 부과되었다. 특히 결혼 후 부인들은 침묵을 지키며 고분고분 남편들의 말에 복종해야 했다(Shero, 19). 고대 아테네에서 여성이 남성에게 자신의 의견을 말하거나 남성에게 복종하지 않는 일은 여성이 폴리스에서 발휘되어야 할 남성의 결정권 및 각종 권한을 빼앗는 일이자 남성의 명예를 실추시키는 일로 여겨졌던 것이다(Shaw, 257). 이런 맥락에서 소크라테스의 제자였던 사상가이자 역사가 크세노폰Xenophon(B.C. 430-354)은 소크라테스와 이스코마코스 사이의 대화체 소책자 『경제학*Economics*』[4]에서 가정에서 "부인은 되도록이면 덜 보고 들어야 하며 최소한의 질문만 하도록 온갖 노력을 기울여야 한다"고 강조했다(Shero, 18 재인용).

고대 아테네 여성들에게 허용된 유일한 오이코스 외부 활동은 각종 제의와 축제에 참여하는 일이었다. 특히 돌아가신 조상님들께 애도의 제사를 지내며 죽은 자들을 돌보는 일은 고대 아테네 여성들이 해야 할 아주 중요한 일에 해당되었다. 고대 아테네 여성들은 오이코스 내에서 여러 가사 일들과 아이 낳고 기르는 일뿐만 아니라 "돌아가신 조상님들을 돌보는"(Shaw, 256) 임무들을 수행하는 데 최선을 다했다. 여성들은 제의를 준비하고 애도를 실행하는 역할을 주로 했으며, 장례 의식 전체를 통솔하고 책임지는 일은 남성의 몫이었다는 주장도 있다(Hame, 1-15). 그러나 대다수의 연구자들은 장례 의식을 관장하는 일은 고대 아테네 여성들의 주요한 임무들 중 하나였다는 데 의견을 모은다.

또한 여성의 생산성과 농업을 연관시켰던 전통적 믿음 때문에 고대 아테네를 포함한 고대 그리스 사람들은 여성들이 종교적 역할에 더 적합하다고 여겼다. 그래서 전통적으로 제사장 집안의 딸들은 디오니소스

4 그리스어로는 *Oeconomicus*인 이 책은 가계 관리의 관점에서 쓴 최초의 경제학 책이다.

축제, 판아테나이아 축제Panathenaic Festival(아테나 여신을 기리는 제전), 엘레우시스 비교 의식Eleusinian Mysteries(데메테르와 페르세포네를 기리는 비의), 그 외 각 여신들을 기리는 축제들에서 '바구니 드는 소녀들Kanephoros'로서 아크로폴리스로 향하는 행렬에 참여했다. 이때 이 소녀들의 임무는 희생제의에 필요한 물건들, 즉 보리, 과일, 희생제의 칼, 황소를 치장하는 물건들을 넣은 바구니를 들고 가는 일이었다. 여성들만 참석할 수 있었던 테스모포리아 축제Thesmophoria Festival(데메테르와 페르세포네를 기리는 여성들만의 축제)에는 모든 아테네 부인들이 매년 참여해 억제되었던 욕망을 분출하며 축제를 즐겼다(Pritchard, 189-90; 문혜경, 166-72).

고대 아테네의 법전, 역사서, 철학서 등 문헌들에는 여성들에 대한 언급이 거의 없다. 간혹 있다 하더라도 여성들이 축제와 종교적 행사를 제외하곤 그 어떤 공적 활동을 할 수 없었다고 기록하지만 흥미롭게도 (배우뿐만 아니라 대부분의 관객이 남성이었던) 드라마 무대에서는 강한 여성들을 만날 수 있다. 고대 아테네 드라마에는 남편을 살해하는 클리타임네스트라(아이스퀼로스 작 『아가멤논*Agamemnon*』의 인물, 트로이전쟁 때 그리스군 총사령관 아가멤논의 부인), 아들들을 죽이는 메데이아(에우리피데스 작 『메데이아*Medea*』의 인물, 이아손의 이방인 아내), 왕의 칙령에 불복하고 자살하는 안티고네, 아테네를 평화로 이끄는 리시스트라테와 같은 강한 여성들이 등장해 고대 아테네의 젠더 역할을 전도하고 여성의 영역인 오이코스를 파괴하거나 오이코스를 떠나 남성 전용 구역인 폴리스로 향한다.

고대 그리스 드라마에 나타난 여성들은 역사상의 고대 아테네 여성들과는 매우 다른 예외적인 여성들이며, 당시의 규범에 위배되는 인물들이다. 왜 극작가들은 고대 아테네의 현실과는 다른 강한 여성들을 무대에 올렸던 것일까? 비극의 경우 그 소재가 가족 내 살인, 자살, 근친상간 등을 다룬 신화를 바탕으로 했기 때문에 자연스럽게 예외적 여성 인물들이 등장했을 가능성, 디오니소스 축제나 레나이아 축제The Lenaia(매해 1월에 개최되었던 작은 규모의 아테네 축제) 때 도입된 드라마가 여성 주도의 종교적 제의와 축제에서 유래했기 때문에 적극적인 여성을 배제할 수 없었을 가능성, 디오니소스 축제가 시민들에게 일상에서 벗어나 폴리스의 위계질서와 젠더 규범을 허물 수 있도록 허용했기 때문에 강한 여성들이 등장했을 가능성 등을 생각해볼 수 있다. 또한 극작가들이 예외적으로 적극적이고 강한 여성 인물들을 매개로 남성들의 폴리스 운영의 제 문제들을 지적하고자 했을 수도 있다. 그러나 아직까지 연구자들은 이에 대한 명확한 답을 찾지 못했다. 이런 가운데 이 글은 이 질문에 대한 한 가지 답을 제안하고자 한다. 즉 이 글은 소포클레스와 아리스토파네스가 예외적으로 강한 여성들을 무대에 올렸던 것은 폴리스 정치의 여러 문제들을 비판하는 단계를 넘어서서 당시의 현실에서는 이뤄지지 않았던 일들—말과 행동을 통한 여성들의 폴리스 개입—을 극화함으로써 사회적 반향을 일으키려는 예술가적 의도 때문이었다고 주장하며, 이를 『안티고네*Antigone*』(B.C. 441)의 안티고네와 『리시스트라테*Lysistrata*』(B.C. 411)의 리시스트라테를 통해 확인해보고자 한다.

고대 아테네의 극작가들이 파격적으로 그려낸 여러 강한 여성 인물들 중에서 이 두 여성 인물을 선정한 데에는 나름의 이유가 있다. 클리타임네스트라와 메데이아와 같은 강한 여성 인물들이 개인적 복수를 위해 파괴적 힘을 발휘하는 인물들로 제시된 반면, 안티고네와 리시스트라테는 남성 권력에 항거하거나 남성의 무능력한 통치를 보완 혹은 대신하는 재건의 힘을 통해 우리에게 긍정적 여성상을 제공하기 때문이다. 또한 이 두 작품에서 소포클레스와 아리스토파네스는 암묵적으로 남성들을 비판하고 여성의 관점에서 비극적 혹은 희극적 플롯을 전개시킨다. 소포클레스는 권력욕에 취했던 크레온 왕의 오만과 독재를 경계하며 경건하게 가족의 의무를 다하기 위해 자신의 목소리를 내고 자결하는 안티고네를 고귀한 비극적 인물로 칭송하고, 아리스토파네스는 전쟁에만 전념하는 무능한 남성들을 조롱하며 리시스트라테의 강력한 여성적 리더십에서 희극적 사회 통합의 길을 찾는다. 이제 이 두 극작가가 그려낸 두 여성 인물이 오늘의 우리에게 어떤 의미를 전달하고 또 어떤 문제의식과 반향을 일으키는지 알아보자.

2. 폴리스의 법에 저항하는 비극적 안티고네

오이디푸스의 딸인 안티고네는 부모와 오빠 둘을 잃고 결국 자결하는 비극적 인물이다. 아버지이자 테베의 왕인 오이디푸스가 스스로 눈을 찔러 실명한 채로 떠돌이 생활을 하다 죽고, 두 오빠 폴리네이케스와 에테오클레스는 테베의 왕권을 두고 전쟁을 벌이다 모두 전사한다. 그리하여 안티고네의 외삼촌인 크레온이 테베의 왕이 된다. 소포클레스의 『안티고네』는 크레온이 자신을 지지했던 에테오클레스에겐 성대한 장례를 치러준 반면, 아르고스의 군대와 함께 테베를 공격했던 폴리네이케스의 시신은 성 밖에 부패하게 그대로 두라고 명하고, 이 명령을 어기는 자를 사형시키겠다고 경고하는 시점에서 시작된다. 이후 전개되는 『안티고네』의 플롯은 크레온 왕의 이 엄중한 명령에 대한 안티고네의 강력한 저항, 이 저항에 대한 크레온의 처벌, 그리고 이어지는 비극으로 이뤄진다.

안티고네는 크레온의 명을 거역하고 폴리네이케스의 시신에 흙을 뿌려주고, 이를 말리는 여동생 이스메네와도 의절한다. 크레온은 이 사실을 알고 크게 분노하며 안티고네를 동굴에 가두는 형벌을 내린다. 크레온은 안티고네의 저항 행위를 오로지 남성만이 목소리를 낼 수 있는 가부장적 폴리스의 규범을 깨는 전복적 행위로 여겼던 것이다. 안티고네의 약혼자인 하이몬이 아버지 크레온에게 반발하지만 독재적 왕은 이 말을 듣지 않는다. 결국 크레온의 처벌을 받고 동굴에 갇힌 안티고네는 목을 매 자살하고, 안티고네의 시신을 발견한 하이몬도 아버지 크레온을 비난하며 자결한다. 이 소식을 들은 크레온의 부인 에우리디케 역시 목숨을 끊자, 크레온은 울부짖는다.

⋮ <오이디푸스와 안티고네>, 프란츠 디트리히, 1876년

가부장적 폴리스의 규범에 항거하는 것으로 보이는 안티고네에 대한 평가는 단순하지 않다. 안티고네가 크레온이 지키고자 했던 남성 중심적 폴리스의 규범에 역행했을지는 모르지만 폴리스 유지에 중요한 오이코스의 의무, 그중에서도 매장 의식(죽은 자를 돌보는 의무)을 수행하고자 했기 때문이다. 아직 미혼인 안티고네는 크레온의 칙령(폴리스의 법)을 거역하고 남자 상속인이 남아 있지 않은 오이디푸스 가문의 대표로서 오빠 폴리네이케스의 시신을 매장함으로써 친족 오이코스의 신성함을 기리는 의무를 수행한다. 이 안티고네의 행위는 오이코스의 의무를 실행하는 행위 그 이상이다. 즉 이 행위는 신들의 법을 인간의 법보다 우선시하는 경건한 종교적 행위이기도 하다. 안티고네의 입장에서 볼 때, 크레온의 법—테베를 공격했던 폴리네이케스의 매장을 금지하는 법—에 저항해 자신이 오빠의 장례 제의를 거행하는 것은 여자가 남자에게 저항하는 것도, 테베의 시민이 그 통치자에게 항의하는 것도 아니며, 신의 법을 지키기 위한 것이다. 안티고네는 자신이

지켜야 할 것은 크레온 왕의 칙령이 아니라 오빠의 매장을 요청하는 신의 정의라며 아래와 같이 주장한다.

> 제게 그 포고령을 내린 것은 제우스 신이 아닙니다. 이 지상의 인간에게 폐하와 같은 법을 선포한 것은 정의의 신이 아닙니다. 저는 인간인 당신의 포고령이 신들의 변함없는 불문율을 우선할 만큼 강하다고 생각하지 않습니다. 신의 법이 어디에서 어떻게 생겨났는지를 그 어느 누구도 알 수는 없지만, 신의 불문율은 어제 오늘의 것이 아니라 영원한 것입니다.[5]

말하자면 안티고네는 고대 아테네 여성에게 요구되는 오이코스의 의무인 죽은 자를 돌보는 제의를 수행하기 위해서, 더 나아가 고대 아테네의 전통적 종교를 지켜나가기 위해서, 고대 아테네 사회가 여성에게 요구한 여성적 규범들—오이코스 안에 칩거하는 일, 남성에게 복종하고 침묵을 지키는 일—을 거역한다. 그녀는 친족인 오빠를 매장하고 애도하기 위해 오이코스 밖으로 나오며, 자신의 후견인이자 폴리스의 왕인 크레온의 칙령에 복종하지 않으며, 크레온의 권력 앞에서 침묵하지 않는다. 즉 역설적이지만 안티고네는 고대 아테네의 전통적 가치를 지켜내기 위해 고대 아테네 여성의 젠더 규범들을 벗어던지고 사회가 기대하는 순종적 여성 역할을 거부한다.

안티고네가 고대 아테네 사회의 젠더 규범을 위반하는 것은 그녀가 논리적인 말로 크레온 왕에게 강하게 대적할 때 도드라진다. 이 행위는 당시 여성에게 요구된 (오이코스 안에만 머무르며 남성에게 복종하며 침묵

5 소포클레스, 『안티고네』, 박우수 옮김, 동인, 2002, 59-60쪽. 앞으로 『안티고네』 인용은 이 책에 의거하며 괄호 안에 쪽수만 표기한다.

을 지키는) 규범들을 어기는 차원을 넘어서는 저항 행위로서, 고대 아테네 가부장제의 젠더 이분법을 교란시킨다. 법을 위반해 크레온 앞에 잡혀온 안티고네가 자신이 행한 일은 명예로운 일이라고 당당히 밝히자(60), 크레온은 남성성을 잃을까 두려움에 떤다. 법을 어겼지만 그 행위의 정당성을 논리적으로 피력하는 안티고네의 언어적 저항에 마주치자 크레온은 자신이 여자이고 안티고네가 남자라고 탄식한다(61). 이는 크레온 앞에서 안티고네가 남성의 언어인 공적인 말투를 사용했으며, 또 남자처럼 명예를 위해 행동했다는 것을 의미한다. 안티고네는 폴리스의 남성들이 사용하는 공적 언어와 남자들의 미덕인 명예를 추구함으로써 크레온 왕의 체면을 깎아내리고 그에게 두려운 감정을 심어준 것이다. 『콜로노스의 오이디푸스』에서 오이디푸스는 자신을 배반한 아들들과 달리 자신에게 충실하게 의리를 지킨 딸 안티고네를 남자로 부른 바 있다.[6] 이와 비슷한 맥락에서 크레온도 남성적 언어 사용뿐 아니라 의리와 명예와 같은 남성적 미덕을 보여주는 안티고네를 남자라 부르고 자신을 여자와 동일시한다(211). 크레온이 자신을 여자로 안티고네를 남자로 생각하는 순간 성별 이분법에 근거한 견고한 고대 아테네 가부장제의 젠더 규범에 균열이 생긴다.

안티고네는 크레온을 "독재자"(62)로 규정함으로써 크레온의 정치력을 위협하는 단계까지 나아간다. 안티고네의 강력한 언어 저항에 밀린 크레온은 결국 "나에게 목숨이 붙어 있는 한, 여자가 지배하지는 못할 것이다."(63)라고 선언하고 물리적 힘을 동원한다. 안티고네가 크레온에게 저항한 것은 오이코스의 가치를 지키고 신들을 경배하기 위한 것인데도 크레온은 이를 여성의 남성에 대한 도전으로 해석한 것이다. 남성의 언어로 남성의 덕목을 실천하는 안티고네 앞에서 젠더 규범이

---

6 소포클레스, 『콜로노스의 오이디푸스』, 김성완 옮김, 동인, 2002, 54-55쪽, 63쪽 참조.

전복되는 것을 느낀 크레온은 전복된 젠더 규범을 제자리로 되돌리려고 한다. 그는 분노 속에서 "여봐라! 이들을 안으로 데리고 가라. 이제부터 이들은 틀림없이 여자답게 될 것이다. 아무리 대담한 자라도 죽음이 목전에 다가오는 것을 보면 도망가려고 안간힘을 쓰는 법이니 이들을 잘 수감하라."(67)고 명하고, 아들 하이몬에게도 "여자에게 패배당해서는 안 된다. 우리가 망해야 한다면 차라리 사내의 손에 망하는 것이 낫다. 그래야만 우리가 여자에게 패배했다는 말을 듣게 되지 않을 것이다."(72)라고 충고한다. 크레온이 이와 같이 분노를 표출하는 것 자체가 안티고네가 단순히 폴리스의 포고령을 위반하는 데 그친 것이 아니라 공적 담론의 장에서 크레온을 무력화시켰다는 점을 입증한다.

이렇게 가부장적 성별 이분법에 균열을 만든 안티고네는 용감한 여성임에 틀림없다. 하지만 바로 이 점 때문에 그녀는 비극적 죽음을 맞이한다. 크레온은 안티고네가 남성을 능가해 명예롭게 행동하고 남성적 언어를 사용하는 것을 더 이상 용납할 수 없다. 그래서 그는 안티고네를 '여자답게' 만들고자 동굴에 가두고, 안티고네는 크레온의 강압적 공권력에 더 이상 대항할 수 없다는 사실을 깨닫고 자살한다. 소포클레스는 비극적 선택을 한 안티고네를 고귀한 비극적 영웅으로 칭송하고, 오만한 크레온에게는 사랑하는 아들과 아내를 잃는 가혹한 대가를 치르게 한다. 안티고네의 고귀한 죽음이 기존의 젠더 규범에 위협을 가한 것은 사실이다. 그러나 그것은 폴리스의 견고한 성별 이분법을 와해시킬 만큼의 강력한 파괴력을 갖지 못한다. 현실의 차원에서 볼 때, 안티고네는 코러스의 지적대로 "고집 센 성격"(83) 때문에 파멸을 자초한 것일 수도 있다.

안티고네의 곁엔 그녀를 지원해줄 여동생 이스메네가 있었다는 점을 고려하면 안티고네의 자결은 더욱 안타깝다. 안티고네는 이스메네에게 금지령이 내려진 오빠의 장례를 함께 치를 수 있는지 진지하게 묻는다. 이때 두 자매 사이에 좁힐 수 없는 의견 차이가 부각된다. 그런데 이스메네와 안티고네의 차이는 장례 의식의 수행 여부가 아니라 그 수행 방법에 있다는 점에 주목할 필요가 있다. 이스메네는 신들의 명예를 더럽히고 싶지 않으며 오빠에게 경건한 장례를 치러주어야 한다는 점에서 안티고네와 뜻을 같이하지만, 여성으로서 "국가의 법에 대항할 힘이 없기"(38) 때문에 안티고네의 행위에 동참할 수 없다고 주장한다. 그러면서 이스메네는 "아무에게도 누설하지 말고 은밀하게"(39) 숨어서 오빠를 매장하는 새로운 방안을 제안한다. 안티고네는 공개적으로 매장 제의를 치르는 것이 자신의 뜻이라며 이스메네의 의견을 단호하게 거절한다. 이스메네와 안티고네의 이 대결은 두 자매의 입장 차이를 명확하게 알려준다. 국가 통치자와의 갈등이라는 위기 상황에서 이스메네가 전략적 방식에 의거해 살아남겠다는 입장을 고수한다면, 안티고네는 자신의 뜻을 실천하기 위해 통치자에게 맞서고 죽음도 불사한다. 또 이스메네가 상황에 따라 변화하는 유연한 태도를 유지하는 반면, 안티고네는 변함없이 자신의 믿음을 밀고 나간다(Kirpatrick, 405-13).

: <안티고네와 이스멘느>, 에밀 타셴도르프, 1892년

살아남은 이스메네를 스스로 죽음을 택한 안티고네의 완전히 바람직한 대안으로 생각할 수는 없을 것이다. 이스메네는 안티고네처럼 크레온 왕의 문제점을 드러내지 못하므로 만약 안티고네가 이스메네의

제안을 받아들였더라면 크레온 정권이 존속되는 상황이 전개되었을지도 모르기 때문이다. 그럼에도 불구하고 이스메네를 안티고네와 차별화되는 대안적 여성으로 한 번쯤 고려해볼 필요는 있다. 안티고네가 보여준 불굴의 정신과 행위가 고결하다면, 이스메네의 정신과 태도는 어떠한가? 크레온 앞에 나타나 자신도 오빠의 매장에 가담했으며 그에 합당한 죄의 처벌을 받겠다고 말하는 이스메네, 안티고네에게 "지금 언니가 당하고 있는 이 고난 가운데서, 언니 곁에서 이 고난의 바다를 항해하고"(64) 싶으며, "언니와 함께 죽어 나의 명예를 지키고 죽은 오빠를 정결하게(65) 해달라고 애청하는 이스메네가 안티고네와 달리 죽음이 두려워서 현실과 타협하는 자일까? 그렇지 않다. 완강히 맞서다가 죽음을 맞이하는 안티고네와 달리, 이스메네는 현실 안에서 방법을 찾아 뜻을 이루고 살아남고자 했다고 보는 편이 옳다. 이스메네는 '순종과 삶'과 '저항과 죽음'이라는 두 선택지 중 하나만을 선택하기보다, 순종도 저항도 아닌 유연한 자세로 꼬인 상황을 풀어가고자 했을 것이다. 이런 맥락에서 보면, 이스메네의 관점을 수단과 방법을 가리지 않고 목적을 이루려는 태도로 보는 시각은 단편적이다. 또한 자신의 진실만을 주장하며 상대인 크레온의 생각을 조금도 수용하지 못하는 안티고네는 오히려 그녀가 반대하는 크레온과 닮았다고도 볼 수 있다. 안티고네와 크레온 둘 다 자신의 주장에 함몰되어 상대의 입장을 헤아리지도 받아들이지도 못한다. 하이몬과 예언자 테이레시아스도 안티고네 편에 서고 테이레시아스의 간청에 크레온도 뒤늦게 폴리네이케스의 장례 의식을 허락하는 것을 보면, 소포클레스는 분명히 안티고네의 편에 서 있으며, 그녀의 결정이 훌륭한 선택이라고 전하는 듯하다. 그러나 안티고네가 이스메네의 제안을 수용했더라면 어떤 상황이 전개되었을까? 혹시 안티고네가 살아서 자신의 뜻을 펼칠 다른 적절한 시간을 찾을 수는 없었을까? 의문이 남는다.

3. 폴리스를 지휘하는 희극적 리시스트라테[7]

타협을 거부하고 죽음을 선택했던 안티고네는 자신의 가치를 현실에서 실현시킬 수 없었다. 이 안티고네가 하지 못한 일을 실현하는 인물이 바로 『리시스트라테』의 리시스트라테이다. 안티고네가 오이코스의 가치와 전통을 지키기 위해 폴리스로 향했던 것처럼, 리시스트라테도 펠로폰네소스 전쟁(B.C. 431-421, B.C. 419-404: 두 차례에 걸쳐서 벌어진 아테네와 스파르타 사이의 전쟁)을 중단시켜 남성들이 집으로 돌아와 자손을 낳고 오이코스를 유지하기를 바라는 마음에서 폴리스로 향한다. 그러나 폴리스의 왕과 대결하다 비극적 죽음을 맞이하는 안티고네와 달리, 리시스트라테는 폴리스에서 리더십을 발휘해 전쟁을 막음으로써 폴리스에 평화를 가져오고 오이코스를 지켜내는 데 성공한다. 안티고네가 언어의 힘에 의존해 법에 저항하는 방식을 취하다가 목적을 이루지 못한다면, 리시스트라테는 직접 일을 도모하고 기획하고 관장함으로써 오이코스를 지켜낼 뿐만 아니라 정치적 능력을 발휘해 사회 전체의 희극적 통합까지 이끌어낸다.

리시스트라테의 어떤 점들이 이와 같은 희극적 결말을 이끌어냈는지를 살펴보기에 앞서 『리시스트라테』의 플롯을 간단하게 알아보자. 여성 리더 리시스트라테는 그리스 전역의 젊은 부인들을 모두 모이게 한 후 그들에게 남편과의 잠자리를 거부하는 섹스 스트라이크로 전쟁을 중단시키고 스파르타와 아테네 양국 간의 화해를 도모하자고 제안한다. 스파르타의 람피토의 주도로 주저했던 젊은 부인들이 리시스트라테가 주도하는 이 특이한 반전운동에 동참하기로 맹세한다. 이 젊은

7 3절의 글은 필자의 졸고 「아리스토파네스의 『리시스트라테』에 나타난 여성과 연극성」과 전체적 흐름에서는 유사한 논지를 펼친다. 그러나 이 글은 리시스트라테를 안티고네와 비교하는 관점을 유지하고 이론적 틀을 배제한다는 점에서는 이전 필자의 글과 다르다.

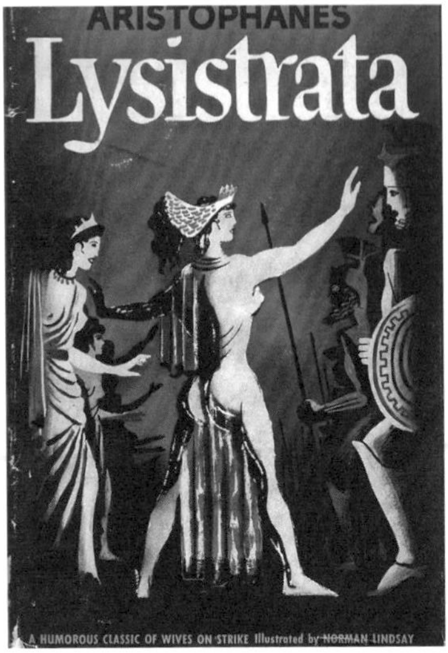

: 『리시스트라테』(Illustrated Library판) 책표지

여성들은 먼저 나이 든 여성들을 아크로폴리스로 보내 그곳을 지키게 한 후 나중에 이들과 합류해 그곳에 보관된 군자금을 차지한다. 정부 관리가 이 사건을 수습하려고 아크로폴리스 앞에 나타나 여자들이 차지한 군자금에 문제를 제기하지만 리시스트라테의 기세에 망신만 당한다. 한편 스파르타와 아테네의 남자들은 참을 수 없는 극도의 성적 흥분 상태에 이르게 되자 결국 부인들의 섹스 스트라이크를 감당하지 못하고 여자들과 협상 태세를 갖춘다. 리시스트라테의 설득과 전략으로 마침내 아테네와 스파르타 양국 간의 평화가 성립되고, 부인들이 아크로폴리스에서 나와 남편들과 재결합하고 극은 막을 내린다.

위에서 기술한 바처럼 리시스트라테는 여성 리더로서 다른 여성들처럼 성적 만족이나 가정 관리가 아니라 전쟁으로 위험에 처한 아테네를 구원하는 일에 관심을 둔다. 이 점뿐만 아니라 그녀의 남편이 『리시스트라테』에서 한 번도 언급되지 않는다는 면에서 우리는 그녀를 고대 그리스에서 독신생활이 허락된 여성, 즉 그리스 전통 제의들을 관장하는 여사제로 볼 수 있다.[8] 독신 여사제인 리시스트라테는 안티고네보

8 이 극에서 아리스토파네스는 리시스트라테를 여사제로 명시하지는 않지만 결혼하지 않은 독립적인 여성으로 제시한다. 고대 아테네에서 여사제는 제의를 관장하는 특권을 지니고 있었는데, 리시스트라테가 그리스 전역의 여성들을 소집하거나 여인들을 아크로폴리스로 데리고 가며 여성들을 지휘하는 점은 그녀를 일종의 여사제 역으로 볼 수 있는 근거를 제

다 더 분명한 방식으로 가부장제에서 벗어난 인물이다. 안티고네가 크레온의 아들인 약혼자 하이몬을 전혀 염두에 두지 않고 자결함으로써 크레온 가문과의 가부장적 결혼을 거부하는 결과를 초래했다면, 리시스트라테는 아예 처음부터 결혼 제도 속으로 들어가지 않음으로써 가부장적 가족 체계의 규범에서 벗어난다. 그러나 그녀 또한 안티고네처럼 오이코스를 유지하는 일을 더 중요하게 여기며, 더 나아가 오이코스야말로 폴리스 통치의 기틀이라고 생각한다. 리시스트라테는 여성들이 남자가 없어 아이를 낳지 못하면 오이코스를 지속시킬 수 없기 때문에 전쟁을 막아야 하며, 남성들이 스스로 전쟁을 막을 수 없다면 여성들이 폴리스의 "국사를 돌보"아야 된다고 믿는다.[9] 여성의 영역인 오이코스를 지키기 위해서 폴리스로 진출해 폴리스의 젠더 규범을 허문다는 이 역설은 리시스트라테를 (전통 장례 의식을 지켜내 가부장적 규범 안에 있으면서 동시에 왕에게 항거해 그 규범을 깼던) 양가적 안티고네와 같은 위치에 자리매김한다. 그러나 리시스트라테는 혼자 행동하는 안티고네와 달리 다른 여성들과 함께 행동하는 리더 역할을 수행하며, 안티고네의 방식인 정면 대결이 아니라 다소 다른 맥락이긴 하지만 이스메네가 제안했던 은밀한 방식을 적극적으로 도입한다. 리시스트라테는 남성 고유 영역인 폴리스를 침범하기에 앞서 아테네뿐 아니라 그리스 전역의 여성들을 모두 결집시키고 이들을 설득시키는 과정을 거친다. 여성들이 단결해서 함께 행동할 때 그 목적을 성취할 수 있다고 믿는 그녀는 이웃 칼로니케에게 "여자들이 여기 모임에 오기만 하면, 음, 보이오티

시한다. 그녀가 이 극의 다른 여성들처럼 가사를 돌보는 일이나 남성에 대한 성적 감정을 표출하는 일에 관심을 보이지 않으며, 부인들과 남편들이 만나 축제를 벌이는 마지막 장면에도 나타나지 않은 것은 그녀가 독신이라는 점을 추가적으로 뒷받침한다.

9 필자 번역의 아리스토파네스의 『리시스트라테』 34쪽. 앞으로 이 책에서의 인용은 괄호 안에 쪽수만 표기한다.

아(그리스 동북쪽의 한 지방)와 스파르타 여인네들이 우리와 합세한다면, 그리스를 구할 수 있어."(34)라고 말한다. 또한 남성들의 전쟁을 중단시키기 위해서는 전략을 사용하는 것이 필요하다는 점을 강조하며 "내가 전쟁을 끝낼 방법을 고안해내면 기꺼이 도와주겠니?"라고 묻고 스파르타의 람피토와 칼로니케의 적극적 동의를 얻어낸다. 리시스트라테의 설득에 람피토와 칼로니케도 리시스트라테처럼 남성들을 설득시키기 위해선 "계략과 속임수"를 동원해야 된다고 확신하기에 이른다(44-45).

크레온과 안티고네의 대결을 연상시키는 리시스트라테와 관리의 대결 장면은 리시스트라테의 "계략과 속임수", 즉 은밀한 전술을 압축해 보여준다(65-80). 먼저 리시스트라테는 동료 여성들과 함께 (고대 그리스의 가부장적 여성관에 따라 여성들을 경멸하는) 관리를 여장시키고 그의 상징적 장례식을 거행한다. 또 그의 여성 혐오적 태도와 발언을 되받아쳐서 그를 한껏 조롱한다. 관리에게 베일을 쓰고 바구니를 메도록 해 여장시키자, 관리는 양털실을 짜며 조용히 남성의 말에 귀 기울이는 오이코스의 부인으로, 리시스트라테는 국사를 논하는 폴리스의 남자로 변모된다. 이어서 여자들이 관리를 죽음을 앞둔 노인으로 취급하여 상징적 장례용품을 준비하자, 그는 심한 모욕감을 느끼고 여자들 틈에서 빠져나가려 안간힘을 쓴다. 이렇듯 리시스트라테는 소도구 몇 점을 이용해 남성 권력의 상징적 죽음을 희극적으로 연출한다.

더 나아가 리시스트라테는 관리와의 논쟁 장면에서 털실과 실패를 집어 들며, 여성이 여성 고유의 일인 털실 감기의 방식으로 폴리스를 남성보다 더 현명하게 운영할 수 있다고 비유적으로 설명한다.

> 털실을 감다가 엉키면 실패를 실타래 속으로 요리조리 돌리면서 하나씩 실을 풀죠. 이와 마찬가지로, 우리에게 권한을 주시기만 한다면, 우린 전쟁 중인 이 도시 저 도시로 사자를 보내서 엉클어진 문제를 풀

> 거예요. … 먼저 우리 여자들이 더러운 양털에서 기름기를 씻어내고 펴서 지저분한 먼지들을 털어내는 것처럼 이 도시를 다뤄보세요. … 다음 단계는 당신의 바구니를 선의를 지닌 공동의 양모로 채우는 일이죠. … 그런 다음 서로 다른 곳에서 온 각양각색의 양털실을 모아, 커다란 한 덩어리로 감는 거예요. 그 한 덩어리의 실로 모든 시민들이 입을 수 있는 멋지고 따뜻한 옷을 짜는 거지요. (77-78)

만약 리시스트라테가 국가 경영에 대한 자신의 주장을 위와 같이 비유적 방식으로 표현하지 않았더라면, 즉 안티고네처럼 직설적 언어로 폴리스의 권력자와 정면으로 대결했다면 어떻게 되었을까? 아마 관리를 희화화시키지도 무력화시키지도 못했을 것이며, 안티고네와 크레온 왕이 충돌했던 것처럼 관리와 충돌하고 불화하는 상황에 처했을 것이다.

리시스트라테의 전략은 크게 두 가지이다. 하나는 전쟁 자금을 차단하기 위해 아테네의 금고가 놓여 있는 아크로폴리스를 점령하는 작전이고, 다른 하나는 고대 아테네의 여성성 통념과 남성의 성적 본능에 기반한 연극적 전략, 즉 섹스 스트라이크 작전이다. 아크로폴리스를 점령하는 일이 전쟁을 중단시키기 위한 가장 효과적인 방법인 것은 분명하지만, 물리적 힘을 행사하지 않고 아크로폴리스 점령을 성공시키기 위해선 두 번째의 연극적 전략이 필수적이다. 따라서 리시스트라테는 아크로폴리스의 금고를 차지할 수 있도록 먼저 나이 든 여성들에게 아크로폴리스를 지키는 일을 맡기고, 자신은 젊은 여성들과 함께 남성들을 가정으로 돌아오게 만드는 섹스 스트라이크 전략에 집중한다.

리시스트라테의 이 전략은 고대 아테네 남성들의 가부장적 여성관을 역이용하면서 시작된다. 리시스트라테는 여성들은 "섹스와 음모"에만 관심이 있는 "순전한 욕정덩어리"(42)라는 고대 아테네 남성들의 여성관을 그대로 활용하는 방식으로 남성들을 유혹해 애타게 만든 후 거절하는 작전을 편다. 그 구체적 내용은 다음과 같다.

> 집에서 화장하고 그곳의 삼각형 털이 말끔히 정리된 게 잘 보이는 짧은 슈미즈를 입고 있어봐. 남편들의 그게 부풀기 시작하고 우리하고 자지 못해 안달이 나겠지. 그때 우리가 한발 물러나 그네들의 요구를 거절하는 거야. 그러면 부랴부랴 평화협정을 맺을 건 뻔한 일. 틀림없이 그럴 거야. (43)

리시스트라테의 지휘 아래 남성들의 강력한 성적 욕구야말로 그들을 전쟁에서 평화로 돌아서게 만드는 유일한 통로라고 인식하게 된 여성들은 선서를 통해 각자 남편들에게 남성들이 원하는 매력적인 여성의 모습을 재현하는 연극을 벌이겠다고 맹세한다. 이어서 리시스트라테는 이 전략이 평화로 이어지기를 기원한다.

> 우리들의 가슴과 다리를 매혹적으로 만들어 남자들을 유혹할 수 있게 해주소서. 남편들이 우리들의 사랑과 곤봉의 묘약에 유혹당하게만 된다면 그리스 전체가 우리 여자들을 '리시마케' 평화의 여신이라 부르게 될 텐데. (75)

이와 같은 리시스트라테의 작전은 누구와도 충돌하지 않으면서 기존의 틀(전쟁을 지속하는 고대 그리스의 가부장 체제)을 기존의 방식(고대 그리스의 가부장적 여성관)으로 뒤집는 역설의 전략이라고 할 수 있다. 이 점에서 리시스트라테는 기존 권력에 기존 권력의 언어와 태도를 매개로 저항했던 안티고네와 유사하다. 그러나 리시스트라테가 차용한 이 역설의 전술은 안티고네의 그것과는 차원이 다르다. 남성 언어와 태도를 차용해 남성 권력에 도전했던 안티고네와 달리, 리시스트라테는 남성적 관념을 의도적으로 수용해 그것으로 놀이를 벌이며 남성 권력을 조롱하고 자신들이 원하는 평화를 쟁취하기 때문이다.

: <리시스트라테>, 오브리 비어즐리의 일러스트레이션, 1896년

여사제 리시스트라테는 섹스 스트라이크 작전을 총지휘하는 연출가가 되어 그리스 각처에서 온 여러 부인들에게 각자의 오이코스에서 남편을 유혹하고 애를 태우도록 요청한다. 여러 부인들 중 대표적으로 미리네가 남편 키네시아스를 유혹하다 거절하는 장면만 무대화된다. 리시스트라테의 연출에 따라 미리네는 남자가 원하는 여성 유혹자의 역할을 능숙하게 해낼 뿐 아니라 이를 이용하여 남자를 골탕 먹이는 지략까지 보여준다. 즉 미리네는 침대, 담요, 베개, 향수 등의 소품과 드러난 가슴을 미끼로 키네시아스를 유혹해 그의 사랑을 받아들일 듯 연기하다가 매번 작은 불편함을 이유로 거절함으로써 그를 참을 수 없는 고통에 빠뜨리고 조롱거리로 만든다.

여자들의 전략을 알게 되었으나 미리네에 대한 욕망을 참을 수 없던 키네시아스는 스파르타에서 온 같은 처지의 사신과 함께 여자들이 원하는 대로 평화조약을 맺고자 하며, 리시스트라테에게 부인들과 남편들 사이의 분쟁을 중재해줄 것을 부탁한다. 고대 그리스의 각 폴리스에서 여러 사신들이 도착하자 리시스트라테는 한 번 더 이들을 자극하기만 하면 평화협정이 완성될 것이라 판단하고 중재자로서 긴 연설을 시작한다. 그러나 이 장면에서 중요한 것은 연설이 아니라 리시스트라테가 '화해'라는 이름의 알몸 여성 인물을 등장시킨 일이다.[10] 리시스트라테는 한편으론 연설을 하고 다른 한편으론 이 나체 여인을 내세워 그리스 전역 남성들의 성적 욕구를 자유자재로 조정한다. 이 작전 역시 부인들의 섹스 스트라이크만큼 성공적이다. 남근을 과장되게 강조한 망토를 걸치고[11] 무대에 등장한 아테네와 스파르타 사신들은 리시스트라테의 엄숙한 연설은 뒷전이고 오로지 '화해'의 나신을 뜯어보며 음란한 말들을 쏟아내는 데 열중한다. 알몸의 '화해' 여인에게로 향한 남성들의 시선은 곧 그들의 간절한 욕망으로 이어지고, 이 성적 욕망을 충족하기 위해 그들은 그간의 복잡한 정치적 문제들에서 벗어나 곧바로 평화협정을 맺는다. 이쯤 되면 리시스트라테가 '화해' 인물을 알몸으로 무대에 등장시킨 것은 남성들의 '가부장적 성적 쾌락을 조정한 것', 즉 연극을 벌이며 남성들을 가지고 놀아본 것이라는 사실이 확실해진다. 여성 동지들과 함께 섹스 스트라이크를 벌여 남성들을 궁지로 몰아넣은 리시스트라테가 알몸의 여성을 동원해 남성들의 성적 욕망을 자극하며 그들을 완전히 굴복시킨 셈이다. 즉 그녀는 폭력과 죽음이 매개하지 않는 희극적 방식으로 남성들을 제압한 것이다.

리시스트라테는 고대 아테네의 전형적 여성성의 경계를 가로지르며 연극적 방식으로 남성들을 한껏 조롱하고 평화라는 목적을 쟁취한 여성이지만 여전히 한계를 지니고 있다. 리시스트라테의 전략을 혁명적이라고만 평가하기는 어려운데, 완전한 남녀평등은 그녀의 구상 안에 존재하지 않았기 때문이다. 즉 리시스트라테의 전략은 여성들이 오이

10 '화해'는 조각상일 수도 있고, 화해를 상징하는 인물일 수도 있다.

11 아테네 희극 배우들은 남자 역할을 맡을 때 극적 컨벤션(규칙)의 일환으로 남성 성기가 달린 의복을 입고 나왔는데, 이 장면에서 양국 사신 역을 맡은 배우들은 더욱 과장된 남성 성기가 달린 망토를 걸쳤다.

코스 밖으로 나갈 수 있게 하거나 시민권을 획득하기 위한 전략이 아니라 그저 남성들을 오이코스로 돌아오도록 벌인 작전에 머물렀던 것이다. 무엇보다 이 극의 가부장적인 대사와 플롯이 여성들이 가부장 체제에 반발하기는커녕 그 체제 유지에 적극 협조하고 있다는 것을 알려준다. 남편과 잠자는 것을 포기할 수 없어 섹스 스트라이크 작전에 참여하는 것을 주저하거나 아크로폴리스를 몰래 빠져나가는 여인들, 아들을 낳고 종교 제의에 헌신하는 여성들을 언급하는 이 극의 여러 인물들의 대사와 코러스의 노래(62-63, 93, 79, 82-83)는 여성들이 남성들의 가부장적 젠더 관념을 공유하고 있음을 입증한다. 게다가 아테네와 스파르타 양국의 "남편들과 아내들이 모두 재결합하여 행복하게"(130) 살기를 기원하는 이 극의 결말은 여성들의 섹스 스트라이크 이전의 아테네 가부장적 체제를 강화할 뿐이다.

그럼에도 불구하고 리시스트라테가 채택한 전략, 즉 기존의 가부장적 여성성 관념을 그대로 역이용해 가부장제에 균열을 시도하는 연극적 전술은 어느 정도의 사회 변화를 이끌어낼 수 있을 것이다. 즉 이 방식은 견고한 가부장제의 철옹성을 단번에 무너뜨리지는 못하지만 그 성벽에 금을 내고 그 벌어진 틈새 안에 작은 변화들을 이끌어낼 수 있을지도 모른다. 여성들에게 조롱당했던 남성들은 여성들이 단순히 섹스와 음모밖에 모르는 존재들이 아니라는 것, "함부로 손대서는 안 되는"(68) 두려운 존재임을 알게 될 것이며, 가끔은 폴리스를 운영할 때 여성들의 현명한 판단력과 부드러운 힘에 의존할 수도 있을 것이다. 여자 코러스에게 으르렁거리며 덤볐던 남자 코러스가 여자 코러스의 물 공세에 옷을 적시고 망신당한 후 변화된 태도를 보이는 것은 이러한 변화 가능성을 예견케 한다. 이 장면에서 여자 코러스 리더가 남자 코러스 리더의 어깨에 옷을 걸쳐주니 남자 코러스 리더의 말투는 부드럽게 변하고, 여자 코러스 리더가 남자 코러스 리더의 눈에 들어간 벌레를 빼주니 그는 고마운 마음을 전한다(113-14). 가부장제 틈새 안에 이런 작은 변화들이 하나씩 모여졌을 때 젠더 지형의 변화가 일어날 기반이 마련될 수 있을 것이다.

4. 안티고네와 리시스트라테 비교와 현대적 의미

안티고네와 리시스트라테는 남성들이 조성한 환경이 오이코스의 신성함을 해치거나 오이코스 유지를 방해할 때 오이코스를 지키기 위해 폴리스를 침범한 여성들이다. 오이코스를 대변하기 위해 이 두 여성은 오이코스의 울타리에서 나와 남성들의 전유 공간인 폴리스로 들어가 우렁찬 목소리를 냈을 뿐만 아니라, 그 목소리로 고대 아테네 폴리스의 견고한 정치·사회 질서에 의문을 제기하고 위협도 가했다(Fox, 18). 그런데 리시스트라테의 연극적 방식이 폭력 없이도 남자들을 굴복시키는 데 성공했다면, 안티고네의 언어 저항은 크레온 왕을 심리적으로 약화시킨 만큼 그의 공권력을 강화시킴으로써 그녀 자신과 크레온 왕가의 비극을 초래했다.

리시스트라테와 안티고네 사이의 대조는 폴리스의 권력자와 대면하는 장면에서 가장 잘 드러난다. 리시스트라테는 아테네 관리가 폴리스 통치에 대해 설명해보라고 요구하자, 오이코스의 여성적 지식에 기반한 털실 짜기 비유법으로 유토피아적 통치 이념을 차분하게 설명한다. 폴리스를 오이코스처럼 경영한다는 이 비유법은 남성 통치를 비판하는 방식인 동시에 폴리스 대 오이코스라는 젠더 이분법 경계를 허무는 강력한 도구로도 작용한다. 폴리스와 오이코스를 분리했던 고대 아테네의 일반적 생각에 역행해 리시스트라테는 폴리스와 오이코스가 서로 가치를 공유할 수 있다고 믿는 것이다. 반면에 안티고네는 오이코스의 가치와 폴리스의 법이 절대로 양립할 수 없다고 생각한다. 이 점에서 안티고네는 리시스트라테 쪽보다는 크레온 쪽에 더 가까이 다가선다. 폴리스를 적대시하는 안티고네나 오이코스를 인정하지 않는 크레온이나 모두 '폴리스냐 오이코스냐'의 이분법으로 생사를 건 싸움을 벌이기 때문이다.

오늘날에도 리시스트라테의 지혜, 유연성, 위트, 전략이 안티고네의 열정, 정의감, 강인함보다 더 유용할까? 설사 '그렇다'라고 답하더라도 리시스트라테를 현대 여성들이 본받아야 할 유일한 모델로 생각할 수는 없을 것이다. 리시스트라테가 남성 극작가 아리스토파네스의 희극적 창조물로서 고대 아테네의 가부장적 사고방식과 체제를 거부하지 않는다는 점을 고려하면 더욱 그럴 수 있다. 어쩌면 가부장제의 압력이 어느 정도 느슨해진 현대 여성들에게는 리시스트라테의 전략보다는 안티고네가 보여주는 기개가 더 필요한 덕목일 수도 있다. 무엇보다 리시스트라테처럼 연극적 방식으로 소기의 목적을 이루는 것이 자칫 목적을 위해 수단 방법을 가리지 않는 것처럼 비춰질 가능성도 배제할 수 없다.

그럼에도 불구하고 우리 시대는 리시스트라테에 기대어 사회 변화를 촉구하곤 했다. 필자의 주장처럼 작은 변화를 이끌어내기 위한 노력의 일환이었는지, 미국의 이라크전쟁 촉발에 반대하며 공연예술가들은 〈리시스트라테 프로젝트Lysistrata Project〉(2003)[12]를 기획했다. 이 프로젝트에서 59개국의 공연예술가들이 『리시스트라테』의 읽기 공연을 통해 반전운동을 벌인 바 있다. 이 프로젝트에 참여하지 않았던 한국에서

12 〈리시스트라테 프로젝트〉는 2003년 3월 3일 미국이 일으킨 이라크전에 반대하기 위해 미국을 포함한 59개국의 공연예술가들이 반전극인 아리스토파네스의 『리시스트라테』를 읽으면서 시작되었다. 총 1,029회의 읽기 모임이 있었고, 2006년에는 BBC 라디오에서 방송되기도 했다.

: 2003년 <리시스트라테 프로젝트> 홍보 디자인

는 2015년 극단 물결이 참신하게 재해석한 〈리시스트라테〉(송현옥 연출, 3. 15-29) 공연을 통해 우리 시대 남성들에게 비판적 질문을 던져 큰 반향을 일으켰다. 같은 해 12월 미국에선 영화감독 스파이크 리Spike Lee가 『리시스트라테』를 재해석한 범죄 코미디 영화 〈시라크Chi-Raq〉를 선보이며 시카고의 총기 폭력에 반대하고 현대판 리시스트라테를 매개로 평화를 기원했다.

그러나 우리 시대는 『리시스트라테』보다는 『안티고네』에게 더 매료되었던 것 같다. 『안티고네』는 19세기 이후 최근까지 꾸준히 서양의 극작가들, 철학자들, 페미니스트들, 학자들에게 자극제가 되어 다양한 재해석을 낳았고 또 사고의 틀을 전환시키곤 했다. 연극 분야에서는 프랑스 극작가 장 아누이Jean Anouilh(1910-1987)가 1942년 재해석한 『안티고네』를, 독일의 서사극 창시자 베르톨트 브레히트Bertolt Brecht(1898-1956)가 1948년 프리드리히 횔더린Friedrich Hölderlin(1770-1843)이 번역한 소포클레스의 『안티고네』를 개작한 『안티고네』를 각각 발표해 큰 관심을 끌었다. 철학 분야에서는 19세기 프리드리히 헤겔Georg Wilhelm Friedrich Hegel(1770-1831)이 안티고네를 국가에 맞서 친족의 가치를 옹호하는 가정의 숭배자로 읽어내자, 이 논리에서 안티고네를 구출해내려는 철학자들의 노력이 지속적으로 이어졌다. 20세기 담론을 지배했던 두 철학자 자크 라캉Jacques Lacan(1901-1981)과 자크 데리다Jacques Derrida(1930-2004), 페미니스트 이론가 뤼스 이리가레Luce Irigaray(1930-), 그리고 최근의 퀴어 이론가 주디스 버틀러Judith Butler(1956-)는 각각 헤겔에 맞서 안티고네에 대한 참신하고 다양한 해석들을 제공했다.[13] 학계에서는 조지 스타이너George Steiner(1929-2020)가 안티고네가 서양의 각종 예술과 문학, 드라마와 사상 전반에 미친 영향을 추적하는 연구를 발표한 이후 많은 학자들이 그 뒤를 이어 안티고네 관련 연구를 지속하고 있다.

물론 대중도 영화를 통해 『안티고네』를 만날 수 있었다. 1961년 현대 그리스어판 〈안티고네〉의 뒤를 이어, 1970년 소포클레스의 『안티고네』를 재해석한 이탈리아 영화 〈카니발Il Cannibali〉이 상영되었으며, 1986년에는 BBC의 〈안티고네〉가 TV로 방영되었다. 가장 주목을 받았던 영화는 1992년 프랑스의 장-마리 스트로브Jean-Marie Straub(1933-)와 다니엘 위예Danièle Huillet(1936-2006) 감독의 독일어판 〈안티고네〉이다. 이 영화는 횔더린이 번역하고 브레히트가 각색한 작품을 대사 하나 바꾸지 않고 똑같이 스크린에 옮겨낸 것으로 유명하다. 21세기에도 여전히 『안티고네』는 영화계에서 관심을 받고 있다. 최근작으로는 2019년 10월 초 부산국제영화제에 출품해 주목을 받았던 캐나다의 젊은 여성 감독 소피 데라스페Sophie Deraspe(1970-)의 〈안티고네〉가 있다. 데라스페 감독의 말에 의하면, 이 영화는 이민자였던 실존 인물의 죽음을 계기로 소포클레스의 『안티고네』를 개작한 것으로 인간적 가치를 위해 법에 저항하는 여성을 담았다. 한국의 무대도 최근 여러 번 『안티고네』를 소환했다. 20세기 후반과 21세기 초의 다양한 〈안티고네〉 공연들을 일일이 열거하기는 어렵다. 최근 무대만 살펴보면, 2013년 국립극단의 〈안티고네〉, 2017년 극단 떼아뜨르 봄날의 〈그리스의 여인들,

---

13 이에 대해서는 이명호의 글 참조.

안티고네〉, 2017~18년 극단 가치가의 〈레퀴엠 포 안티고네〉가 있다. 이 모든 안티고네 재생산물들이 여성으로서의 안티고네에 주목하거나 페미니즘 시각을 취한 것은 아니다. 그럼에도 불구하고 우리 시대가 리시스트라테보다 안티고네에 더 자주 반응했던 것은 전쟁의 폭력보다 권력의 폭력에 더 자주 노출되었고, 또 여성이 남성보다 더 자주 권력의 억압성을 경험했기 때문이 아닐까 추측해본다.

공권력의 억압과 폭력을 체험한 사람들이 안티고네에게서 힘을 더 얻고, 참혹한 전쟁의 소용돌이를 경험한 사람들은 리시스트라테에게서 더 희망을 찾을 수도 있다. 그러나 안티고네와 리시스트라테 두 여성 인물 중 누가 더 오늘날에 적합한 인물인지, 또 누구의 방식이 더 유효한지 판단하기보다는 현재 우리가 처해 있는 사회적 위치, 젠더 지형, 그리고 우리 자신에 대해 깊이 성찰해보고 또 앞으로 나아갈 바를 모색해보는 것이 이 두 인물과 대화를 나누는 더 좋은 방식일 것이다. 앞서 언급한 개작들 및 재해석들을 참고로 우리도 이 인물들을 새롭게 재구성해내거나 현대적 입장에서 거슬러 읽으며 자유롭게 해석해볼 때 우리가 현재 직면한 한계들을 헤쳐나가고 미래를 열어가는 길을 찾을 수 있을 것이다.

주요 토론 주제

1. 소포클레스의 『안티고네』에 등장한 두 여성 인물 안티고네와 이스메느를 비교해봅시다. 두 자매는 어떤 점에서 유사하고 어떤 점에서 다릅니까? 어느 인물로부터 더 많은 영감을 받습니까? 왜 그렇습니까?

2. 소포클레스의 『안티고네』에 등장한 두 남성 크레온과 하이몬의 안티고네에 대한 생각과 태도를 비교해봅시다. 이후 이 두 남성의 여성관을 최근 한국 남성의 여성관과도 비교해봅시다. 고대 아테네 남성들의 여성관과 최근 한국 남성들의 여성관의 공통점과 차이점은 무엇입니까?
3. 아리스토파네스의 『리시스트라테』에서 리시스트라테가 제안한 섹스 스트라이크 작전은 우리 상황에 맞게 변형을 거친다면 오늘날 한국에서도 유효합니까? 그렇다면 어떤 면에서 그렇습니까? 만약 이런 작전이 더 이상 유효하지 않다면 오늘날에는 어떤 전략이 필요합니까?
4. 아리스토파네스의 『리시스트라테』에 구현된 리시스트라테의 리더십은 어떤 것인지 정리해봅시다. 리시스트라테의 리더십이 현대 한국의 여성들에게도 필요합니까? 우리에겐 구체적으로 어떤 여성 리더십이 요구됩니까?
5. 안티고네 유형의 인물과 리시스트라테 유형의 인물 중 어느 유형의 인물이 (고대 아테네 시대에 비해 비교적 느슨한 형태의) 현대의 가부장제를 살아가는 여성들에게 영감을 줄 수 있습니까? 왜 그렇습니까? 둘 다 영감을 주지 못한다면, 그 이유는 무엇입니까?
6. 『안티고네』 혹은 『리시스트라테』를 기반으로 각색되거나 재해석된 희곡이나 영화를 골라 읽거나 감상한 후 소포클레스의 『안티고네』나 아리스토파네스의 『리시스트라테』와 비교해봅시다. 더 나아가 만약 내가 이 두 작품을 각색하거나 재해석한다면 어떻게 할 것인지 생각해봅시다.

3 성서와 여성

박인희

성서는 고대 세계의 산물이며 기본적으로 가부장적 관점에서 저술되었지만, 여성들에 대해 깊은 관심을 보일 뿐 아니라 여성적 가치를 보존하고 있는 보고(寶庫)이다. 이 글은 성서 속의 대표적인 여성 인물들에 대한 왜곡된 해석의 역사를 검토하면서 동시에 가부장적 맥락 속에서도 여성들의 삶과 그 가치를 소중히 여겼던 성서의 다른 목소리에 귀 기울여보고자 한다. 그럼으로써 오늘의 사회에 대안이 되는 기독교적 가치에 접근해보고자 한다.

1. 기독교의 경전, 성서

313년 로마의 콘스탄티누스Constantinus 대제(272-337, 재위 306-337)가 기독교를 공인한 이후 기독교는 로마 시대와 중세를 거치며 서구의 정신 문화를 지배해왔다. 중세 시대 기독교는 성직자를 양성하는 신학교를 세워 기독교 기반의 정치, 사회, 문화 풍토를 마련하고 정치적 권력을 행사했을 뿐 아니라 성서에 기반한 학문의 발전에도 크게 이바지

했다. 종교개혁[1] 이후 기독교는 이전에 누렸던 막강한 정치적 영향력은 상실했지만, 성서의 영향력은 더욱 확장시킬 수 있었다. 종교개혁 이전 성서 해석의 권위를 교회가 독점했던 것과 달리, 종교개혁 이후에는 개인도 성서를 읽고 해석할 수 있는 자유를 보장받았기 때문이었다. 이 과정에서 개인과 사회의 규범으로서의 성서의 영향력도 더욱 증대되었다. 성서는 서구 사회에서 어떤 집단의 가치와 규범의 문제를 정하는 근거로 사용되거나, 그 집단의 이데올로기를 강화하기 위해 특정 구절이 전용되기도 했다. 오늘날에도 기독교는 세계를 이끌어가는 중요한 종교들 중 하나로 굳게 자리 잡았는데, 이 과정에서 성서의 영향력은 더욱 커졌다. 특히 개신교와 가톨릭을 포함한 기독교의 역사가 200년이 넘었고 신자 수도 전체 인구의 20퍼센트를 차지하는 한국 사회에서 성서의 영향력을 간과할 수 없다.

그런데 반드시 주지해야 할 사항이 있다. 그것은 우리 사회에 강력한 영향력을 행사하는 성서의 문서화, 경전화 작업이 거의 남성들에 의해 이루어졌다는 점이다. 특히 『구약성서』의 경우 고대 세계의 남성 지식인, 곧 엘리트 서기관 집단이 주도권을 가지고 성서의 저작, 편집 과정에 관여했고, 『신약성서』의 경우 역시 남성 주도 사회에서 저술되었다. 이 때문에 우리는 성서가 고대 세계의 가부장적 가치관을 반영하고 있다는 사실을 늘 유념해야 한다.

1 서구 세계가 근대 사회로 진입하는 데 큰 영향을 끼친 종교개혁은 1517년 독일의 마틴 루터Martin Luther(1483-1546)에 의해 성과를 거두었으나 이미 100여 년 전부터 영국의 존 위클리프John Wycliffe(1320?-1384), 체코의 얀 후스Jan Hus(1372?-1415) 등의 선구적 인물들이 있었고, 장 칼뱅Jean Calvin(1509-1564), 울리히 츠빙글리Ulrich Zwingli(1484-1531), 토머스 뮌처Thomas Münzer(1489?-1525) 등의 주요 인물들에 의해 이루어졌다.

성서 형성의 시대적 배경

서구 문명의 중요한 토대가 되는 기독교의 기원은 1세기 로마제국의 속주였던 유대 출신 예수이다. 예수 자신이 이 종교를 창시한 것은 아니지만, 그가 로마 당국에 의해 십자가 처형을 당한 후 그의 부활을 믿고 따르는 사람들에 의해 기독교가 인류 역사에 등장하기 때문이다. 로마제국 전역으로 확산된 이 종교는 처음에는 하나의 종교로 인정받지 못하다가 콘스탄티누스 대제에 의해 313년 공인되었다. 오늘날 사용하는 AD(Anno Domini)라는 말이 예수 탄생과 관련되듯 기독교는 이후 서구 역사에 지대한 영향력을 발휘해왔다.

기독교의 경전인 성서는 크게 『구약성서*Old Testament*』와 『신약성서*New Testament*』로 나눌 수 있다. 예수 시대 이후의 문서는 신약으로, 그 이전 유대인들의 종교 경전인 히브리성서는 구약으로 불린다. 따라서 기독교 경전의 많은 부분은 유대교의 경전과 같다고 하겠다.

『구약성서』는 39권의 책으로 이루어졌는데 크게 율법서, 예언서, 성문서 등으로 나누어진다. 성서는 기독교인들에게 하나님의 계시이지만, 인간의 상황human context과 무관하지 않다. 즉 성서는 특정한 사회의 역사적·문화적 영향을 받은 사회적 산물이다. 다시 말해 『구약성서』는 고대 이스라엘 사람들이 역사 속에서 그들의 문화와 신앙을 다룬 기록물이자, 기원전 10세기 내지 9세기경부터 거의 1,000년에 이르는 긴 기간 동안의 다양한 전승들을 수집하고 편집한 책이다. 또한 다른 종교의 경전과 달리 신에 관한 신화적 이야기보다는 신을 만난 유대인들(또는 이스라엘인들)의 오랜 역사적 체험을 중요한 신학적 자원으로 삼았기에, 『구약성서』의 핵심 요소는 유대인들의 역사라 하겠다. 예를 들어 이집트에서 탈출한 조상들의 해방의 경험, 다윗 왕조(기원전11-10세기)가 이룬 통일왕국, 바빌론제국에 포로로 끌려갔던 경험(기원전 6세기) 등이 이들의 신앙에는 중요한 자원이 된다. 비기독교인이라 해도 모세나 다윗, 솔로몬과 같은 인물들이 낯설지 않은 것은 『구약성서』가 지니는 이러한 역사성 때문이다. 더 나아가 『구약성서』는 이스라엘/유대 민족뿐만 아니라 이 민족에게 지대한 영향을 끼친 주변의 고대 제국들의 역사도 다루고 있다.

『신약성서』는 기독교에서 가장 중요한 예수의 가르침과 그의 행적을 담은 4복음서, 곧 「마태복음」, 「마가복음」, 「누가복음」, 「요한복음」과, 기독교의 위대한 선교자인 바울의 선교편지, 공동서신, 예수의 제자들의 행적을 담은 기록을 담은 「사도행전」과 묵시록 등 총 27권의 책으로 구성되어 있다. 복음서에는 "마음이 가난한 자는 복이 있다. 천국은 저희들의 것이다."(「마태복음」 5장)로 시작되는 산상수훈과 같은 예수의 가르침, 그의 수난과 부활과 같은 기독교의 핵심적인 내용이 담겨 있다. 바울(5?-66?)의 선교편지는 로마 교회와, 그가 소아시아와 그리스 지역에 기독교를 전파하며 세운 초기 기독교 교회에 보낸 편지들이다.[2] 공동서신은 바울서신 계열이 아니라 야고보, 베드로와 같은 예수의 다른 제자들이 썼다고 알려진 편지들이다. 이 서신들은 특정 지역이 아닌, 여러 곳에서 함께 회람하여 볼 수 있도록 보낸 편지로 공동서신이라 불린다.

『신약성서』는 기원전 63년, 유대가 로마제국의 속주가 된 이후 저작되었다. 『신약성서』는 문서화 작업이 비교적 늦게 이루어졌는데, 이는 초기 기독교인들이 문서보다는 구전에 익숙한 하층민들이나 여자들이

---

2 바울의 서신들은 그 수신 도시나 지역에 따라 제목이 붙어 있다. 곧 「로마서」, 「고린도전후서」, 「갈라디아서」, 「빌립보서」, 「데살로니가전서」 등 지역 이름이 제목으로 등장하는데 「빌레몬서」만 빌레몬이라는 사람에게 보내는 편지이다. 바울의 편지들은 그가 직접 쓴 편지들과 그의 후계자들이 그의 이름을 대신하여 작성한 편지들로 나누어진다. 예를 들어 「골로새서」, 「에베소서」, 「데살로니가후서」는 바울이 직접 쓴 서신은 아니라고 알려져 있다. 이들을 제2 바울서신이라고도 부른다.

었기 때문이었다. 즉 『신약성서』는 4복음서와 서한 그리고 각각 한 권으로 된 행전과 묵시록 등으로 구성된 매우 적은 분량의 경전인데, 이는 초기 기독교인들이 주로 교육받지 못한 하층민들이나 여성들이었던 점과 깊은 연관이 있다.

성서 시대의 여성의 지위

구약과 신약이 형성되던 고대 사회에서 여성의 지위는 매우 낮았다. 성서의 시대적 배경인 고대 이스라엘/유대 문화권과 그리스 로마 문화권 모두에서 여성은 남성에게 종속된 존재로 간주되었다. 특히 그리스 문화권에서 여성의 지위는 메소포타미아나 이집트와 같은 근동의 문화권에서보다 더 낮았다. 그리스 문명의 여성 억압 현상이 로마 시대에는 다소 완화된 것으로 알려졌지만 로마 시대의 여성들은 여전히 결혼이나 이혼은 물론 기본적인 재산 소유에 있어서도 법적인 주체가 되지 못했고 남성, 특히 남편의 소유물로 인식될 뿐이었다.

반면 기원전 10세기 이전과 이후를 배경으로 하는 구약의 자료에는 딸도 아들과 동등하게 유산을 상속했다는 기록이 있고, 근동의 다양한 여신 숭배 관련 이야기도 있다. 그러나 헬레니즘 시대를 거쳐 로마제국 시대로 돌입하면서 유대의 랍비 전통에서도 여성에 대한 규제는 강화되었다. 여성의 공적 활동은 금지되었고 여성은 집안에서 자녀를 양육하고 남편을 돌보는 일에만 전념하게 했으며, 성서를 읽는 일도 금지되었다. 물론 여성에게는 교육도 허락되지 않았다. 아버지와 남편의 보호 이외에는 법적 권리가 없었던 여성들에게 이혼은 삶에 치명적인 위협이 되었다. 반면 남편들은 아주 쉽게 이혼할 수 있었다. 당시 유대 지도자들인 랍비들이 남편들에게 허용한 이혼의 사유 중에는 아내가 빵을 태우거나 남편의 마음에 들지 않는 경우도 있었다. 즉 여성은 인격적인 존재가 아닌 남성의 소유물로 취급되었다. 그러나 성서에는 이런 현실과는 다른 특수한 사례들이 등장한다. 일례로 「사도행전」에는 자주색 옷감 장사를 하던 루디아라는 인물이 자주 등장하는데(「사도행전」 16:14), 이 여인은 당시 페니키아와 같이 로마제국 동부의 발전된 섬유 산업계에서 독자적 사업체를 가지고 있었던 여성으로 보인다. 또 사도 바울의 선교를 돕거나 초기 기독교 공동체를 세우는 데 기여한 여성들도 많았고, 추정컨대 이들 중에는 혼자 힘으로 바울을 후원한 여성들도 있었을 것이다. 이 여인들은 고대 세계 가부장제의 극심한 억압 속에서도 자신들의 역량을 발휘한 뛰어난 여인들의 선례라고 할 수 있다.

2. 성서에 대한 여성주의적 해석

안타깝게도 서구의 기독교 문화권에서 성서는 여성 억압을 정당화하는 데 사용되어왔다. 일례로 구약의 이브, 신약의 예수의 어머니 마리아와 막달라 마리아는 성서에 대한 가부장적 관점으로 심하게 왜곡되어 성을 빼앗긴 여성 또는 성적 대상물로 알려지게 되었다.

인류의 기원으로 알려진 아담과 이브 이야기에 등장하는 이브는 인간을 낙원에서 추방당하게 만든 당사자로 해석되어왔으며, 예수의 어머니 마리아는 동정녀 마리아로 숭배받았지만 기본적인 여성성조차 박탈당해야 했다. 즉 예수의 어머니 마리아는 여성성을 상실한 채 동정녀로 예수를 낳아야 했고, 다른 자녀들의 어머니라는 점도 무시된 채, 예수의 어머니 성모 마리아, 마돈나로만 남아 있게 되었다. 물론 역사의 흐름에 따라 마리아 숭배에 대한 다양한 해석이 나왔으며, 성모 마리아를 기독교 전통에 많은 통찰과 영감을 준 인물로 칭송하기도 했다. 이러한 성모마리아 숭배는 지극히 가부장적이었던 고대와 중세 사회에

⋮ 미켈란젤로의 피에타 상

서조차 여성도 신격화될 수 있음을 예시했다고 해석될 수도 있다. 그럼에도 불구하고 예수의 어머니 마리아에게 부여된 이 '성녀'의 이미지가 서구 문화권에서 여성에게 성녀 아니면 창녀라는 이분법적인 성적 대상화의 틀을 강요하는 데 기여했다는 것을 부인할 수는 없다. 또 다른 마리아인 막달라 마리아의 경우도 왜곡되기는 마찬가지였다. 그녀는 원래 예수의 수제자였으며 초기 기독교에서 뛰어난 리더십을 보여주었던 본래 모습과는 완전히 다르게 창녀로 알려졌다. 그러나 '창녀였지만, 회개한 구원받은 여성'이라는 이 막달라 마리아에 대한 이미지는 사실 정경(기독교 경전인 성서에 포함된 책들)과 외경(정경에 포함되지 않은 기독교 문서들) 그 어디에도 나오지 않는다. 그럼에도 막달라 마리아는 1,500년 이상 기독교 문화권에서는 창녀로 지내야 했다. 기독교 전통이 만들어낸 3가지 대표적인 여성상, 죄의 근원인 이브, 여성성이 배제된 동정녀 마리아, 창녀 마리아 모두 여성에 대한 성적 대상화를 반영한다. 이들은 현실 속의 여성이 아니라 각각 원죄적 악녀, 영원히 신비로운 성녀 또는 어머니, 매혹적인 창녀로 타자화되었다.

성서의 이러한 가부장적 측면에 본격적으로 진지한 관심을 가졌던 여성은 미국의 엘리자베스 캐디 스탠튼Elizabeth Cady Stanton이었다. 그녀는 『여성의 성서*The Women's Bible*』라는 저서에서 성서에 내재한 가부장적 해석을 날카롭게 비판했다. 당시 미국의 여성 참정권 운동에도 깊이 관여하고 있었던 스탠튼은 현실 투쟁보다 더 중요한 것은 여성의 종속을 정당화하는 기독교의 오류 제거라고 생각했다. 이러한 각성은 그녀가 트로이여자신학교Troy Female Seminary에서 수학했을 때 '여성은 악의 문'이라는 내용의 설교를 듣고 충격을 받았던 경험에서 비롯되었다. 이 일은 그녀의 영성에도 큰 영향을 주었다. 이 사건 이후 그녀는 기존의 신학교육과 기독교 신앙이 여성에게 미치는 부정적 영향에 대해 검토하기 시작했다. 그렇다면 인간은 결국 악한 자가 낳은 자녀이자, 악의 결과물이 아닌지 문제제기를 하고, 성서가 비록 하나님의 말씀이라 할지라도 언제나 남성 중심의 해석자들이 있다는 점을 인식하기에 이르렀다. 이후 그녀는 여성들을 집결시켜 함께 비판적인 성서 공부를 시작했고 그 결과물이 1895년 출간된 『여성의 성서』였다. 스탠튼은 이 책에서 여성이 인류의 타락을 주도했다는 창조 설화에 대한 기존의 해석을 반박하고 여성은 죄의 기원이 아님을 밝혀냈다(Stanton, 7-13). 이로써 이 책은 베스트셀러가 되었지만 곧 사탄의 책으로 간주되었다. 그런데 놀랍게도 이러한 통찰이 거의 한 세기 전, 메리 울스턴크래프트Mary Wollstonecraft(1759-1797)의 글에도 발견된다. 메리 울스턴크래프트는 『여성의 권리 옹호*A Vindication of the Rights of Woman*』(1792)에서 최초로 여성의 권리에 대한 학문적 논증을 펼친 바 있는데,

스탠튼과 마찬가지로 「창세기」가 남성의 관점에서 쓰인 인간적인 산물임을 강조하고 아담과 이브 이야기에 내재된 여성에 대한 부정적인 이미지를 거부했다.

이들은 여성의 권리를 옹호하고 여성의 인간성을 온전하게 확보하기 위해서는 기독교 신학에서 정립해놓은 죄의 근원으로서의 여성이라는 개념을 반드시 거부해야 한다고 믿었다. 울스턴크래프트와 스탠튼처럼 우리도 고대 세계를 배경으로 저작된 성서가 기본적으로 가부장제의 산물이라는 점, 여성의 사회 참여나 공적인 영역에서의 활동을 금하거나 인정하지 않고, 남성 가족의 통제권에 두려는 시대적 한계를 내포하고 있다는 점을 인식하고 성서를 읽어야 할 것이다.

그렇다면 '여성의 온전한 인간성 회복'에 관심을 갖는 여성신학적 성서 읽기란 무엇일까? 여성신학자 샤론 H. 린지Sharon H. Ringe는 성서는 여성에게 두 가지 상반된 힘을 행사해왔다고 말한다(뉴섬·린지, 2012: 38-39). 린지에 따르면, 성서가 한편으로는 생명, 희망, 해방의 힘으로 작용하며 여성들에게 힘이 되어주지만, 다른 한편으로는 남성들에게 권위를 부여하고 남성의 경험만을 정당한 규범으로 만들어 여성들로 하여금 스스로를 비하하게 했다는 것이다. 그래서 린지는 성서를 읽을 때는 이런 다면성에 대한 주의 깊은 고려가 필요하다고 강조한다. 여기에는 최근 성서학적 연구들의 다양한 접근이 도움이 된다. 특히 성서 배후의 역사와 문화에 대한 역사 사회적 연구, 다양한 문학적 전승들, 내러티브, 시와 노래에 대한 문학적 이해 등은 페미니즘 성서 해석에 도움이 되는 주요 방법론이라고 할 수 있다. 특히 역사적 예수의 활동지로 알려진 갈릴리에 대한 최근의 고고학적 발굴과 사회학적 연구들은 성서 본문을 다각도로 이해할 수 있는 길을 열어주었다는 점에서 고무적이다. 이 글에서도 이런 다양한 방법에 의한 연구의 결과들을 사용하여 성서에 깃든 가부장적 오류에 대해 비판하고 성서가 반영하는 다양한 여성의 목소리를 찾아 그 가치에 대해 성찰해볼 것이다.

『구약성서』와 여성

앞서 언급했듯이 『구약성서』의 형성에는 이스라엘 민족의 오랜 역사가 깊이 관련되었다. 따라서 『구약성서』는 종교적인 내용을 제공할 뿐만 아니라 이스라엘의 역사 관련 자료들을 다루고 있다. 이런 자료들 속에는 여성들이 지속적으로 등장한다. 예를 들어 「사사기」라는 책은 기원전 13-11세기경 정착기의 이스라엘의 역사, 왕정 체제가 확립되지 않았고 12지파 간의 평등한 연맹 체제였던 이스라엘의 역사를 다룬다.[3] 12지파를 다스리던 최고 지도자를 사사 또는 판관이라고 불렀는데, 이 사사 중에는 드보라와 같은 여성 사사도 등장한다. 그녀는 국가의 전쟁, 재판과 같은 일에 최고지도자로서 능력을 유감없이 보여준다. 이렇게 비교적 이른 시기의 역사를 다룬 「사사기」에서는 아직 가부장적 틀로 고정되지 않은 정형화되지 않은 여성들에 대한 흔적을 찾을 수 있다. 이후에 기록된 성서의 여성 묘사는 다양한 관점에서 이루어졌다. 왕정 시대에 등장하는 북이스라엘 왕국의 이세벨 여왕(B.C. 10-9세기)은 아주 부정적으로 묘사되는가 하면, 페르시아 시대(B.C. 6-5세기)를 배경으로 한 「에스더」의 전설 속 에스더 왕비는 긍정적으로 묘사된다.

그러나 『구약성서』에서 인류 역사와 관련되어 등장하는 가장 중요한 여성은 「창세기」에 등장하는 이브일 것이다. 「창세기」는 말 그대로 세상의 기원을 다룬 책이다. 그런데 「창세기」 3장에 나오는 아담과 이

---

3 이스라엘은 원래 이스라엘 사람들의 선조인 야곱의 다른 이름이다. 야곱은 열두 아들을 두었다고 알려졌고 이 열두 아들이 이스라엘 민족을 구성하는 선조가 된다.

⋮ 미켈란젤로의 시스티나 성당 천장화 중 아담과 이브의 모습

브의 이야기를 보면 이브는 뱀에게 속아서 선악과를 따먹는 죄를 범하는 어리석은 존재로 등장한다. 이 이야기는 오랜 서구의 역사 속에서 죄의 근원을 여성에게 전가하며 부정적인 여성성을 만드는 데 결정적인 역할을 했다. 마치 어리석은 여성의 속죄가 남성의 우위를 인정하는 것처럼 해석되면서 여성의 종속을 정당화하는 근거가 된 것이다. 그러나 이 이야기를 이렇게 여성의 종속에 대한 근거로 사용하는 것은 성서에 대한 올바른 해석이 아니다.[4]

다시 성서로 돌아가보자. 우선 「창세기」에는 인류의 탄생에 대한 두 가지 다른 이야기가 나온다. 「창세기」 1장에는 세계를 창조한 하나님이 "하나님의 형상Image of God"을 따라 남자와 여자를 창조했다고 기록되어 있다. 그런데 「창세기」 2장에는 1장의 이야기와 순서도 다르고 자료도 다른 또 하나의 창조와 낙원의 이야기가 등장한다. 여기서 아담과 이브가 처음 나온다. 또 3장에 나오는 실낙원에 대한 이야기도 앞서 두

4 「창세기」 전반에 걸친 여성주의적 해석은 『여성들을 위한 성서 주석 구약편』의 「창세기」를 참조하라.

창조의 이야기와는 다른 전승에서 유래된 것으로 추정된다. 「창세기」에는 고대 근동, 곧 메소포타미아나 이집트의 다양한 문화가 다수 반영되고, 자료와 전승의 편집이나 수집 시기가 각기 다른 자료들이 혼재되어 있다. 그래서 「창세기」 2장의 이야기처럼 흙(아다마)으로 사람(아담)을 만드는 것과 같은 재미있는 이야기들은 기원전 10-9세기경 이스라엘의 왕정 시대로부터 유래한 것으로, 1장보다 오래된 전승 기록이다. 이와 달리 「창세기」 1장에서 여자와 남자가 동등하게 하나님의 형상으로 만들어졌다고 말한 저자들은 기원전 6세기경 유대가 바빌론제국에 패망하여 바빌론에 끌려갔던 사제 집단과 관련된 것으로 보인다. 이 사제 집단은 근동과 바빌론제국의 창조 신화와 완전히 다른 창조의 이야기, '폭력'이 아닌 '말'로 세계를 창조한 유일신에 대한 통찰을 이끌어낸 뛰어난 신학자 집단이었다.

이러한 고대 시대의 산물인 「창세기」를 이해하기 위해서는 그 시대의 문화를 이해할 필요가 있다. 특히 「창세기」 3장과 관련된 부정적인 이브의 여성상을 재해석하려면 기원전 10세기경의 근동 문화에 대한 이해가 필요하다. 서구 사회에서 「창세기」 3장에 나오는 이브는 악한 뱀에게 유혹받는, 그래서 어리석은 존재로 해석되어왔지만, 사실 고대 근동에서 뱀은 악한 존재라기보다는 가장 지혜로운 존재를 상징하는 동물이었다. 「창세기」 3장에서 이 지혜로운 존재는 자신과 말이 통하는 지혜로운 존재인 여성에게 말을 건다. 「창세기」 2장에서 이브는 아담을 '돕는 배필, 돕는 자'로 신이 창조했는데, 이 말 '에쩨르'는 조수처럼 낮은 지위의 사람의 도움이 아닌, 우월한 자의 도움을 의미한다는 점에 유의하면 여성은 남성보다 지혜로운 존재라는 점을 명확히 알 수 있다. 예로 「시편」 146장 5절에 신이 인간을 도울 때 같은 말이 사용되었다. 그렇다면 창조의 질서에서 여자는 남자에게 종속적인 존재가 아니라 우월하게 창조된 존재인 것이다. 특별히 고대 세계에서 지혜와 관련된 중요한 단어들, '호크마', '소피아', '마아트'가 모두 여성형이라는 것을 고려한다면 이 점은 더욱 분명해진다. 마찬가지로 근동의 대표적인 여성 신인 '이난나'는 남성을 지배하는 여왕으로 묘사되기도 했다. 이 관점에서 본다면 여성은 지혜로운 존재로 지혜로운 뱀의 상대가 된 것이지, 어리석기 때문에 뱀에게 속은 것이 아니었다. 따라서 3장의 낙원 추방 이야기를 굳이 여자가 어리석으니 남자보다 열등하다는 근거로 해석할 필요는 없다. 선악과를 먹고 낙원에서 추방된다는 「창세기」 3장의 실락원의 이야기는 왜 인간은 일하고 출산하는 고통을 겪어야 하는지 설명하는 일종의 원인론적 민담이다. 이런 실낙원의 이야기는 인간의 고통스런 현실에 대한 하나의 탁월한 해석일 뿐, 이를 근거로 여성의 종속을 정당화할 수는 없다.

고대 세계 여성에게 보다 중요한 신학적 통찰은 바로 「창세기」 1장, 성서의 가장 첫 장에서 "여성과 남성은 모두 동등하게 하나님의 형상으로 창조되었다"는 선포여야 했을 것이다. 이렇게 볼 때 이브를 인류를 타락시킨 원초적인 죄인으로 보면서 그 벌로 여성이 남성에게 예속당해야 한다고 정당화하는 것은 성서 본문 자체가 아니라 가부장적 관점으로 성서를 왜곡한 결과라 하겠다. 물론 이런 왜곡된 해석들이 가능했던 이유는 『구약성서』 자체에 여성에 대한 부정적 언급이 많았기 때문이라는 점은 부인할 수 없다. 그러나 구약의 상당 부분을 차지하는 예언 문서나 지혜 문서의 배후에 남성 예언자, 서기관 집단이 있었으며, 구약 전체의 편집과 정경화 과정을 주도한 사람들도 남성 지식인, 유대 서기관들이었다는 점이 반드시 고려되어야 한다. 또한 구약에 등장하는 여성 혐오적인 발언이나 부정적인 여성 이미지들은 당시 남성 엘리트들의 관심이 유대 사회의 안정과 질서였다는 점과 무관하지 않다는 점도 상기해야 할 것이다. 이와 같은 시대적 한계를 고려한다면, 『구약성서』의 여성들에 대한 새로운 해석 가능성은 활짝 열려 있다고 하겠다.

『신약성서』와 여성

『신약성서』에는 실제 예수의 운동을 함께하거나 바울의 사역을 도왔던 인물들이 등장한다. 『신약성서』는 방대한 『구약성서』에 비해서 비교적 짧지만, 여전히 당시 고대 로마 시대와 유대교의 가부장적 관점을 그대로 반영한다. 그럼에도 『신약성서』에는 아직 기독교가 하나의 종교적 체제로 제도화되기 이전의 상황이 꽤 많이 반영되었기 때문에 가부장적 관점이 침투되지 않은 여성 묘사들을 찾을 수 있는 여지가 충분히 있다. 『신약성서』도 『구약성서』만큼이나 가부장적인 관점에 입각한 고대 세계의 산물인 것은 분명하다. 하지만 『신약성서』에는 가부장적 세계 속에서도 살아 숨 쉬며 자신들의 삶을 이끌어가려 했던 숨겨진 여성들의 모습을 찾기가 조금 더 수월하다. 이와 관련하여 최근 성서학자들은 복음서에 담긴 예수의 '하나님나라'가 여성들의 삶과 관련된다는 점에 주목하고 있다(Park, 41-54).

'하나님나라'란 원래 유대인들의 전승에서 나온 종말론적 개념이다. 유대 지식인들은 주변 제국의 지배를 지속적으로 받아온 험난한 역사 속에서 유대 민족의 새로운 시대, 신이 가져오실 새 시대에 대한 종말론적 담론을 발전시켰는데, 이 새로운 시대, 신의 완벽한 통치가 이루어지는 새로운 시대를 '하나님의 때'로 불렀고 이러한 새 시대를 가져올 구원자 메시아에 대한 기대를 키웠다. 그리고 로마제국의 가혹한 통치를 받던 예수 시대에는 이런 종말론적 기대, 곧 하나님나라에 대한 열망이 더욱 확산되었다. 이때 예수는 하나님나라의 도래를 선포하면서 여성들의 영역인 가정을 하나님나라의 공간으로 설명했던 것이다.

예수 시대의 여성은 인격적인 존재가 아닌 남성의 소유물이었고, 여성의 영역인 가정이나 집안일은 공적 영역과 분리되었다. 더욱이 여성들의 일상생활이 거룩한 하나님나라의 일과 관련되거나 그들의 영역인 가정을 신적인 공간으로 간주한다는 것은 있을 수 없는 일이었다. 게다가 유대 사회에서 배움이 금지된 여성들이 엘리트들의 종교적 영역이나 지식인들의 세계에 발을 들인다는 것도 있을 수 없는 일이었다. 당시 유대 랍비들도 여자가 '토라, 곧 말씀을 가까이하는 일'은 혐오스러운 일이라고 가르쳤고, 여자들이 유대의 성전이나 회당에 들어갈 수는 있었지만 여성에게는 제한적인 공간에서 제한적인 활동만을 허락했다. 그러나 바로 이 시대에 예수는 하나님나라를 가정으로, 하나님을 그 가정의 부모로 표현했다. 또한 예수는 아버지가 아닌, 어머니의 일상성에 의존했다. 강력한 가부장제 사회에서 하나님을 어머니라는 호칭으로 부를 수는 없었겠지만, 예수가 하나님을 자비로운 존재로 이야기할 때면 그 부모의 모습은 평범한 어머니들의 모습, 여성들의 일상적인 삶에 빗대진 것이었다. 예수가 "아빠, 아버지"라고 불렀던 그 하나님의 모습은 어머니의 모습이었다. 그래서 예수의 '돌아온 탕자 비유'(「누가복음」 15장)나 "구하라 찾을 것이요 문을 두드리라 열릴 것이라"(「마태복음」 7장)와 같은 유명한 말씀들에서, 하나님나라를 처음 선포한 「누가복음」의 평지 설교에서, 하나님나라는 "주린 배를 채워주고 흐르는 눈물을 닦아주는"(「누가복음」 6장) 어머니의 집과 같은 곳이었다.

이렇게 자비로운 어머니의 집으로 하나님의 집, 가정을 그리면서 예수는 당시 그가 복음을 전파했던 갈릴리 촌락민들을 향해 서로가 서로에게 자비로울 것을 요청했다. 당시 유대는 로마제국, 성전 지도부, 헤롯 왕가라는 3중의 지배하에 있었다. 전통적으로 곡창 지대였던 갈릴리는 이 3중의 조세로 인해 극심한 가난과 빚으로 전통적인 농경 사회의 공동체적 삶이 파괴되었다. 이런 위기 상황에서 예수는 갈릴리 촌락민들을 향해 하나님나라를 선포했고 여기서 촌락민들 스스로가 서로의 삶을 돌보는 공동체적 비전을 제시했다. 서로의 빚을 탕감해주고 서로의 삶을 돌보아 상생의 삶을 가르쳤던 것이다. 그래서 오늘날까지 전 세계의 기독교인들이 다함께 외우는 주기도문에는 "우리가 우리에게 빚진 자들을 탕감하여준 것 같이 우리의 빚을 탕감하여주시고"(「마태복음」 6장)라는 예수의 가르침이 담겨 있다.

예수가 가르친 집으로서의 하나님나라 가족이란 세리나 죄인, 원수까지 사랑함으로써 기존의 모든 인간관계의 경계를 허무는 평등의 공동체를 의미했다. 곧 죄인이라 낙인찍힌 사람들, 가난해서 헌금을 못 내거나 병들어 신의 징벌을 받는다고 간주된 사람들, 혹은 사회적 약자인 여자와 어린이 모두를 포함하는 완전한 평등의 공동체를 뜻했다. 이 평등의 공동체인 하나님나라가 여성의 일상적 삶의 자리에서 표현된 것이다.

여성들의 일상의 삶, 즉 자녀들을 먹이고, 입히며, 청소하고, 길쌈하며 수고하는 평범한 일상이 예수가 가르친 하나님나라에서 중요한 위치를 점유하면서, 하나님나라는 유대 전통 속의 거대한 국가적 이미지와 필연적으로 전쟁과 폭력을 수반하는 우주적인 대파국의 이미지 대신 따뜻하고 정감 넘치는 집의 이미지로 표현되었다. 곧 예수가 말하는 자비와 평등의 하나님나라는 갈릴리 여성들의 평범한 일상과 그들의 돌봄과 자비의 가치가 반영된 공동체였다. 이로써 하나님나라는 유대적 종말론의 폭력적 이미지를 넘어설 수 있었고, 나아가 로마제국의 폭력성을 넘어서는 공동체적 가치의 장으로 자리매김될 수 있었다. 기독교가 공인되기 이전 이미 로마제국 인구의 10퍼센트 이상의 사람들이 기독교인이 된 것은 제국의 극심한 박해 속에서도 평등과 이웃 사랑의 가치를 실현했던 초기 공동체의 윤리성에 힘입은 바 크고, 이 윤리의 토대는 바로 여성을 긍정적 시각으로 바라본 예수의 하나님나라 가르침이었다.

예수의 지상 사역뿐만 아니라 예수의 수난과 부활과 관련해서도 복음서의 여성들은 중요하게 부각된다. 「마태복음」, 「마가복음」, 「누가복음」, 「요한복음」의 4복음서 모두에는 남성 제자들이 아닌 여성 제자들이 기독교 신학의 근거가 되는 예수의 수난과 부활의 현장을 목격한 증인으로 나온다. 대표적으로 막달라 마리아는 예수의 수난과 부활의 모든 장면에 다 등장하며, 무엇보다 그녀는 예수의 부활을 처음 목격한 증인이다. 기독교 전통에서 목격자들의 증언을 가장 중시한다는 점을 고려하면 막달라 마리아를 포함한 여성들이 예수의 수난과 부활의 목격자들로 제시된다는 점은 주목할 만한 것이다.

예수의 메시아적 사명과 관련된 복음서의 보도 속에서도 여성은 중요한 사역을 담당한다. 4복음서 중 「누가복음」을 제외한 모든 복음서들이 전하는 중요한 여인의 이야기는 이 점을 예시한다. 예수의 머리에 기름을 부은 베다니의 이름 모를 여인(「마태복음」 26:6-13, 7:36-50, 「마가복음」 14:3-9)에 관한 이야기이다.

> 예수께서 베다니 나병환자 시몬의 집에서 식사하실 때에 한 여자가 매우 값진 향유 곧 순전한 나드 한 옥합을 가지고 와서 그 옥합을 깨뜨려 예수의 머리에 부으니 어떤 사람들이 화를 내어 서로 말하되 어찌하여 이 향유를 낭비하는가. … 예수께서 이르시대 가만두어라. … 그는 힘을 다하여 내 몸에 향유를 부어 내 장례를 미리 준비하였느니라. … 내가 진실로 너희에게 이르노니 온 천하에 어디서든지 복음이 전파되는 곳에는 이 여자가 행한 일도 말하여 그를 기억하리라. (「마가복음」 14:3-9)

「마태복음」, 「마가복음」에서는 이름 모를 여인으로 기록되고, 같은 사건을 보도하는 「요한복음」에서는 베다니의 마리아(「요한복음」 12:1-8)

라 불리는 이 여인은 예수에게 크게 감동을 주는 여인으로 등장한다. 그녀는 예수의 사명을 전혀 이해하지 못하는 남성 제자들과 완전한 대조를 이루는 존재로 그려진다. 이 여인은 십자가의 죽음이라는 메시아적 사명을 향해 예루살렘에 입성하려는 예수에게 찾아와 그의 머리에 기름을 부음으로써, 말 그대로 '기름 부음을 받은 자', 메시아의 즉위식을 예수에게 베푼다. 이 여인에게 감동받은 예수는 자신을 회고할 때면 언제나 이 여인도 함께 "기억하라"(「마가복음」 14:9)고 제자들에게 명한다.

반면에 이 여인이 예수에게 행한 기름 부음의 의미, 곧 예수의 메시아적 사명을 전혀 이해하지 못하는 남성 제자들은 이 여인이 사용한 기름을 아까워하는 답답한 자들로 묘사된다. 이렇게 복음서의 본문들을 모두 비교하며 오랫동안 잊혔던 이 여인을 발굴한 사람이 여성 신학자인 엘리자베스 쉬슬러 피오렌자Elizabeth Shuessler Fiorenza였다(xiii-xxv). 이 4복음서에 등장하는 이 여인에 대한 묘사들을 비교 분석함으로써 피오렌자는 페미니즘 관점에서 성서를 해석하는 새로운 전기를 마련했다.

복음서에서 예수가 이와 같이 중요한 인물로 강조했음에도 베다니의 이 여인은 오랜 기독교 역사 속에서 잊혀져 있었다. 그것은 이 여인의 이야기가 기독교 역사 속에서 유명했던 여인, 막달라 마리아의 이야기와 중첩되면서 이 여인이 보여주는 상징적 의미가 상실되었기 때문이었다. 그러나 분명히 복음서의 저자들은 이 여성에 대한 긍정적인 사건을 기록했고, 이런 복음서 저자들의 여성에 대한 긍정적 태도는 초기 기독교 공동체가 여성들에게 보였던 긍정적인 시선을 드러낸다. 기독교 선교의 대표적인 인물인 바울의 서신에도 이러한 태도는 견지되는데, 특히 여성들에게 남성과 동등한 지위를 보장하는 초대교회의 모토를 반영하는 "유대인이나 헬라인이나 종이나 자유인이나 남자나 여자나 차별이 없습니다. 우리는 그리스도 안에서 하나이기 때문입니다."(「갈라디아서」 3:28)라는 바울의 선포는 고대 사회에서는 볼 수 없었던 평등의 전망을 획기적으로 보여준다. 또 바울의 편지들에 유니아, 뵈뵈, 브리스길라, 글로에, 루디아 등 여성 동역자들의 이름이 언제나 남성보다 앞서 나온다는 점 등은 당시 초대교회의 평등한 분위기를 엿보게 한다. 그러나 바울 역시 고대의 가부장적 틀의 한계를 완전히 벗어날 수는 없었기 때문에 "여자는 교회에서 잠잠하라"(「고린도전서」 14:34)고 명령한다. 또한 교회가 제도화되어가던 상황이 신약에 반영되기 시작하면서, 초기 교회도 점차 로마 사회의 관행을 따르게 되며 여성을 제약하는 언급들도 포함시키게 된다. 로마제국 내에서 생존하기 위해 교회는 가부장적 외부 사회의 규범에 따라 여성을 억압하는 가정 훈령 등을 가르치고 여성들의 활동에 제약을 두는 방향으로 전환했던 것이다. 따라서 제2 바울서신이나 공동서신에는 "여자는 남편에게 복종하라"는 등 여성의 열등성을 당연시하는 말들이 자주 나온다. 이런 언급들을 읽을 때는 당시 상황을 고려하며 성서를 읽을 필요가 있을 것이다.

3. 성서 속 마리아 해석의 역사: 성녀 아니면 창녀?

가부장적 해석 때문에 성서의 많은 여성 이미지들이 왜곡되어왔지만 그중에서도 막달라 마리아가 가장 확실하게 성서 본문에 위배되는 경우이다. 막달라 마리아의 예는 여성을 성녀/어머니 아니면 창녀로 보는 남성들의 이분법적 성적 대상화가 성서의 권위를 능가할 만큼 강력하다는 것을 여실하게 보여준다. 대부분의 기독교 문화권에서 막달라 마리아는 원래 창녀였다가 회개한 여인으로 알려졌다. 특히 서양 미술에 많이 등장하는 막달라 마리아의 모습은 언제나 육감적인 모습, 성적인 매력을 발산하는 존재로 묘사되곤 했다. 그러나 놀랍게도 이 막달라 마리아 이미지는 복음서가 보도하는 막달라 마리아의 모습이 아니다.

〈다빈치 코드〉라는 영화에서도 알 수 있듯이 지역적으로 막달라 마리아에 대한 전설이 가장 유명한 곳은 프랑스이다. 전설에 의하면 그녀는 예수 추종자 몇몇과 함께 프랑스 남부로 옮겨와 30년간 살다 죽었다고 한다. 그녀는 동굴에서 살면서 신비하게 밝은 시야를 유지해 횃불 없이도 동굴이나 지하 길을 찾아다녔다고도 전해진다(Leloup, xxi-xxii).[5] 이러한 전설은 그녀가 예수의 여인이었을 것이라는 추정 하에 그녀의 후손과 프랑스 왕조를 연결시키려는 의도에서 만들어진 이야기라고 할 수 있다. 사실 마리아가 예수의 아내나 애인이었을 것이라는 가능성은 초기부터 제기되어왔다. 외경인 「빌립복음서」에는 이에 대한 추측을 가능하게 하는 부분들이 들어 있다. 그러나 가장 중요하고 권위 있는 정경인 4복음서(마태, 마가, 누가, 요한복음)에서 마리아는 언제나 예수와 사역 활동을 함께하는 예수의 제자로 그려져 있다.

정경 복음서와 막달라 마리아

막달라 마리아는 4복음서 모두에 등장한다. 복음서에서 막달라(믹달) 마리아는 기본적으로 일곱 귀신 들렸다가 치유 받은 여인으로 설명되고 있다(「마가복음」 16:9, 「누가복음」 8:2). 이 믹달 또는 막달라 출신 마리아는 중병에 걸렸다가 예수에게 치유 받은 이후 그의 제자가 되었을 것이라고 추정된다. 4복음서에서 이 여인은 예수가 활동할 때 언

5 이런 전설들은 예수의 후손과 프랑스의 메로빙거 왕조를 연관 지으려는 시도에서 나온 것으로 보인다. 프랑스 남부 마르세유 동쪽 언덕에 생트-보메Sainte-Baume라는 유적이 있다. 전설에 의하면 예수의 후손을 잉태한 막달라 마리아는 이 지역의 동굴에서 평생을 보냈다.

제나 등장하지만, 무엇보다 예수의 십자가 처형과 매장, 그리고 부활의 현장의 중요한 목격자이다. 예수가 처형당할 때 십자가 밑에서 그를 지켜본 것은 물론, 매장 후에는 향품을 가지고 예수의 무덤에 찾아가 시신을 수습하여 제대로 장례식을 치르려 했던 용감한 여인이다. 예수가 받았던 십자가형은 로마의 반란범을 처형하는 중형으로서 당시 예수와 함께 다녔다는 사실이 노출되면 신변에 위협이 되기 때문에 예수의 처형, 매장, 부활의 현장에 있는 일은 결코 쉬운 일이 아니었다. 이런 이유로 예수의 남성 제자들은 예수의 무덤을 찾지 않았던 것이다. 이런 상황에서 예수의 무덤을 찾은 마리아가 결국 예수의 빈 무덤 목격자/증인이 되었고(「마가복음」 16:9-10, 「마태복음」 28:1-10, 「요한복음」 20:1-18, 「누가복음」 24:1-12), 또한 마리아는 부활한 예수를 가장 먼저 만나는 영광을 얻었다(「요한복음」 20:1-18). 초기 교부들이 막달라 마리아를 높이 평가했던 것은 이와 같은 이유에서였다.

외경과 막달라 마리아

한편 기독교 경전에 들지 않는 외경에서도 막달라 마리아는 중요하게 보도된다. 기독교 정경화 작업은 거의 4세기 말에 완성되었기 때문에 그 이전까지 다양한 기독교 문서들이 있었다. 앞서 설명한 구약과 신약의 정경에 포함된 책들 외에도 많은 자료들이 있고 기독교 박해 시기를 거치며 사라진 책들도 있지만 상당한 자료들이 19-20세기 들어서 발굴되고 있다. 예를 들어 1947년 이집트의 나그함마디에서 발굴된 「도마복음서」, 「야고보 묵시」, 「구세주와의 대화」와 같은 자료들은 초기 기독교의 상황을 알려주는 중요한 문서들이다. 그런데 이 문서들에서 막달라 마리아가 아주 비중 있는 인물로 등장한다. 무엇보다 막달라 마리아와 관련하여 가장 중요한 자료는 「마리아복음서」이다.[6] 이 문서는 나그함마디가 아닌 이집트의 여러 지역에서 발굴되었다. 여기서 마리아는 부활한 예수의 메시지를 받아 남성 제자들에게 전달하는 최고의 제자의 모습으로 나온다. 남성 제자들보다 지혜롭고 용감한 제자로 부활한 예수의 뜻을 이어받는 수제자로 나오는 그녀는 두려움에 떠는 남성 제자들을 이끄는 리더로 등장한다. 한편 다른 맥락에서 「빌립복음서」는 아예 막달라 마리아를 예수와 아주 친밀한 존재, 곧 동반자로 그리는데, 이것이 마리아와 예수의 관계를 부부로 보는[7] 근거가 되었다. 종합해보면, 막달라 마리아는 초대교회가 시작될 무렵 중요한 지도력을 발휘했던 예수의 수제자라고 할 수 있다. 그녀는 예언가, 환상가, 교사로, 무엇보다도 뛰어난 지혜를 가진 인물로 등장한다. 또한 그녀에 대한 기록이 정경을 포함하여 많은 외경에서 발견된다는 사실은 초대교회에서 막달라 마리아가 유명하고 유력한 인물이었다는 점을 입증한다(King, 143-44).

교회 전통과 막달라 마리아

이러한 마리아에 대한 긍정적인 기록들은 점차 기독교가 제도화되고 권력을 장악하게 된 중세 이후에 완전히 부정적으로 변모한다. 초기 교부들은 마리아를 아주 긍정적으로 묘사했었다. 심지어 여성 혐오적

6 「마리아복음서」 본문 전체는 아직 발굴되지 않았다. 앞부분이 손상되어 있지만 가장 완벽한 형태의 「마리아복음서」가 들어 있는 Codex Berolinensis 8502는 Berlin Codex로 5세기경의 것으로 추정된다. 현재 발굴되어 출판된 「마리아복음서」는 6-14의 8장으로 한글 번역본과 해석에 관해 박인희의 연구를 참조할 수 있다.

7 「빌립복음서」에는 예수의 동반자인 막달라의 마리아로 나오지만 여기에는 여성을 적대하는 글도 있다. 또 「피스티스 소피아」(3세기)에 보면 마리아와 베드로의 대결이 나오는데 여기서 마리아는 베드로가 무섭고 우리 종족을 미워한다고 말하는 등 여성에 대한 부정적인 시각이 있음을 나타내고 있다.

인 주장을 했던 터툴리안Tertullianus(155-220)마저 「요한복음」에서 마리아가 부활한 예수에게 두려움이 아닌 사랑의 마음으로 다가갔으며 남성 제자인 도마처럼 의심하지 않았다는 것을 근거로 마리아를 칭송했다. 대표적 교부인 어거스틴Augustinus(354-430) 역시 마리아를 높이 평가했는데, 그에 의하면 마리아는 "사도 중의 사도"였다. 그녀가 바로 부활의 첫 증인이기 때문이었다(Leloup, xv).

그러나 점차 기독교가 공인되며 안정된 제도를 확립해가면서 마리아의 위상은 하락하기 시작했다. 예를 들어 남성 신학자들은 부활의 증인이 마리아 혼자가 아니라거나, 여성이 죄의 발단이라서 부활의 소식도 여성이 처음으로 알게 된 것이라는 변명을 늘어놓기 시작했고 급기야 「누가복음」 7:36-50의 죄 많은 여인과 막달라 마리아를 동일시하기에 이르렀다. 「누가복음」에만 나오는 이 죄 많은 여인은 예수에게 찾아와 눈물로 예수의 발을 씻어주고 발에 기름을 부은 여인이었다. 그런데 여기서 죄, 헬라어로 '하마르티아'는 죄, 과오 등을 모두 함의하는 광의적인 표현이었다. 심지어 이스라엘에서는 병은 죄의 결과라 여겨졌기 때문에 병자도 죄인에 속할 수 있었다. 게다가 헬라어로 성적인 죄에 대해서는 '포르네이아'라는 전혀 다른 단어가 있기 때문에 이 여인의 죄를 굳이 성적인 죄라고 볼 필요는 없었다. 그럼에도 이 여인의 죄

⋮ <회개하는 막달라 마리아>, 구에르치노, 1645-1649년

를 교회 전통에서는 성적인 죄로, 따라서 이 여인을 창녀로 보기 시작한 것이다.

여기에 단지 기름을 부었다는 이유 때문에 「마가복음」과 「마태복음」의 베다니의 여인(「마가복음」 14:3-9, 「마태복음」 26:6-13) 이야기가 합쳐졌고, 그 베다니의 여인이 「요한복음」에서는 마리아(「요한복음」 12:1-8)라고 불렸기 때문에 막달라 마리아도 이 여인들과 동일시되었다. 결과적으로 예수의 메시아적 사명을 이해했던 그 뛰어난 베다니의 여인도 사라졌으며, 막달라 마리아는 예수의 수제자가 아닌 죄 많은 여인으로 변형되었다. 결정적으로 6세기 그레고리 교황Pope Gregory I(540-604)의 설교에 의해 「누가복음」의 죄 많은 여인의 이미지가 복음서에 나오는 모든 여성들을 압도하게 되었고 막달라 마리아는 도덕적으로 용서받을 수 없는 죄인, 무엇보다 창녀로 낙인찍히게 되었다(King, 151).

> 누가가 죄 많은 여인이라 불렀던 여인, 요한이 마리아라 불렀던 그녀, 우리는 그녀가 마가가 말한 일곱 귀신으로부터 해방된 여인이라 믿습니다. 그 일곱 귀신이란 무엇입니까? 그것은 모든 악이 아니었겠습니까? … 형제들이여, 그것은 분명합니다. 이 여인은 그 연고(향품?)을 금지된 행위를 위해 자기 육체에 향기를 품게 하려 사용했을 것입니다. (그레고리 교황 설교 33Homily 33, pope gregory I)

막달라 마리아의 모습이 이렇게 창녀로 규정되자 복음서의 죄와 관련된 모든 여성들이 다 막달라 마리아와 연관되었다. 「요한복음」 8:1-11의 간음한 여인, 「요한복음」의 4장의 우물가의 여인이 그들이다. 이런 식으로 초기 기독교의 지도자인 마리아가 회개하는 창녀로 변형되었다. 또한 이 부정적인 이미지가 그녀가 왜 부활한 예수의 몸을 만질 수 없는지에 대한 이유를 제공하고 마리아와 여성들의 지위를 훼손시키는 근원이 되었다.

4. 성서의 현대적 의미

성서가 여성들의 다양한 모습을 담아냈음에도 불구하고 서구 전통 속에서 여성에 대한 성서 해석은 부정적이었다. 서양 문화권에서 성서는 거의 대부분의 경우 '여성은 본성적으로 남성보다 열등하며, 남성에게 권위를 행사할 수 없다'는 근거로 사용되었다. 막달라 마리아는 가부장적 사회에서 용인되는 성역할gender role에 의해 창녀로 인식되었다고 할 수 있다. 만약 막달라 마리아가 누구의 딸이거나 결혼했다거나 과부가 되었다는 정보가 있었다면, 즉 그녀를 규정해줄 남성 가족이 있었다면, 그녀는 창녀의 범주로 분류되지는 않았을 것이다. 그러나 마리아 곁에 그 어떤 남성에 대한 기록도 없었기 때문에 그녀는 부인, 엄마, 처녀, 과부, 창녀 중 창녀로 분류되었다. 이처럼 전혀 성서적 근거가 없음에도 불구하고 막달라 마리아가 창녀로 변모된 과정은 여성에 대한 타자화가 얼마나 강력한 효과를 발휘하는지 여실히 보여준다.

페미니즘 관점에서 성서를 새롭게 보려는 시도는 성서 속의 가부장적 관점에 대한 의심과 비판을 거친 후 역사적 상상력을 통해 새로운 여성상을 수립해가는 일이라 하겠다(Fiorenza, xiii-xxv). 막달라 마리아의 경우에서 볼 수 있듯이 실제 초기 기독교에서 여성들의 활약은 상당했다.[8] 여성 신학자들의 노력에 의해, 이러한 여성들의 모습이 발굴되

8 한편 주목할 점은 동방교회 전통에서는 서방교회와 달리 막달라 마리아에 대한 왜곡이 나타나지 않는다는 것이다. 서구유럽은 서방교회 전통을 그대로 따랐고 우리나라도 서방교회 전통에 속함으로 이 글에서는 지면상 구체적으로 다루지 않았다. 이에 대한 상세한 설

고 활용된다는 점은 고무적이다. 최근 영화 〈막달라 마리아: 부활의 증인Mary Magdalene〉(가스 데이비스Garth Davis 감독, 2018)은 이러한 연구가 반영된 좋은 사례라고 할 수 있다. 2020년 현재도 가톨릭을 비롯한 일부 교단에서 여전히 여성 사제, 여성 안수가 허락되지 않는 현실을 감안해볼 때 예수 시대의 여성 지도력에 대한 연구는 더욱더 중요하다고 할 수 있다. 나아가 이러한 연구들은 비단 기독교라는 한 종교의 문제에 국한되지 않는다는 점도 생각해봐야 할 것이다. 기독교는 이미 정치·문화·사회적인 거대한 패러다임으로 서구 문명의 일부가 되었고, 우리 사회도 그 패러다임과 무관하지 않기 때문이다. 기독교 전통에서 누락시킨 여성적 가치들을 돌아보는 일은 지금 오늘의 문명이 누락시켜온 근원적인 가치들을 점검하는 일에 다름 아니다. '인간을 무엇이라 정의할지'를 묻는 이 포스트휴먼 시대에 고대 세계의 산물인 성서에 다시 주목하는 것도 이러한 이유에서이다. 무엇보다 기독교 신앙의 토대인 예수의 가르침이 여성의 삶과 밀접했음을 밝히는 일은 중요하다. 예수는 종교적으로 탁월했던 유대적 사유도, 로마제국의 권력도 도달해보지 못했던 자비와 평등의 공동체적 비전과 가난한 여인들이 삶 속에서 보여준 돌봄과 상생의 가치를 그의 '하나님나라'에서 가르쳤다. 그리고 이 가르침을 전파하며 초기 기독교 형성에 공헌한 여성들, 막달라 마리아와 같은 뛰어난 여성들이 있었다. 수많은 오류와 왜곡에도 불구하고 바로 이것이 기독교를 지탱시켜온 근원적인 힘이며, 이 정신을 재조명하는 작업은 무한 경쟁과 무한 발전을 가치 삼아 질주하는 오늘의 사회에 여성적 가치의 진가를 발휘하게 하는 일이 될 것이다.

한편 우리나라의 여성 신학자들의 현실적 노력도 주목할 만하다. 한국의 여성 신학자들은 학문적 노력과 나란히 여성의 삶과 교회 현장에

명은 참고문헌들을 참고하기 바란다.

대한 관심을 가져왔다. 이미 1980년대부터[9] 여성 인권 운동은 물론 하나님나라의 구현체로서의 시민 운동, 여성의 역사와 다양성 인정에 대한 추구를 위한 평화와 돌봄의 운동 등을 꾸준히 전개해왔다. 교회 내 성차별, 성폭력 근절, 여성 안수 실시를 위한 노력은 물론 교회의 경계를 넘어 다양한 여성 시민 연대를 통해 위안부 할머니, 이주노동 여성 등 다양한 여성들을 위한 시민 운동으로 여성 연대의 영역을 확장시켜왔다. 그리고 이러한 노력은 '신의 형상'으로서의 여성, 곧 모든 여성들의 온전한 인간성 회복이 이루어지는 그날까지 계속될 것이다.

---

9 한국여신학자협의회는 1983년 발족하여 현재까지 사회 전 분야에서 활발하게 활동하고 있고, 이와 나란히 한국여성신학회는 1984년 발족하여 주로 학문적인 영역에서 활동 중이다.

주요 토론 주제

1. 남성과 여성이 동등하게 신의 형상God's Image으로 창조되었다는 것의 의미를 생각해봅시다.
2. 예수의 하나님나라에 대한 가르침이 여성들의 일상적인 삶을 토대로 했다는 것의 의미는 무엇인지 다루어봅시다.
3. 예수의 가르침을 다룬 복음서 중에서 「마태복음」은 참다운 의로움, 정의가 무엇인지에 대한 주제가 많이 나옵니다. 이와 관련하여 「마태복음」에 수록된 예수의 족보에 등장하는 여성들에 대해 살펴봅시다. 「마태복음」에는 예수의 조상으로 여성들이 등장하는데 그들은 모두 사회에서 천시되던 외국인들(룻, 라합)이거나 기생(라합) 또는 성적인 죄를 범한 여인들(밧세바, 다말)입니다. 그럼에도 이들은 당당히 예수의 족보에 예수의 조상으로 등장합니다. 고대 사회에서 여성들의 삶의 정황을 살피고 이들이 왜 이런 고통스런 삶에 처했는지와 관련하여 「마태복음」에서 말하는 정의가 무엇인지 한번 생각해봅시다.
4. 대부분 종교나 조직의 설립 초기에는 여성들이 활약하다가 어느 정도 그 조직이 제도화되면 여성들은 지도력에서 사라지는 것이 전형적입니다. 막달라 마리아의 경우와 관련하여 생각해보고 이를 어떻게 개선할 수 있는지 토론해봅시다.
5. 기독교에서 이상적으로 그리는 신앙인의 모습이 자비와 헌신의 이미지라면 이것이 여성에게 미치는 긍정적, 부정적 영향에 대해서 생각해봅시다.

4

중세와 여성
: 아서 왕 이야기 속의 궁정풍 사랑[1]

이현주

궁정풍 사랑 이야기는 중세 시대 전반에 가장 유행하고 사랑받은 이야기로, 아서 왕 궁정의 귀네비어 왕비와 원탁의 기사 랜슬롯 경의 사랑 이야기가 대표적이다. 이 글은 15세기 토마스 말로리의 『아서 왕의 죽음』에 나타난 두 사람의 사랑 이야기를 중심으로 궁정풍 사랑과 여성에 대한 중세인들의 시각을 고찰하고자 한다. 그런 후 귀네비어 왕비를 여주인공으로 다룬 현대의 아서 왕 영화들을 점검함으로써 중세의 여성에 대한 시각이 현대에는 어떻게 변화되어 표현되었는지 살펴보고자 한다.

1. 기독교적 관점에서 바라본 중세 시대 여성의 지위

서구 역사에서 중세는 서로마제국이 멸망한 해(476)에서 동로마제국이 몰락한 해(1453)까지 근 1,000년에 달하는 기간을 지칭하며, 이 기

1 이 글은 「궁정풍 사랑의 문학에 등장하는 '레이디Lady' 연구: 『아서 왕의 죽음』에 그려진 두 개의 사랑 이야기를 중심으로」라는 제목으로 2019년에 간행된 『문학과 종교』 제24집 4호 39-59쪽에 게재된 논문을 일부 발췌 수정·보완한 것이다.

간은 일반적으로 초기 중세Early Middle Ages, 성기 중세High Middle Ages, 말기 중세Late Middle Ages로 구분된다. 초기 중세 시기(476-1000)는 봉건 제도가 형성되는 시기이며, 성기 중세 시기(1000-1347)는 궁정과 기사가 중심이 된 궁정 문화가 꽃피던 시기이다. 말기(1347-1453)는 흑사병(1346-1353)의 발발로 인해 7,500만 명에서 2억 명에 달하는 사람들이 죽음으로써 중세의 모든 가치가 흔들리고 도시 시민 계급이 발전하기 시작한 시기이다.

중세 시대에 가장 영향력을 끼친 종교는 기독교이다. 로마의 콘스탄티누스 대제Constantinus(272-337, 재위 306-337)가 밀라노 칙령을 통해 기독교를 공인한 이후 기독교는 서구 유럽에서 가장 강력한 종교가 되었다. 이 강력한 종교의 중심적 제도는 기독교 공동체인 교회로, 이 교회 안에 로마 사회의 명령과 복종적 사회의 질서가 침투하기 시작했다. 그 결과 교회 역시 명령과 복종의 원칙에 따라 조직화되고 제도화되었다.

4세기 말에 이르러 교회 안의 위계질서는 교회를 이끌어가는 중요한 제도가 되었다. 하늘에서 최고 지위에 있는 하나님 아래 다양한 천사들의 위계질서가 있다는 신학의 가르침의 영향으로 교회 제도 안에서 사제들에게도 적합한 지위가 주어졌다. 하위 계급의 사제는 상위 계급의 사제에게 절대적으로 복종해야 하며, 교회의 최고 자리에 위치한 교황은 그 힘과 권력에 있어 매우 절대적이었다.

위계를 중시하는 교회의 질서는 일반 사회에도 반영되었다. 국가가 왕을 중심으로 신하들의 위계질서를 갖추고 있듯이 사회에도 귀족, 평민, 노비의 철저한 위계질서가 존재했다. 가정 안에서도 남편을 중심으로 부인을 비롯한 모든 가솔들은 집안의 최고 권력자인 가장의 말에 철저하게 순종해야 했다.

복종과 순종을 중시하는 위계질서는 남자와 여자의 관계에도 적용되었다. 여성은 남성에게 절대적으로 순종해야 하는데, 이 순종의 근거는 바로 성서였다. 성서에서 베드로와 바울이 권면하는 아내의 맹목적인 순종에 대한 요구(「베드로전서」 3:1, 「에베소서」 5:22-24, 「골로새서」 3:18)는 중세 시대의 여성과 남성의 지위를 결정하는 근간이 되었다. 하나님이 창조한 아담과 하나님의 관계는 "천상과 지상의 모든 위계질서에서 상급자와 하급자의 관계로 연역되며, 남편과 그보다 한 등급 낮은 아내 사이에도 그러한 관계가 성립되었다"(뒤비, 37).

결혼이라는 제도를 벗어난 사회에서 여성은 다음의 인용에서 보듯이 어떤 지위도 가지지 못했다.

> 여성은 정치적 직무를 수행할 수 없었고, 군대의 지휘관, 재판관이나 변호인을 맡을 수도 없었다. 법은 여성이 일체의 공직을 맡는 것을 금지했고, 장원법정으로부터 시 참사회, 왕실 추밀원, 여러 나라의 대의집회에 이르기까지 어떤 통치기구에도 참여하는 것을 금지했다(샤하르, 39).

콘스탄티누스 대제가 기독교를 공인한 일은 기독교 전파의 측면에서 매우 획기적인 일로, 기독교가 범세계적인 종교로 성장하는 데 크게 기여했다. 하지만 놀랍게도 이 사건은 기독교의 제도적인 측면에서 여성의 역할을 상당히 축소시켰다. 기독교 공동체 안에서 교회는 놀라운 영적 지도력과 숨은 역량을 발휘했는데, 이 과정에서 기독교 공동체의 지도자로서 많은 역할을 했던 여성들이 배제되기 시작했다(하희정, 99-100). 위계질서를 중시하는 교회는 더 이상 지도자로서 여성을 받아들이려 하지 않았다. 여성 영성가로 가시관을 쓰고 피 흘리는 예수의 얼굴을 꿈에서 본 후 이에 대한 명상을 쓴 책, 『하나님 사랑의 계시*Book of Showings*』의 저자인 노리치의 줄리안Julian of Norwich(1342-1416?)의 경우에서 볼 수 있듯이 영성이 충만한 여성들은 교회에서 지도자의 역할을 하기보다는 성당 건물의 외곽 한편에 조그만 거처를 제공받아 그곳에서 영성을 훈련하며 영적 상담도 도맡아 했다.

이와 같이 여성을 남성에게 종속된 존재로 보며 사회·정치적으로 어떤 권한이나 자리를 주지 않으려는 중세의 여성관에 가장 큰 영향을 끼친 것은 바로 여성을 남성을 유혹하는 존재로 간주하는 기독교적 시각이다. 기독교적 관점에서 볼 때 선악과를 먹게 만든 이브의 유혹은 인류에게 원죄라는 씻을 수 없는 죄를 탄생시킨 계기이다. 르네상스 및 낭만주의 시대에 이르러 이브가 사탄의 유혹에 넘어가는 것은 하나님이 인간 의지를 실행하도록 하는 계획의 일부라 주장하며 유혹자로서 이브의 이미지를 재평가하려는 노력이 있었다. 그러나 이와 같은 평가가 나오기 전까지 이브에게 주어진 대표적인 이미지는 남성을 유혹하여 타락시키는 부정적 이미지였다. 기독교가, 특히 교회라는 제도가 종교뿐 아니라 정치·사회 전반에 지대한 영향을 끼쳤던 시대에 여성이 남성과 동등한 입장으로 평가받기보다는 남성을 타락시키는 유혹자로 인식되는 것은 이와 같은 성서의 이야기를 근거로 할 때 당연한 결과라고도 할 수 있다.

여성을 남성의 종속적 존재로 간주했던 중세 시대에 성모 마리아를 경배하는 의식이 꽃피워졌다는 사실은 매우 흥미로운 일이다. 사실 중세 이전부터 성모 마리아를 경배하고 숭배하는 의식은 있었다. 하지만 구세주를 낳은 동정녀이자 하나님과 신자 사이의 중개 역으로 성모 마리아를 공식화한 것은 5세기의 공의회[2](431년 공의회와 451년 칼케돈 공의회)였다(샤하르, 61). 중세 성기인 12세기에 들어 이와 같은 경향

2 공의회Council: 교리와 의식에 관한 문제를 논의하고 규정하기 위하여 “전체 교회”를 대표하는 성직자들을 소집하여 집행하는 기독교의 종교회의.

은 널리 퍼지게 되었다. 12세기 캔터베리 대주교인 안셀무스Anselm of Canterbury(1033-1109)는 성모는 단순히 그리스도를 낳은 순수하고 순결한 처녀라는 고전적인 개념을 넘어서서 이브의 죄를 대속한 여성으로 주장하기까지 했다.

2. 궁정풍 사랑 이야기의 주인공 '레이디'

중세에서는 성모 마리아 숭배뿐 아니라 세속적 차원에서도 여성 숭배를 찾을 수 있는데, 이것이 가장 잘 드러난 것이 궁정풍 사랑 이야기이다. '궁정풍 사랑courtly love'이라는 명칭은 궁정에서 행해졌던 사랑이라는 의미에서 1883년 가스통 파리Gaston Paris가 처음 사용한 것으로, 이후 중세를 대표하는 사랑의 형태로 인식되었다.

궁정풍 사랑이라는 독특한 사랑의 형태가 발생했던 가장 큰 이유 중 하나는 1095년에 발생하여 근 200년 동안 행해졌던 십자군전쟁과 수많은 영토전쟁이다. 특히 8회에 걸쳐 발생한 십자군전쟁으로 인해 수많은 귀족 남성들이 팔레스타인으로 떠나게 되었다. 귀족 남성들이 십자군전쟁으로 팔레스타인으로 향하자 군주의 자리가 공석이 되었고, 이 역할을 군주의 부인 레이디Lady가 맡았다. 권위를 받은 자리는 아니지만 실제적인 군주의 역할을 하는 레이디 주변에 사람들이 모이기 시작했다. 궁정의 정치적 암투를 위한 귀족들뿐 아니라 예술과 문학을 사랑하는 시인과 예술가 역시 레이디 주변에 모여들었다.

궁정풍 사랑 문학이 프랑스 남부 프로방스 지방에서 시작되고 꽃핀 것 역시 십자군전쟁으로 인한 군주의 부재 때문이다. 프로방스 지방은 샹파뉴 지역의 백작으로 프랑스 출신인 앙리Henri 1세(1127-1181)의 통치 지역이었다. 하지만 앙리 1세는 십자군 원정(1179-1181)을 떠났고 그 이후 고국 샹파뉴에 돌아와 곧바로 사망했다. 아들인 앙리 2세 역시 십자군 원정(1190-1197)을 떠나 그곳에서 사망했다. 군주가 없었던 이 기간 동안 군주를 대신하여 프로방스 지방을 섭정한 사람이 바로 앙리 1세의 부인이자 앙리 2세의 어머니였던 마리 드 샹파뉴Marie de Champagne였다.

마리 드 샹파뉴는 문학과 예술에 관심이 많았다. 마리는 궁정에 음유시인과 문학 애호가들을 상주시키면서 이들에게 남녀 간의 사랑을 소재로 삼은 문학작품을 쓰도록 했다. 이 당시 활동했던 시인들은 안드레아스 카펠라누스Andreas Capellanus(1150-1220), 크레티엥 드 트루아Chrétien de Troyes(1130-1191), 가체 브륄레Gace Brulé(1160-1213) 등이다. 이들 중 그 당시 궁정 소속 신부였던 안드레아스 카펠라누스는 『사랑의 기술*Art Honeste Amandi*』(1174)을 발표하여 사랑을 이루는 과정을 규범화했다.

13세기에 이르러 상업이 발달한 북부 프랑스까지 궁정풍 사랑 문학이 전파되었다. 1225년 기욤 드 로리스Guillaume de Lorris(1200-1238)가 쓴 『장미 이야기*Le Roman de la Rose*』[3]는 그 당시 많은 이들의 사랑을 받았다. 꿈에서 이상적인 여성으로 상징되는 장미를 따기 위해 일종의 법칙을 만들어 한 단계씩 이루어가는 과정을 장시로 기록한 이 작품은 이후 유럽의 궁정풍 사랑 문학의 대표적인 주제이자 양식이 되었다.

14세기에 이르러 궁정풍 사랑 문학은 완전히 전형화되었다. 첫 번째 도식은 레이디와 이 레이디를 사랑하는 기사의 전형성이다. 이 도식

---

3 전반부는 1225년 기욤 드 로리스가 4058행을 썼고 후반부 1만 8천행은 장 드 묑Jean de Meun이 1275년 집필했다. 장미를 꺾으려는 과정의 연속성이라는 주제가 일치되어 이 작품은 같은 주제를 다룬 작품인 듯하지만 저자의 차이로 인해 필체에 차이가 있다. 전반부는 13세기 초 유행하던 궁정풍 사랑 문학의 형식을 그대로 담았지만 후반부에는 철학적이고 나아가 풍자적인 시각이 글 전반에 내포되어 있다.

에 따르자면 기사가 모시는 영주의 부인인 레이디는 "미와 사랑에 있어서 여왕이자, 총애를 내리는 사람으로 모든 기사의 덕의 영감을 주는 사람"(Lewis, 36)이다. 이 레이디는 아름다운 눈, 맑고 청아한 얼굴색, 미소 띤 붉은 입술과 매끄럽고 하얀 피부, 균형이 잘 잡힌 약간 마른 몸매를 지녔는데, 이 모습은 그 당시 중세인들이 생각하는 가장 완벽한 모습이라 할 수 있다. 성격에 있어서도 레이디는 가난하고 소외된 사람들을 사랑하는 너그럽고 자비로운 마음을 지녀야 한다. 이 레이디를 사랑하는 기사 역시 외모, 용기, 성격에 있어 완벽하다.

기사는 이렇게 완벽한 레이디와 4단계의 법칙에 따라 사랑을 이루어간다. 첫 번째 단계는 '열망하는 자fegnedor'이다. 이 단계에서 기사는 레이디를 본 순간 첫눈에 사랑에 빠지고, 이 사랑을 고백하지 못하기에 괴로워하고 눈물짓는다. 이 시기에 기사는 식음을 전폐하고 눈물로 밤을 지새운다. 사랑을 고백해야 하지만 상대방 레이디의 마음을 알 수 없기에 괴로워하고, 이 괴로움으로 인해 죽음을 열망하기까지 한다. 그 다음 단계는 '탄원자precador'의 단계로 불린다. 이 시기에 사랑에 빠진 연인인 기사는 레이디에게 직접 구애한다. 눈물에 젖은 편지와 간단한 선물을 보내며 레이디에게 적극적으로 구애하지만 레이디는 이 사랑을 냉담하게 거절한다. 세 번째 단계는 '인지된 추종자entender'로 불리는데, 이 시기에 레이디는 연인의 사랑을 받아들이지만 육체적인 접촉은 전혀 허용하지 않는다. 기사를 자신의 연인으로 받아들이지만 레이디가 정신적인 사랑만을 요구하는 단계이다. 마지막 단계는 기사가 정신적으로나 육체적으로 모두 레이디에게 인정받는 '인정된 연인drut'의 단계이다. 이 단계에서 기사는 레이디에게서 사랑의 보답을 받는다. 이는 입맞춤 같은 간단한 보답일 수도 있고, 두 사람의 사랑이 매우 깊다면 '절정의 밤consummation night'이라 부르는 의식을 갖춘 실제적인 육체관계를 갖기도 한다(Mustein, 150-51).

궁정풍 사랑을 이루는 과정에서 가장 중요한 것은 레이디의 주도권 sovereignty이다. 기사에게 있어 레이디는 거의 여신의 위치에 서 있다. 레이디의 명예를 높이기 위해 기사는 용맹한 행동과 덕을 쌓아야 하며, 이렇게 헌신하는 기사에게 사랑을 주는 역할은 오로지 레이디의 것이다. 사랑을 받아들인 후에도 두 사람의 관계에 있어 주도권은 여전히 레이디에게 있다. 연인 기사에게 요구되는 것은 마치 여신을 숭배하듯이 레이디를 숭배하고 복종하며 헌신하는 일뿐이다.

20세기 후반 페미니스트 비평이 본격화되고 여성 관련 문학이 주목받으면서 사랑의 관계에서 숭배의 대상이었던 레이디에 대한 연구가 재조명받기 시작했다. 많은 중세 학자들은 그 당시 시대상과 사회상을 연구하며 사회적으로나 경제적 지위에서 있어 남성과 동등한 인간으로서 대접받지 못하는 여성들이 자주 문학작품에서 현실과는 다르게 그려지는 것을 발견했다. 이들 학자들은 궁정풍 사랑 이야기 역시 여성이 남성의 사랑과 존중을 받는 것이 실제의 삶과는 다른 것이 아닌가 의구심을 표하기 시작했다. 궁정풍 사랑이라는 형태는 실제 중세에 존재한 것이 아니라 현대의 학자들이 만든 개념이라고 주장하는 학자도 있고(Robertson, 1), 이와 같은 사랑은 간음이 인정되지 않는 기독교적 사회에서 유부녀와의 불륜을 정당화시키고 아름답게 그리려는 "남성 허영심의 결과"(김종갑, 216)라고 보는 학자도 있다.

실제 중세의 사회·계급적인 측면에서 볼 때 현실적으로 궁정풍 사랑은 존재하기 어려운 듯하다. 중세 봉건 사회 초기는 제후와 귀족, 대지주들이 모두 전사warrior였다. 시대가 흐르면서 전사로서 귀족 계층의 수는 점점 줄어들었지만 십자군전쟁을 비롯한 영토 분쟁이 계속 발생했기에 이들 귀족들은 대신 전쟁을 수행할 전사들을 필요로 했다. 이와 같은 필요에 의해 탄생한 계층이 바로 기사 계층이었다.

중세 초기의 기사는 귀족과 평민 중간에 위치한 계층으로 주로 장원에 소속된 종신이었다. 이들의 직업은 제후의 토지 관리인, 궁정 부속 각종 공장의 감독, 친위대 및 경비대 무사, 심지어 친위대나 경비대에서 시중드는 소년, 마부, 하사관 등이었다. 중세 초기 이들은 전쟁터에 나가 제후를 위해 싸웠지만 그 대가로 봉토를 받지 않았다. 봉토를 대가로 받은 이들도 일부 있었지만 이들은 봉토를 유지할 경제적 능력이 없어 다시 피고용인으로 전락하곤 했다(하우저, 273).

잦은 영토 전쟁으로 제후와 귀족, 대지주들은 여전히 자신들을 위해 싸워줄 기사가 필요했으며 전문적인 전사들에게 토지를 비용으로 지불하기 시작했다. 전투의 대가로 토지를 수여받은 기사들은 이 기사 계급을 후대에 세습시켰으며 그 결과 세습 신분으로 기사 계층이 탄생했다. 하지만 이들은 세습 귀족의 반열에 오른 뒤에도 여전히 2급 귀족이었고, 이들에게는 상류 귀족에 대한 열등의식이 몸에 배어 있었다. 이들은 자기의 주인, 영주에게 감히 도전할 생각을 못 했다는 점에서 전통적인 귀족과 매우 달랐다(하우저, 275). 이와 같이 자신의 주군인 영주에게 헌신해야 살아남을 수 있는 사회에서 영주의 부인인 레이디와 불륜의 사랑을 한다는 것은 곧 죽음이거나 또는 세습 귀족으로서 봉토의 박탈을 의미했다. 따라서 이와 같은 사회 상황으로 볼 때 영주의 부인과 기사의 사랑은 거의 불가능하다고 하겠다.

영국의 토마스 말로리Thomas Malory(1415(17)-1471)가 『아서 왕의 죽음*Le Morte d'Arthur*』(1469?-1470)을 집필했던 시기는 중세 말기의 끝자락이자 근세로 들어가는 초입이었다. 이 시기에는 흑사병 창궐 이후 고된 삶으로 인해 이전에 칭송되었던 봉건 군주의 이상이나 실천적 삶은 더 이상 존경의 대상이 되지 않았다. 기사들을 존경하고 이들의 삶을 동경했던 중세 사람들은 이제 이와 같은 삶의 허구성에 대해 의문을 제기하기 시작했으며 심지어 이에 대해 비판하기까지 했다.

중세 말기에 집필된 『아서 왕의 죽음』 역시 이와 같은 중세 말기적 성향을 표현한다. 특히 기사들의 삶을 묘사하는 데 있어 가장 중요한 이야기인 궁정풍 사랑이 더 이상 이상으로 존재하지 않는 모습을 보여준다. 이 글에서는 중세 성기에 가장 아름답게 그려졌던 귀네비어 Guinevere 왕비와 랜슬롯 경Sir Lancelot의 사랑 이야기를 통해 중세 성기에 신봉되었던 궁정풍 사랑 이야기의 특성을 설명하고, 중세인들, 특히 중세의 남성들이 여성을 어떻게 이해했는지 고찰해보고자 한다.

3. 『아서 왕의 죽음』에 등장하는 귀네비어 왕비와 랜슬롯 경의 사랑 이야기

아서 왕의 전설과 전설의 작품화

영국인들에게 아서 왕은 특별한 존재이다. 영국 역사상 최초의 원주민은 켈트족이다. 기원전 6세기와 4세기 사이에 켈트족은 게일족과 브리튼인으로 나뉘어 각각 아일랜드와 스코틀랜드 고지, 웨일스와 프랑스 브르타뉴 지방에 정착했지만 기원후 43년 로마의 침략을 받아 4백년 동안 로마의 지배를 받았다.

5세기 초에 로마가 물러난 이후 게르만족의 한 일파인 앵글로색슨족이 영국을 침범했다. 처음에 이들은 주로 브리튼 섬을 약탈했다. 하지만 브리튼 섬이 비옥한 땅임을 발견한 색슨족은 브리튼 섬을 더욱 무자비하게 정복하기 시작했다. 이 침략 전쟁에서 패한 켈트족은 스코틀랜드 지역으로 이주했고 이 전쟁에서 잔인무도한 색슨족과 용감하게 싸운 인물이 브리튼 지역의 족장 중 하나였던 아서였다.

설화적 인물인 아서는 1135년 웨일스의 성직자인 몬머스의 제프리Geoffrey of Monmouth(?-1155)의 손에 의해 영국 왕실을 대표하는 위대한 선조로 재탄생한다. 제프리는 『브리튼 왕의 역사*Historia Regum Britanniae*』(1135)에서 트로이 사람 브루투스Brutus of Troy를 아서의 선조이자 브르타뉴 왕국의 시조로 기술한다. 이 기록에 따르자면 아서 왕은 왕위에 오르자 색슨족과 스코틀랜드에 거주하던 픽트족Picts 그리고 스코트족Scots을 물리치고 프랑스를 정복하여 브리튼족의 위세를 아일랜드와 아이슬란드에까지 떨친 용감한 전사이다.

홍미롭게도 아서 왕의 이야기를 중세 기사문학으로 재탄생시킨 작가는 남프랑스 마리 드 샹파뉴 궁정의 작가였던 크레티엥 드 트루아이다. 크레티엥은 『에렉과 에니드*Erec and Enide*』(1165?)에서는 아서 왕을 중심으로 전개되는 궁정의 기사 이야기를, 『수레를 탄 기사*Le Chevalier de la Charrette*』(1179)에서는 랜슬롯 경과 귀네비어의 사랑 이야기를, 미완성 작품인 『성배 이야기*Le Conte du Graal*』(1181)에서는 기사 퍼시발Percival을 중심으로 아서 왕 궁정의 기사들이 겪는 모험의 이야기를 썼다.

프랑스에서 시작된 아서 왕 궁정의 이야기를 집대성하여 영국에서 발간한 사람은 토마스 말로리이다. 말로리는 위릭셔의 행정관이자 치안판사, 의회의원인 존 말로리John Malory(1380-1436)의 아들로 기사 작위를 지닌 젠트리 계급[4] 출신이다. 아버지와 달리 아들 토마스 말로리의 삶은 굴곡이 많았다. 범법자로서 감옥을 자주 드나들었으며, 1462년 에드워드Edward 4세(1442-1483)의 사면을 받아 잠시 군인으로 활동했지만 그 후 다시 감옥에 갇힌 후 죽을 때까지 감옥에서 지냈다. 영어로 쓰인 최초의 대작 산문으로 인정되는 『아서 왕의 죽음』 역시 말로리가 노년에 감옥에서 집필한 작품이다.

---

4 젠트리gentry 계급은 영국에서 귀족으로서의 지위는 없으나 가문의 휘장을 사용할 수 있도록 허용받은 유산 계층을 말한다.

『아서 왕의 죽음』의 중심 소재는 원탁의 기사들의 모험과, 기사와 레이디의 사랑, 그리고 성배 탐색이다. 이 세 가지 소재는 중세에서 가장 사랑받았던 주제들로, 이 주제 중 두 번째 주제인 기사와 레이디의 사랑 이야기는 중세 여성의 위치 및 지위, 그리고 중세 남성들의 남성주의적 시각을 잘 알아볼 수 있는 주제이다.

『아서 왕의 죽음』은 다양한 기사들의 다양한 사랑 이야기를 다루고 있다. 많은 기사들의 삶에 있어 모험뿐 아니라 훌륭한 레이디와의 사랑 역시 중요하기 때문이다. 이 사랑 이야기들 중에서 중세에서 가장 인기가 있었던 것 중 하나가 바로 귀네비어 왕비와 랜슬롯 경의 이야기이다. 이 이야기가 중세인들의 관심을 받기 시작한 것은 바로 랜슬롯 경의 탄생과 모험을 다룬 크레티엥의 운문 『수레를 탄 기사』가 발표된 이후이다.

크레티엥의 운문에 등장하는 랜슬롯 경은 하얀 갑옷을 입고 백마를 탄 그리스 조각 같은 외모를 지닌 용맹한 기사이다. 랜슬롯 경은 덕이나 용기에 있어 그 시대에 가장 뛰어난 기사이다. 그는 불의로 인해 혹은 이유 없이 고통받는 사람들을 보면 그냥 지나치지 않고 이들을 악인이나 고통의 삶에서 구제해준다. 이렇게 용감한 랜슬롯 경이 가장 사랑하는 여인은 바로 그 시대의 가장 완벽한 레이디인 귀네비어 왕비이다. 자신의 영주인 아서 왕의 부인이지만 자신이 진심으로 사랑하는 레이디인 왕비를 위해서 모든 것을 희생한다.

『수레를 탄 기사』 중 '수레를 탄 기사 이야기'는 랜슬롯 경의 이런 사랑을 보여주는 대표적인 이야기이다. 귀네비어 왕비를 오랫동안 짝사랑했던 멜리야곤스 경은 왕비가 자신에게 결코 사랑을 주지 않자 왕비를 납치하여 성에 가둔다. 왕비의 납치 소식을 듣게 된 랜슬롯 경은 왕비를 구하기 위해 길을 떠나지만 그 길은 일반 기사가 명예를 지키며 갈 수 있는 길은 아니었다. 성으로 들어가는 입구가 매우 좁아 무장한 말과 기사가 들어갈 수 없기에 랜슬롯 경은 말과 모든 무장을 버리고 지나가는 짐마차에 올라타 성에 접근한다. 이를 목격한 많은 사람들이 기사가 자신의 가장 소중한 말과 무장을 버리고 하찮은 짐수레를 탔다고 해서 랜슬롯 경을 '짐마차를 탄 기사'라는 별명을 붙이며 놀렸다.

명예와 예절을 중시하는 중세의 기사에게 '짐마차를 탄 기사'라는 별명은 매우 치욕적인 것이었다. 하지만 작가 크레티엥은 랜슬롯 경의 경솔한 행동을 보여주기 위해 이 일을 기술한 것은 아니었다. 오히려 명예를 포함하여 자신이 가진 모든 것을 버리는 랜슬롯 경의 지고지순한 사랑을 보여주기 위해 이 일을 기술했다. 자신의 명예보다는 오로지 사랑하는 여인만을 생각하는 것, 그리고 그 여인을 위해 모든 것을 포기하고 버릴 수 있는 행동, 이 행동이야말로 중세의 궁정풍 사랑이 이야기하고자 하는 사랑의 모습이다.

말로리와 『아서 왕의 죽음』

말로리의 『아서 왕의 죽음』에 묘사된 귀네비어 왕비와 랜슬롯 경의 사랑 이야기 역시 초반에는 크레티엥의 작품과 마찬가지로 궁정풍 사랑의 관습에 따라 그려진다. 지위상 귀네비어 왕비는 랜슬롯 경의 군주이자 잉글랜드의 왕인 아서 왕의 부인이다. 외모에 있어서 귀네비어 왕비는 멀린이 묘사하듯이 "살아 있는 최고의 미인"[5]이다. 멀린은 귀네비어 왕비가 아서 왕을 배반할 것이라 예언했고, 아서 왕은 그 예언을 귀담아 듣지 않는다. 귀네비어 왕비의 아름다움에 완전히 넋이 나갔기 때문이다.

5 토마스 말로리, 『아서 왕의 죽음』, 이현주 옮김, 서울: 나남, 2009, 102쪽. 위의 글에서 인용되는 본문 인용은 괄호 안에 쪽수만 기입하기로 한다.

『아서 왕의 죽음』에 등장하는 랜슬롯 경 역시 완벽한 기사이다. 호수 주변의 성에 살며 '호수의 레이디'라 불리는 어머니 때문에 '호수의 기사'라는 호칭을 지닌 랜슬롯 경은 그 시대의 대표적 기사이다.

> 특히 호수의 랜슬롯 경은 잘 입증되었다. 모든 마상 시합과 마상 창 시합, 무공에서 그는 생사를 불문하고 모든 기사들을 능가했다. 계략이나 마법에 의존하지 않고서는 그를 이길 기사는 아무도 없었다. 이렇게 놀랄 정도로 랜슬롯 경에 대한 명예와 존경은 증가했다. 그는 아서 왕이 로마에서 온 이래로 프랑스 원전에서 언급한 최초의 기사였다. 따라서 귀네비어 왕비는 다른 어느 기사보다도 랜슬롯 경을 좋아했고 랜슬롯 경도 살아 있는 동안 그 어느 고결한 여성보다도 왕비를 사랑했다. 그녀를 위해 랜슬롯 경은 수많은 무공을 세웠고 고귀한 기사도적 행동으로 그녀를 불에서 구했다. (235)

첫눈에 귀네비어 왕비를 사랑하게 된 랜슬롯 경은 앞 절에서 말한 궁정풍 사랑의 규범에 따라 사랑의 과정을 성취해나간다. 귀네비어 왕비의 명예를 드높이고자 모험을 떠난 랜슬롯 경은 자신과 대적해 패배한 모든 기사들을 귀네비어 왕비의 궁정으로 보내 그녀의 가신이 되게 한다. 랜슬롯 경의 계속된 구애에도 불구하고 귀네비어 왕비는 그의 사랑을 받아들이지 않는다. 하지만 멜리야곤스 경에게 납치된 자신을 위해 모든 무장을 버리고 자신을 구하러 온 랜슬롯 경을 본 귀네비어 왕비는 그의 사랑을 받아들인다.

랜슬롯 경의 마음을 받아들인 귀네비어 왕비는 궁정풍 사랑의 가장 마지막 단계라 할 수 있는 육체적 관계를 랜슬롯 경과 갖는다. 하지만 이 일이 동료 기사에게 발각되어 귀네비어 왕비와 랜슬롯 경은 사랑만으로는 살 수 없는 현실의 어려움에 직면하게 된다. 아서 왕의 법정은

⋮ <귀네비어 왕비>, 윌리엄 모리스, 1858년

귀네비어 왕비는 화형에 처하고, 랜슬롯 경은 아서 왕의 궁정에서 영원히 추방할 것을 결정한다. 또한 기사들이 자신들의 레이디가 무고한 죄로 비난받을 때 레이디를 대변해 그녀를 비난하는 적들과 싸워 이기면 그녀의 죄를 사해주는 그 당시 관습을 랜슬롯 경이 왕비를 위해 행하지 못하도록 하는 명도 내린다.

추방된 상태에서 귀네비어 왕비를 구하러 온다는 것은 아서 왕과 원탁의 기사들과 완전히 적이 된다는 것을 의미한다. 그럼에도 불구하고 랜슬롯 경은 화형 직전의 귀네비어 왕비를 구하러 카멜롯 성으로 다시 돌아온다. 귀네비어 왕비를 구한 랜슬롯 경은 왕비를 자신의 성인 '기쁨의 성'으로 데려가 그곳에서 함께 기거한다. 일종의 사랑의 도피라 할 수도 있는 상황이 전개된 것이다.

아서 왕 궁정의 기사들이 모두 랜슬롯 경을 좋아한 것은 아니다. 특히 가웨인 경이 랜슬롯 경을 싫어하고 질투하지만 그의 두 동생 가헤리스 경과 가레스 경은 랜슬롯을 진심으로 사랑한다. 이 두 기사는 랜슬롯 경을 너무나 아끼기에 귀네비어 왕비를 구하러 온 랜슬롯 경과의 결투를 포기한다. 이들은 무장을 하지 않은 채 랜슬롯 경과의 결투에 임했고 이로 인해 이들을 알아보지 못한 랜슬롯 경은 이 두 사람을 모두 죽인다. 무장도 하지 않은 두 동생이 죽었다는 사실을 알게 된 가웨인 경은 아서 왕과 함께 군대를 모집하여 랜슬롯 경과 전투를 벌인다.

이들의 전쟁이 승패 없이 계속되며 양 진영의 사상자만 늘어나자 마침내 교황이 중재에 나선다. 귀네비어 왕비가 이 성을 떠나 수도원에 가는 것으로 마침내 이 전투는 종결되고 랜슬롯은 참회 속에서 여생을 마친다.

크레티엥의 이야기와 달리 말로리의 이야기에서는 두 사람의 사랑에 대한 현실적 벌이 주어진다. 두 사람이 벌을 받는 가장 큰 이유는 설화적 인물인 아서 왕에 대한 말로리를 비롯한 중세인들의 존경심이다. 이 존경심의 가장 근본 원인은 바로 하늘이 정해준 아서 왕의 정당성이다.

아서의 아버지 우서 펜드레곤 왕이 죽은 후 잉글랜드는 서로 왕이 되려는 영주들로 인해 전쟁과 혼돈 상태에 처한다. 이때 마법사 멀린은 아래의 인용에서 보듯이 검을 뽑는 자의 정당성을 주장하며 캔터베리 교회 정원의 커다란 암석에 검을 꽂아놓는다. 잉글랜드 전역의 용맹한 기사들이 이 검을 뽑으려 했지만 실패하고 어린 아서가 이 검을 뽑는 것은 하늘이 정해준 왕으로서 그의 지위를 확인시켜주는 일이다.

> 런던의 가장 큰 교회에서(이 교회가 성 바울 교회인지 아닌지는 프랑스 원전에서 전형 언급이 없다) 기도하려고 날이 밝기 오래전부터 모든 계급의 기사들이 그곳에 있었다. 아침기도와 첫 미사가 끝나자 성당 마당의 높은 제단에 대리석 같은 장방형의 거대한 돌이 기대어 있는 것이 보였다. 돌 가운데에는 약 1피트 높이의 두드려 만든 철주조물이 있었다. 철주조물 안에는 뾰족한 끝이 그대로 드러난 훌륭한 칼이 꽂혀 있었다. 그곳에서 금으로 "이 들에 꽂혀 있는 칼과 철주조물을 뽑는 자가 잉글랜드 전역에서 태어난 사람 중에 가장 정당한 왕이다."라는 칼에 관한 글이 쓰여 있었다. (1권 22-23)

아서 왕은 기사로서의 덕목 역시 뛰어난 사람이다. 전쟁에 승리했을 경우 전리품을 부하들에게 관대하게 나누어주었을 뿐 아니라 고통에 처한 사람들을 도와주는 기사도의 덕목을 잘 준수하는 사람이기도 하다. 따라서 이와 같이 하늘이 정해준 사람을 배반하는 귀네비어의 행동은 아무리 아름다운 사랑이라 할지라도 중세 잉글랜드인[6]들이 존경하고 사랑하는 아서 왕에 대한 배반이기 때문에 쉽게 받아들이지 못했을 것이다.

귀네비어 왕비와 랜슬롯 경의 사랑이 받아들여지지 못하는 또 다른 이유는 불륜을 바라보는 중세 사람들의 사회적 시각이다. 중세 시대에 외간 남자와 불륜을 저지른 부인은 이 사실이 발각되면 채찍질을 당하거나 지참금을 모두 빼앗긴 채 쫓겨났다. 불륜의 대상인 상대방 남자에 대한 처벌도 매우 혹독했다. 법적 남편은 상대방 남자를 죽이거나 처벌을 가할 수 있었다. 상대방 남자가 이런 육체적인 처벌을 면한 경우 "오쟁이 짓을 당했다 cuckholded."라는 공개적인 조롱을 받았다(Benton, 24). 기사의 경우 유부녀와의 사랑을 포함해 모든 육체적인 사랑은 금지되었다.

⋮ <랜슬롯과 귀네비어의 첫 번째 키스>, 작자 미상, 1400년

1346년 성 바울 교회의 대법관이었으며 런던 학파의 대가인 토머스 브래와딘 Thomas Bradwardine은 간음의 색채가 있거나 연애를

6 잉글랜드 지역은 아일랜드, 스코틀랜드 지역을 제외한 지역을 칭한다.

중시하는 열정이 기사도를 파괴한다고 공개적으로 주장했다(Newman, 7 재인용). 중세의 지배적인 종교인 기독교 시각에서 볼 때 귀네비어와 랜슬롯의 사랑은 궁정풍 사랑이라는 중세의 사랑의 법칙으로 포장해도 불륜이고 죄이다. 그렇기 때문에 귀네비어 왕비는 수도원에서 평생 자신의 죄를 참회하며 살고, 랜슬롯 경은 모직 옷을 입고 은둔자로 평생을 참회하며 살다가 죽어야 했다.

4. 귀네비어와 랜슬롯의 사랑에 대한 현대적 이해

번역판으로 근 1,100쪽에 달하는 『아서 왕의 죽음』에서 귀네비어 왕비와 랜슬롯 경의 이야기가 차지하는 비율은 4분의 1에 달한다. 이는 저자 말로리가 귀네비어 왕비와 랜슬롯 경의 사랑 이야기를 그만큼 중요하게 생각했다는 것을 의미하기도 한다. 말로리가 이렇게 심혈을 기울여 두 사람의 사랑 이야기를 집필했지만 등장인물의 캐릭터 상으로 볼 때 귀네비어는 거의 평면적인 인물이다. 모든 일을 결정하는 데 있어 귀네비어의 생각이나 의지에 대한 기술은 거의 없다. 아서 왕과의 결혼을 결정하는 장면에서도 귀네비어의 생각에 대한 기술은 없다. 단지 아서 왕의 결정적 태도만 있을 뿐이다.

중세의 궁정풍 사랑 이야기가 그러하듯이 귀네비어는 랜슬롯 경보다 높은 위치에서 주도권을 갖고 두 사람의 사랑을 이루어간다. 하지만 이 과정에서조차 사랑에 대한 귀네비어의 의지나 갈등에 대한 기술은 전혀 없다. 귀네비어의 마음보다는 랜슬롯 경의 갈등이나 결정이 더 중요하다. 화형을 당하는 순간에도 귀네비어 왕비는 그 순간을 헤쳐 나가려는 의지나 노력이 전혀 보이지 않는 수동적이고 체념적인 인물로 그려진다. 특히 교황의 중재로 카멜롯의 수녀원에 들어간 후 귀네비어 왕비의 이야기는 아예 전개되지 않는다. 귀네비어 왕비가 죽는 순간조차 이 이야기를 듣는 랜슬롯 경의 관점에서 기술된다.

> 랜슬롯 경이 앨름스베리의 수녀원에 도착하기 바로 삼십 분 전에 귀네비어 왕비는 죽었다. 귀부인들이 왕비가 죽기 약 열두 달 전에 랜슬롯 경이 사제가 되었다고 말하는 것을 들었다고 그에게 전했다. "내 시체를 가지러 그는 가능한 한 빨리 이곳으로 올 것이며 내 영주인 아서 왕 옆에 나를 묻어줄 것이야." 이들은 또 왕비가 "전지전능한 신께 제 세속적인 눈으로 랜슬롯 경을 다시 만나지 않을 힘을 달라고 기도합니다."라고 말하는 것을 들었다고 했다.
>
> "이렇게 왕비님은 죽기 전 이틀 동안 기도하셨습니다." 귀부인들이 말했다.
>
> 랜슬롯 경은 왕비의 얼굴을 보았다. 그러나 그는 애달피 우는 것이 아니라 한숨만 쉬었다. (562-63)

중세에서 가장 사랑받았던 사랑 이야기이자 궁정풍 사랑의 형식을 따르는 귀네비어 왕비와 랜슬롯 경의 사랑 이야기에서 귀네비어 왕비는 랜슬롯 경에게 여신과 같은 존재이다. 사랑을 받아들이는 주체도 귀네비어 왕비이고, 랜슬롯 경의 봉사와 섬김을 받는 존재도 바로 귀네비어 왕비이다. 하지만 인물로서 귀네비어 왕비는 전혀 살아 숨 쉬는 인물이 아니다. 여신처럼 남성에게 숭배를 받는 듯이 보이지만 현실에서는 어떤 일도 결정하거나 통제할 능력이 없다. 단지 수동적인 자세로 기다리는 인형과 같은 존재이다.

20세기 말에 영화 분야에서 귀네비어를 현대적인 여성으로 재탄생시키려는 시도가 있었다. 물론 20세기 중반부터 아서 왕을 중심 소재로 삼은 영화는 상당수 제작되었지만 대부분의 영화는 영웅으로서 아서 왕에 중점을 두었고 왕비로서 귀네비어에게는 큰 의미를 부여하지 않았다. 귀네비어와 랜슬롯의 사랑 이야기는 중심 소재가 되지도 않았다.

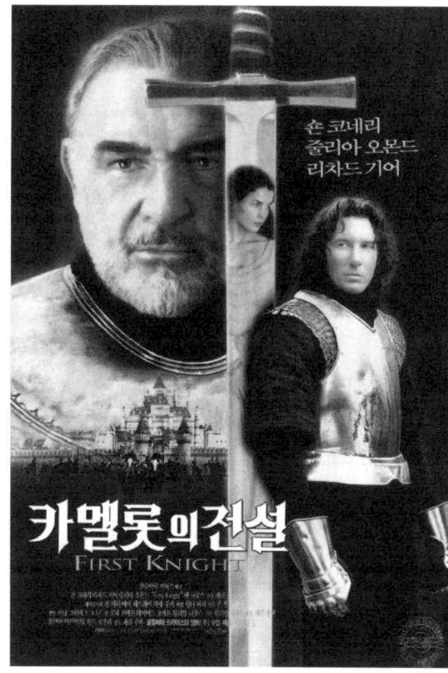

⁝ 영화 <카멜롯의 전설>(1995)

1995년에 비로소 귀네비어 왕비와 랜슬롯 경의 사랑을 소재로 삼은 영화 〈카멜롯의 전설The First Knight〉이 나왔다. 영어 제목은 '첫 번째 기사'로 잉글랜드 왕국의 첫 번째 기사인 아서 왕을 주인공으로 삼은 이야기이다. 하지만 영화의 전개는 아서 왕과 귀네비어 왕비 그리고 랜슬롯 경의 삼각관계가 주를 이루고 있다.

이 영화에서 귀네비어 왕비가 나오는 첫 장면은 마을의 주민들과 함께 공차기를 하는 장면이다. 적극적으로 공을 차고 또 공을 넣는 귀네비어, 악인 멜레곤트 경의 공격을 받고 어려움에 처한 리오네스 왕국[7]을 위해 직접 말을 타고 달려가는 귀네비어 모습은 그 당시 기사들과 동등한 모습과 기개를 보여준다. 결혼을 앞두고 아서 왕과 귀네비어 왕비는 동등한 모습으로 입장해 왕과 왕비가 같은 지위를 지녔다는 점을 강조한다. 아서 왕이 원탁의 회의를 주관할 때에도 귀네비어 왕비는 참석하여 왕과 동등하게 자신의 의견을 피력한다. 또한 리오네스의 영주로서

---

7 말로리의 책에서는 귀네비어 왕비의 고향은 캐밀라드이다. 이는 잉글랜드에서 대단한 권력을 가지 로데그론스 왕이 다스리는 지역으로 영화에서 나타난 것처럼 힘을 잃고 폐허가 된 왕국은 아니다. 영화에서는 귀네비어의 고향을 트리스트람 경이 자란 왕국인 리오네스로 변경했다.

귀네비어 왕비는 자신의 왕국을 구하기 위해서 아서 왕과 함께 전쟁에 참여해 그 어느 기사 못지않게 용감하게 적과 싸우고 적을 물리친다.

이 영화에서 귀네비어 왕비는 랜슬롯과의 사랑을 이루는 과정에서도 "당신과 마찬가지로 나는 자유로운 사람"이라고 강조한다. 랜슬롯 경과의 사랑을 선택하는 것도 귀네비어 왕비이고, 후에 아서 왕과 랜슬롯 경 사이에서 아서 왕을 선택하는 것도 바로 귀네비어 왕비이다. 랜슬롯 경과 입맞춤하는 장면이 발각되어 이를 문책하는 아서 왕에게 귀네비어 왕비는 분명히 자신이 아서 왕을 선택했음을 말한다. 마음의 사랑과 머리의 사랑이 있는데 머리의 사랑이 항상 마음의 사랑을 이기는 것이라며 아서 왕에게 자신의 선택의 정당성을 주장한다. 결국 아서 왕이 랜슬롯 경에게 카멜롯 왕국을 물려주는 것으로 중세의 궁정풍 사랑 이야기와는 완전히 다른 결말로 이야기를 끝낸다. 이 영화 내내 보여진 귀네비어 왕비는 외면적으로 중세의 이야기에서의 수동적 입장에서 벗어난 듯 보인다. 그러나 그녀가 그 입장에서 완전히 벗어났는지에 대해서는 깊이 살펴볼 필요가 있다.

중세의 전형적인 궁정풍 사랑 이야기에서 레이디는 항상 주도권을 갖지만 주도권은 사랑을 받아들이냐 안 받아들이냐에 관한 것이고 초점은 항상 구애하는 기사에게 맞추어진다. 기사가 레이디의 명예를 위해 얼마나 용감한 행동을 했는지, 레이디를 위해 얼마나 헌신적으로 행동했는지 그 과정에 초점이 맞추어지는 것이지 갈등하는 레이디에게 초점이 맞춰지지는 않는다. 레이디는 최후에 기사를 받아들이는 수동적 역할에 머문다. 즉 레이디는 주도권이라는 능동적 입장을 취하는 것 같으면서도 그 과정에서는 완전히 수동적 입장을 취한다고 볼 수 있다.

중세의 궁정풍 사랑 이야기에서처럼 이 영화에서 귀네비어도 자신의 사랑을 선택한 듯 보인다. 하지만 영화 전체 전개로 볼 때 이 영화의 궁극적인 초점은 아서 왕이다. 결혼이라는 수단을 통해 자신의 왕국을 구하려는 귀네비어 왕비를 처음부터 사랑한 아서 왕, 왕비의 왕국을 구하기 위해 원탁의 기사들을 설득하여 전쟁터에 나가는 아서 왕, 왕비의 배반을 목격하고 정의롭고 공정하게 해결하기 위해 사랑하는 왕비에게 화형이라는 형벌을 내리는 아서 왕, 그녀의 사랑만을 구하며, 그리고 그 사랑을 확인하며 기쁜 마음으로 죽음을 맞이하는 아서 왕, 이 과정에서 아서 왕은 중세의 사랑 이야기에서 나타나는 레이디를 사랑하는 전형적인 기사의 모습이다.

귀네비어 왕비에 대한 평가는 아서 왕의 생각과 태도의 변화에 의해 반전된다. 아서 왕은 귀네비어 왕비에 대한 징벌로 인해 자신이 죽음이라는 신의 징벌을 받았다는 확신을 하게 되고, 죽음 직전 왕비에게 그녀가 자신을 사랑했음을 믿는다는 고백을 하고 그녀를 사면한다. 한 걸음 더 나아가 아서 왕은 귀네비어 왕비를 자신이 죽은 후 카멜롯을 다스릴 후계자로 지정한다. 아서 왕의 이런 모습은 귀네비어 왕비가 이제 여왕으로서 자질과 능력, 명예를 지닌 자임을 증명하는 순간이기도 하다. 하지만 이 과정 역시 왕비 개인의 설득보다는 하늘의 뜻이 모든 것을 결정하다는, 즉 귀네비어 왕비 역시 자신의 의지보다는 큰 힘에 이끌리는 수동적 존재임을 보여준다. 적극적이고 주체적인 여성으로 재탄생되는 것처럼 보이는 귀네비어 왕비는 중세의 사랑 이야기에서와 마찬가지로 능동적이지만 중요한 순간에는 자신의 결정보다는 아서 왕의 결정에 따르는 수동적인 여성임을 보여주는 것이다.

2004년 〈킹 아서King Arthur〉에서는 귀네비어 왕비가 여주인공으로 등장한다. 이 영화는 1995년에 발표된 〈카멜롯의 전설〉에서 보여지는 여전사로서의 귀네비어 왕비의 역할을 보다 강조한 영화이다. 이 영화는 역시 로마와 전투를 벌이는 아서 왕에게 초점을 맞추지만 영화 중반 정도에 귀네비어 왕비를 뛰어난 기량과 용기, 기술을 지닌 여전사, 적의 고문을 받아 부러진 손가락을 아서 왕이 맞춰주는 순간에도 고통

⋮ 영화 <킹 아서>(2004)

을 견디는 용감한 전사로 등장시킨다. 하지만 이 영화에는 중세에서 중요시되었던 사랑 이야기가 거의 배제되어 있다. 아서 왕과 결혼하는 이야기를 도입했지만 중세의 사랑 이야기에서 보이는 궁정풍 사랑의 과정은 모두 삭제했다. 랜슬롯 경과의 사랑 역시 눈에 띄지 않아서 주인공이라기보다는 아서 왕의 기사들 중 한 사람이라는 느낌을 줄 정도이다.

2017년 〈킹 아서: 제왕의 검King Arthur: Legend of the Sword〉이라는 영화가 개봉된 것을 보면 최근에도 아서 왕의 이야기가 영화 분야에서 여전히 사랑받고 있는 듯하다. 이 영화에서 귀네비어는 원전에 전혀 없는 마법사의 역할로 나온다. 원전과는 완전히 다른 이야기로 원전에서 멀린에게서 마법을 배운 마법사는 비비안Viviane이라는 여성이다. 이 여성은 멀린에게 마법을 배우기 위해 멀린에게 접근하여 그에게 구속되고, 이 구속을 풀기 위해 멀린을 유혹하여 그를 자신이 아니면 영원히 열 수 없는 굴에 가둔 여성이다. 영화의 귀네비어 왕비는 이 여성과는 다르지만 어쩌면 비비안이라는 여성이 현대인의 시각으로 볼 때 훨씬 적극적이고 주체적인 여성으로 보일 수 있기 때문에 귀네비어 왕비를 마법사로 만들었을지도 모른다.

2017년 영화에서 귀네비어 왕비가 완전히 허구적인 인물로 재탄생하는 것을 보면 현대인들에게 여주인공으로서 귀네비어 왕비는 매력적이지 않은 듯하다. 1995년과 2004년에 개봉된 영화에서 귀네비어 왕비를 자기 의지가 강한 현대적 여성으로 그려보려는 시도를 했지만 그녀를 현대 여성들에게 매력적으로 다가가게 하기에는 설득력이 부족하다. 귀네비어를 여전사 혹은 자신의 왕국을 구하려는 여왕으로 현대화시키려 했지만 실패했다고 볼 수 있다. 두 영화 속 귀네비어는 중세 시대의 궁정풍 사랑 이야기의 레이디와 마찬가지로 평면적 인물flat character[8]에 머물기 때문이다.

⋮ 영화 <킹 아서: 제왕의 검>(2017)

귀네비어 왕비가 현대적 인물로 성공적으로 재탄생되지 못하는 이유는 중세의 이야기 속 귀네비어 왕비가 너무나 평면적 인물이기 때문일 수 있다. 중세의 궁정풍 사랑 이야기 속 귀네비어는 살아 숨 쉬는 여성이라기보다는 중세 남성들이 마음속에 그리는 이상적인 여성이며 또 남성들이 자신의 불륜의 사랑을 정당화하기 위해 만들어낸 수단일 수 있다. 하지만 많은 귀족 여성들이 이와 같은 사랑 이야기에 열광했다는 점을 고려하면, 이 궁정풍 사랑 문학에서 신격화된 레이디는 이와 같은 삶을 살지 못했던 중세 여성들의 이상형 혹은 동경의 대상으로 그 역할을 다했다고 볼 수 있다.

8 '평면적 인물flat character'은 작품 속에서 하나의 특성이 그대로 유지되는 인물을 지칭한다.

주요 토론 주제

1. 중세에 관련된 영화 및 소설이 많습니다. 아마 이 책을 공부하는 대부분의 학생들은 어린 시절부터 아서 왕과 관련된 애니메이션을 보았던 기억이 있을 겁니다. 애니메이션을 보았을 때 기억에 남는 여성 등장인물이 있었나요? 있었다면 누구인가요? 없었다면 왜 없을까요?
2. 2019년 아서 왕을 소재로 하는 뮤지컬이 두 편(〈킹 아더〉, 〈엑스칼리버〉)이나 우리나라에서 상연되었습니다. 프랑스 소설을 원작으로 한 뮤지컬이었지만 이를 보면 현대에도 여전히 아서 왕 이야기는 사랑받고 있음을 알 수 있습니다. 왜 현대에서도 여전히 아서 왕 이야기가 사랑받고 있을까요? 특히 어떤 이야기가 사랑받고 있는지 토론해봅시다.
3. 현대극이나 영화에서 귀네비어 왕비는 점차로 여전사로서의 모습을 갖게 됩니다. 왜 귀네비어 왕비를 여전사로 그리려 할까요? 그리고 여전사로서 그려지는 귀네비어 왕비가 과연 페미니스트적 관점을 대변하는지 토론해봅시다.
4. 여러분의 시각으로 귀네비어 왕비를 재탄생시킨다면 어떤 모습일까요? 조별로 각자가 생각하는 현대적 여성으로서 귀네비어 왕비의 모습을 이야기해봅시다.

5

르네상스 시대와 여성
:『말괄량이 길들이기』와 『베니스의 상인』을 중심으로

배경진

중세의 구질서가 붕괴되고 근대적 가치관이 형성되기 시작한 르네상스 시기에도 여성에 대한 사회적 규제나 차별은 지속되었다. 여성의 열등성에 대한 사회적 편견은 사라지지 않았고 여성의 제한적 역할이 종교적, 정치적, 경제적, 가부장적 사회 구조 속에서 재확인되고 강화되었다. 이 글은 유럽 르네상스 시대에 있었던 이러한 여성 차별의 제 현상들을 역사적으로 기술한 후, 그 예를 영국 르네상스 시대의 대표적 작가인 윌리엄 셰익스피어의 『말괄량이 길들이기』(1594)와 『베니스의 상인』(1598)을 통해 구체적으로 살펴본다.

1. 시대적 배경과 여성의 지위

르네상스는 그리스 로마 문명의 부활이라고 단언할 수 있는가?

이탈리아에서 태동한 르네상스Renaissance(문예부흥)는 14-16세기, 중세에서 근대로 넘어가는 길목에서 중세 1,000년 동안 기독교에 의해 억압되어왔던 인간을 그리스 로마 문명에서처럼 문화와 과학, 예술의 중심에 두면서 유럽 문명을 찬란하게 꽃피웠다고 하여 명명된 용어이다. 다시 태어남, 부활이라는 어원의 르네상스는 미개했던 중세의 어둠에 가려진 그리스 로마의 문명을 재탄생시켰다는 의미로 사용되었지만, 오늘날에는 아무도 중세가 일관되게 암흑 상태였다고 믿지 않는다. 『중세의 가을』의 저자 요한 하위징아Johan Huizinga(1872-1945)는 르네상스를 중세 말기로 보고, 오히려 중세의 부정적인 특징인 가난, 무지, 전쟁, 종교/정치적 박해가 르네상스 시대에 더 심해졌다고 주장한다. 과연 르네상스를 그리스 로마 문명의 부활이라고 단언할 수 있을까? 르네상스라고 명명되는 시기에 문화와 예술이 꽃피었던 곳은 궁정과 교황청 등 극히 일부 지역에 국한될 뿐, 르네상스의 본고장인 이탈리아를 비롯한 유럽 전역에서는 흑사병이 유행하거나 온갖 형태의 권모술수와 정치 투쟁, 종교개혁, 이슬람 제국의 침략, 신대륙 정복 등 전쟁의 공포와 종교적 광신이 크게 자리 잡고 있었다. 또한 르네상스 시대에도 중세와 마찬가지로 탄생에서 죽음에 이르는 개인의 인생 전 과정이 교회와 세속 공동체에 의해 여전히 지배를 받았다. 14-16세기 유럽 사회는 이전 시대의 남성 중심적인 가부장제 구도를 별다른 변화 없이 계승했고 여전히 남성의 권위와 여성의 복종은 기독교인의 미덕으로 간주되었다. 지중해 무역을 통해 경제력을 키운 이탈리아 도시들이 자본을 바탕으로 자치권을 사들이자 유럽의 오래된 질서인 교황권은 약화되고 봉건 제도가 붕괴되었지만, 초기 근대국가의 중앙집권화로 인해 생긴 새로운 권력인 관료층(대법관, 행정관 등)은 권력과 문화를 장악하면서 여성을 배제시키고 더욱 가부장제의 굴레에 가두었던 것이다.

여성에게 르네상스가 있었는가?

르네상스가 문예부흥으로 명명되지만, 르네상스가 과연 전 인류에게 문예부흥의 시대였는지에 대해서는 논란의 여지가 많다. 미국의 페미니스트 역사가 조안 켈리Joan Kelley(1928-1982)는 「여성에게 르네상스가 있었는가?Did Women Have a Renaissance?」라는 글(1977)에서 르네상스 시대에 오히려 여성의 권력과 지위가 후퇴했음을 지적한다. 켈리는 여성의 섹슈얼리티 규제가 상대적으로 강화되고, 여성의 경제적, 사회적, 문화적 역할이 위축된 점, 교육 기회가 축소된 점, 예술, 철학, 문학 등에 나타난 성 역할 이데올로기가 변화된 점 등을 예로 들면서 오히려 르네상스가 여성들의 권리를 희생하여 이루어진 것이라고 역설한다.

켈리에 따르면 르네상스 시대에 중앙집권화가 진행되면서 영주들은 과거처럼 영지 내에서 독립적인 권력을 행사할 수 없게 되었고, 따라서 토지 재산을 토대로 한 여성 귀족의 권력 행사도 제한될 수밖에 없게 되었다(33, 45). 남성 귀족은 중앙집권화를 강화하는 군주제에 의해 영지에서 추방된 후 새로운 정부 관료로 취임하여 새로운 부르주아로 변신할 수 있었지만, 여성 귀족에게는 그 가능성이 차단되었다. 당시 귀족의 경우 가족 경제에서 여성이 차지하는 비중이 작지 않았다. 귀족 남성은 전쟁 등으로 자주 영지를 비워야 했고, 귀족 여성들은 남편을 대신해서 영지를 관리했다. 특히 중세 사회에서 여성은 지참금 제도를 통해 일정한 재산권을 지닐 수 있었기 때문에, 여자들의 경제적 역할은 중요한 것이었다. 그런데 르네상스 시대 군주제의 중앙집권화 과정에서 여성은 예전에 지녔던 영지 관리와 처분 권한을 잃게 되었다.

물론 여성들은 자신이 처한 계급적, 사회적, 경제적 지위와 개인적 상황에 따라 감수해야 하는 억압의 정도가 모두 달랐다.[1] 유산을 상속할 권리를 가진 귀족 여성의 경우 자신의 능력을 더 많이 발휘하며 살

1 이 단락의 논의는 앙드레 미셸에 의거하며 직접 인용의 경우를 제외하고는 따로 인용 표기를 하지 않는다.

기도 했지만, 노동 계급의 경우 성별에 따른 노동 분화가 거의 없었기에 여성 농노들은 남성 농노들 못지않게 힘든 노동을 견뎌야 했다. 군주나 귀족 가문의 교육받은 일부 상층 계급의 여성들은 남자들과 같은 방식으로 교육을 받고 자신의 개성을 발전시켰지만, 공적인 영역과 사적인 영역의 분리와 함께 여성의 활동 범위는 현저히 축소되었다. 새롭게 발흥하는 근대 초기 금융 및 상공업에 몸담았던 신흥 부자들이 신흥 유한 계급, 즉 부르주아 계급으로 떠오르며 정치, 종교, 경제 등 모든 영역에서 여성의 역할은 크게 후퇴하게 되었다. 교회는 왕권 및 신흥 부르주아와 협력하여 여성을 책임 있는 임무로부터 점차 배제하고 여성의 역할을 현저하게 제한함으로써 새로운 윤리적, 법적, 경제적, 사회적 규범에 복종할 것을 요구했다. 부르주아 관료들과 교회가 여성을 가정 안에 가두고 이전의 역할을 박탈하기 위해 이용했던 것은 여성들의 재산법상의 권리를 박탈한 법률이었다. 신흥 부르주아 계급은 사유재산과 상속에서 부권을 인정하고 상속권의 청구에서 일어나는 일련의 혼란을 피하기 위해 가족법을 필요로 했다. 이 가족법은 여성에게서 가족 재산 관리의 권리를 박탈하고 그 책임을 남편이 지도록 했다. 중세 시대에는 여성이 자신의 재산을 관리하며 사법 행위를 하고 남편이 부재하거나 무능력자일 경우에는 상거래에서도 남편을 대신하는 권리를 지니고 있었다. 14세기 프랑스에서는 "세대 내에서 아내의 지위는 차차 하락하고 있었다"(미셸, 53). 남편이 없거나 남편이 정신이상인 경우에도 아내는 남편을 대신하는 권리를 갖지 못했다. 그 같은 경우에도 아내는 자신이 당연히 해야 할 행위에 관해서 재판관의 허가를 바라지 않으면 안 되었다. 르네상스 시대 초기에 이르면 아내의 지위는 점차 하락하여 남편을 대신하는 권한을 완전히 잃고 아내가 남편 및 재판소의 허가 없이 행하는 모든 행위는 완전히 무효가 되어, "마침내 16세기 기혼녀는 무능력자가 되었다"(미셸, 55).

중산 계급 여성들은 대부분 부르주아 윤리가 정한 가정주부 모델을 받아들여 가정과 가사 일에 전념하고 어떤 결정을 내릴 때는 공적인 영역에서 배제되어 남편에게 의지하게 되었다. 말하자면 장인과 소상인들의 아내들이 노점이나 가내 종사업을 포기한 것이다. 여성의 사명은 가정을 지키는 것이라는 가부장적 이데올로기는 여성의 노동이 남성 노동의 보조에 불과하다는 인식을 파생시켰고 노동 계층 여성을 더욱 열악한 지위에 묶어두었다. 전 구성원이 생계를 위한 노동에 매달려야 하는 빈곤층에서 여성의 노동은 중요하게 여겨졌으나 근대 자본주의식 이윤을 축적하기 위한 전문화, 세분화 과정에서 여성은 생산 영역에서 점차 배제되었다. 자급자족의 가내 산업에서 가족 구성원들이 모두 노동에 참가하는 가족 산업을 거쳐 자본주의 산업에 이르면 가정과 작업장이 분리되고 여성은 가정으로 제한되거나 임금노동자로 전락하게 되고, 남녀의 임금 격차는 큰 폭으로 벌어졌다.

불완전한 성, 여성[2]

중세 이탈리아의 대표적 시인 단테Alighieri Dante(1265-1321)의 문학에서 여성은 시인을 천국으로 이끄는 영혼의 구원자로 표현되었고, 중세의 궁정식 사랑에서 여성은 기사에 대해 절대적인 권력을 행사하는 존경과 봉사의 대상이었다. 하지만 르네상스 시대에 이르면 이전 시대와 같은 여성 존중 사상이 사라지게 된다. 르네상스 시대는 재발견된 아리스토텔레스Aristoteles(B.C. 384-322)나 갈레노스Aelius Galenus 또는 Claudius Galenus(129-200/216) 같은 그리스 의학자들의 의서를 새로운

2 이 장의 논의는 송원문, 김소임, 미쉘에 의거하며 직접 인용의 경우를 제외하고는 따로 인용 표시를 하지 않는다.

의학적 지식의 출발점으로 삼았다. 이미 남성 중심적 시각으로 오염되어 있던 그리스 의학 이론들에 내포된 불평등한 남녀 간의 성적 질서는 별다른 검증 절차 없이 가부장적 질서를 강화하기 위한 지배 담론으로 수용되었다. 르네상스 시대의 생물학적 성차에 관한 과학적 지식은 단순히 남녀 간 다른 해부학적 성기 구조에 관한 객관적 관찰에 바탕을 둔 것이 아니었다. 그리스의 의학 이론 자체가 남성 중심적 시각으로 여성의 열등성과 이에 따른 종속성을 내포하고 있기 때문이다. 아리스토텔레스에 따르면, 태아는 성별이 정해지지 않은 상태로 있다가 태아의 몸속에 충분한 열기가 있으면 성기를 밖으로 밀어내 남성이 되고 열기, 즉 에너지가 부족하여 성기가 밖으로 돌출되지 못한 상태로 정지되면 여성이 된다. 따라서 남성은 완전히 발달된 완전한 육체의 소유자이고, 여성은 신체의 발달 도중 그 성장이 멈춰버린 불완전한 육체의 소유자로서 그 생성에서부터 열등한 성으로 구별된다. 아리스토텔레스의 이 이론은 남성과 여성의 지배-종속의 관계가 사회적 관습의 형태가 아닌 자연법칙에 따른 필연적인 결과라는 점을 암시한다.

르네상스 시대는 여성의 성이 취약하고 불완전한 성이라는 개념 아래 여성을 부차적인 성으로 규정하고 남성의 하위 존재로 인식하는 담론을 사회적으로 확대, 고착시키는 시기였을 뿐만 아니라 가부장적이고 여성 혐오적 가치관에 따라 성정체성에 대한 규제를 강화시키는 시기이기도 했다. 르네상스 시대 이론가들은 아리스토텔레스를 필두로 한 그리스 의학서들이 전해준 이론을 그대로 받아들여 여성은 남성의 통제를 필요로 하는 불완전한 정신의 소유자라는 견해를 펼쳤다. 아리스토텔레스는 다음과 같이 남성에게 종속될 수밖에 없는 여성의 열등한 정신적 정체성을 설명한다.

> 일반적으로 발견되는 남성과 여성의 구분에 있어서, 자연은 남성과

> 여성의 정신적인 특징에 있어서도 비슷한 차이를 만들어낸다. … 여성은 남성보다 덜 영적이며… 성질에 있어 더 부드럽고, 더 장난스럽고, 덜 단순하며, 더 충동적이며, 어린아이를 양육하는 데 더 주의 깊다. … 여성은 남성보다 더 동정적이며, 쉽게 눈물을 흘리며, 또한 동시에 더 질투심이 많고, 더욱 불평불만이 많고, 쉽게 꾸짖거나 때린다. 더욱이 여성은 더욱 쉽게 의기소침해지며, 남자보다 덜 희망적이고, 수치나 자긍심을 결하고 있을 뿐만 아니라, 헛된 말을 쉽게 하고, 더욱 현혹적이며, 기억을 더 오래 간직한다(송원문, 72-73 재인용).

여성은 불완전한 육체와 불안정한 정신의 소유자이기 때문에 외부의 쾌락적 유혹에 쉽게 넘어가므로 도덕적 훈육과 사회적 규범을 통한 엄격한 통제가 필요하다고 믿었던 것이다.

여성의 통제는 여성의 두 가지 신체 부위에 집중되었는데, 하나는 섹스와 출산과 관련된 여성의 성기이며, 다른 하나는 정신의 표출이며 저항의 직접적인 창구인 입이다. 르네상스 시대에는 입을 여는 행위를 여성의 성기가 열려 있는 행위와 연관시키며 정절과 침묵을 여성을 통제하는 규율로 강화했다. 1547년 영국의 한 선언문은 여성에게는 "자신들만 모여서 수다스럽게 이야기하는 것"을 금하고 남편에게는 "그의 아내를 가정에 붙잡아 놓을 것"을 명령하고 있다(미셸, 55). 침묵, 정절, 복종은 르네상스 시대의 이상적인 여성을 정의하는 가장 중요한 덕목이 된다.

2. 르네상스 문화 속에 나타난 주요 여성 문제[3]

침묵, 복종, 정절

'침묵', '복종', '정절'은 르네상스 시대의 이상적인 여성을 정의하는 가장 대표적인 덕목들이다. 여성의 입에 대한 통제(침묵 강요)는 불안정한 여성의 성에 대한 통제와 동일한 인식에 근거한다. 여성의 성기가 위험한 욕정에 사로잡히지 않도록 잘 통제되어야 하는 것처럼 반항과 방종의 상징으로 인식되었던 여성의 입 역시 단단히 통제되어야 여성의 정숙함이 유지된다는 것이다. '침묵'이라는 덕목을 어기고 잔소리를 퍼붓는(즉 바가지를 긁는) 아내에게는 매가 허용되었을 뿐만 아니라, 마을 사람들에게 조롱당하는 벌이 가해졌다. 여성의 입은 가부장적 질서를 위협하는 가장 경계해야 할 대상으로 인식되었으며, 통제되지 않은 입은 가정의 범주를 넘어서 사회적 안녕을 해칠 수 있다고 보았던 것이다. 르네상스 연구가 리사 자딘Lisa Jardin은 "날카로운 혀를 가진 여자는 사회적 질서를 파괴한다. … 그런 여자는 조화롭지 못하고 혼란을 일으키고 제멋대로여서, 여성의 전반적인 복종에 기반을 둔 가정의 조화를 해칠 수 있는 위협을 하게 된다."(송원문, 77-78 재인용)라고 설명한다. 여성의 독립적인 담론은 곧 가부장제의 위협으로 간주되었던 것이다. 실제로 당시의 교회를 포함한 제도화된 사회적 기관들은 여성의 '침묵'과 '정절'을 끊임없이 강조했으며, 당시 결혼지침서들 또한 여성에게 순종, 겸손, 인내라는 미덕을 설교했다.

피렌체의 서적상이자 인문학자였던 베스파시아노 다 비스티치

3 이 장의 논의는 송원문, 진원숙, 김소임, 정미현에 의거하며 직접 인용의 경우를 제외하고는 따로 인용 표기를 하지 않는다.

Vespasiano da Bisticci(1421- 1498)는 여성이 지켜야 할 규칙들을 제시했는데, 첫째 신을 경외하는 가운데 자녀들을 양육해야 하고, 둘째 말썽을 일으키지 않도록 교회나 다른 곳에서 정숙해야 한다는 것이었다. 여성은 현명하고 겸손하고 신중하고 소박하고 정숙하고 남편에 순종해야 하고 부지런해야 하고 말을 절제하고 모든 일에서 고결해야 한다는 사회적 요구를 받았다. 영국 헨리 8세의 장녀이자 후에 메리 여왕이 되는 메리 공주를 교육시킨 후안 루이스 비베스Juan Luis Vives(1493-1540)의 저서 『기독교 여성교육*The Education of Christian Women*』(1524)은 당대의 인문주의자 데시데리우스 에라스무스Desiderius Erasmus(1466-1536)와 토머스 모어Thomas More(1478-1535)에게 칭송받을 정도로 여성교육의 필요성을 역설했다. 하지만 비베스는 겁 많고, 약하고, 의심 많고, 욕심 많다 등 부정적인 속성으로 정의된 여성성에 맞추어 여성교육이 이루어져야 한다고 생각했다.[4] 비베스는 여성에게 있어서 '정절'을 잃는다는 것은 남자가 그가 가진 모든 것을 잃는 것과 같다고 주장했다. 여성에게 '정절'이 요구되었던 이유는 아내가 다른 애인을 가졌을 경우, 토지, 돈, 귀족 칭호 등을 다른 남자의 자식이 상속할 수도 있었기 때문이었다. 더 나아가 아내의 육체도 남편의 재산으로 간주되었다. 이런 맥락에서 당대의 문학작품들은 아버지와 남편에게 순종하고 침묵하는 정숙한 여성을 이상적인 여성으로 제시했다.

---

4 종교개혁이 진행되던 16세기 인문주의자들은 여성에 대하여 긍정적으로 평가하고, 여성의 동반자적 성장과 사회 참여를 적극적으로 찬성하고 실행해나갔다. 에라스무스는 당대의 보편적인 여성에 대한 인식에 따라 여성은 지적으로 신앙적으로 연약하기 때문에 학문성 있는 책을 보거나 경건한 생활에 적합하지 않다고 여겼다. 그러나 그는 영국에서 토머스 모어와 만난 것을 계기로 생각이 달라졌음을 고백한다. 모어의 딸들은 인문주의 교육을 받았는데, 라틴어와 희랍어 고전어 실력은 물론 그들이 교육을 통해 단련한 인격적 품성에 에라스무스는 무척 감동받게 되었다. 이 만남을 계기로 그는 르네상스 시대 여성에게 부가된 사회적이고 부정적인 통념이 여성 자체의 본성에 있는 것이 아니라, 여성교육의 부재에 의해 결과적으로 생겨난 것임을 지적한다.

결혼은 거래

여성의 육체가 남편의 재산으로 간주되었다면, 혼전 여성의 육체는 누구의 소유였을까? 그것은 부모, 특히 아버지의 소유였다. 영국의 역사학자인 로렌스 스톤Lawrence Stone에 의하면 르네상스 시대의 가족 제도는 중세와는 구분되는 핵가족이었다(Stone, 7). 그 핵가족 안에서의 아버지의 권위는 절대적이었다. 특히 자녀의 결혼 문제에 있어서 아버지의 주장은 더욱더 절대적이었다. 결혼 시 자식들은 아들이건 딸이건 부모의 의견, 특히 아버지의 결정을 따라야 했다. 부모에 대한 절대적인 복종은 십계명 중 다섯 번째 계명인 부모님을 공경하라는 말로 합리화되었고, 당대의 사람들은 자식은 부모의 소유물이므로 부모의 허락 없이 자신의 육체를 허락하는 것은 도둑질하는 것과 같다고 주장했다. 부모의 의견에 반대할 경우 부모는 폭력 행사도 불사했다. 스스로 배우자를 고르겠다고 고집부린 딸을 복종시키기 위해서 어머니는 딸을 독방에 가두고 방문객이나 남자 하인과는 말 한마디 나누지 못하게 하는 경우도 있었다. 심지어 딸들은 일주일에 한 번 내지 두 번 매를 맞았고 어떤 때는 하루에 두 번 맞아서 머리가 두세 군데 찢어졌다는 기록도 있다(Stone, 183).

결혼을 결정하는 데 가장 먼저 고려된 것은 재산의 이익과 신분의 상승이었다. 상류층의 경우 르네상스 시대의 결혼은 양쪽 가문의 명예를 부흥시키고 재산을 증식시키기 위한 신부의 아버지와 구혼자 간의 거래였다. 영국 르네상스 시대 여성의 재산은 결혼과 동시에 남편 소유로 법적으로 이양되었다. 본격적인 자본주의가 생성되기 시작했던 르네상스 시대의 도시에서 결혼은 자본 축적의 간단한 방식이었고 이윤을 상승시킬 수 있는 손쉬운 수단이었다(푹스, 75). 가장 많은 지참금을 내는 사람에게 딸의 결혼을 허락하는 아버지나 '부자' 아내를 맞이하기 위해 분주한 구혼자들을 통해서 결혼을 결정하는 데 있어서 제일 먼저 고려되는 것이 재산상의 이익과 신분의 상승이라는 것을 알 수 있다. 딸의 결혼은 구혼자와 아버지가 지참금을 두고 은밀히 흥정한 후 일방적으로 날짜를 잡는 것으로 결정되었다.

처녀이건 아내이건 르네상스 시대 여성들은 법적이나 경제적인 면에서 권리 행사에 제약을 받았다. 아버지가 살아 있는 처녀는 자신의 재산권을 행사할 수 없을 뿐만 아니라 아버지에게 아들 상속자가 있는 경우 땅을 상속받는 것에서 제외되었다. 얼마간의 현금 지참금이나 운이 좋으면 토지를 상속받아 결혼을 하지만, 처녀는 결혼과 동시에 모든 재산권을 남편에게 박탈당했다. 남편의 재산은 남편의 것이고 부인의 재산도 남편의 것이었다. 부인에게 선물로 주는 보석과 옷도 남편의 소유이며 결혼 전 부인이 소유했던 모든 가재도구와 말, 황소, 당나귀 같은 가축도 당연히 남편이 팔거나 양도할 수 있는 남편의 재산이며, 남편이 먼저 죽는다 해도 이것이 부인의 소유가 되는 것이 아니라, 남편의 유언집행자의 소유가 되었다(Aughterson, 155). 결혼한 여성은 아버지의 소유물에서 남편의 소유물로 이전되었던 것이다. 재산권에 대한 완전한 통제권을 가진 남편은 아내를 구타할 법적인 권리를 가지고 있었다. T. E.라고만 명시된 작자 미상의 1632년의 『여성 권리에 관한 법적 결의안*The Law's Resolutions of Women's Rights*』은 비록 손상을 입혀서는 안 된다는 주의를 덧붙이기는 하지만, 법적이고 타당한 교정의 경우가 아닐 때는 아내를 범법자, 반역자, 이교도인, 악한과 같은 범주에서 취급하며 구타를 허용함을 명시하고 있다(Aughterson, 154).

과부재산권

결혼 시 남편은 아내에게서 지참금dowry을 받는 대신에 아내에게 과

부재산권dower을 약속하게 된다. 과부재산권의 양은 전통적으로 남편 재산의 3분의 1을 차지하는데 지참금을 두고 신부의 아버지는 딸의 구혼자와 거래할 때 딸의 과부재산권을 최대한 확보하고자 한다. 과부는 남편의 사후 자신이 살아 있는 동안 이 과부재산권을 사용할 수 있으나 (소유가 아니라) 그녀의 사후에는 다시 집안 전체의 재산에 귀속된다. 물론 결혼 전 계약에 명시된 경우 과부는 재산권을 소유할 수 있다. 하지만 과부가 재혼을 하게 되면 재혼과 동시에 새 남편이 전남편이나 친정에게서 받은 재산을 통제할 권리를 갖게 된다. 이러한 권리의 상실 때문에 과부들은 재혼을 망설이게 되었다. 그뿐 아니라 과부는 남자를 경험했기 때문에 남자 없이는 살 수 없다는 사회에 만연된 고정관념에 시달리기도 했다. 여기서 문제는 과부에 대한 고정관념이 부유한 과부와의 결혼을 통해 재산권을 획득하는 데 혈안이 된 구혼자들이 만들어낸 가부장적 이데올로기의 산물이라는 것이다.

3. 대표적 작가와 작품을 통해서 본 여성 문제

르네상스 시대 최고의 극작가인 윌리엄 셰익스피어William Shakespeare (1564-1616) 작품들이 당대의 가부장제를 강화하는 성차별주의적인 것인가, 아니면 여성 옹호주의적인 것인가를 두고 많은 논쟁이 있었다. 초기 페미니스트 비평가들은 셰익스피어가 가부장적 사회에서 불평등한 여성의 현실을 인식하고 당시에 싹트기 시작한 여성 해방의 가능성을 제시했다고 보기도 하고, 그의 작품들에는 억압적인 성차별주의가 만연하며 셰익스피어가 여성 인물들을 왜곡시키고 있다고 보기도 했다. 그러나 1980년대 이후 보다 발전된 페미니즘 비평의 도움으로 셰익스피어가 당대 여성들의 비참한 삶에 동정심을 가졌다거나 아니면 그 반대로 여성 비하적이었다는 것을 증명하기보다는 셰익스피어 희곡들에 재현된 성, 젠더, 섹슈얼리티에 대한 다양한 여성들의 모습에 주목하게 되었다. 이런 맥락을 염두에 두고 제목 그대로 말괄량이였던 카테리나Katherina가 가부장적 권력을 행사하는 남편에 의해 길들여지는 과정을 담은 『말괄량이 길들이기*The Taming of the Shrew*』(1594)와 당대 가부장적 사회에서 포오셔Portia가 여성으로서 자신의 입지를 구축하는 과정을 담은 『베니스의 상인*The Merchant of Venice*』(1598)을 통해 지금까지 살펴본 르네상스 시대 여성의 지위와 주요 문제들을 좀 더 구체적으로 들여다보고자 한다. 이 두 작품을 선정한 이유는 카테리나와 포오셔가 '침묵'과 '복종'이라는 미덕과 결혼 관습과 관련한 당대 여성의 문제를 여실히 드러내고 있기 때문이다.

『말괄량이 길들이기』: 여성 길들이기에 대한 환상과 불안[5]

이탈리아 북서부의 파두아Padua에 사는 갑부 밥티스타Baptista에게는 두 명의 딸이 있다. 작은딸 비앙카Bianca는 '침묵'과 '복종'으로 대표되는 이상적인 처녀이지만, 큰딸 카테리나는 소문난 말괄량이이다. 작은딸에게만 구혼자들이 찾아오자, 밥티스타는 큰딸을 먼저 시집보내고 난 후에야 작은딸을 시집보내겠다고 선언한다. 한편 파두아에 온 피사 출신의 루첸티오Lucentio는 우연히 비앙카를 보고 사랑에 빠지게 된다. 비앙카에게 구혼하기 위해 루첸티오는 자신의 하인인 트라니오Tranio를 자신으로 변장시켜 구혼자처럼 행동하게 하고, 자신은 트라니오의 하인이자 비앙카에게 라틴어를 가르치러 온 교사로 행세한다.

모두들 비앙카의 사랑을 얻기 위해 노력하고 있을 때 비앙카의 구혼

---

5 앞으로 작품 인용은 『말괄량이 길들이기』(도해자 옮김)의 막, 장, 행 표시를 따라 표기한다.

자 중 한 명인 호르텐시오Hortensio의 친구인 베로나Verona 출신의 신사 페트루치오Petruchio는 부유한 신붓감을 구하러 파두아에 온다. 호르텐시오에게서 카테리나 소문을 들은 페트루치오는 고약한 여자라도 돈만 많으면 충분하다며 밥티스타와 결혼 지참금과 과부재산권에 관한 거래에 합의한다. 살쾡이 같은 카테리나를 순한 집고양이로 바꿔 자신의 아내로 만들겠다는 페트루치오는 그 주 일요일로 결혼식 날짜를 잡아버린다.

결혼식장에 뒤늦게 괴상망측한 복장으로 나타난 페트루치오는 주례 신부님을 냅다 때리기도 하고 발을 구르고 욕을 하며 신부를 포함한 하객들을 모두 창피하게 만든다. 피로연도 하지 않고 급한 일이 있다며 바로 자신의 집으로 카테리나를 데리고 간 페트루치오는 하인들에게 미리 언질을 준 후, 괜한 트집으로 말끝마다 하인을 혼내 카테리나를 불안하게 만든다. 카테리나와 같은 고귀한 여인에게 어울리지 않는다며 멀쩡한 음식을 모두 땅바닥에 내팽개치고, 허기와 피로에 지친 카테리나가 잠을 자려고 하면 고래고래 소리를 질러 하인을 나무라서 그녀의 잠을 깨운다. 카테리나가 마음에 들어하는 옷은 트집을 잡아 반품시키고, 친정에 가고 싶어하는 카테리나에게 자신이 말하는 시각이 바로 현재 시각이라며 자신의 말에 무조건 동의할 때까지 출발하지 않겠다고 선언한다. 이러한 페트루치오의 막무가내 행동

⋮ <말괄량이 길들이기>, 셰익스피어 페스티벌, 세인트루이스, 2011. 결혼식 날 페트루치오가 나타나지 않자 당황한 카테리나

으로 카테리나는 점차 자포자기하고 남편에게 순종하는 아내가 되어 간다.

라틴어 교사로 비앙카에 접근한 루첸티오는 비앙카의 마음을 얻는 데 성공하고, 낙담한 구혼자 호르텐시오는 돈 많은 미망인과 결혼해버린다. 동생 비앙카도 결혼을 했고, 미망인도 결혼을 하니 비앙카, 미망인, 카테리나의 남편들은 모여 내기를 한다. 함께 얘기를 나누고 있는 아내들에게 사람을 보내 불러오게 하는 것이다. 비앙카와 미망인은 바쁘다고 오지 않았지만, 카테리나는 바로 달려온다. 다른 부인들을 데려오라는 페트루치오의 말에 비앙카와 미망인을 끌고 온 카테리나는 무슨 일이냐며 불평하는 비앙카와 미망인에게 아내로서 지녀야 할 몸가짐과 순종에 대해 설교하며 이야기는 막을 내린다.

『말괄량이 길들이기』는 골치 아픈 말괄량이가 어떻게 길들여지는가를 관객에게 보여주는 소란극이라 할 수 있다. 당대가 규정하는 여성의 모습에서 일탈했던 카테리나가 페트루치오에 의해 한순간 순종적인 여성으로 변화한다는 『말괄량이 길들이기』는 가부장제 사회의 남성들에게는 호탕한 웃음을 유발하는 작품이지만, 여기저기에 독자나 관객의 거부감을 불러일으킬 만한 장면들이 존재한다. 페트루치오는 카테리나를 길들이기 위해 온갖 가학적인 방책을 사용한다. 신부를 일부러 진창에 밀어 넣고 밥을 굶기고 잠을 재우지 않는 페트루치오의 방법은 과장되고 폭력적이다. 카테리나를 순종적인 여성으로 변화시키기 위한 방법으로 식사, 잠 등의 인간의 본능적인 욕구를 이용하는 페트루치오는 야생마를 길들이는 사육사에 비유된다.

부유한 신붓감을 찾으러 파두아에 온 페트루치오에게 카테리나를 소개하는 호르텐시오의 대사를 보면 카테리나는 말괄량이인 점을 빼고는 결혼 적령기의 처녀로서는 여러모로 손색이 없다.

자네가 부유하고 젊고 아름다우며
귀부인이 되기에 손색없는 교육을 받은
여성과 결혼하도록 내가 도울 수 있네.
그런데 흠이 하나 있고, 좀 큰 흠이네.
참을 수 없을 만큼 심사가 못됐고
입고 거친데다 여간 고집쟁이가 아니네. (1.2. 79-84)

카테리나에 대한 설명에서 가장 강조되는 부분은 그녀가 재산이 많다는 점이다. 카테리나는 재산이 많고 지적이며 예쁜 여성이지만 단지 한 가지 흠인 말괄량이 성격 때문에 당대 남성들에게 인기 없는 여성으로 여겨진다. 말과 행동이 거칠고 남성들에게 순종하지 않고 대드는 카테리나는 가부장제 사회 질서를 어지럽히는 문제적인 인물로 간주되는 것이다. 카테리나의 오명은 이렇듯 남성들의 평가를 통해 전해지면서 관객은 그녀에 대해 부정적인 선입견을 갖게 된다.

말괄량이 길들이기 작전에 나선 페트루치오는 카테리나의 거친 행동에 눈도 깜짝하지 않을 뿐만 아니라 오히려 한술 더 떠서 온갖 과장되고 엉뚱한 짓거리를 벌인다. 결혼식에 뒤늦게 괴상한 의상을 입고 나타나고, 주례 신부님과 하객을 때리는 황당하고 무례한 행동을 일삼더니, 결국 그는 피로연에 참석하지도 않은 채 예식 후 좀 더 머물

⋮ <말괄량이 길들이기>, 파운더즈 극장, 2005. 아버지 밥티스타에 의해 페트루치오와의 결혼을 선고받는 카테리나

려는 카테리나를 강제로 데리고 떠나버린다. 시골 저택에서 벌어지는 길들이기는 결국 그녀를 끔찍하게 배려하기 때문이라는 명분하에 음식 안 주기와 잠 안 재우기 등 직접적인 신체적인 고통을 주는 일이다. 이런 정신적, 육체적 학대에 가까운 행동들은 사회적 문제아인 카테리나에 대한 교화이자 일종의 처벌이기 때문에 작품 내에서 용인된다. 페트루치오의 무례함과 난폭함은 계산된 행동이자 연극이기에 카테리나를 교화하는 긍정적인 과정으로서 정당하게 바라보는 비평도 상당하다. 하지만 페트루치오의 카테리나 길들이기가 매우 억압적이고 폭력적이라는 점이 간과된다면 말괄량이 길들이기를 미화하는 위험에 빠지게 될 것이다.

길들이기의 대상이 된 카테리나는 어떤 반응을 보이는가? 카테리나는 처음에는 강력하게 저항하고 화를 내고 분노를 쏟아낸다. 카테리나에게 언어는 가부장제의 억압에 대한 저항이다. 사사건건 자신의 의견을 무시하고 트집을 잡는 페트루치오에게 카테리나는 다음과 같이 쏟아낸다.

> 이봐요, 나도 말할 자유는 있다고 생각해요.
> 그러니 말하겠어요. 난 어린애도 아기도 아니에요.
> 당신보다 윗사람들도 내 마음대로 말하게 해줬는데,
> 당신이 참을 수 없다면 귀를 아예 틀어막는 게
> 낫겠어요. 내 혀는 가슴속 화를 토해낼 거예요.
> 억누른 채 참고 있으면 가슴이 터져버릴 거예요.
> 그렇게 되는 것보다는 난 차라리 마음대로
> 속 시원하게 다 말할 거예요. (4.3. 73-80)

페트루치오는 카테리나의 절실한 이 발언을 "거참, 말 잘했어요"(4.3.

81)라는 한마디로 무력화시키고 카테리나는 오로지 순종을 위해서만 말하게 된다. 페트루치오의 카테리나 길들이기는 그녀의 혀, 즉 언어를 길들이는 것으로 완성되는 양상을 보인다. 가부장적 질서가 실천되고 훈육되는 학교의 상징으로 재현된 페트루치오의 집에서 길들여진 카테리나는 페트루치오가 의도한 대로 길들여진 언어를 사용하게 된다. 카테리나는 페트루치오의 길들이기에 익숙해진 순종적인 아내로 변한 듯하지만, 비앙카의 결혼식 참석을 위해 친정에 가는 것이 이슈가 되면서 페트루치오에게 다시 한번 시험을 받는다. 아내를 길들이기 위해서 페트루치오는 태양을 달이라고 주장하고 카테리나는 지금 밝게 빛나고 있는 것이 태양이라고 반박한다. 하지만 페트루치오는 자신이 달이라고 하면 그것이 무엇이든 달이라고 하며 카테리나가 반박한 것에 대한 벌로 파두아 방문을 취소해버리려고 한다. 페트루치오는 다시 자의적으로 달을 태양이라고 번복하면서 언어와 사물에 관련된 자신의 절대 권력을 강요한다. 결국 카테리나는 페트루치오의 언어와 논리를 다음과 같이 무조건 수용하게 된다.

페트루치오 저것은 달이에요.
카테리나 네, 저것은 달이에요.
페트루치오 아니, 거짓말 말아요. 저것은 신성한 태양이잖아요.
카테리나 그럼 맹세코 저것은 신성한 태양이 맞습니다.
하지만 당신이 아니라고 하면 태양이 아닙니다.
당신 마음처럼 달도 변하니까요. 당신이
저것을 뭐라고 부르든 옳은 말이에요.
카테리나에게도 항상 옳은 말일 거예요. (4.5. 16-23)

이 대화는 카테리나가 태양을 달로 인정해가는 과정을 코믹하게 극화한 것이지만, 실상은 자신의 주장과 언어를 가진 카테리나가 자신의 주장과 언어를 상실하고 가부장 문화가 정하는 언어를 수용하는 과정을 보여준다.

카테리나의 언어를 봉쇄시키고 남편의 말을 앵무새처럼 반복하거나 따르도록 하는 언어적 통제는 권력에 의한 담론의 통제이지만, 최근 페미니즘 시각의 비평가들 사이에서 카테리나가 무력하게 길들여져 자신의 의지보다 강한 가부장적 권력에 굴복한 것이 아니라는 주장이 설득력을 얻고 있다. 이 시각에서 볼 때 카테리나가 단순히 전통적인 가부장 체제에 길들여지는 것이 아니라, 체제의 방식을 습득하여 오히려 그녀 나름대로 적응 방식을 찾아 나가는 것으로 해석할 수 있다. 남편이 주인이자 생명이고 보호자이며 군주이니 남편에게 복종하라는 카테리나의 5막 2장 대사는 당대의 사회적 담론이 요구하는 이상적인 여성상에 대한 지침서라 할 수 있다.

> 자, 연약하면서 말 안 듣는 벌레 같은 존재들이여,
> 저도 당신들처럼 거만하고 드세고, 논리를 따져
> 말에는 말로 반박하고, 인상 쓰면 같이 인상을 썼죠.
> 하지만 저는 이제 깨달았어요. 우리가 던지는 창은
> 지푸라기에 불과하다는 것을요. 우리의 힘은
> 그 무엇과도 비교할 수 없을 만큼 약하디 약해요.
> 실제는 너무나 연약한데 강한 척해볼 뿐이죠.
> 그러니 쓸데없이 자존심을 내세우지 마세요.
> 남편이 원하면 복종의 표시로 무릎을 꿇어
> 남편 발아래에 당신의 손을 두세요. 내 손은
> 준비가 되어 있으니 남편이 편안해하길! (5.2. 174-84)

이 연설은 셰익스피어 시대 이후 성 대결에서 여성의 참담한 패배의 증거로써 인용된다. 그런데 이에 대해선 두 가지 견해가 대립한다. 남편이 주입한 담론을 기계적으로 반복하면서 충성스러운 노예로 변신했다고 보는 관점에서 카테리나의 완패라고 보는 해석도 있지만, 카테리나 길들이기를 일종의 게임으로 보고 카테리나와 페트루치오의 상호적 연대를 강조하면서 카테리나의 복종이 맹목적인 복종이 아니라 표면적인 복종이며 자발적으로 페트루치오의 게임에 참여하고 있다는 견해도 있다(정경숙, 873). 남편에 대한 저항이 자신에게 아무런 이득도 가져다주지 못한다는 것을 깨달은 카테리나가 자신이 원하는 것을 얻기 위해서는 남편이 원하는 대로 말하고 행동하는 편이 낫다는 상황 판단에 도달했다고 볼 수 있다. 남편이 요구하는 게임 규칙을 지켜주고 대신 비록 제한된 것이기는 하지만 일정 정도의 자유를 얻어낸다는 것이다. 이 게임의 규칙을 만들고 주도하는 것은 분명 남편이기에 카테리나의 선택을 자발적인 참여라고 보는 게 다소 무리일 수도 있다. 그러나 그녀가 처한 상황에서 이 선택이 그녀에게 유리한 선택임은 분명하다. 강압적인 가부장제 사회에서 카테리나의 선택은 어쩌면 유일한 대안일지도 모른다. 극의 초반 가부장 체제에서 남성에게 반항하던 카테리나의 언행은 그녀의 주체성을 확립해주기보다는 그녀를 더욱 가정과 사회에서 소외시켰을 뿐이다. 극의 끝부분에 카테리나는 오히려

: <말괄량이 길들이기>, 카멜 셰익스피어 페스티벌 공연, 포레스트 극장, 2003. 광대옷을 입은 신랑 페트루치오와 신부 카테리나

남성의 지배 담론을 모방한 순종적인 대사를 통해 자신의 목소리를 외각에서 중심으로 위치시킨다. 42행에 이르는 이 극의 가장 긴 대사가 가지는 언어적 힘은 다양하게 해석될 수 있다. 비록 이 대사의 내용이 가부장적 담론의 재생산에 불과하지만, 침묵을 강요당하고 소외당했던 카테리나가 남성 인물들과 여성 인물들 그리고 관객들까지 귀 기울이게 만드는 발화의 주인공이라는 점은 주목할 만하다. 페트루치오가 말괄량이 길들이기에 성공한 데는 그의 무지막지한 길들이기 작전이 아니라 카테리나의 협력이 절대적으로 작용했다고 볼 수 있다. 카테리나가 외견상 가부장적 남편에 의해 길들여진 것이 반드시 가부장적인 질서를 내면화하거나 혹은 가부장적 질서의 참담한 희생자가 된 것을 의미하지 않는다. 그녀의 변화에는 긍정적인 측면도 있다.

『말괄량이 길들이기』는 '길들이기'라는 단어를 사용해 가부장제의 여성 길들이기 환상을 강화시킨다. 난폭한 말괄량이가 남편에 의해서 사회에서 칭송받을 수 있는 순종적인 완벽한 아내로 변화했을 때 주변 사람들은 기적을 본 듯 감탄한다. 하지만 희극 특유의 비꼬기를 통해 이 작품은 가부장제에 대한 풍자로 재해석될 수 있다. 카테리나의 교화는 있을 수 없는 불가능한 기적으로 평가받는다. 또한 순종적이었던 비앙카나 호르텐시오의 부인이 남편들의 명령에 거역하는 모습은 아내에게 '침묵'과 '복종'을 끊임없이 요구할 수밖에 없는 가부장제의 불안 요인이 여전히 남아 있다는 점을 보여준다.

『베니스의 상인』: 포오셔의 '바싸니오 길들이기'[6]

베니스의 무역상 앤토니오Antonio는 친구 바싸니오Bassanio가 벨몬

6 앞으로 작품 인용은 『베니스의 상인』(이경식 옮김)의 페이지 수를 따라 표기한다.

트Belmont의 부유한 상속녀 포오셔에게 구혼할 수 있도록 돈을 빌려주고자 한다. 그러나 당시 그의 모든 재산을 상선에 투자한 상태라 현금이 없는 앤토니오는 바싸니오와 함께 베니스의 고리대금업자 샤일록Shylock에게 돈을 빌린다. 샤일록은 자신의 대금업을 조롱하며 방해를 일삼았던 앤토니오에 대한 원한이 골수에 사무쳐 복수심에 불타고 있었다. 앤토니오가 3천 다가트의 돈을 3개월 동안 빌려달라고 하자 샤일록은 앤토니오가 자신을 개라 부르며 침을 뱉고 발길질한 점을 지적한다. 하지만 샤일록은 앤토니오와의 관계를 개선하기를 원하기 때문에 무이자로 거래하겠다고 한다. 샤일록은 장난삼아 거는 조건인 척하며 앤토니오가 기한 내에 갚지 못한다면 벌금으로 심장에서 가장 가까운 살 1파운드를 제공한다는 차용증서를 요구한다.

한편 벨몬트의 포오셔는 선친의 유언에 따라 남편을 스스로 선택할 수도 없고, 누가 남편이 되든 거절할 수 없는 상황에 놓여 있다. 포오셔는 돌아가신 아버지의 명령에 따라 구혼자들에게 금, 은, 납의 세 가지 상자를 내놓고 본인의 초상이 들어 있는 상자를 선택하게 한다. 세 가지 상자 앞에서 고민하던 바싸니오는 올바른 납 상자를 뽑아 구혼에 성공한다. 하지만 이내 아버지를 거역하고 도망친 샤일록의 딸 제시카Jessica로부터 앤토니오의 편지를 받은 바싸니오는 앤토니오의 상선이 난파를 당해 그가 돈을 갚지 못하고 죽을 위험에 처했음을 알게 된다. 바싸니오는 포오셔에게 자신은 가난했지만 앤토니오의 도움으로 포오셔에게 구혼할 수 있었는데 그 때문에 진 빚의 보증으로 앤토니오가 곧 죽을 위험에 처했음을 고백한다. 포오셔는 당장 결혼식을 하고 베니스로 가서 앤토니오를 구하라고 조언하고, 그의 손에 반지를 끼워주며 반지가 사라지는 순간 자신의 사랑도 사라질 것임을 선언한다. 바싸니오가 떠난 뒤, 포오셔는 파두아에 있는 친척 벨라리오Bellario 박사에게 소식을 전해 변호사 서기 모습으로 남장을 하고 벨라리오 박사의 대리인

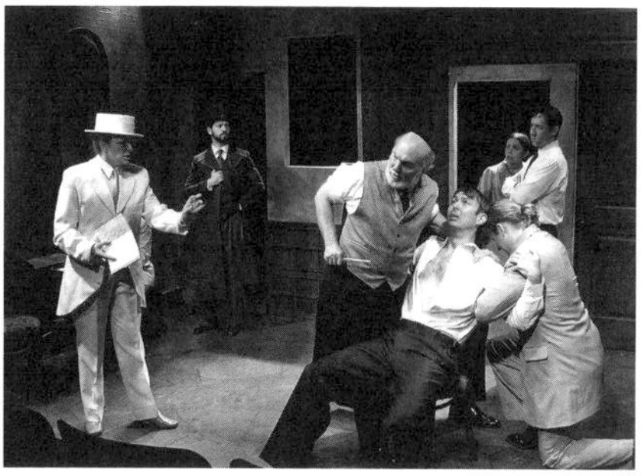 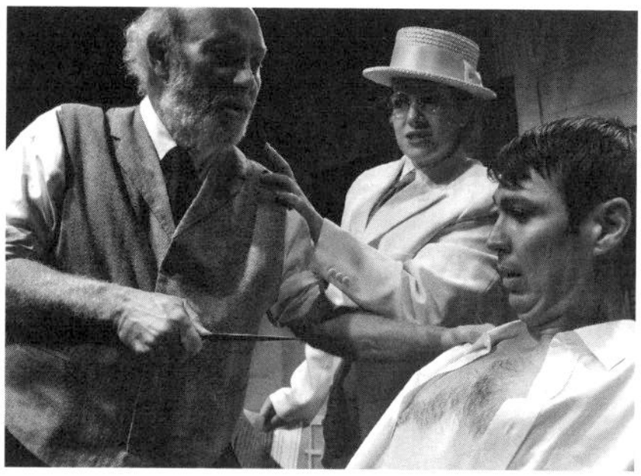

⋮ <베니스의 상인>, 보호 극장, 2008. 샤일록이 앤토니오의 살점을 도려내려는 순간 저지하는 포오셔

으로 앤토니오의 변호를 위해 베니스 법정에 참석한다.

앤토니오가 차용증서에 명시된 날짜에 꾼 돈을 갚을 가망이 희박해진 상황이 알려지자, 샤일록은 "그래, 유대인은 눈도 없소? 유대인은 손도 없고, 오장육부도, 사지도, 감각도, 감장도, 격정도 없소?"(3.1 76)라는 수사적 질문을 쏟아내며 유대인도 기독교인과 같은 인간임에도 불구하고 부당한 일을 당해왔기에 기독교인에게 배운 그대로 복수하겠다고 선언한다. 이렇게 복수의 기회를 잡고 보복의 칼날을 갈았지만 완벽하게 작성하지 못한 차용증서로 인해서 샤일록은 복수가 무산될 뿐만 아니라 재산마저 모두 박탈당하고 겨우 목숨만 부지하는 신세가 된다. 재판이 끝난 후 바싸니오는 슬기로운 판결을 내린 판사(남장한 포오셔)에게 보답을 하고 싶어하고 이에 포오셔는 결혼반지를 요구한다. 집에 돌아온 바싸니오에게 포오셔는 반지를 잃어버린 책임을 묻고 앤토니오는 자신 때문에 바싸니오가 판사에게 반지를 준 것이니 자신이 친구의 사랑의 맹세를 보증할 것이라고 한다. 포오셔는 다시는 반지를 잃어버리지 말라고 당부하며 결혼반지를 바싸니오에게 돌려주고, 그간의 사정을 설명한다. 모든 오해가 풀리고 침몰당했다던 앤토니오의 상선들도 무사히 돌아온다는 소식으로 이야기는 막을 내린다.

『베니스의 상인』의 주인공은 누구일까?[7] 이런 질문을 하게 되는 이유는 이 작품을 읽고 나면 제목이 명시하는 주인공인 베니스의 무역상인 앤토니오보다는 빌려준 돈의 대가로 기독교인의 살을 요구한 유대인 고리대금업자 샤일록이나 법정에서 통쾌한 논리를 펴 문제를 해결한 포오셔가 더 머리에 남기 때문이다. 그렇다면 셰익스피어는 여성인 포오셔를 극의 주인공으로 삼은 것일까? 명확하지는 않지만, 올바른 상자를 골라 사랑하는 여인을 얻는 바싸니오의 사랑/결혼 플롯의 여주인공이자 살 1파운드 차용증서에 대한 이야기에서도 중요한 역할을 하는 인물인 포오셔를 극 전체의 주인공으로 볼 여지는 있다. 벨몬트의 주인인 포오셔가 극을 이끄는 핵심이기 때문이다. 벨몬트는 베니스라는 중심 권역에서 떨어져 있는, 포오셔에 의해 지배받는 세계이다. 반면 베니스는 가부장제의 권력에 의해 지배되는 세계이며, 남성 인물들을 통해서 가부장적 사회인 베니스의 문제들이 드러난다. 바싸니오는 아내의 돈을 받아 마치 자기 돈인 듯 친구의 빚 탕감에 써버리고자 하고, 앤토니오는 반유대주의를 대표하며, 로렌조Lorenzo는 샤일록의 딸 제시카가 아버지 몰래 훔쳐온 돈을 받아들인다. 포오셔는 이런 문제들을 해결할 지혜뿐만 아니라 재산도 가지고 있는 여주인공이다.

극의 초반 포오셔는 아름다운 외모과 미덕을 겸비한 이상적인 상속녀로 나온다. 포오셔는 아버지의 재산을 상속했지만 아버지의 유언에 따라, 원하는 사람을 마음대로 선택할 수도 보기 싫은 자를 마음대로 거절할 수도 없이 단지 상자 고르기를 통해 남편을 맞이해야 하는 입장에 있다. 이 상자 고르기는 자녀의 결혼에 대한 부모의 절대적 권력과 통제를 드러낸다. 포오셔는 유산을 상속받았지만 가부장제의 통제

7 아래 글은 이경식, 이윤주, 김경혜에 의거하며 직접 인용의 경우를 제외하고는 따로 인용 표시를 하지 않는다.

를 벗어나 자신의 재산을 마음대로 쓸 수 있는 입장은 아니다. 그녀는 돌아가신 아버지의 인위적이고 억압적인 유언을 따르는 지극히 순종적인 딸의 모습을 보이며 가부장제가 원하는 이상을 구현하는 듯하다. 호화스런 생활로 얼마 안 되는 재산을 다 탕진하고 이제는 친구의 목숨을 담보로 돈을 빌려 포오셔에게 구애하는 바싸니오는 포오셔를 사랑했다기보다는 상속녀를 좇는 구혼자일 뿐이다. 바싸니오에게 포오셔는 많은 유산을 물려받은 귀부인이며 "황금 양털"(1.1 17)로, 그녀와의 결혼은 방탕한 생활로 과도하게 진 빚을 깨끗하게 청산할 수 있는 기회인 것이다. 바싸니오는 베니스의 물질적, 상업적, 가부장적 시각에서 포오셔의 금전적인 가치만 평가하고 있을 뿐 그녀의 지혜나 내면적인 가치에 대해서는 인식하지 못하고 있다.

재력이나 배경이 초라해도 올바른 상자를 선택하여 남편의 자격을 획득한 바싸니오가 포오셔의 재산 소유권을 이전받는 순간은 동시에 남편의 소유물이 된 포오셔가 재산권을 상실하는 순간이다. 바싸니오가 상자 고르기에 성공한 후 포오셔는 "바로 이 순간부터 이 집, 이 하인들, 그리고 이 몸은 당신의 것, 제 주인의 것이에요."(3.2 87)라고 하며 자신의 모든 것, 즉 영혼과 신체, 아버지로부터 상속받은 지위, 부, 권력이라는 가부장적인 특권까지도 바싸니오에게 넘겨준다. 이것은 결국 가부장제 결혼 제도가 주인이자 여왕으로서 자신과 저택을 다스렸던 한 여성을 남성에게 지배받는 종속자로 전락시키는 반면 방탕한 무일푼의 남성에게는 왕과 같은 지위를 부여함으로써 남녀 위치 변화를 가져오는 제도임을 예시하는 장면이다.

그러나 포오셔는 이 모든 양도와 절대적 복종에 대해 '반지에 대한 맹세'라는 단서 조항을 제시한다. 바싸니오가 사랑의 징표인 반지를 분실하거나 남에게 준다면 부부 간의 성실성을 담보로 한 계약을 파기하는 것이기 때문에 이에 대한 대가로 포오셔는 남편의 지배에서 벗어나 가정의 주도권을 양도받을 수 있는 명분을 얻게 된다. 포오셔의 반지에 관한 단서 조항은 그녀가 제시한 양도와 절대적 복종을 일순간 완전히 무효화할 수 있는 전략을 제공한다. 포오셔는 가부장제 사회에서 통용되는 지배적 남편과 복종하는 아내의 관계를 수용하는 듯하면서도 동시에 반지에 대한 조건을 내세워 그들의 관계가 가변적이라는 점을 분명히 한다. 가부장제의 요구에 순응하는 복종적인 태도를 취하면서도 자신의 계산이 담긴 조건을 제시하는 포오셔의 모습에서 지금까지 그녀가 한 말들이 그녀의 본심과 다른 가장된 순종 내지 처세술이며 이 단서 조항이 현실화될 수 있다는 기대를 자아낸다. 비록 포오셔가 바싸니오에게 전 재산을 양도했지만, 그녀의 내면에는 항상 주도권을 전복시키려는 욕망이 있다. 예를 들어, 전 재산을 바싸니오에게 양도한 직후에 발생한 바싸니오와 앤토니오의 부채 문제에 직면해서 포오셔는 남편과 한마디 상의도 없이 "그 얼마 안 되는 빚을 스무 배 이상으로 갚을 수 있을 만큼의 돈을 드리겠어요."(3.2 94)라고 거침없이 말함으로써 앞서 말한 재산권의 양도와 복종에 대한 약속과 달리 그녀가 여전히 직접 재산권을 행사하고 있음을 보여준다.

포오셔는 부친이 부재한 가정에서 식솔과 저택을 관리하는 가장의 역할을 해왔지만 선친의 유언이 자신을 자유의지를 억압하는 미묘한 상황을 경험했다. 따라서 그녀가 결혼 후에도 자신의 자유와 권리를 누리며 주도적인 역할을 담당하고 싶은 욕망을 가지고 있음을 짐작할 수 있다. 나폴리 군주, 프랑스, 잉글랜드, 스코틀랜드, 독일의 귀족, 모로코의 군주, 아라곤의 군주 등 왕족이나 군주 같은 막강한 권력과 재산을 가진 청혼자들에게는 거부감을 느끼면서 신분이나 재력 면에서 그들보다 훨씬 열등한 학자이자 군인인 바싸니오를 원하는 포오셔의 의도를 구체적으로 살펴볼 필요가 있다. 포오셔는 유수한 청혼자들을 만나기 전 선친이 살아 있을 때 바싸니오를 만난 적이 있고 시녀와 포오셔는 모두 바싸니오를 매우 우호적으로 평가하고 있다. 바싸니오를 마음에 두고 있었기에 포오셔는 처음부터 고관대작 청혼자들을 내키지 않아 했을지도 모른다.

바싸니오가 포오셔에게 가장 합당한 후보라는 시녀의 평가는 포오셔를 가장 잘 이해하고 있는 최측근으로서의 평가이다. 시녀 니리서Nerissa가 바싸니오에 대한 포오셔의 사랑을 알아차렸을 수도 있겠지만, 시녀와 포오셔가 바싸니오를 원했던 이유에는 포오셔보다 못한 그의 여러 가지 상황이 오히려 포오셔에게 유리하게 작용할 수 있다는 판단도 있었을 것이다. 만약 포오셔가 자신보다 지위가 높은 귀족이나 군주의 아내가 된다면 남편의 지위에 걸맞은 만큼의 복종이 요구될 것이고, 그 결과 포오셔는 자신이 누리던 자유와 권리를 누릴 수 없게 될 것이다. 반면 포오셔가 몰락한 무일푼 귀족 바싸니오와 결혼하게 된다면 포오셔는 다루기 쉬운 조건의 남편과의 결혼을 통해 자신과 재산, 그리고 남편을 포함한 가정 전체를 관리하고 다스리는 가장으로서의 현 역할을 유지할 수 있게 된다. 바싸니오가 올바른 상자를 선택할 수 있도록 포오셔가 힌트를 준 음악은 사랑이 겉모습으로 시작되어 겉모습으로 끝나버림을 한탄하는 노래이다. 힌트를 준 포오셔 덕분에 바싸니오는 겉모습을 따르지 않고 올바른 상자를 선택하는데, 포오셔는 바싸니오가 올바른 상자를 선택할 수 있는 환경을 적극적으로 주도한 것이다.

포오셔는 앤토니오를 둘러싼 문제가 앤토니오의 생명뿐만 아니라 자신의 결혼생활의 운명도 함께 좌우한다는 것을 인식한다. 포오셔는 앤토니오에게 발생한 문제를 해결하기 위해 벨몬트의 가정이라는 여성의 영역을 떠나 베니스의 법정이라는 남성의 세계로 들어간다. 포오셔가 아무리 현명한 여성일지라도 자신이 뜻하는 바를 이루기 위해서는 남장을 할 수밖에 없다. 신학, 의학, 윤리학에서 주장하는 여성의 육체적, 정신적 연약함은 르네상스 시대 법문서에도 그대로 적용되어 여성에 대한 사회적인 제약이 강화되었기 때문이다. 법정에서의 밸서자 Balthazar/포오셔는 법관의 자리에서 법과 정의를 집행하는 적극적이고 주도적인 역할을 한다. 남성들만의 세계인 법정에서 드러난 포오셔의 뛰어난 능력을 통해 남성은 선천적으로 유능하고 공적인 생활에 적합한 반면 여성은 기질상으로 육아와 가사에 적합하다는 전통적으로 인식되어온 성에 대한 고정된 관념에 모순이 내재되어 있음이 드러난다. 법관 변장을 포함한 포오셔의 남장은 그녀로 하여금 여성에게는 금지된 공적 장소에서 여성에게는 차단된 능력들을 발휘할 수 있는 기회를 제공한다.

포오셔가 발휘하는 능력 중에서 가장 두드러지는 것이 그녀의 언어라고 할 수 있다. 남성 중심의 가부장제 사회에서 여성의 '침묵'은 '복종'과 더불어 여성에게 강요된 덕목임을 『말괄량이 길들이기』의 카테리나를 통해서 살펴본 바 있다. 여성의 몸과 혀가 집안에 있어야 한다면 포오셔의 법정에서의 공적 발언은 가부장제가 규정한 이상적인 여성의 행동 규범을 깨뜨리는 행위이며 남성들만의 영역을 침범하는 행위이다. 남장을 한 포오셔는 힘 있는 언어를 사용하며 그 권위를 드러내고 간접적으로 위계질서에 반항한다. 가부장제 사회에서 남성들만의 영역으로 간주되었던 법정에서 자신의 목소리로 단호하게 판결을 내리는 포오셔는 분명 전통적으로 고착된 남성과 여성의 이분법적 성 역할의 경계선을 흐리고 있다.

가부장적인 성 역할의 모순을 드러낸 포오셔는 결혼 관계에 있어서의 중요한 본질을 짚고 넘어간다. 앤토니오의 생명을 구해준 법률가가 바로 포오셔 자신이었고 남편 바싸니오의 반지를 요구한 것도 그녀였다는 것을 밝히는 장면에서 포오셔는 목숨을 걸고 맹세했던 결혼반지에 대한 약속을 깨뜨린 남편 바싸니오와 그의 절친한 친구인 앤토니오에게 남성들의 맹세에 내재된 허구성을 폭로한다. 포오셔는 부부간의 약속을 지키겠다는 맹서를 받아냄으로써 극 초반에 설정되었던 지배와 종속의 관계에서 탈피하여 남편의 동반자이자 조력자로 나아가게 된다. 『베니스의 상인』은 극의 초반 포오셔에게 부과된 결혼 조건을 통해 가부장제 권력이 여성에게 미치는 영향을 명백하게 보여준다. 하지만 이 극은 동시에 포오셔와 같은 능동적인 여성이 가부장제 내에서 주체성을 확립할 수 있는 대안을 보여준다. 그러나 수동적이고 복종적인 여성의 성 역할과 인습적인 여성의 카테고리를 뛰어넘어 자신의 주도권을 유지한 포오셔의 해피엔딩은 카테리나를 길들인 페트루치오의 해피엔딩만큼 현실에서는 찾아보기 힘든 실현 불가능한 결말이다.

4. 현대적 의미 및 현대적 수용

영국 르네상스 시대 최고의 극작가로 칭송받는 셰익스피어가 페미니스트냐 아니냐를 논하는 것은 불가능하다. 셰익스피어가 살던 영국 르네상스 시대는 양성 평등의 시대가 아니라 계급 질서의 가부장제 사회였으며 셰익스피어는 대중 극장의 관객을 의식하는 상업 극작가였다. 하지만 『말괄량이 길들이기』를 강한 남성이 고집 센 여성을 길들이는 소극으로만 본다면 현대까지 꾸준히 읽히고 각색되어 상영되고 있는 이 작품의 매력을 설명할 수 없을 것이다. 또한 『베니스의 상인』에서 멋진 문제 해결사로 등장하는 포오셔를 당대의 이상적인 여성상으로만 설명하는 데에는 한계가 있다. 셰익스피어의 두 작품에서 당대의 지배 담론인 여성차별주의와 가부장제 담론이 어떻게 나타나는지를 살필 수 있었지만, 셰익스피어 작품의 여성 인물들이 보이는 다층적인 면은 다각적인 해석과 분석을 요구한다. 셰익스피어의 작품은 현재까지도 개성 있고 매력적인 현대판 말괄량이 카테리나의 모습을 통해서, 그리고 남성적 힘을 무력화시키는 강한 남성적 힘을 전유하면서도 동시에 유일하게 샤일록에게 연민의 감정을 드러내는 포오셔의 모습을 통해서 당대와 오늘날의 남성성과 여성성, 그리고 가부장적 결혼 제도에 관한 끊임없는 사유와 통찰의 기회를 제공하고 있다.

주요 토론 주제

1. "그래서 그들은 행복하게 살았습니다."에서 더 나아가 페트루치오와 카테리나 커플, 바싸니오과 포오셔 커플의 결혼생활을 상상해 봅시다. 10년 뒤에 이들은 어떤 결혼생활을 하고 있을까요?
2. 억압적인 가부장제를 넘어설 수 있는 바람직한 결혼생활의 대안을 셰익스피어의 두 작품을 통해 찾아볼 수 있을까요?
3. 포오셔는 왜 앤토니오가 처한 문제가 앤토니오의 생명뿐만 아니라 자신과 바싸니오의 결혼생활의 운명도 좌우한다고 생각했을까요?
4. 카테리나와 포오셔의 공통점은 무엇일까요?
5. 귀족인 밥티스타는 파두아에 대저택을 소유하고 있지만 부인 이야기는 한마디도 나오지 않습니다. 포오셔의 경우에도 돌아가신 아버지의 유언은 나오지만, 어머니를 포함한 이전 상황에 대한 배경 설명이 전혀 없습니다. 이 두 작품에 어머니의 이미지가 부재하는 이유는 무엇일까요?

2부

여성의 등장과 페미니즘의 시작

6

여성 작가들의 등장
: 샬럿 브론테의 『제인 에어』를 중심으로[1]

이소영

이 글은 18-19세기 서구 사회에서 여성 소설가들이 등장하게 된 배경과 당시 가부장 사회가 여성에게 부여한 '가정의 천사' 이미지를 살펴본다. 이런 사회적 배경 하에서 영국 여성 작가들이 사회를 비판하고 자신의 목소리를 내기 위해 사용했던 전략들을 샬럿 브론테의 『제인 에어』를 중심으로 구체적으로 알아본다. 또한 이 과정에서 제인 에어의 도전과 한계를 통해 현대 여성이 점유한 위치와 한계를 점검하고 나아갈 방향을 모색해보는 기회를 갖는다.

1. 18-19세기 영국의 사회적 배경과 여성의 지위

교육과 문학 창작 영역에서 배제되어왔던 서구 사회의 여성들은 18세기가 되어서야 비로소 작가로서의 첫발을 내딛게 되었다. 주로 귀

1 이 글은 2020년에 간행된 『외국학연구』 제52집에 게재된 논문 「영미문화를 통해 본 여성 문제: 교양 과목으로서 『제인 에어』 접근하기」의 일부를 수정·보완한 것이다.

족층의 후원으로 문학 창작이 이루어졌던 18세기 이전까지 영국 여성은 극히 제한적으로만 문학 생산에 참여해왔다. 그런데 18세기에 이르자 영국에서 희곡과 소설을 쓰는 여성들이 당시 활발해진 대중적인 문학 시장에 등장했을 뿐만 아니라 성공까지 거두었다. 이는 18세기 영국에서 다축 방적기spinning jenny(1764)와 증기 기관steam engine(1769) 등 발명품에 힘입어 산업혁명이 일어나고, 또 세계 최초의 증권거래소(1689)가 문을 열면서 도시화가 급속하게 진행되어 두터운 중산층이 생성되었던 것과 관련이 있다. 즉 산업화와 도시화로 인해 일터와 가정이 분리되기 시작했고, 과거에 농업과 가사노동에만 종사했던 여성들이 여유시간을 갖게 되었다. 여성들은 연극을 관람하고 또 순회도서관circulating libraries이 제공하는 소설의 주요 소비층이 되었는데, 이 과정에서 희곡과 소설의 생산자도 될 수 있었던 것이다. 특이할 만한 점은 여성 작가들은 18세기 이전에 글을 썼던 여성들이 상류층이었던 것과 달리 대부분 중산층이었다는 점이다. 특히 소설 장르(당시 확장된 중산층 대중을 독자로 삼고 고전의 전통을 따르기보다는 삶을 기반으로 한 문학 장르)가 등장하면서 고전교육을 받지 못했던 여성들도 문학 창작을 시도할 수 있는 여건이 마련되었다. 산업혁명의 도래와 함께 모자 만들기, 옷감 짜기 등 여성들이 도맡아 했던 일들을 남성들이 대신하게 되었고 여성의 경제 참여 기회가 축소되었는데, 오히려 이런 상황이 재능 있는 여성들로 하여금 소설가로서 경제 활동에 참여하도록 이끌었다.

이 시대 여성들은 르네상스 시대와 마찬가지로 경제적으로, 법적으로 애매한 위치에 놓여 있었다. 결혼한 여성은 자신의 자산을 가질 수 없었으며 보호자인 남편이 모든 경제권 및 법적 권한을 가졌다. 이혼 후에도 여성에겐 아이에 대한 권리가 없었다. 또한 1891년까지 영국 남편들에게 부인을 집 안에 감금할 권리를 부여했기 때문에 여성은 자신의 신체에 대해서도 권리를 행사할 수 없었다(Gilbert and Gubar, 76).

게다가 아내가 일하지 않고 한가하게 지내는 것 자체가 중산층 남성에게 자신의 중산층 지위의 상징으로 작용했다. 노동 계층의 경우, 여성들은 종종 남자들보다 더 많은 일을 했지만 남성 임금의 3분의 2만 받았으며, 자신들이 전담했던 산파 등의 많은 일을 남성들에게 빼앗기기도 했다.

한편 귀족층에서는 장자상속제가 시행되고 있어서 장자를 제외한 다른 아들들은 결혼할 때 경제적인 문제에 봉착했다. 그래서 지참금을 준비할 수 없는 여성들은 이런 남성들에게 경제적인 부담으로 여겨졌다. 여성들은 자신의 생계와 지위를 유지할 방법이 결혼 외에는 달리 없었는데, 지참금을 준비할 수 없었던 여성들은 다른 곳에서 방법을 찾기 시작했다. 이러한 경제적 여건이 지적이고 재능 있는 여성들을 소설 창작의 길로 이끌었고, 또 소설가로서 큰 성공을 거두게 하는 원동력이 되었다. 이들 여성 소설가들은 두 부류, 시간상으로 여유가 있고 자신의 재능과 생각을 피력하고 싶어서 소설가가 된 부류와 돈을 벌기 위해 소설가가 된 부류로 나누어졌다. 그리고 소설의 지위가 굳건해지면서 여성 작가들의 지위도 어느 정도 향상되었다.

그러나 여성의 낮은 지위와 여성 비하의 통념은 여성 작가들로 하여금 익명으로 소설을 쓰게 했다. 여성의 정숙을 강조하고, 여성의 위치를 가정으로 제한하는 당시의 가부장적 분위기에서 여성이 글을 쓴다는 것은 감히 자신을 드러내는 행위이자 남성의 상징인 펜으로 창조자의 위치에 도전하는 행위로 간주되었다(Poovey, 36). 미국의 소설가 나다니엘 호손Nathaniel Hawthorne(1804-1864)은 책을 출판하는 여성들을 "품위의 속박을 벗어던지고, 말하자면, 공중 앞에 완전히 발가벗고 나서고 있다"며 비판했을 뿐 아니라, 자기 아내에게 여성 작가가 되지 않음으로써 "대중에게 몸을 팔지prostitute 않은 것"이 고맙다고 말한 바 있다(오정화, 296 재인용). 그러나 여성 작가들은 침묵하지 않고 다른 방도를 찾았다. 즉 여성이 대중 앞에 나서는 일을 부끄러운 일이라고 폄하하는 당시 상황에서 여성 작가들은 여성에 대한 사회의 비판적 시선을 피하고자 가상의 남성 또는 중성적 이름으로 작가 활동을 이어나갔다. 익명으로 저술할 경우 크게 두 가지 장점이 있었는데, 우선 비판으로부터 자유로웠기에 당시의 여성적 이미지에 국한된 글을 쓰지 않아도 되었고, 또 서술자 시점에서 거리를 두고 글을 쓸 수 있는 전략을 취할 수 있었다. 이렇게 여성 작가들은 필명 뒤에 숨어 여성으로서 목소리를 내는 것이 어려웠던 시기를 교묘하게 헤쳐나가며 사회의 불의, 그 중에서도 여성을 향한 불의에 대해 비판적 목소리를 낼 뿐 아니라 여성이라는 이유로 폄하되거나 무시되는 일을 피할 수 있었다. 이 시기에 여성이 소설을 쓴다는 것은 여성이 자기주장을 펼칠 수 있는 몇 안 되는 통로였다.

이런 가운데 메리 울스턴크래프트Mary Wollstonecraft(1759-1797)는 자신이 여성임을 드러내고 당시 인습과 사고를 정면에서 비판했다. 그러나 대다수의 여성 작가들은 가명을 써서 자신을 남성으로 대중 앞에 드러냈다. 메리 앤 에반스Mary Ann Evans는 자신의 지적 진지함을 인정받고 싶어서 남성적인 필명인 조지 엘리엇George Eliot(1819-1880)이라는 이름을 사용했으며, 브론테Bronte 자매들도 각각 커러Currer, 엘리스Ellis, 엑턴Acton과 같은 중성적인 필명을 사용해 출판에 도전했다. 그런데 여성 작가들은 남성으로 가장하면서 여성 비하의 편견에서는 벗어날 수는 있었지만, 필연적으로 내적 혼동을 경험했다(Gilbert and Gubar, 66). 여성 작가들은 자신을 자신에게 맞지 않는 인물과 상황에 투영해야 했으며, 가부장제 아래의 불안정한 지위 때문에 이중적인 전략을 사용할 수밖에 없었다. 즉 여성 작가들은 여성으로서 자신의 이야기를 바로 드러내기보다는 대중이 받아들일 내용의 표면 아래로 자신들의 진정한 목소리를 숨겼고, 이런 이유로 주류의 글에서 벗어난 글을 쓰는 경우가 많았다(Gilbert and Gubar, 71-73). 즉 작가가 되기 위해 여성 작가들은 자신을 제한하는 현실과 타협해야 했다. 이 타협의 방식으로 이들은 패러디나 아이러니를 사용하거나 혹은 환상의 요소를 끌어들이며 완벽한 여성 주인공과 이와 상반되는 다른 여성을 등장시키는 등 이중적인 관점으로 글을 쓰게 되었다. 앞으로 살펴볼 샬럿 브론테Charlotte Bronte(1816-1855)의 『제인 에어*Jane Eyre*』(1847)는 이런 전략적인 글쓰기의 좋은 본보기라 할 수 있다.

2. 18-19세기 영국 문화 속에 나타난 주요 여성 문제

18세기 중산층이 대두되자 남녀 영역이 구분되면서 여성을 가정에 국한하는 '정숙한 여성proper lady'의 이미지가 여성들에게 부가되었다.[2] 메리 푸비Mary Poovey는 17세기까지는 이브가 아담을 유혹했다는 성경 속 이야기를 근거로 여성을 남성의 타락과 불행의 근원으로 생각했었지만 그로부터 150년이 지난 18세기 중반 이후에는 여성을 속세로부터 구원해줄 희망으로 칭송하는 시대가 도래했다고 주장했다. 여성에 관한 생각이 이와 같이 달라진 것은 산업화와 도시화가 진행된 근대 시대의 도래와 밀접한 관계가 있다고 볼 수 있다. 18세기에 들어서면서 새로운 계급인 중산층의 등장과 함께 그들의 부인과 딸들이 신분 상승의 상징이 되었다. 따라서 여성들이 신분에 걸맞게 따라야 할 교양, 예절, 가치관을 교육하는 행실지침서conduct books의 영향력이 커졌으며, 르네상스 시대부터 내려오고, 18세기 가부장적인 사회가 이상으로 생각

2 '정숙한 여성'에 관한 내용은 Mary Poovey, *The Proper Lady and the Woman Writer*를 참고했으며 직접 인용의 경우만 인용 표시를 했다.

한 '겸손', '순종', '수동성', 그리고 '순결'이 '정숙한 여성'이라는 이상적인 여성상으로 영국과 미국 등 서구 사회에서 고착되었다.

이런 여성상의 확립에 중요한 역할을 했던 것은 당시의 청교도 신앙이었다. 청교도 신앙생활에서 가정의 역할이 강조되면서 여성의 역할이 가정에 국한되었다. 가정에서 청교도 여성들은 순결을 포함한 고귀한 도덕성을 지켜내기 위해 자신의 성적 욕구를 희생했으며, 이러한 희생에서 자부심을 느끼며 자신들이 남성보다 도덕성에서는 더 우월하다고 생각했다. 특히 1740년경부터는 여성들은 복음주의evangelicalism의 영향 아래에 하층 계급까지 복음을 전파하고 구제 활동을 이어감으로써 사회를 안정시키는 데 일조하고, 더 나아가 방임주의적 자본주의에 협조해 중산층 계급을 강화하는 데 힘썼다. 또한 남편들에게 안정적 가정을 제공함으로써 그들이 사회에서 생산 활동에 전념할 수 있게 했다.

또 다른 방식으로도 여성들은 자본주의 제도와 중산층 계급을 유지시키는 데 공헌했다. 여성들은 소비의 주역이 되었을 뿐 아니라, 상류층 남성들과 결혼함으로써 중산층으로 하여금 토지를 소유한 상류층 가문과 연대해 정치적 힘을 갖게 하는 역할을 했다. 여성들은 상품의 주요 소비층이 되었고, 또 영국의 부와 자존심을 상징하게 되었다. 여성의 치장에 들어간 상아 빗, 아라비아 향수, 인도산 보석들을 제공할 수 있는 다른 나라들을 영국은 식민지로 삼았다. 중산층이 상업을 통해 얻은 현금은 토지 외에는 별다른 소득이 없는 상류층에게 매력적으로 느껴졌으며, 두둑한 지참금을 준비할 수 있는 중산층 가정은 딸의 결혼을 통한 상류층과의 연대로 상류층으로 계급을 이동하고자 했다. 장자상속제 하에서 장자가 아닌 다른 아들들은 결혼하는 데 어려움이 있었으므로 지참금이 있는 중산층 여성이 상류층 남성과 결혼하는 일이 가능하게 되었다. 그런데 문제는 중산층 여성이 지참금으로 가져올 수 있는 자산이 증가함에 따라 상류층 여성들에게 기대되는 지참금의 액수도 상승했으며, 점점 더 여성들이 좋은 조건을 가진 남자와 결혼할 수 있는 기회가 줄었다는 사실이다. 이런 가운데 여성은 선택권을 지닌 인격체로 취급받기보다는 가문과 가문의 결속에 있어서 협상할 수 있는 패로 여겨졌다. 게다가 당시 젊은 여성은 부모의 말에 순종할 수밖에 없었기 때문에 남성들의 욕망에 따라 거래되는 비인격체가 되었다. '정숙한 여성' 이미지는 모든 여성을 속박하는 이상적인 여성의 이미지로 자리 잡았으며, 행실지침서 등 여러 사회 장치들로 이 여성상이 여성의 본질이자 교육되어야 할 규범으로 강요되었다.

행실지침서는 여성은 본질적으로는 탐욕스럽고 욕망을 제어할 수 없으므로 여성에게 어떤 욕망도 허용하지 않아야 한다고 가르쳤다. "여성에게는 어떠한 허영, 열정, 내세우는 자아"가 있어서는 안 된다는 것이었다(Poovey, 21). '겸손'이라는 이름 아래 여성은 자신을 지워야 했으며, 남성이 빛나도록 도움을 줌으로써 남편의 힘을 드러내야 했다. 특히 여성의 정조는 여성에게 있어서 가장 가치 있는 덕목이었는데, 이 덕목은 자신의 욕망을 억제하고 자신을 부정함으로써만 보여줄 수 있었다. 이런 맥락에서 여성들은 사회가 부여한 보이지 않는 가치들—겸손, 순종, 수동성, 순결—을 신봉하면서 자신을 감춰야 했으며, 또 무지나 오해, 실수로 자신의 평판이 쉽게 훼손될 수 있었기 때문에 위협을 느끼며 살아야 했다.

18세기 '정숙한 숙녀'의 이미지는 19세기 '집안의 천사angel in the house'라는 이상적 여성상으로 대체되었다.[3] '정숙한 숙녀' 이미지가 여성이 사람이라는 점을 인정한다면, '집안의 천사'는 사람이 아닌, 남성을 비추는 역할을 하는 자아가 없는 존재였다. 19세기에 들어서며 점

3 집안의 천사에 관한 내용은 Sandra M. Gilbert and Susan Gubar, *The Madwoman in the Attic*을 참고했으며 직접 인용의 경우만 인용 표시를 했다.

차 신에 대한 믿음이 약해지고 가정이 생존경쟁 사회에서 안식처 역할을 도맡게 되자 여성을 '집안의 천사'라는 이미지에 국한시키며 여성에게 도덕적인 우월성을 부각시켰다. 여성은 성적 욕망도 없고 육체적인 힘도 없는 의존적 존재로, 타락한 세속 사회에 대해서는 전혀 알지 못한 채 오직 가정만 지키며 예수의 정신을 실천하는 존재로 칭송되었다. '집안의 천사' 이미지는 오랫동안 남성 작가들이 그들의 작품에 등장시켜온 성모 마리아로부터 유래한 것으로, 천국의 빛나는 신비를 남편에게 알려주는 지혜롭고 순수한 이타적 여성상을 담고 있다. 단테Alighieri Dante(1265-1321), 밀턴John Milton(1608-1674), 괴테Johann Wolfgang von Goethe(1749-1832) 등의 작품에서 이어져온 이 여성상은 1854년 코번트리 팻모어Coventry Patmore의 시 「집안의 천사Angle in the House」에 등장하면서 더 구체화되었고 빅토리아 시대 중산층의 이념으로 자리 잡게 되었다. "남성은 행복해야 하는데, 그를 행복하게 하는 것이 여성의 행복이다."라는 구절에서 알 수 있듯이 완전히 자아를 비운 여성이 시대가 요청한 여성상이었다. 길버트와 구바에 따르면, 타인을 위해 자신을 희생하는 것이 가정 영역을 지키는 여성의 역할이라는 통념이 오늘날 우리 문화에까지 널리 퍼지게 된 것은 18세기부터 성행한 행실지침서에 기인한다. 그러나 이러한 여성의 무無자아의 상태는 여성 자신의 죽음을 의미했다. 이 시대가 여성에게 요청했던 창백하고 마른 수동적 매력은 실제로 여성을 병약하게 만들거나 죽음으로 몰아가기까지 했다. 여성을 '집안의 천사'로 내세우며 중산층은 귀족층에 대한 도덕적 우월성까지 갖게 되었다. 또한 이 이상적 개념은 성모 마리아와 타락을 자초한 이브의 계보와 결합해 여성을 '천사'가 아니면 '악녀', 즉 '처녀'와 '창녀'로 나누어 생각하게 하는 데 일조했다. 이러한 이분법에 의거해 남성들은 자신들이 제어할 수 없거나 두려움을 주는 여성을 '미치광이', '마녀', '야망이 가득한 입신 출세주의자'로 몰았다(Gilbert and Gubar,

290).

여성은 남성이 만들어낸 '천사'와 '괴물' 이미지 사이에서 자신을 규정할 수밖에 없었는데, 20세기 초 영국의 소설가 버지니아 울프Virginia Woolf(1882-1941)는 여성 작가가 할 일은 바로 이러한 '집안의 천사'를 죽이는 일이라고 말한 바 있다. 울프는 아프라 벤Aphra Behn(1640-1689), 제인 오스틴Jane Austen(1775-1817), 조지 엘리엇과 같은 여성 작가들이 이미 길을 터주어서 큰 걸림돌이 없어지게 된 것에 대해 감사를 표하지만, 가정의 평화를 깨지 않으면서 여성이 할 수 있는 일은 글을 쓰는 일뿐이라고 아쉬움을 토로한다. 울프는 이어서 글을 쓰면서 싸워 죽여야 하는 어떤 유령과 같은 대상이 있었는데, 이는 '집안의 천사'였다고 강조한다. 울프는 '집안의 천사'를 아래와 같이 묘사한다.

> 그녀는 매우 동정적이며, 자아가 없으며, 매일 자신을 희생해야 했다. … 자기 생각이나 소망이 없고 다른 사람들의 소원을 들어주는 것을 원했으며 그녀의 가장 아름다운 매력은 그녀의 순수함이었다. 빅토리아 여왕 시절에는 모든 가정에는 천사가 하나 있었다. 내가 글을 쓰기 시작할 때 처음부터 그녀를 만나게 되었다. 그녀의 날개가 내 종이 위에 드리워졌고 그녀의 치맛자락 소리를 내 방 안에서 들을 수 있었다. (Woolf, 150)

울프는 유명한 남성 작가가 쓴 글에 대해 서평을 쓰면서도, '집안의 천사'가 "동정적이고 부드럽게 칭찬을 하며 아무도 네가 너 스스로 생각을 할 수 있다"는 점을 알지 못하게 순수하게 쓰라고 그녀의 펜을 이끄는 것 같았다고 말한다. 이어서 울프는 자신이 그녀를 죽이지 못했다면 '집안의 천사'가 자신을 죽였을 것이라고 고백한다. '집안의 천사'라는 개념이 여성으로 하여금 인간관계, 도덕성, 성에 관한 이야기를 다루지 못하도록 막는데 '어떻게 자기 생각 없이 글을 쓸 것인가'라며 울프는 반문한다(Woolf, 150-51).

18-19세기 영국 여성 작가들도 '정숙한 여성'이나 '집안의 천사'라는 여성 이미지의 구속 하에서 어떻게 하면 자신을 드러낼 수 있는지에 대해 진지하게 고민했다. 그 결과 이들은 자신의 의견을 진솔하게 담을 수 있는 여러 전략을 채택하게 되었다. 앞에서도 말했듯이 18-19세기 여성 작가들은 '정숙한 여성' 혹은 '집안의 천사'의 여성성을 저버리지는 않고 글을 써야 하는 환경 속에서 중성 또는 남성 필명을 갖거나, 주인공과 대비되는 여러 여성들의 이야기를 비롯한 다양한 전략을 통해 여성들이 처한 상황들을 고발했다. 샬럿 브론테의 『제인 에어』는 18-19세기 영국 여성 작가들이 당면했던 이런 문제를 보여주는 좋은 예이다.

3. 18-19세기 여성 소설들을 통해서 본 여성 문제

저항소설

18세기 여성 작가들은 당대 여성의 위치에 대해 세 가지 방식으로 반응했다.[4] 가부장적 사회에 항의하는 방식, 여성 주인공의 성장을 통해 교훈을 주는 방식, 그리고 현실과 대비되는 환상을 통해 현실에서 벗어나는 방식이 그것이다. 이 세 가지 전통은 서로 겹치고 서로에게 영향을 주면서 발전했는데, 첫 번째인 저항소설은 여성의 가정 내 역할 등 불합리한 여성의 삶을 묘사하면서 여성에게 정절을 요구하고 남성

4 18세기 여성 소설의 세 가지 전통에 대한 내용은 Jane Spencer, *The Rise of the Woman Novelist*를 참고했으며 직접 인용의 경우에만 인용 표시를 했다.

에겐 자유로운 성을 인정하는 당시 가부장 사회의 이중적 태도를 공격의 대상으로 삼았다. 18세기 여성에게 성적 순결을 요구했던 것은 결혼한 여성의 정절이 순수한 혈통으로 계승되는 재산 상속을 보장할 수 있었기 때문이었다.

여성의 순결 이데올로기는 특히 소설을 통해 그 개념이 확립되고 확산되었는데, 18세기의 영국 소설가 새뮤얼 리처드슨Samuel Richardson(1689-1761)의 여주인공들인 파멜라Pamela와 클라리사Clarissa를 비롯하여 페니 버니Fanny Burney(1752-1840)의 여주인공 이블리나Evelina, 앤 레드클리프Ann Radcliffe(1764-1823)의 여주인공 에밀리Emily는 자신의 순결에 위협이 가해질 때 여성들이 어떻게 저항하는지를 보여주며 그 과정에서 여성의 욕망을 드러내기도 했다. 18세기 남성 소설가들은 감정을 따르다가 순결을 지키지 못한 타락한 여인들을 주로 그려낸 반면, 여성 작가들은 순결을 잃은 후 사회로부터 버림받은 여성들을 묘사하며 남성들의 부도덕성, 그들의 어긋난 권위, 남성들의 여성에 대한 모순된 개념에 대해 날카롭게 지적했다. 그러나 여성 작가들 또한 여성이 타락하게 된 원인을 여성의 감성에서 찾으면서 여성의 순결 개념을 강화하기도 했다.

성적 유혹 이야기를 다루면서도 직접적으로 사회 문제를 제기한 여성 작가들도 있다. 메리 울스턴크래프트가 이 부류의 대표적 여성 작가인데, 그녀의 『마리아: 여성의 억울함*Maria: or the Wrongs of Women*』(1798)은 탐욕적인 남편에 의해 정신병원에 감금된 여주인공 마리아를 통해 감금을 여성이 처한 현실의 상징으로 부각시킨다. 마리아는 "이 세상은 거대한 감옥이고 여성은 태어날 때부터 노예가 아니고 무엇인가?"라며 한탄한다(Spencer, 135 재인용). 울스턴크래프트는 성적 욕망을 긍정하는 여성 주인공을 소개하며, 그간 남성들이 쓴 소설들 속에서 미화되어온 남녀 간의 애정과 결혼 신화를 무너뜨린다. 그럼으로써 결혼 제도가 여성의 존엄성을 박탈하는 원인임을 명확히 지적하고 법과 사회 제도의 문제를 제기한다.

교화소설

두 번째 여성 작가의 반응은 미숙한 여주인공이 사회 경험을 통해 교화되는 과정을 그리는 방식의 도입이다. 이는 18세기에 유행한 행실지침서의 영향으로 볼 수 있는데, 행실지침서는 비여성적인 행동과 여성이 흔히 저지를 수 있는 잘못들에 대해 끊임없이 경고한다. 그중에서도 '허영심', '자기과신', '독립심', '무절제한 상상력', '감성' 등이 가장 흔한 경고 대상이었다. 특히 문희경의 설명처럼, 지나친 감성은 여성의 성욕을 자극하여 순결을 위협하는 것으로 여성이 가장 경계해야 할 부분으로 여겨졌다(420). 엄격한 교육과 통제를 통해 여성을 성적으로 순결하고 순종적이며 수동적으로 만드는 성 이데올로기는 여성 작가들의 소설에도 영향력을 행사했다. 일라이자 헤이우드Eliza Haywood(1693-1756)의 『분별없는 벳시*Betsy Thoughtless*』(1751), 샬럿 레녹스Charlotte Lennox(1730-1804)의 『여성 키오테*The Female Quixote*』(1752), 페니 버니의 『이블리나*Evelina*』(1778) 등의 작품이 여기에 속한다고 볼 수 있다. 미숙한 여주인공이 사회 경험을 통해 교화되어가는 과정을 그린 이 소설들은 대부분 결혼 적령기의 여성이 사랑하는 남자를 찾아서 결혼하는 내용을 담아서 가정소설domestic fiction 또는 구애소설courtship novel이라고도 불렸으며 제인 오스틴의 소설들이 그 대표적인 예이다(문희경, 422).

일반적으로 구애소설은 여성이 사회적 위치와 경제적 안정을 보장받을 수 있는 유일한 통로는 결혼이고, 정절과 사회적 평판이 여성의 덕목으로 여겨졌던 시대의 산물이다. 구애소설은 순진하고 사회 경험이 없는 미혼 여성에게 다가올 수 있는 유혹과 함정, 그리고 그 여성이 처한 어려움 등을 묘사하면서 여성이 어려움을 극복하는 데 도움을 주고자 한 면에서 행실지침서와 유사하다고 볼 수 있다. 구애소설의 여주인공은 흔히 보호자가 없거나 그 역할을 하지 못하기 때문에 어려움에 처하지만, 애인 겸 스승의 역할을 하는 이상적 남성을 만나서 사회의 이데올로기를 내면화하고 이에 순응한다. 그에 대한 보상으로 그녀는 부와 신분, 품위와 덕망까지 갖춘 남성의 사랑을 얻고 결혼한다. 그러나 때로 순응하지 못해서 남편과 사회의 버림을 받고 불행한 결말을 맞이하는 여주인공을 그린 구애소설도 있다. 엘리자베스 인치볼드Elizabeth Inchbald(1753-1821)의 『단순한 이야기*A Simple Story*』(1791)의 경우, 자신의 성적 욕망을 억제하지 못하는 정열적인 여성인 밀너 양Miss Milner이 보호자인 젊은 신부 도리포스Dorriforth와 결혼하는 데는 성공하나 불륜을 저질러 남편과 사회로부터 버림받고 불행하게 죽는 것으로 처리된다. 대신 딸인 마틸다Matilda를 통해 순종적 여성의 행복한 운명을 묘사하며 가부장적 이데올로기에 부합하는 결말을 이끌어낸다.

이러한 종류의 교화소설은 가부장적 사회의 가치관과 여성관을 옹호하고 강화한다는 점에서 여성주의에 반대하는 보수성을 지닌다. 그러나 그 보수성의 이면에는 때로 가부장제에 대한 깊은 통찰이 담겨 있다. 대중의 평판에 민감했던 다수의 여성 작가들이 어쩔 수 없이 가부장적 질서에 순응하는 보수성을 보였지만, 이들은 자신들이 간파한 여성 문제들을 간접적이고 암시적인 방법으로 표현할 수 있는 서술 전략을 찾아 나섰기 때문이다. 보수적 입장을 취한 이런 교화소설은 한 여성의 삶과 의식을 중심적으로 다루면서 여성 문제를 논할 수 있는 공간을 마련했는데, 이 점에서 이들 여성 소설가들이 재조명될 필요가 있다. 이들 여성 작가들은 여성의 본질, 교육, 차별, 구혼과 결혼 제도, 성과 정체성 등의 여성의 제 문제들을 탐색하고 여성성 안에 내재하고 있는 이중성과 모순을 들추어냄으로써 그 사회의 성 이데올로기에 대한 의문을 제기했던 것이다(문희경, 424).

교화소설의 요소들은 18-19세기 최고의 여성 소설가인 제인 오스틴의 소설 전반에 큰 영향을 미쳤다. 그녀의 여주인공은 종종 미숙한 상태에 있지만, 스승 혹은 보호자의 역할을 하는 남성을 통해 자아 성찰과 각성에 이르게 되고 그와의 결혼을 통해 사회 질서 안에 편입한다. 오스틴의 소설 중 『오만과 편견*Pride and Prejudice*』(1813)은 이런 여주인공을 그려낸 대표적 작품이다. 딸이 다섯인 시골 젠트리 계급의 베넷 가족은 '한정상속법'에 따라 딸들이 결혼을 하지 못할 경우 아버지가 물려준 2,000파운드를 받을 수 없고 1년에 50파운드만 받으며 어머니와 살아야 하는 처지에 놓여 있다. 이 상속법에 따라 베넷 가의 재산을 상속받을 사람은 먼 친척 콜린스Collins인데, 그는 자신이 베넷 가의 딸과 결혼해주는 것이 그 가문에 큰 은혜를 베푸는 것이라 여긴다. 그래서 그는 엘리자베스 베넷Elizabeth Bennet이 자신의 청혼을 감사하는 마음으로 받아줄 것이라 생각하지만, 이러한 종속적인 결혼관을 배척하는 엘리자베스는 당당히 청혼을 거절한다. 그러나 엘리자베스는 콜린스가 자신의 친구인 샬럿 루커스Charlotte Lucas에게 바로 청혼하고 또 샬럿이 이 청혼을 받아들인 것에 실망한다. 엘리자베스는 지성적이라고 생각했던 샬럿이 경제적인 안정을 얻기 위해 경멸하던 콜린스와의 결혼을 수락하고

: 제인 오스틴

당대의 결혼관에 굴복한 것에 분개하는데, 이때 그녀가 무엇보다 분개한 것은 자신을 포함한 많은 여성들이 처한 가부장적 결혼 제도와 경제적 상황의 부당성이다.

엘리자베스는 사회 기준에 따르지 않고 자기의 판단에 따라 행동하는 당시의 잣대로는 숙녀답지 않은 여성이다. 그녀는 자신을 무시하는 귀족층 여성들의 거만함에도 무너지지 않으며, 편견이지만 귀족인 다아시Darcy를 오만하다고 생각하고 그의 무례한 청혼을 처음에는 단도직입적으로 거절하는 씩씩한 여성이다. 교화소설답게, 엘리자베스는 젠트리 계급에 대한 옹호와 좁은 소견에서 비롯한 다아시의 무례함에 대한 편견을 조금씩 내려놓기 시작한다. 그녀는 자신의 아버지가 사실은 가장의 역할을 하지 않아 딸들의 진정한 보호자가 되어주지 못했음을 깨닫고, 동생 리디아Lydia가 위컴Whickham과 도주했을 때 다아시가 나서서 찾아주고 위컴이 요구하는 지참금을 대신 지급해주자, 가족의 명예가 실추되는 것으로부터 구해준 그의 배려에 감사한다. 다아시도 오만한 태도를 버리고 엘리자베스의 진정한 가치를 인정하고, 엘리자베스는 자신이 가졌던 편견이 그릇된 것임을 깨닫고 다아시의 도덕적, 사회적 우월함과 권위를 인정하게 되면서 둘은 결혼에 이른다.

『오만과 편견』은 희극성을 띤 구애소설로서 현대의 로맨틱 코미디로 해석될 만큼 유쾌하고 인물들이 사랑스럽다. 당차고 솔직한 엘리자베스는 편견에서 벗어나 사회를 이해하며 성숙해가고, 이에 대한 보상으로 행복한 결말을 맞이한다. 그러나 이 희극성 뒤에서 오스틴은 여성이 결혼 말고는 다른 대안이 없는 사회의 부조리함을 고발한다. 엘리자베스와 제인에게는 본인들이 원하는 결혼에 이르는 플롯을 제공하지만, 샬럿 루커스나 리디아와 같은 여성들에 대해서는 풍자적이고 비판적인 관점을 유지한다. 이런 비판적 관점을 취하지만 오스틴은 전략적으로 그녀의 여주인공에게는 사회가 인정할 만한 결말을 선사하고, 엘리자베스와 제인을 결혼이라는 사회 제도 안에 안착시킨다.

로맨스/고딕소설

마지막 여성 작가 부류는 로맨스romance 장르를 매개로 현실에 반대하고 도피하는 방법을 택한 작가군이다. 로맨스 소설은 현실에 기반한 소설과 대비되는 소설의 또 다른 축인데, 우연의 일치, 출생의 비밀 등의 요소들을 지닌다. 비현실적인 것들을 도입하기 위해 소설가들은 배경을 중세 또는 고딕gothic적인 시간으로 옮기고 소설의 환상적 기법에 의존했다. 서양에서 로맨스 장르는 18세기에는 고딕소설로 변모되어 유행했는데, 여성 작가의 고딕소설로는 앤 래드클리프의 『숲속의 로맨스*The Romance of the Forest*』(1791)나 『우돌포의 비밀*The Mysteries of Udolpho*』(1794), 메리 셸리Mary Shelly(1797-1851)의 『프랑켄슈타인*Frankenstein*』(1818)을 들 수 있다. 고딕소설은 보통 여주인공이 강한 남성 악한에게 쫓기면서 감금되거나 겁탈당하거나 살해의 위협에 처하는 이야기를 전개시킨다. 그러나 순수한 여주인공은 위험을 극복하고 사랑하는 남성과 결합하는 행복한 결말을 맞이한다. 여성 작가가 고딕소설을 많이 썼던 이유는 가부장 사회에서 여성이 힘을 가질 수 있는 것은 오직 자신을 사랑하는 남성을 통해서라고 믿었기 때문이다. 고딕소설에 등장하는 성castle은 여성을 감금시키는 남성의 힘을, 여성이 동경하는 아름다운 자연은 성벽 넘어 존재하는 여성의 자유로운 자아를 상징했다. 여성 작가의 고딕소설들은 현실에 억압당한 여성들의 공포를 그려내면서 동시에 이를 초월하거나 도피하려는 여성의 갈망을 담아냈다.

앤 래드클리프의 『숲속의 로맨스』에서는 우연히 아들린Adeline의 보호자가 된 피에르 드 라 모트Pierre de la Motte가 자신의 생존을 위해 그들이 숨어 들어간 수도원의 주인 몽탈트 후작Marquis de Montalt의 정부로 그녀를 넘기고자 한다. 그러나 아들린은 도망하여 숲에서 후작의 부하인 시어도어Theodore를 만나는데, 그는 그녀를 지키려다가 오랜 감금의 상황을 겪게 된다. 우여곡절 끝에 아들린은 목가적인 알프스의 마을로 도망치고 그곳에서 만난 마을의 존경받는 목사, 라 뤽La Luc과 그의 딸 클라라Clara로 인해 안정을 찾는다. 이후에 시어도어가 라 뤽의 아들임이 밝혀지고, 몽탈트 후작의 재판 과정에서 후작이 살해한 아들린의 아버지가 진정한 후계자였음이 드러난다. 아들린은 자신의 상속분을 받고 시어도어와 결혼하여 이상적인 가정을 이룬다. 이 작품에서는 권력과 속세와 결탁한 남성들은 악당으로, 희생되고 감금당하거나 자연과 결부된 남성들은 정당하고 이상적인 남성으로 그려진다. 광대한 자연은 주인공들이 신의 현존을 느끼는 경험을 통해 현실을 마주할 수 있도록 내면을 강화시키는 기능을 한다. 래드클리프의 소설은 남성의 부당한 권위에 대해서는 의문을 제기하지만, 여주인공은 목가적인 세상에서 여성화된 도덕적인 남성의 권위에 순응하게 만든다.

4. 페미니즘의 고전, 『제인 에어』

샬럿 브론테와 『제인 에어』를 통해 가부장제의 구속 속에서 여성 작가가 어떤 전략으로 글을 쓰는지, 그리고 어떻게 여성이 주체성을 지켜나가는지의 문제를 살펴보자. 고딕소설의 전통을 이어받은 샬럿 브론테의 『제인 에어』는 18세기에 유행한 저항소설과 교화소설의 요소들도 발전시키면서 19세기 '집안의 천사'라는 여성상이 어떻게 여성을 억압하고 있는지를 보여주는 페미니즘의 고전이다. 샬럿 브론테는 가난한 목사의 딸로 태어나 자선학교에서 교육을 받았지만, 열악한 환경으

: 샬럿 브론테

로 인해 언니 둘을 잃었다. 비교적 평안한 가정에서 편안하게 가정의 후원을 받고 집필했던 제인 오스틴과 달리, 미래가 불안한 가정에서 살았던 샬럿 브론테는 돌파구를 찾기 위해 세 자매와 함께 커러 벨, 엘리스 벨, 액턴 벨Currer Bell, Ellis Bell, Acton Bell이라는 가명으로 출판을 시작했다. 그녀 가족의 유일한 희망이었던 남동생 브란웰Branwell이 방탕한 생활을 하게 되자, 샬럿 브론테는 학교 선생과 가정교사로 일했고 이후 여동생들과 학교를 세우고자 했지만 실패했다. 그 후 세 자매는 자비로 시집을 출간했다. 이에 대한 반응이 좋지 않자 자매들은 각자 소설들을 출판했는데, 그중 『제인 에어』가 선풍적인 인기를 끌었다. 『제인 에어』는 고아인 제인이 가부장제의 여러 구속적 세력에 맞서서 여성으로서 성장해가는 과정을 1인칭 화자의 시점으로 추적하는 소설이다. 이 소설은 결혼하여 로체스터 부인이 된 제인 에어가 나이가 든 후 회고록을 통해 자신의 목소리와 눈을 통해 자신의 이야기를 독자에게 알리는 자전적 소설로서, 가부장제에 대한 비판의 목소리를 높이면서 동시에 고딕적인 요소를 통해 해방에 대한 갈망을 전략적으로 그려낸다.

『제인 에어』는 해방과 평등의 메시지를 전하는 작품이다. 그러나 브론테는 이 메시지를 어느 정도 숨겨야 했다. 즉 당시 사회가 받아들일 수 있는 장치를 도입하여 서술자인 제인 로체스터의 서사를 너무 극단적이지 않게 포장해야만 했다. 일단 브론테는 가명을 사용하여 작품과 자신 사이에 거리를 두고, 또한 제인 로체스터Jane Rochester(제인 에어의 결혼 후 이름)라는 '집안의 천사' 역할을 하는 서술자를 내세워 주인공 제인의 서사와 거리를 두는 전략을 택했다. 이 소설은 형식 면에서 작품이 유기적이지 못하다는 비판을 받아왔지만, 이는 이 소설에 여러 목소리가 내포되어 있기 때문이다. '집안의 천사'라는 이데올로기를 정면으로 반박하기 힘들었던 시대적 제약 속에서도 브론테는 제인의 소외되고 종속된 여성의 위치에 대한 분노를 조심스럽게 포착해야 했다. 게이츠헤드Gateshead와 로우드Lowood에 거주했던 어린 시절의 제인이 겪은 이야기는 시간적으로 거리가 있어 비판적인 목소리를 더 직접적으로 낼 수 있지만, 성장한 후 청혼을 받게 되는 두 남성 로체스터Rochester와 세인트 존Saint John과의 관계에서는 우회적인 서술 전략이 필요했다. 현실과 괴리가 있는 고딕적인 장치를 브론테가 이 소설에 적극 활용했던 것은 바로 이런 이유에서였다. 이제 플롯의 전개에 따라 브론테가 사용했던 다양한 전략들을 추적해보도록 하자.

게이츠헤드와 로우드의 어린 시절: 인습에 대한 저항과 비판

어린 시절에 대한 회고에는 여성을 길들이고자 하는 가정 제도와 교육 제도에 대한 브론테의 비판적 목소리가 분명히 드러난다. 고아인 제인은 리드Reed 숙모의 손에서 자라는데 순종적이지 않고 말대꾸를 하다가 외숙모의 미움을 산다. 제인이 사촌 존John의 폭행에 대해 "너는 살인자 같아 — 너는 노예 감독자 같아 — 너는 로마 황제 같아."라는 말로 저항한다. 어린 숙녀답지 않게 분노를 표출한 것에 대한 벌로 제인은 두려운 붉은 방에 끌려가 감금되고 결국 실신한다. 제인은 리드 숙모를 방문한 브로클허스트Brocklehurst 목사에게도 굽히지 않고 "저는 거짓말쟁이가 아니에요. … 사람들은 숙모가 좋은 사람이라고 생각하는데, 숙모님은 아주 나빠요, 잔인하고. 거짓말쟁이는 바로 숙모님이에요."[5]라고 당당하게 말한다. 거짓말을 하면 지옥에 간다는 브로클허스트 목사의 협박적인 말에도 그러면 죽지 않고 버티겠다며 기세를 꺾지 않고 대꾸한다. 이때 그녀는 승리감으로 가슴이 벅차올라 자신을 속박하던 환경에서 해방되는 경험을 한다. 브론테는 어린 제인의 처지와 입을 빌려 관습에 순종하지 않는 여성이 사회에서 어떻게 소외되고 감금당하는지를 보여주며 그 상황을 비판한다.

제인은 브로클허스트 목사가 운영하는 로우드 학교에 보내져 자신과 같은 어려운 처지에 있는 아이들을 길들이고 훈육시키는 가부장적 규율과 감시의 삶을 살게 된다. 브로클허스트 목사는 자신의 딸들은 값비싼 실크로 치장시키면서 학생들에게는 "육체의 욕망을 억제하는 것"이 임무라고 주장하는 위선적인 태도를 보인다. 또한 그의 충실한 대리인인 스캐처드 선생Miss Scatcherd을 시켜 회초리와 굶주림으로 고아 소녀들을 통제하도록 한다. 어린 제인은 주류 사회에서 소외된 자신의 처지를 받아들이면서도 가부장적 어른들과 그들의 관습에 동조하는 시종들과 아이들의 이중성을 비판적인 눈으로 바라본다.

그러나 로우드 학교에서 제인은 가부장제에 대안이 될 수 있는 따듯하게 서로를 감싸고 연대감을 키울 수 있는 여성 공동체를 이룩한다. 로우드 학교는 환경이 너무 열악해서 제인이 처음으로 갖게 된 친구인 헬렌Helen을 폐병으로 잃게 되는 곳이기도 하지만 제인의 편에서 그녀를 인정해주고 지지하는 헬렌과 템플 선생님Miss Temple을 만나게 된 장소이기도 하다. 헬렌은 죽고 템플 선생님도 결혼해 로우드를 떠나기 때문에 여성 공동체의 힘이 가부장제 틀 안에서 적응 혹은 생존하는 것

---

5 Charlotte Bronte, *Jane Eyre*, edited by Beth Newman, New York: St. Martin's P, 1996, 47쪽. 앞으로 『제인 에어』의 직접 인용은 이 책에 의거하며 괄호 안에 쪽수만 표기한다.

그 이상을 넘지 못한다. 그러나 헬렌과 템플 선생님은 제인에게 가부장제에 맞설 수 있는 대안을 제시하고 내적인 힘을 기를 수 있도록 돕는다. 이 두 인물 외에도 제인이 손필드 저택에서 가정교사로서 외로운 삶을 이어갈 때 지지해준 페어팩스Fairfax 부인, 그녀의 사촌인 메리Mary와 다이애나 리버스Diana Rivers도 연대감 속에서 그녀에게 힘을 제공하는 여성 인물들이다.

반면 이 소설의 서술자는 맹목적으로 관습적인 여성상을 따르고자 치장하거나 자기 재능을 뽐내는 일에만 신경 쓰는 여성들에 대해서는 비판적인 시각을 유지한다. 일례로, 일라이자 리드Eliza Reed와 조지아나 리드Georgiana Reed는 고운 치마와 붉은 리본으로 치장하고 피아노와 하프를 배우며 자란 후, 조지아나는 남성의 관심에 의존하는 자기중심적 여성으로, 일라이자는 인간미가 하나도 없는 금욕주의자로 성장한다. 제인이 로체스터를 사로잡았다고 생각하는 귀족 브랜취 잉그럼Blanche Ingram도 모든 관심이 자신에게 집중되는 것을 원하며 가정교사인 제인을 무시하고 로체스터의 마음을 끌고자 애쓰는 거만하고 혐오스러운 인물이며, 로체스터의 정부였던 셀린 베런스Céline Varens나 그녀의 딸이자 제인의 학생인 아델Adèle 또한 외모를 치장하고 노래나 부르는 가벼운 여자 유형이다.

손필드의 로체스터와 버사: 감금과 해방의 고딕 세계

제인은 학생과 선생으로서 로우드에서 지내지만 템플 선생님이 떠난 후 자신의 본성이 꿈틀거리는 것을 느끼며 자유를 갈망하고 새로운 사명감을 느끼게 된다. 제인은 샬럿 브론테가 가명을 써서 작가로서 나선 것처럼 J. E.라는 이름으로 신문이라는 공적인 세계에 자신을 드러내며 열여덟 살의 나이에 가정교사 직을 직접 찾아 나선다. 하지만 손필드 저택에서 로체스터의 딸 아델을 가르치고 집안일을 도우며 나날을 보내게 된 제인은 여전히 자신이 갇혀 있다고 느끼고 저택의 지붕에 올라가 여성에게 더욱 넓은 지평이 주어지지 않는 것에 대해 한탄한다.

> 수많은 사람이 나보다 더 정지된 생활을 할 운명에 처했고, 수많은 사람이 자신의 운명에 대해 침묵 속에 반항하고 있다. … 일반적으로 여자를 더 차분하다고 여기나, 여성들도 남성들과 똑같이 감정을 느끼며 자신의 능력을 펼칠 수 있는 장이 필요하다. 남성들과 마찬가지로 여성에게도 엄격한 속박이나 너무 심한 정체는 고통스러운 것이다. 여성들보다 특권적인 위치에 있는 남성들이 여자는… 주머니에 수나 놓으면서 가만히 있어야 한다고 말하는 것은 속 좁은 생각이다. 여자가 관습상 여성스럽다고 규정된 것을 넘어서서 더 일하거나 배우고자 한다고 비난하거나 비웃는 것은 몰지각한 것이다. (116-17)

이때 제인은 어디선가에서 여자의 낮은 웃음소리를 듣는다. 이 웃음소리는 실제 다락방에 감금된 로체스터의 부인인 버사Bertha의 웃음소리이다. 버사의 웃음은 여성을 가정의 영역에 가두고 여성의 감정, 생각, 능력을 제한하는 불평등한 사회를 지적하는 제인에게 동의한다는 의미를 갖는다.

이렇게 답답한 삶을 보내고 있을 때 제인에게 갑자기 손필드 저택의 주인인 에드워드 로체스터가 나타난다. 제인은 더 넓은 세계에서 많은 경험을 한 지성적인 로체스터를 존경하게 되고, 또 그가 자신의 가치를 알아보고 존중해주는 것 같아 그에게 끌린다. 무엇보다 제인은 로체스터가 계층이 다른 자신에게 관심을 주고 동등한 인간으로 대한다고 생각하여 그를 사랑하게 된다. 그런데 그가 브랜취 잉그럼과 결혼할 것처럼 말하자 제인은 아래와 같이 당당히 외친다.

> 내가 가난하고 미천하고 못생기고 작다고 하여 내가 영혼도 없고 감정도 없다고 생각하시나요? 잘못 생각하셨어요! 저도 당신만큼 영혼도 있고 당신만큼 감정도 있어요! … 지금 관습과 인습에 입각해 이야기하고 있는 것이 아니에요. 썩어 없어질 육체를 통해서도 아니구요. 당신의 영혼에게 말하는 것은 나의 영혼이에요. 마치 둘 다 무덤을 지나, 하나님의 발 앞에 동등하게 서 있듯이 말하는 거예요. 우리가 그러하듯이!" (252)

제인은 관습에 따르면 로체스터는 주인이자 남성이지만, 근본적으로 계급과 남녀의 구별 없이 인간은 하나님 앞에서 평등하다는 주장을 펼친다. 이에 대해 로체스터는 제인이 자신의 제2의 자아이자 자신을 닮은 평등한 존재라고 답하고 제인은 그와의 결혼을 승낙한다.

그러나 결혼 준비 과정에서, 로체스터가 다시 인습으로 되돌아가 우월적인 태도를 보이자 제인은 불안해한다. 자신을 닮았으며 또 자신과 평등한 사람으로 제인을 인정했던 로체스터가 결혼 날짜가 가까워지자 제인의 개인성을 무시한 채 그동안 다른 여성들을 대했듯이 제인을 인습적인 여성상에 가두고자 한다. 로체스터는 제인에게 "자신과 같은 계급의 딸에게도 합당한 모든 특전"(257), 즉 손필드의 귀부인들에게 대대로 내려온 보석과 비단으로 제인을 치장하고 세계가 제인을 미녀로 인정하게 할 것이라고 말한다. 이제 로체스터는 예외적이었던 제인과의 관계를 뒤로한 채 19세기의 관습적 남녀 역할에 충실하고자 한다. 로체스터는 10년 전, 넋을 잃은 채 혼자 유럽 전역을 돌아다녔지만 이제는 "씻기고 치유되어 자신을 위로하는 천사와 다니게 되었다"(258)고 고백한다. 이에 제인은 자신도 로체스터로부터 아무 기대도 하지 않을 것이니 로체스터도 자신으로부터 천상의 것을 기대해서는 안 된다고 못 박는다. 제인은 자신이 갖게 될 새 이름, 제인 로체스터가 낯설기만 한 것이 아니라 두렵기까지 하고 로체스터를 향한 사랑이 어느덧 하나님과 자신의 관계를 방해하는 우상이 되어 자신이 소멸되고 있는 것을 느낀다. 이때 제인은 어떤 키 큰 여인이 자신의 방에 들어와 결혼식 베일을 머리 위에 쓰고는 이를 두 갈래로 찢고 땅에 내동댕이친 것을 보게 된다. 결혼식 날 제인은 그 정체에 대해 알게 되는데 그 여인은 바로 로체스터와 이미 결혼했던 버사 로체스터이다. 그녀는 미치광이라는 이유로 손필드 저택 다락방에 10년 정도 감금당한 로체스터의 현 부인인 것이다.

미국의 여성주의 문학비평가 길버트와 구바는 버사를 제인의 감금된 처지를 상징적으로 보여주는 분신이자 제인의 분노를 대신 표출하고 행동으로 옮기는 대리적 존재로 보았다(Gilbert and Gubar, 360). 제인이 가부장적인 세력에 의해 붉은 방에 가두어지는 것이나, 버사가 다락방에 갇혀서 지내는 것, 제인이 답답한 마음으로 앞뒤로 걷는 습관이나 버사가 방 안에서 앞뒤로 걷는 습관들은 제인과 버사의 공통된 감금 상태를 드러낸다. 제인이 로체스터와 가까워지거나 위협을 느낄 때 버사는 방화를 일으켜 버사의 오라비인 메이슨Mason 씨를 공격하는 등 제인의 감정을 대리 표현하거나 가부장제에 대한 반격을 꾀해 제인의 더블double 역을 수행한다. 그러나 제인이 미래의 로체스터 부인이 될 운명에 처하자 버사는 결혼 전날 결혼식 면사포를 찢고 결국은 자신의 존재를 알림으로써 제인의 결혼을 막는다. 감금되어 생활했던 그녀의 정체는 로체스터의 가부장적인 태도 속에서 제인이 어떤 삶을 살게 될지에 대한 경고가 되어 제인이 사랑하는 로체스터를 떠나도록 결단하는 데 도움을 준다. 버사의 마지막 방화로 제인이 자신에게 가하고자 했던 벌, 즉 자신의 오른쪽 눈을 뽑고 오른쪽 손을 잘라내겠다는 벌을 로체스터가 대신 겪게 된다. 이로써 버사는 로체스터가 회개하고 겸손한 삶을 살고 제인에게 의존적인 존재가 되게 하는 데 큰 역할을 한다. 제인이 마쉬앤드Marsh End에서 가족도 얻고 경제적인 자유와 힘을 얻어 종속적인 위치에서 해방되자 버사도 손필드의 지붕 위에서 뛰어내림으로써 자신을 해방하고 더 이상 나타나지 않는다. 결론적으로 버사는 서술자인 제인 로체스터로 하여금 가부장제 속 여성의 현실을 직시하여 각성에 이르게 하고, 로체스터를 새롭게 거듭날 수 있게 해 제인이 생각하는 평등에 기초한 결혼을 가능케 해준다. 게다가 버사는 제인의 분노에 찬 내면을 표현하는 상징적 역할을 수행한다. 이런 면에서 버사의 존재는 이 소설 서술에 필수 불가결한 고딕적 장치이다.

로체스터는 아버지의 욕심 때문에 지참금을 두둑이 가져올 수 있는 자메이카의 메이슨 씨의 딸 버사와 결혼하게 되었고 결혼 후에서야 그녀가 미치광이 어머니를 닮아 광기가 있다는 것을 알게 되었다. 로체스터의 고백에 의하면 이후 그는 손필드 저택에 혐오스러운 그녀를 숨기고 여러 나라를 떠돌다가 만나는 여인을 정부로 삼는 비참하고 외로운 삶을 지속해왔다. 그러나 제인과의 결혼이 저지된 후 로체스터가 주례 목사, 변호사 그리고 제인 앞에서 버사를 가리키며 하는 말은 그의 남성 우월적 태도와 인종적 편견을 여실히 드러낸다. 이 말에서 그는 흑백 논리와 '집안의 천사' 이미지에 따라 두 여인을 키가 큰 크레올 여성과 백인 영국 여성으로 대조시킨다.

> 저쪽이 내 아내고 이쪽은 내가 갖고자 하는 사람이오. 지옥의 문턱에 서서, 엄숙하게 조용히 서서 괴물의 뜀박질을 침착하게 지켜보고 있는 어린 소녀요. 저 끔찍한 괴물로부터의 변화를 위해 그녀를 원했는데… 그녀의 맑은 눈과 저기 있는 시뻘건 눈동자를, 이 얼굴과 저 낯을, 이 몸매와 저 덩치를 비교해보시오. (290-91)

천사의 이미지에 부합하지 않는 여성은 사람이 아니라 괴물이라고 로체스터는 말한다. 로체스터는 제인에게 법적으로 결혼할 수 없는 처지이니 자신과 함께 영국을 떠나 여러 나라를 여행하며 함께 지내자고 권한다. 그런데 그는 그동안 자신의 정부였던 여러 여인들의 이름을 나열하면서 몇 주 후 그들이 따분해져 떠났다는 말도 덧붙인다. 그러면서 그는 "당신은 나의 마음을 알고, 더 나은 나 자신이고, 나의 선한 천사요."(310)라고 말하며 제인은 다른 여인들과는 다르다고 강조한다. 로체스터의 강조에도 불구하고 제인은 자신도 그 여인들처럼 버려지거나 버사와 같은 처지가 될 수 있음을 직감한다.

제인이 손필드와 로체스터를 떠나는 것은 당시의 여성으로서, 특히 제인과 같이 가족이 없는 처지로서는 생사를 건 선택이다. 자신을 그로부터 찢어낸다는 것은 자신의 오른쪽 눈을, 오른쪽 손을 도려내는 것처럼 고통스러운 일이기도 하다. 제인은 사랑하는 사람을 고통으로부터 구하고 위로해주어야 한다는 죄책감과 씨름한다. 그러나 제인은 자신을 존중하기 위해 떠나기로 결심한다. 제인의 단호한 선택에서 자신을 규정하는 방식이 드러난다. 즉 사랑 때문에 종속된 존재로 남아 있기보다는 생명을 내걸고 독립된 인격체로서의 삶을 선택하는 제인의 방식이 부각된다. 이와 같이 작가 브론테는 감금의 성인 손필드, 버사, 로체스터와 같은 고딕적인 요소를 도입하여 제인 안에 내재된 욕망과 가부장제로부터의 해방을 전략적으로 그려낸다.

마쉬앤드에서 거듭남, 손필드로의 회귀

모든 인습적인 정체성을 포기하고 자신에게 진실하기로 할 때, 제인은 진정한 정체성을 되찾게 된다. 돈 한 푼 없이 떠돌이 여인으로 전락한 제인은 굶주림과 추위에 떨며 음식과 일자리를 구걸한다. 이때 세인트 존, 메리와 다이애나 리버스가 정체 모를 그녀를 받아준다. 리드 가족과는 대비되는, 안식처를 제공하고 그녀를 지지해주는 리버스 남매가 실제 제인의 친사촌임이 밝혀지고, 제인은 세인트 존의 도움으로 작은 여학교의 교장이 되고 돌아가신 삼촌으로부터 막대한 유산을 받는다. 이로써 그녀는 드디어 과거의 종속적인 위치에서 해방된다. 그러나 이것은 제인의 생각일 뿐 주변은 그녀를 완전히 자유로운 개인으로 바라보지 않는다. 세인트 존은 제인의 독립을 후원했지만, 제인을 '집안의 천사'의 관점에서 바라보며 그녀에게 선교사의 아내로서 함께 인도에 가자며 청혼한다. 사회적 지탄을 받고 또 언제든지 버려질 수 있는 로체스터의 정부로 사는 일과 달리, 세인트 존의 아내로 산다는 것은 사회적으로 인정받고 심지어는 종교적 사명감까지 느낄 수 있는, 명분 있는 선택인 것은 사실이다. 그러나 "하나님과 자연은 당신을 선교사의 아내로 예정했고 내 자신의 즐거움이 아니라 하나님을 섬기기 위해 당신을 내 것으로 차지하겠소."(393)라고 말할 때 제인은 세인트 존이 신앙적 의무감과 여성으로서의 희생정신에 호소하고 있다는 것을 알아차린다. 결국 제인은 그의 동생이나 조력자로서는 갈 수 있으나 부인으로 갈 수는 없다고 결정한다. 이러한 제인의 결정은 자신의 독립성을 지켜내고 자신에게 진실하기 위한 결단이다. 세인트 존은 자신이 "효과적으로 움직일 수 있고 죽을 때까지 나만의 것이 될, 조력자(396)"인 아내로 제인을 동반하는 것은 하나님의 섭리라며 강요한다. 세인트 존의 독단적 주장과 '집안의 천사' 개념이 거부하기 힘든 위력으로 제인을 압박하여 제인은 그의 청혼을 수락하기 직전에 이른다. "낭만적 애정에 호소하던 로체스터의 탄원을 그렇게 용기 있게 거부하고 손필드를 떠나올 수 있었던 제인이 세인트 존의 결혼 강요에 당당히 맞서지 못하는 부분에서 19세기 종교와 분리 영역을 조합해 만들어냈던 집안의 천사 이데올로기가 얼마나 강력한 것인지"(오정화, 311) 알 수 있다. 제인이 하나님의 권위를 이용해 가부장적인 주권을 내세우는 세인트 존을 이겨낼 수 있었던 것은 결국 제인 자신의 결단이 아니라 텔레파시와 같은 로체스터의 부름 "제인! 제인! 제인!"에 의해서이다. 이것은 서술자인 제인 로체스터가 독자에게 '집안의 천사' 이데올로기를 따르지 않고 자신의 마음에 부합하는 결정을 내리는 것이 얼마나 힘든 일인지 간접적으로 암시한다. 제인은 로체스터의 부름을 가부장적인 인물이 부여하는 관습적인 운명을 뛰어넘을 수 있는, 그녀의 자아가 간절히 듣기를 원하는, 그녀의 은밀한 기도에 대한 응답으로 받아들이고 손필드로 향하게 된다.

손필드에 돌아온 제인은 자신이 없는 동안 벌어진 끔찍한 일들을 확인하게 된다. 버사의 방화로 손필드가 불타 없어지고 방화 직후 버사는 지붕에서 뛰어내려 죽었으며 그녀를 구하려다 사고를 당한 로체스터는 이제 맹인이 되었고 한쪽 손도 잘라야 했다는 것을 알게 된다. 마치 왕자가 잠자는 숲속의 공주를 찾아가듯 제인은 한적한 펀딘에 기거하고 있는 로체스터를 찾아가 그와 결혼하여 그의 눈과 손이 되어주는, 표면적으로는 '집안의 천사'가 된다. 그동안 가부장 사회와 여성을 집안의 천사 역할에 가두는 인습들에 분노하며 항거하고 새로운 지평을 향해 떠났던 제인이 로체스터에게 돌아와 인습적인 여성의 역할로 돌아간 것은 일종의 타협일 수도 있다. 그러나 제인을 '집안의 천사'로 귀결시킨 것은 당시 여성 작가들에게 주어진 현실적인 한계로 해석하는 것이 옳을 것이다. 물론 10년 정도의 결혼생활을 한 제인 로체스터는 서술자로서 당시 시대의 독자들이 찬성했을 결론에 도달한다. 즉 브론테는 제인이 '집안의 천사' 역할을 충실히 하게 함으로써 로체스터가 하나님 앞에서 회개하고, 시력을 회복하고 아들을 얻게 되는 인습적인 결말을 이끌어낸다. 이로써 그동안 제인이 보여준 분노 및 타협하지 않는 자아를 어느 정도 상쇄시킨다. 그러나 제인은 여기서 독자에게 로체스터가 자신과 결혼해주었다가 아니라 자신이 그와 결혼했다는, 그리고 그 결혼이 자신의 마음에 합한 결정이었으며 자신이 주도적으로 결혼 생활을 잘 이끌고 있음을 시사한다.

결말에서 제인 로체스터는 가정 안에서 만족하고 있지만, 인도에서 세인트 존이 선교사로서 봉사하다가 맞이한 영광스러운 죽음을 언급하면서 더 넓은 세상에 대한 열망을 드러낸다. 이렇게 브론테가 제인의 열망을 표현한 것은 당대에 남편에게 봉사하는 것이 곧 하나님께 봉사하는 것이라고 생각하는 독자들이 제인이 세인트 존의 청혼을 거절한 것을 도덕과 종교 자체의 거부로 오해하는 것을 어느 정도 차단하려는 목적에서이다(오정화, 312). 그러나 이것을 시대적 제약 때문에 사적 영역에만 머물러 있지만 세인트 존이 가진 신앙적인 열정과 헌신이 여성인 자신에게도 있다는 점을 드러내고, 공적 영역에서 여성 혼자서는 아무런 일도 할 수 없는 아쉬움을 표현한 것으로도 볼 수 있다. 말하자면 서술자로서 제인 로체스터는 내면의 이야기들을 그대로 쓸 수 없었기 때문에 어린 자신의 모습, 버사라는 장치, 그리고 사회가 어느 정도 용납할 수 있는 결말을 통해 사회를 비판하고 자신의 열망을 표현했다고 하겠다. 즉 제인 에어라는 인물의 목소리로 직접 저항적 태도로 말하는 것이 어려웠기 때문에 브론테는 여러 장치들을 도입했던 것이다. 『제인 에어』의 서사에서는 완전한 통일성보다는 버사라는 제인 에어의 또 다른 자아, 좀 갑작스럽고 비현실적인 결말과 세인트 존에 대한 언급 등에서 집안의 천사라는 이데올로기에 반하는 여성 작가의 분노와 열망을 엿볼 수 있다. 이는 여성에게 주어진 사적 영역과 공적 영역 사이에서 역동하는 주체성의 반영이라고 볼 수 있겠다.

5. 『제인 에어』의 현대적 의의

『제인 에어』는 집안의 천사 이미지를 여성에게 씌우려는 가부장 사회에 저항하면서 특히 주류 사회에 편입되지 못하고 소외된 여성들의 이야기를 제인 에어를 중심으로 소개한다. 이 점에서 이 소설은 페미니스트 비평가 메리 푸비의 '집안의 천사' 이미지 관련 이론을 명확하게 예시한다. 메리 푸비는 19세기 사회가 여성을 집안의 천사라는 이상적 개념 안에 묶어두는 한편 이 개념에 해당하지 않는 여성들은 악녀, 괴물, 미치광이, 정부 등 위협적인 인물로 낙인찍었다고 설명한다.[6] 집안의 천사가 된다는 것은 결혼을 전제한 것인데, 결혼하지 못한 여성은 이 사회가 정해준 영역에서 소외되어 사회의 안정을 위협하는 요소로 남을 수 있다는 것이다. 이 예를 결혼하지 않은 당시의 여성 가정교사에게서 찾을 수 있다. 브론테의 시대에 주류 사회에 편입되지 못한 중산층 계층의 미혼 여성들 중에는 어쩔 수 없이 생계를 위해 가정교사의 길을 선택한 여성들이 있는데, 이 가정교사직은 여성에게 외형적으로는 집안의 천사 역할(교양 있는 여성이 어머니와 같은 양육의 역할)을 부여하지만 동시에 여성을 노동 계급으로서 고용자의 비위를 맞추고 낮은 임금을 받는 주변적 위치에 자리매김시켰다. 당시에 정신병원에 많은 가정교사 출신의 여성들이 감금되어 있었던 것은 가정교사직이 여성 개인의 활력과 성장을 저해하고 성적 욕구를 부정하고 좌절시켰기 때문이었다. 가정교사직을 맡은 여성은 버사와 같은 미치광이나 셀린과 같은 정부 등 집안의 천사가 될 수 없는 수많은 소외된 여성들과 같은 운명을 공유한다고 하겠다. 이것이 바로 서술자인 제인 로체스터의 통찰이

6 가정교사의 이중적 신분에 대한 내용은 Mary Poovey, *Uneven Developments*를 참고했다.

자 브론테의 인식이다. 『제인 에어』는 남성에 의해서 규정된 두 종류의 여성인 천사와 악녀가 결국 서로 다르지 않다는 점을 드러냄으로써 여성을 천사와 악녀로 구분하는 이분법적 잣대의 허구를 비판하고 여성을 종속적 위치에 자리매김하는 인습의 인위성을 명확하게 보여준다.

위에서 언급했듯이 여성 소설가가 남성의 영역으로 여겨진 글쓰기에 도전하기 위해서는 가명 사용 외에도, 표면적인 이야기의 흐름 사이로 자신의 주관과 감정이 여러 목소리로 분출하는 글쓰기 전략을 택할 수밖에 없었다. 여성 작가는 오로지 남성들로만 구성된 출판사의 검열을 먼저 뚫어야 했으며, 편견이 있는 대중 앞에 나서기 위해서는 그들의 평가를 의식하고 독자와의 거리를 조절해가며 글을 써야 했다. 따라서 브론테는 여성의 감금과 그 공포를 고딕 장르라는 신비스러운 요소로 상징적으로 표현하고, 버사를 포함해 각기 다른 처지에 있는 여성들을 등장시켜 사회에 대해 비판을 가하지만, 표면적으로는 성장소설이라는 사실주의적 서사 아래 여성 주인공이 길들여지고 집안의 천사가 되는 결말을 만드는 전략을 썼던 것이다.

브론테가 채택했던 이러한 이중적 전략에 힘입어, 『제인 에어』는 오늘날까지 많은 독자들의 주목을 받으며 다양한 해석을 양산해왔다. 당대에는 통념을 지나치게 벗어난 혁명적인 작품으로 비판받았지만, 20세기에는 일부 페미니스트 비평가들로부터 인습과 타협하고 사회의 가치 기준에 순응하는 반여성주의적 작품으로 평가절하되기도 했다. 그러나 이 소설은 1970년대 여성해방운동의 영향으로 많은 페미니스트 비평가들이 여성주의의 관점에서 재평가하게 되면서 새롭게 각광받게 되었다.[7]

---

7 대표적으로 Adrienne Rich, "Jane Eyre: The Temptations of a Motherless Woman," *On Lies, Secrets, and Silence: Selected Prose 1966-1978*, New York: Norton, 1979와 Sandra M. Gilbert and Susan Gubar, *The Madwoman in the Attic*, New Haven: Yale

⁝ 영화 <제인 에어>(1944)

⁝ 영화 <제인 에어>(1996)

이와 같은 다양한 해석은 『제인 에어』를 각색한 많은 영화에서도 볼 수 있는데, 신데렐라 이야기로 각색하여 제인의 신분 상승을 그리는 영화가 있는가 하면, 역으로 사회에서 소외된 제인이 격렬한 자기 투쟁과 인식에 이르러 로체스터를 선택하게 되었다는 시각을 드러내는 영화도 있다. 각 시대 대중들이 인식하는 여성상과 여성 영역에 따라 각기 다른 해석을 낳았다. 1944년도 영화(로버트 스티븐슨Robert Stevenson 감독)의 경우, 제인 에어의 반항적인 기질과 자유에 대한 기세를 로체스터를 만날 때까지는 잘 추적하지만, 로체스터가 등장하면서 영화의 주도권을 전적으로 그에게 내준다. 제인은 버사와 대비되는 수동적인 천사의 이미지로 그려지고 그녀의 목소리는 축소되며 버사는 항상 어두움 속에 존재하는 기괴한 괴물로 그려진다. 이 영화는 필름 느와르 영화로 고딕 장르를 특히 강조하여 제인의 왜소함과 취약성을 강조했고

Univ. Press, 1984가 있다.

로체스터(오손 웰스Orson Wells)의 남성성을 부각시켰다. 심지어 마쉬앤드 부분은 제거되어 제인은 아무런 성장 없이 로체스터를 치유하는 집안의 천사로서 끝까지 그려진다. 1996년 영화(프랑코 제피렐리Franco Zeffirelli 감독)는 미국의 1990년대의 경제적 전성기를 반영하는 밝고 낙관적인 분위기의 영화로 1944년의 영화보다 가부장적 색채가 옅다. 일례로 헬렌과 템플 선생님을 비롯한 제인의 여성 연대가 강조되고, 특히 제인과 버사의 상징적인 관계를 거울 모티브 등 여러 미장센으로 처리한다. 그러나 낭만적인 사랑에 초점을 맞춘 관계로 마쉬앤드 부분은 영화의 총 108분 중 6분으로 가볍게 처리된다. 세인트 존은 제인에게 청혼할 겨를도 없는 미미한 역할만 하며, 그에게 대항해 자신의 주체성을 찾아가는 제인의 결단과 용감한 투쟁 과정을 삭제한 채 제인이 로체스터와 전원에서 행복한 결혼생활을 하는 것으로 영화는 끝이 난다. 2013년 영화(캐리 후쿠나가Cary Fukunaga 감독)는 특히 젊은이들이 겪고 있는 불확실한 시대를 반영하며 제인이 손필드를 뛰쳐나오는 장면으로 시작하여 마쉬앤드 부분을 비중 있게 다루면서 그녀의 내적 투쟁과 자아 성찰의 과정에 초점을 맞춘다. 이 점에서 이 영화는 이전 영화들보다 제인의 반항적 측면을 강조한다. 과장되지 않은 고딕적인 요소로 제인의 어려운 처지를 현실성 있게, 또 여성으로서 제인의 성장을 통찰력 있게 다룬다. 특히 손필드를 뛰쳐나오는 장면을 반복적으로 재현함으로써 제인의 목숨을 건 결단을 비중 있게 다룬다. 불확실성과 소

: 영화 <제인 에어>(2013)

외의 시대에 이 영화가 전하고자 하는 메시지는 자신이나 남이 부여한 환상으로부터 깨어나고, 관습을 뛰어넘어 자신의 힘으로 자신의 세계를 구축하라는 것이다. 제인이 로체스터와 결혼하게 되는 것은 도피처나 안전을 찾기 위해서라기보다는, 자신에게 진실하고 그에게 새로운 생명을 공급해주기 위해서이다.

위에 언급한 세 편의 영화 외에도 『제인 에어』 영화가 20여 편 만들어졌으며,[8] 170년을 뛰어넘어 현대의 독자에게도 『제인 에어』가 여전히 호소력을 갖는 것은 아직도 남자와 여자의 영역 분리가 우리의 삶의 양식과 사고를 지배하고 있으며, '집안의 천사' 이데올로기가 여전히 다양한 모습으로 현대 여성을 억압하고 있기 때문일 것이다. 한국이 유례없는 저출산의 시대를 맞이한 것도 남녀 간 영역 분리의 문제, 즉 여성의 사회 진출에 대한 제한과 경력 단절, 여성에게만 강요되는 가정 내의 역할 때문일 것이다. 현대 여성도 자신의 진가를 알아봐주는 로체스터와 같은 남성과의 낭만적 사랑을 갈구한다. 그러나 현대 여성은 무엇보다 사회의 구조 안에서 자신의 진정한 정체성을 인식하고 독립적인 자아를 구축하고자 한다. 『제인 에어』가 그려낸 제인의 반항과 자기 선택을 따르는 용기, 자기 존중감은 바로 이러한 정체성과 독립적인 자아를 갈구하는 현대 여성들을 깨어나게 해 사회와 자신에 대해 깊이 성찰하게 해줄 것이다.

---

8 『제인 에어』를 각색한 영화에 대한 더 자세한 이야기는 이소영, "세 편의 『제인 에어』 영화를 통해 본 여성상의 시대적 변화" 참조.

주요 토론 주제

1. 여성의 영역을 가정, 남성의 영역은 사회로 분리하는 생각은 오늘날 어떤 결과를 가져왔습니까? 과거 세대의 문제와 현재 세대에 남아 있는 잔재들에 대해 토의해봅시다. 특히 한국 사회에서는 남녀칠세 부동석, 여성의 정절 개념 등, 유교의 사상에서 비롯된 가부장적인 생각들이 현재 우리 사회에 어떤 영향을 주었는지 함께 생각해봅시다.
2. 여성을 천사나 악녀로 보는 이중적인 잣대가 우리 문화에 어떻게 만연해 있는지 생각해봅시다. 백설공주와 신데렐라와 같은 동화나 대중적인 영화나 드라마의 경우에는 어떠합니까? 특히 예전 디즈니 영화와 요즘 디즈니 영화가 여성 인물들을 어떻게 바꾸고 있는지 생각해봅시다. 어려서부터 이런 이중적인 잣대에 노출된 우리는 어떻게 여성을 생각하고 있는지 생각해봅시다.
3. 여성이 글을 쓴다는 것은 어떠한 의미가 있습니까? 특히 19세기에 샬럿 브론테가 넘어서야 했던 장애물들은 무엇이며, 글쓰기 전략은 어떤 특징들이 있는지 생각해봅시다.
4. 제인이 로체스터를 떠나는 것은 어떠한 의미가 있습니까? 세인트존의 청혼을 거절하는 것은 어떠한 의미가 있는지 생각해봅시다.
5. 여성의 독립을 위해 필수적인 요소들은 어떤 것이 있습니까? 제인을 성장할 수 있게 한 요소들은 무엇인지 생각해봅시다.

7

여성의 교육과 참정권

김소임

이 글은 근대 이후 서구 여성들이 받은 교육의 성격과 내용을 시대의 가치관과 연계시키고, 구체적인 사례를 들면서 살펴본다. 가정과 학교에서 여성들이 받은 다양한 유형의 교육적 차별에 대한 원인과 결과를 분석한다. 또한 19세기부터 시작된 여성 참정권을 획득하기 위한 투쟁의 과정을 영미권을 중심으로 개관한다. 더 나아가 서구 여성들의 교육권과 정치적 권리를 얻기 위한 긴 투쟁의 역사를 우리나라의 상황과 비교해봄으로써 그 의미를 보다 폭넓게 반추한다.

1. 여성의 교육과 참정권의 배경

여성의 교육과 참정권에 대한 사회적, 법률적 합의는 그 사회가 갖고 있는 여성관과 밀접한 관계를 갖는다. 여성이 어떤 교육을 받았으며, 어떤 정치 활동을 했는지는 그 사회가 여성을 어떠한 존재로 생각했느냐와 밀접한 관계를 갖고 있다. 어느 사회든지 여성에 대해 나름의 관점과 역할 기대를 갖고 있었으며 이것이 여성의 교육과 정치 활동의

성격을 결정하게 된다.[1]

르네상스 이후 근대 서구 사회는 여성을 어떠한 존재로 인식했는가? 기독교 사회였던 근대 서구 사회는 전통적인 기독교적 여성관에서 크게 벗어나지 못하고 있었다. 당시의 여성관은 구약성서 「창세기」에 나오는 이브에 대한 기독교의 평가와 다르지 않았다. 전통 기독교에서 이브가 아담을 유혹해서 선악과를 먹게 하고 인류를 타락시킨 장본인이라고 여겼던 것처럼, 여성은 자신의 혀를 통제하지 못해 남성을 타락시킨 잠정적 유혹자로 간주되었다. 근대에도 '약하고, 감성적인 여성'은 남성이 통제하지 않으면 문제를 일으킬 수 있는 존재로 간주되었던 것이다(Hufton, 27).

가부장적인 기독교 신에 충성했던 서구 사회는 가정에서도 가부장적 규범이 유지되기를 원했다. 여성에게 주어진 역할은 남편에게 통제받는 온순한 아내, 훌륭한 자녀를 길러내는 어머니가 전부였다고 해도 과언이 아니었다. 이는 르네상스 시대 스페인의 휴머니스트 후안 루이스 비베스Juan Luis Vives(1493-1540)의 시각과도 공명한다. 비베스는 『기독교 여성교육*The Education of Christian Women*』이라는 저서에서 여성을 크게 처녀, 아내, 과부로 분류했으며 각각의 단계에서 여성을 바람직한 기독교의 틀에 넣어 통제해야 한다고 주장했다. 여성을 말과 행동, 성욕과 식욕까지도 통제해야 할 대상으로 간주했던 것이다(Hufton, 33). 가톨릭 국가에서 가정을 벗어난 영역에서 여성에게 가능한 역할은 수녀를 들 수 있었다. 수녀는 성경을 읽기 위해서 라틴어를 공부할 수 있었고, 기독교철학을 접할 수 있었다. 하지만 종교개혁 이후 여성에게는 가정 이외의 일터가 주어지지 않았고, 특히 상류층 여성의 경우는

---

1 1500-1800년 사이의 여성의 역사를 다룬 올웬 허프튼Olwen Hufton의 저서 『그녀 앞의 전망*The Prospect before Her*』의 첫 번째 챕터인 "Constructing Woman"은 여성에 대한 서구 사회의 다양한 종교적, 문화적 담론들을 제시하고 있어 연구에 도움이 되었다.

더욱 제한되었다.

여성에 대한 이런 기대는 19세기가 되도록 크게 변화하지 않았다. 17-18세기 유럽을 휩쓸었던 계몽주의조차도 여성의 권익 증진에는 큰 역할을 하지 못했다. 계몽주의 사상가들은 절대 왕권에 맞서서 인간과 시민의 권리를 주장했으나 그들이 말하는 시민에는 여성이 포함되어 있지 않았다. 그들은 여성을 논의함에 있어서 남성과의 동질성보다는 차이점에 주목한 듯하다.[2] 프랑스의 드니 디드로Denis Diderot(1713-1784)와 장 르 롱 달랑베르Jean Le Rond d'Alembert(1717-1783)가 감수한 『백과사전』(1751)에서도 여성을 독립적인 인격체로 보기보다는 남성과 차이가 있는 존재임을 강조하고 있다(카스나베, 461-65). 대부분의 계몽주의 철학자들은 여성을 이성이 전적으로 결여되어 있거나 능력이 있더라도 남성보다 열등한 존재로 간주했다(카스나베, 471). 계몽주의의 대표적인 사상가인 장-자크 루소Jean-Jacques Rousseau(1712-1778)가 여성을 "남성에게 복종하고 남성을 즐겁게 하기 위해 태어난 존재"라고 언급했다는 것은 계몽 사상가들의 모순적 한계를 확실하게 드러낸다(문수현, 232). 계몽주의 사상가들에게도 여성의 역할은 아내와 어머니에 국한된 것

⁝ 프랑스의 계몽주의 사상가 장-자크 루소

2 계몽주의 사상가들의 여성관은 『여성의 역사 3 하』에 실린 미셸 크랑프-카스나베의 "18세기 철학 저서에 나타난 여성의 이미지"를 참조했다.

이었다. 이들은 여성들에게 남편과 아이들을 챙기고, 가사 이외의 다른 일까지 신경 쓰라고 하는 것은 너무 무리한 요구라고 주장했다. 다시 말해서 이들 계몽주의 사상가들은 "여성은 집이라는 울타리 안에서 공공의 문제, 정치, 국가의 일에 관여하고 있는 남성들과는 거리를 두고 평온하게 살아가는 것이 바람직하다"고 생각했다(카스나베, 476). 이렇게 여성을 '가족의 수호자'로 보는 관점은 19세기 말까지 지속되었다. 1891년에 발표된 교황 레오 13세의 노동헌장은 가톨릭 정치뿐 아니라 여성 정책의 역사에 있어서도 중요한 의미를 지니는데, "'여성은 특정한 직업에는 적합하지 않다. … 여성은 기질상 가사 일이 잘 맞으므로, 여성은 겸손함을 지키면서 아이를 잘 양육하고, 가족의 복리에 힘쓰는 것이 좋다"는 내용을 담고 있다(정현백·김정안, 190 재인용). 여성의 교육과 정치에 대한 권리 또한 이러한 여성관을 벗어나지 않는 범주에서 진행되었다.

2. 여성의 교육

중세 이후의 여성교육: 어디서 무엇을 배웠는가?[3]

중세의 여성교육 현장은 가정이나 수도원이 전부라고 해도 과언이 아니었다. 14세기 유럽의 한 소녀는 공부를 계속 할 수 있는 수녀가 되고자 하는 소망을 담은 「왜 나는 수녀가 될 수 없나」라는 시를 쓰기도 했다.[4] 중세 이후 여성들은 가정이나 수녀원에서 운영하는 기숙학

---

3 마르틴 소네의 "딸: 교육되어야 할 존재"를 참조했으며, 직접 인용의 경우만 인용 표시를 했다.

4 이 문단은 https://www.oxford-royale.co.uk/articles/history-womens-education-

교, 소규모의 마을학교, 또는 자선학교에서 교육을 받았다. 의무교육제는 19세기 말까지 실현되지 않았으므로 교육은 공교육이 아니라 종교단체나 민간 기관이 주관하는 사설교육의 형태를 띠고 있었다. 따라서 소녀의 교육은 전적으로 성장 지역, 집안 환경과 부모의 의지에 달린 것이었다. 계층 간 교육의 양과 질은 크게 차이가 날 수밖에 없었다. 비싼 수업료를 내고 악기 연주와 그림 그리기를 배우는 소녀들보다 학교 구경도 하지 못하는 소녀들이 훨씬 많았다. 분명한 것은 신분에 상관없이 보편적으로 여아들이 남아들보다 교육받는 시간이 적었으며, 학습의 절대량도 부족했다는 것이다. 또한 학습의 내용도 다양하지 못했으며, 가사 관련 과목에 집중되어 있었다. 이런 현상은 20세기까지 계속되었다. 가정에서 교육을 받을 수는 있지만 16세기 영국의 정치가인 토머스 모어Thomas More(1478-1535)의 딸과 같은 특수한 경우를 제외하고는 소녀들은 어머니가 하는 요리, 빨래 등을 보고 배웠다(소네, 166). 모어는 아들뿐 아니라 딸에게도 그리스어, 라틴어 등의 고전교육을 시켰으며 특히 큰딸 마가렛은 데시데리우스 에라스무스Desiderius Erasmus(1466-1536)의 라틴어 작품을 비롯한 고전을 영어로 번역하는 등 뛰어난 지적 능력을 발휘했다. 모어만큼은 아니었으나 딸 교육에 관심이 많은 귀족 집안의 경우 가정교사를 집으로 들여 교육시키기도 했다.

현대 영미를 비롯한 유럽의 명문 중고등학교를 상징하는 기숙학교는 16세기부터 등장하기 시작했다. 프랑스와 같은 가톨릭 국가의 경우 상류층 딸들은 수녀원 부속 기숙학교를 다닐 수 있었다. 하지만 이런 학교를 다닐 수 있는 계층은 매우 제한적이었다. 1750년경 파리에

---

uk.html, https://en.wikipedia.org/wiki/Separate_spheres, https://amazingwomeninhistory.com/doctrine-of-separate-spheres/ 등을 참조했다.

서 자녀를 수녀원 기숙학교에 보내려면 숙련된 석공 연봉의 3분의 2가 들었다고 한다(소네, 169). 1650년경 도시라고 부를 만한 지역에서는 기숙학교가 대개 하나씩 생겨났다. 이곳에서 상류층 딸들과 상인 계급의 딸들은 신분을 상승시킬 수 있거나 적어도 유지시킬 수 있는 결혼을 위해 필요한 몸가짐과 가정 운영에 대해서 배웠다(소네, 172, 186). 17세기 중반부터 영국에서도 수녀원 부속 기숙학교를 본 따서 민간이 운영하는 기숙학교가 나타나기 시작했다. 1617년 런던에서는 최초의 여자 기숙학교가 탄생했다(소네, 171-73). 기숙학교에 다닐 형편이 안 되는 학생들은 일반 소학교를 다닐 수 있었다. 소학교는 유료였지만 기숙학교보다는 훨씬 저렴했다. 빈민 아동들을 위한 무료학교도 등장했지만 이런 학교에서는 임금노동자 자녀들도 수학했다. 자선학교는 영국, 아일랜드, 웨일즈 등에서도 번성했는데 1733년 영국 전체에서 2만 명이 자선학교에서 수학했다(소네, 177). 1765년 영국에서는 빈민자를 위한 선데이스쿨 운동도 시작되었다. 일요일 하루, 노동에서 해방되는 청소년들을 대상으로 성경을 통해 읽기를 가르쳤는데 소녀들도 참여할 수 있었다. 하지만 극빈층 자녀의 경우는 일을 해야 했기에 아무리 무료라고 해도 학교에 갈 수 없는 경우가 많았다.

다행히 근대 이후 교육은 보다 체계화되고, 부유한 중산층 상인 계급이 등장하면서 교육의 수혜자가 확대되었다. 여성교육 또한 마찬가지였다. 상인들은 가업을 돕기 위해서 딸들이 교육받기를 원했고, 세상을 떠날 때 아내에게 사업을 물려주는 경우도 있었다. 따라서 여성교육의 필요성에 대한 공감대가 확산되었다. 계몽사상이 유포되면서 교육에 대한 관심이 더욱 확대되었으며 여성도 교육을 받아야 하는 존재로 간주되었다. 계몽주의의 초석을 닦은 영국의 존 로크John Locke(1632-1704)는 "여성은 자식의 첫 번째 교사로 이바지할 수 있을 만큼 제대로 교육받아야 한다고 주장한 바 있다"(소네, 164). 1760년 이후 여성과 남성의 교육 문제는 계몽사상의 핵심 쟁점에 포함되었다. 프랑스만 예를 들더라도 교육에 관한 연구가 크게 증가했다. 1715년에서 1759년까지 프랑스에서 교육에 관한 책이 고작 51권 출판된 데 비해, 1760년에서 1790년 사이에는 161권이 출판되었다(소네, 162). 루소의 『에밀*Émile ou de l'éducation*』이 출판된 것은 1762년이며, 1768년에는 한 기숙학교의 교장인 르루Leroux가 『교육 저널*Journal d'Education*』이라는 이름으로 최초의 교육 관련 정기간행물을 간행했다.

하지만 여성의 교육 기회가 계속해서 확대되기만 한 것은 아니었다. 교육에 대한 관심이 증가하면서 여성교육이 어디에서, 어떻게 이루어져야 하는지도 논쟁의 대상이 되었다. 누가 무엇을 가르쳐야 하는가 하는 문제도 뒤따라 제기되었다. 계몽주의의 여성교육의 목적은 "소녀들이 '본래부터 해야 하는' 역할, 즉 아내나 어머니로서의 역할을 준비하는 것이었다"(카스나베, 483). 남녀의 본성과 감당할 역할이 다르니 교육 또한 달라야 하는 것이 당연시되었다. '생물학적 결정론biological determinism'의 등장과 함께 18세기 산업혁명 이후, '분리 공간 이론the separate spheres theory'이 강하게 대두했다. 그래서 영국의 경우, 남성들은 공장, 상점 등 집 밖의 영역에서 일하고, 여성들은 육아를 비롯한 집안일을 담당한다는 생각을 대부분 공유했다. 따라서 여성교육은 가정사를 벗어날 필요가 없었고 교육의 내용은 우아한 대화, 바느질, 하인 관리 등의 범주를 넘지 않게 되었다. 즉 아들과 딸은 삶도 교육도 분리된 채 살아가는 셈이 되었다.

학교 재학 기간은 소녀가 소년보다 훨씬 짧았던 것으로 추정된다. 소녀의 경우 최대 4년 정도였다. 유료학교는 6세부터 10세까지, 무료학교의 경우 3년, 무료 교구학교는 2년 정도를 소녀들의 수학 기간으로 삼았다(소네, 182). 무료학교의 경우는 새로운 학생들을 받아야 했기에 오래 머물 형편이 못 되었을 것이고, 부모 또한 자녀가 학교에 다니기보다는 돈을 벌어오기를 원했을 것이다. 반면에 소년들의 경우는 재학 기간이 길어서 기숙학교의 경우 3년에서 8년까지도 머물곤 했다. 교육에서 가장 소외된 소녀들은 시골 빈민층 자녀들이었다. 시골의 경우에는 수학 환경이 도시보다 훨씬 열악했다. 시골에는 자선학교든 유료학교든, 남녀 공학학교 하나 정도만 운영되었다.[5] 과연 얼마나 많은 소녀들이 학교를 다녔는지 정확하게는 알 수 없다. 프랑스 혁명 이전 파리의 경우, 당시 취학 연령(7세-14세)의 소녀가 4만9천5백~6만6천 명으로 추산되고, 학교를 다니는 여학생의 숫자는 3, 4명 중 1명 정도일 것으로 보인다(소네, 179).

소녀들은 학교에서 무엇을 배웠는가? 읽기, 쓰기, 교리는 소년, 소녀 모두에게 기본 과목이었다. 신분의 차이나 재학 중인 학교에 상관없이 소녀들은 기본적으로 학문적인 과목을 수강하지 않았다. 모든 소녀들이 배우는 것은 바느질이었다. 바느질의 경우, 신분에 따라 다른 의미를 지녔다. 상류층 딸에게 건전한 시간 때우기의 의미를 갖는다면, 자선학교에 다니는 하류층 소녀의 경우, 바느질은 훗날 "직업"을 준비하는 것일 수도 있었다(소네, 181-82). 기숙학교의 경우, 정규 수업 외에 예술이나 다른 과목의 개인교습을 받을 수 있었다. 부모가 비용을 대고 개인교사가 건반 악기의 일종인 하프시코드, 하프 등의 악기, 지리, 그림 등을 가르쳤다. 기억해야 할 것은 의무교육이 실시되지 않았다는 것이다. 그것은 교육을 받는 여성의 숫자는 여전히 소수에 불과했다는 것을 의미한다.

---

5 최초의 남녀공학 중등학교는 5세에서 18세까지를 대상으로 1818년 스코틀랜드에서 설립된 돌라 아카데미로 주간학교와 기숙학교를 겸하고 있었다. https://en.wikipedia.org/wiki/Mixed-sex_education

여성교육의 선각자들: 메리 울스턴크래프트를 중심으로

18세기에 여성교육의 중요성에 대해 목소리를 내는 선각자들이 등장하기 시작했다. 프랑스의 정치가이면서 수학자인 콩도르세 후작Marquis de Condorcet(1743-1794)은 「여성에게 시민권을 부여하는 문제에 대하여」라는 논문에서 여성의 시민권을 주장했다. 또한 『공적 교육에 관한 다섯 가지 각서』에서 여성은 남성과 마찬가지로 교육받을 권리가 있다고 주장했다. 하지만 콩도르세는 여전히 "남성이 가져야 할 직업과 여성이 가져야 할 직업이 따로 있다"고 주장했다(카스나베, 487-90). 계몽사상이 주창하는 평등권은 여성에게는 요원한 것이었고 남녀 분리 정책의 강화로 여성의 역할과 능력 개발은 더욱 제한되었다. 여성 사상가들도 자기 목소리를 내기 시작했다. 1791년 「여성 시민의 권리 선언」을 발표한 올랭프 드 구주Olympe de Gouges(1748-1793), 1792년 주권자로서 여성에게도 무장할 권리를 달라는 청원서를 제출한 폴린 레옹Pauline Léon(1768-?) 등이 그들이다(문수현, 233).

: 여성의 교육권을 주장한 영국의 메리 울스턴크래프트

이런 여성 선각자들 중 대표적인 인물로 영국의 메리 울스턴크래프트Mary Wollstonecraft(1759-1797)를 들 수 있다. 울스턴크래프트는 1792년 『여성의 권리 옹호*A Vindication of the Rights of Woman*』를 저술하여 당시의 기존 관념에 도전, 여성의 교육적·사회적 평등을 주장했을 뿐 아니라 여성 자신이 자각할 것을 호소했다. 울스턴크래프트는 부친의 사업 실패로 빈곤한 가정환경에서 성장했으며 정규교육도 제대로 받지 못했으나 독학으로 최고의 지성을 이룩했다(문수현, 222). 1778년 부유한 귀족의 가정교사로 직업 활동을 시작했으며 잠시 여학교를 운영하기도 했다. 1788년부터는 출판업자 조지프 존슨의 후원으로 전업 작가로서 활동했다.

울스턴크래프트는 『여성의 권리 옹호』에서 본격적으로 여성교육 문제를 다루고 있다. 울스턴크래프트는 여성들이 바람직하지 못한 모습들을 보이는 것은 잘못된 여성관과 교육 때문이라고 지적한다. 즉 "여성이 단순히 남성을 기쁘게 하고 남성에게 복종하기 위해 창조되었다"는 그릇된 여성관이 잘못된 교육을 배태하고, 결국 나약하고 천박한 여성들을 만들어낸다고 주장한다.[6] 현실에서 여성이 남자를 유혹하고, 외모를 꾸미는 것에만 몰두하는 미천한 욕망으로 가득 찬 존재라면 그것은 잘못된 교육 때문이라는 것이다. 구체적으로 루소를 비롯해서 여성의 교육에 대해서 저술한 남성 저자들은 여성을 "인간"이 아닌 "여자"로 취급해서 "보다 매력적인 애인"으로 만드는 방법에만 몰두했다고 비판한다(7). 울스턴크래프는 루소의 『에밀』 5권을 예로 들고 있다. 여기서 루소는 여성을 남성을 위한 부속물로 간주한다.

> 이러한 이유로, 여성들의 교육은 언제나 남성들과 관련되어야만 한다. 우리 남성들을 기쁘게 하고, 우리에게 유익한 존재가 되는 것, 우리의 사랑과 존중을 받을 수 있도록 되는 것, 우리가 어릴 때는 우리를 교육하고, 우리가 자라는 동안은 우리를 돌보고, 우리를 위로하고, 우리에게 충고를 해주고, 우리의 인생을 안락하고 기분 좋게 하는 것, 이

---

6 메리 울스턴크래프트, 『여성의 권리 옹호』, 문수현 옮김, 책세상 2018, 79쪽. 앞으로 『여성의 권리 옹호』 인용은 괄호 안에 쪽수만 표기한다.

것들은 언제나 여성들의 의무이고, 그들이 어릴 때부터 받아야 하는 교육의 내용이다. 우리가 이러한 원칙으로 돌아가는 데 실패한다면, 우리는 목표에서 멀리 떨어지게 되고, 그 모든 교훈들은 그들의 행복에도 우리의 행복에도 도움이 되지 않을 것이다. (81-82 재인용)

울스턴크래프트는 교육이 변화한다면 여성들은 보다 고귀한 존재가 될 것이고, 이는 남성을 위해서도 바람직한 일이라고 주장한다.

여성들의 정신 활동을 더 폭넓게 해줘 보라. 그러면 보다 고상한 열정들과 동기들이 여성들의 욕망들과 감상들을 지배하게 될 것이다. (87)

여성을 자유롭게 하라. 그러면 그들은 즉시 남성처럼 현명하고 덕이 많은 존재가 될 것이다. (191)

이와 같은 맥락에서 울스턴크래프트는 남녀의 평등한 교육 권리와 실천을 주장했다. 이는 단지 여성만을 위한 것이 아니고, 여성과 결혼하게 되는 남성을 위해서도, 또한 결혼의 성공을 위해서도 필요한 것이다.

만일 결혼이 사회의 초석이라면, 남녀는 같은 방식으로 교육받아야만 한다. 그렇지 않으면 남녀 간의 교제는 결코 동료의식을 발휘하지 못할 것이다. 또한 여성이 남성으로부터 독립해… 자신의 생계를 유지함으로써 자유롭게 되고 계몽된 시민이 되지 않는 한, 여성들은 결코 여성 고유의 의무를 완수하지 못할 것이다. 아니, 여성들이 남성들과 함께 교육받아서 그들의 안주인 아닌 그들의 동료가 되지 못한다면, 결혼은 결코 훌륭한 제도로서 유지되지 못할 것이다. [지금의 결혼 제도에서는] 억압이 여성을 소심하게 만들고, 교활함을 배가함으로써 여성을 경멸스러운 존재로 만들어버릴 것이기 때문이다. (169)

그녀는 또한 여성이 남성 중심의 사회 내에서 억압을 받고, 제대로 교육을 받지 못할 경우, 여성뿐 아니라 남성을 포함한 사회 전체에 악영향을 미칠 것이라고 경고한다.

> 진보는 상호적인 것이어야 하고, 인류의 절반이 종속되기를 강요받는 불공평은 억압자에 대한 보복을 수반하기 때문에, 남성의 미덕은 그가 발아래에 기르는 벌레들에 의해 좀먹게 될 것이다. (191)

> 억압에 의해 발생한 악으로 인한 괴질은 병든 부분에만 머물러 있지 않고, 사회 전체에 침투한다. 그 때문에 우리 여성이 보다 도덕적인 주체가 되기를 바라는 가운데, 오로지 도덕성만이 퍼뜨릴 수 있는 고귀한 만족이 사회에 보편적으로 확산될 것에 대한 기대로 내 심장은 부풀어 오른다. (197)

남성이 여성을 억압하게 되면, 여성은 남성에게 보복을 하고 싶어지고 이는 사회 내에 악을 확산시킨다는 것이다. 따라서 사회의 발전을 위해서도 여성의 도덕성과 이를 뒷받침할 양성평등이 필수적이라는 주장이다.

울스턴크래프트는 여성이 가정에서 가족을 돌보는 '간호사' 역할을 하기 위해서 당시 여성교육에는 포함되지 않았던 "해부학과 의학의 기초"(195)를 배워야 한다고 주장하기도 했다. 또한 여성교육뿐 아니라 당시 교육 전반에 대해서도 문제를 제기했다. 즉 가정교사에 전적으로 의지하거나, 기숙학교에 보내는 등 기존의 교육 체제가 가지는 문제점들을 조목조목 지적했다. 이어서 가정교육과 공공교육의 장점을 아우를 수 있는 국립통학학교 설립을 제창했다. 또한 성별 구분 없는 교육을 위해서 남녀공학을 실시하는 것이 바람직하다는 생각을 피력했다. 그 밖에 교과과정 등 구체적인 학교 운영의 틀도 제시했다(236). 정규교육을 받지 못한 여성이 이렇게 구체적으로 개혁안을 제시했다는 것은 울스턴크래프트가 어떤 남성 선각자보다도 탁월한 지성과 강한 의지를 가졌음을 보여준다.

19세기 여성교육: 영국과 미국의 중등교육을 중심으로

여성의 다수가 공교육을 받기 시작한 것은 19세기에 들어서였다. 하지만 여전히 여성의 교육은 양이나 질 모두 남성에게 뒤떨어진 상황이었으며 발전 속도도 매우 느렸다. 영국의 경우 1840년 여성의 문맹률은 여전히 60퍼센트에 달했으며 1860년에도 40퍼센트는 문맹이었다. 1880년이 되어서야 5-10세 사이의 아동교육이 의무화되었다.[7] 공교육이 법제화되기 전 영국의 모든 교육기관은 교회나 구호재단이 운영하는 사립학교였으며, 1870년이 되어서야 비로소 지역정부가 학교를 설립하기 시작했다. 의무교육 이전 여성이 교육을 받는다는 것은 일종의 특혜였다. 노동층 여성의 경우 학교를 간다는 것은 그만큼 노동시간이 감축되는 것을 의미했기 때문이다.

청교도 정신과 자유, 독립사상으로 무장한 신생국 미국에서는 유럽보다 공교육과 의무교육이 훨씬 먼저 시작되었다. 프랑스의 의무교육이 1881년에 시작된 데 비해 미국에서는 1852년 매사추세츠주를 선두로 의무교육이 실시되었다. 여학생을 위한 공교육은 뉴잉글랜드 지역

---

7 https://en.wikipedia.org/wiki/History_of_education_in_England

에서 1767년경부터 시작되었으나 주마다 선택적이었고 일부 지역은 여학생 교육을 위해 세금 지출을 꺼려했다. 특히 남부지방에는 여학교가 거의 존재하지 않았다. 1826년 여학생만을 위해 최초의 공립고등학교가 뉴욕과 보스턴에 설립되었다. 학교에서도 여성에 대한 차별은 계속되었다. 즉 여성들에게 고등교육은 제공되지 않았다. 청교도인들은 어린이들이 성경을 읽는 것을 중요시했기 때문에 어린 나이부터 읽기를 가르쳤다.[8] 1750년경 거의 90퍼센트의 뉴잉글랜드 거주 여성이 읽고 쓸 수 있었다는 통계가 있다. 하지만 읽기만 하고 쓰지 못하는 여성이 많았다. 남자는 세상일을 처리해야 했으므로 읽고 쓰기를 다 배워야 했지만, 여자의 경우는 읽기만으로 충분하다는 의식이 퍼져 있었다. 미국의 식민지 여성들 중 자신의 이름을 서명하지 못하는 경우가 허다했다. 이름을 쓰지 못하는 여성들은 X자로 서명을 하곤 했다.

페미니스트 개혁가들은 소년들에게 개방되었던 고등교육 즉 대학교육을 소녀들에게도 개방해야만 중산층 여성들의 사회적 지위가 확보될 것이라고 판단했다. 영국의 여성 운동가들 중 에밀리 데이비스Emily Davis(1830-1921)는 "여성의 모든 잠재력을 개발시키는 유일한 방법은 소년에게 제공되는 현행 최상의 교육을 여성에게도 동일하게 제공하는 것"이라고 주장했다. 데이비스는 "여자중등학교의 평균수준을 남학교 수준으로 끌어올리고 여성들의 대학 및 전문학교 입학을 허용하여 남아들과 동일한 교육"을 실시해야 한다고 생각했다(송태수, 201-02). 하지만 여성교육 반대파들은 여성이 두뇌를 너무 많이 사용하면 기력이 약해지며, 자궁을 오그라들게 할 것이라는 등의 터무니없는 이유를 들면서 반대했다(위스터-행크스, 262-63).

그렇다고 해서 여성이 교육 영역에서 배제된 것은 아니었다. 여성

8 https://en.wikipedia.org/wiki/Women%27s_education_in_the_United_StatesHistory

은 교육 영역에서 교육자로 참여했다. 어떻게 보면 이용되었다고도 볼 수 있다. 19세기 행정 당국은 학교교육이 예산이 상당히 많이 드는 사업임을 알고 있었다. 교육 당국은 여성을 싼 임금을 주고 고용했다. 수녀는 무임금으로 봉사했으며 일반 학교는 적은 임금을 주면서 젊은 여성을 채용했다. 18세기까지만 해도 남성의 직업이었던 교사직은 급속히 여성으로 채워졌다. 1840-1850년대 미국 매사추세츠주에서는 백인 여성 5명 가운데 적어도 1명은 교사인 것으로 추산된다(위스터-행크스, 262). 영국을 비롯한 유럽에서는 여성 가정교사를 고용하곤 했다. 1851년 영국의 인구 통계에 의하면 약 2만 5천 명의 여성이 가정교사로 일하고 있었다. 그녀들은 숙식을 제공받고 적은 월급을 받았다.[9] 노동자 계층과 같이 가게나 식당에서 일하기를 꺼렸던 중산층 여성들에게는 그나마 가정교사가 괜찮은 일자리로 간주되었다. 문학작품에서도 그 예를 찾을 수 있는데 루이자 메이 올컷Louisa May Alcott(1832-1888)의 자전적 소설 『작은 아씨들*Little Women*』의 주인공인 조도 생활비를 벌기 위해서 가정교사 일을 한다.

19세기 여성교육: 영국과 미국의 대학교육을 중심으로

19세기 들어와 여성교육이 활발해졌음에도 불구하고 여전히 대학은 여성이 재학할 수 없는 곳이었다. 서양의 대학은 이탈리아, 프랑스, 영국에서 11-12세기에 시작되었지만 1,000년 가까이 여성에게는 문을 닫고 있었다. 19세기 후반이 되어서야 여자대학들이 설립되기 시작했다. 미국의 경우, 1831년 미시시피 칼리지Mississippi College가 남녀공학으로 전환해서 여학생에 문호를 개방했고 2명의 여성이 같은 해 학

9 https://www.bl.uk/romantics-and-victorians/articles/the-figure-of-the-governess

: 최초의 여자대학인 케임브리지대학교의 거튼 칼리지

사학위를 받았다. 영국의 경우, 1849년 최초의 여자대학 베드포드 칼리지Bedford College가 런던에 설립된다. 하지만 영국을 대표하는 보수적인 옥스퍼드대학교Oxford University와 케임브리지대학교Cambridge University가 여학생을 받아들인 것은 훨씬 후였다. 케임브리지대학교에서 최초로 여학생을 위한 거튼 칼리지Girton College가 설립된 것은 1869년이 되어서였다. 옥스퍼드대학교에서는 1879년 설립된 서머빌 칼리지Somerville College가 여학생을 위한 최초의 대학이다.

하지만 대학이 여성에게 문호를 개방하는 일이 순탄하게 이루어진 것은 아니다. 여자대학이 설립되기 불과 6년 전인 1863년, 여학생이 케임브리지대학교에서 실시하는 중급학력평가시험에 응시하게 할 것인가를 두고 논쟁이 있었다. 반대하는 쪽에서는 여성이 시험을 치르게 되면 여성 본연의 특성을 잃고 부드러움은 사라지고 뻣뻣해질 것을 우려했다. 졸업하는 것도 쉬운 일이 아니었다. 권위적이고 전통을 자랑하는 옥스퍼드나 케임브리지에서 여성의 문학사BA나 이학사BS 취득은 1920년에야 가능했다(송태수, 207). 고등교육에서의 완전한 평등은 이때부터 이루어진 것이라고 할 수 있다.

여성이 대학교육을 받게 되었다는 것은 여성의 전문직 진출이 시작되었다는 것을 의미한다. 비록 빠른 속도는 아니지만 여성들은 대학교수, 의사, 변호사 등에 진출하게 되었다.[10] 물론 그 과정이 순탄했던 것은 아니다. 영국 최초의 여성 의사인 엘리자베스 개릿 앤더슨Elizabeth Garrett Anderson은 영국 의과대학이 여성을 받아주지 않아 결국 불어를 배워 프랑스에서 의과대학 학위를 취득했다. 하지만 영국은 여성에게 의사자격증을 부여하지 않았고 앤더슨은 영국 의사자격증을 받을 수 없었다. 앤더슨은 런던에서 여성 병원을 세워 산부인과 의사로 일하면서 수년간 여성 의사자격증 허용을 위한 운동을 계속했고, 그 결과 1876년이 되어서야 비로소 여성에게 의사 자격을 허용하는 법이 통과되었다.

20세기 여성교육[11]

20세기가 되었지만 대학은 여전히 소수의 여성들만을 위한 기관이었다. 여류 작가 버지니아 울프Virginia Woolf(1881-1942)의 경우, 뛰어난 지성에도 불구하고 가정 형편상 대학에 진학하지 못했고 이것을 매우 안타깝게 여겼다. 울프 집안은 매우 지적인 분위기였음에도 불구하고 아들들을 위해서는 진학 자금을 마련해두었으나 딸들은 대학에 보내지 않았다.

미국의 경우를 보면 보다 평등한 사회를 주창하던 혁신주의 시대(1890-1920)에도 교육 개혁이 일어나기 전에는 남녀의 역할과 교육과정

10 1892년 영국 최초의 여성 교수인 엠마 리터 본디Emma Ritter-Bondy는 스코틀랜드 글래스고 음악대학의 피아노 교수로 임용된다.

11 미국에 대한 내용은 https://en.wikipedia.org/wiki/Women%27s_education_in_the_United_States를 참조했다.

의 차별화는 지속되었다. 여학생의 경우, 직업 훈련을 받는다고 하더라도 사회가 판단하기에 여성에게 적당한 직종인 "비서, 기자, 또는 사회복지사" 등을 위한 교육을 받는 것이 흔한 일이었다. "차별화된 커리큘럼"은 미국 전역에서 당연시되었다. 학교가 "젠더를 구축하는 데 효율적인 장소"가 되었다. 여성은 여전히 학자보다는 "가정에 적합한 시민"으로 키워지는 것이 바람직하게 여겨졌다. 여성들의 권익을 주장하는 목소리가 사회 전반에서 들려오기 시작했지만 여성에 대한 불신은 사라지지 않았다.

대학에 진학하는 여성의 숫자는 점차 증가했다. 미국의 경우 1900년에는 85,338명의 여학생이 대학에 재학하고 있었고, 5,237명이 학사학위를 받았다. 1940년에는 7배가 넘는 600,953명이 대학에 재학하고 있었으며 77,000명이 학사학위를 받았다. 여대생이 이렇게 증가한 데에는 참정권을 획득하고 1930년대 경제공황을 겪으면서 여성들의 대학교육의 중요성에 대한 자각과 더불어 가정과 사회에서 활동함에 있어서 고학력을 요구하는 사회적 담론도 역할을 했을 것이다.

하지만 대학에서의 여성의 전공은 다양하지 않았다. 여학생들을 위해 가정학home economics이라는 새로운 학문이 등장했다. 여학생들의 전공은 남학생들과 달리 교육학, 간호학, 사회복지학, 아동학 등에 집중되었다. 또한 여성들은 참정권을 갖게 되고, 대학교육을 받게 되었지만 사회에 나가서 또 다른 차별에 직면하게 되었다. 동일한 능력을 갖고 있음에도 사회는 남성을 선호했던 것이다. 회사에서나 정치 영역에서나 마찬가지였다. 그러나 남성의 영역으로 여겨졌던 학문 분야인 "과학, 의학, 엔지니어링, 법학" 등에도 여성 전공자가 서서히 진출하게 된다. 여성의 교육수준이 높아지면서, 모든 분야에서 평등권을 주장하는 여성 운동이 전개되기 시작했다.

3. 여성의 참정권

참정권 주장의 시작[12]

여성 참정권의 획득은 100여 년의 투쟁 끝에 쟁취된 것이라 해도 과언이 아니다. 페미니즘 운동 1기로도 불리는 여성 참정권 획득 과정이 남성 참정권 확대보다 험난했던 이유는 이 글의 서두에서 언급한 것같이 여성에 대한 인식이 남성에 대한 인식과 달랐기 때문이다. 의회 민주주의의 요람이라고 할 수 있는 영국에서는 1928년, 프랑스 혁명의 불꽃이 타올랐던 프랑스에서는 1944년(남성의 경우는 1848년), 중립국이면서 선진국인 스위스에서는 1971년이 되어서야 여성 참정권이 인정되었다. 사우디아라비아는 2015년이 되어서야 여성의 참정권을 허용했다. 여성이 정치 영역에서 배제된 원인은 무엇일까?

그것은 여성에 대한 뿌리 깊은 고정관념에 기인한다고 볼 수 있다. 19세기 영국의 사회학자 허버트 스펜서Herbert Spencer(1820-1903)는 "여성은 사회에서의 생존 투쟁을 담당하기에는 충분히 지적이지 못하고 감정적이기 때문에 공적 생활을 허용하거나 선거권을 주지 말아야 한다"고 주장했다. 20세기까지도 그런 견해는 사회에서 폭넓게 받아들여졌다(박지향, 420-21). 프랑스 혁명의 인권선언이나 미국의 독립선언문에서도 여성은 배제되었다는 것을 기억할 필요가 있다. 보수주의자들은 남편이 아내와 어린아이들을 대변할 수 있으니 굳이 아내에게까지 참정권을 줄 필요가 없다고 생각했다(송태수, 216). 당시 여성은 법적으로는 거의 완전히 남성에게 종속되어 있었다. 1870년까지 영국의 관

---

12 여성 시민권, 투표권의 발전 과정은 위스터-행크스의 『젠더의 역사』 216-26쪽에 잘 정리되어 있다.

습법은 아내의 동산에 대한 소유권을 남편에게 주었으며, 부동산 역시 소유권은 인정되나 관리와 사용의 권리는 남편에게 있었다. 여성은 법정에서 스스로 어떠한 법적 권리도 행사할 수 없었다. 1882년이 되어서야 비로소 결혼한 여성도 자신의 동산과 부동산을 팔고 살 수 있는 권리를 가질 수 있게 되었다. 소송을 진행할 법적 권리도 그때서야 비로소 갖게 되었다.

서양의 여성 참정권의 확대 과정을 보면 남성 중심의 기득권 세력과의 투쟁을 확인할 수 있다. 최초로 여성에게 선거권을 부여한 나라는 영국의 식민지였으나 구세계에서 물리적으로 멀리 떨어진 뉴질랜드(1893)와 오스트레일리아(1894)였다. 유럽에서는 역시 주류 국가들로부터 멀리 떨어진 북유럽의 핀란드(1906)가 최초로 여성 참정권을 인정했다. 미국은 1920년 미국수정헌법 제19조의 통과로 영국보다 먼저 여성의 참정권을 인정했다. 영국의 경우 보통선거권이 이루어지기까지 크게 5차례의 선거법 개정이 있었지만 여성에게 선거권이 부여된 것은 20세기 들어서부터였다. 영국은 1918년에 30세 넘는 여성에게 참정권을 부여했지만 21세 이상의 여성이 참정권을 얻게 되는 것은 1928년에야 가능했다. 하지만 피선거권의 경우는 더 늦었다. 피선거권 또한 서방의 비주류 국가에서 먼저 부여되었다. 여성 선거권을 1893년에 허용했던 뉴질랜드는 1919년에야 피선거권을 허용했다. 최초로 여성이 의원으로 선출된 곳은 핀란드였다. 1907년 총선에서 19명의 여성이 핀란드 의회의 의원으로 선출되었다. 격렬한 싸움을 벌였던 영국과 미국의 사례를 통해 여성 참정권을 얻기 위한 보다 구체적인 투쟁 과정을 살펴보자.

영국의 참정권 운동[13]

여성 참정권 운동의 선각자로는 영국의 철학자이자 정치가인 존 스튜어트 밀John Stuart Mill(1806-1873)을 들 수 있다.[14] 밀은 『여성의 종속 *The Subjection of Women*』(1869)에서 여성과 남성의 차별에 대한 신체적 결정론을 반박하고, 여성에 대한 교육, 참정권을 포함한 법적 권리를 주장했다. 영국의 선거법은 1832년 1차 선거법 개정 당시 선거권자를 "인간person"으로 표기했으나, 1867년 2차 선거법 개정 시 "남자man"로 바꾸었고 이를 근거로 여성의 참정권을 제한했다. 존 스튜어트 밀은 웨스터민스터 지역구 자유당 의원이기도 했는데, 1867년 의회에 선거권자에 대한 용어를 "인간"으로 환원시키자고 건의하면서 남성과 동등한 여성의 참정권을 주장하는 법안을 제출한다. 하지만 하원은 이를 194 대 73으로 부결시켰다.

⁝ 여성의 교육과 참정권을 위해 투쟁한 영국의 정치인 존 스튜어트 밀

영국에서 민주주의와 일반 국민의 법적인 권리는 남성 노동자의 참정권 운동인 차티스트 운동The Chartist Movement(1838-1848)과 함께 서서히 신장되었으나 이 과정에 여성은 제외되었다. 여성 참정권 운동은 차티스트 운동과 맥을 같이 하지만 그 성과는 무려 100년 가까이 뒤처져 있다. 영국은 1832년 제1차 선거법 개정을 통해서 일정 수

13 이남희의 「민주주의와 성별정치학」, 송태수의 「영국 1기 여성운동기 여성쟁점Woman's Issues의 변천 연구」를 참조했고 직접 인용의 경우만 인용 표시를 했다.

14 https://ko.wikipedia.org/wiki/여성의 종속

: 1900년대 초 여성에게 참정권이 부여되면 남녀의 역할이 전도될 것을 우려하는 삽화

준 이상의 재산을 가진 '상공 시민층' 남성에게 참정권을 부여했다. 1867년 2차 선거법 개정을 통해서는 도시와 농촌의 노동 계급의 가장에게 참정권이 부여되었고, 1884년 3차 선거법 개정에서는 1, 2차 선거법 개정에서 선거권을 얻지 못한 지방 소작인, 농촌, 광산 노동자 계층에게까지 선거권이 확대되었으며. 비밀투표제가 확립되었다. 지방세를 납부하는 가구의 가장이 12개월 거주 조건만 충족시키면 되었기에 성인 남성의 3분의 2가 참정권을 갖게 되었다. 차티스트 운동에 참여하면서 여성들은 자신들이 배제된 것을 자각하고 개선을 요구하지만 오랜 시간을 기다려야 했다.

여성 참정권 운동은 크게 1기와 2기로 나눌 수 있다. 1기는 여성 참정권을 위해서 공식적인 주장과 요구가 시작되는 1800년대 중반 이후부터이다. 영국에서의 참정권 운동에는 여성의 교육, 재산권, 취업권 등에 대한 주장도 포함된다. 여성 참정권 운동은 "1866년 당시 논의되고 있던 참정권 개혁에 여성의 투표권을 포함시킬 것을 요구하는 청원서가 여성 1,499명의 서명을 받아 의회에 제출되면서 시작되었다"(송태수, 214). 앞에서 언급한 "남자"를 "인간"으로 수정하자는 밀의 법안이 거부된 후, 여성 참정권을 위한 전국협회National Society for Women's Suffrage: NSWS가 결성된다(송태수, 214). NSWS와 밀 등은 의회에 참정권을 계속 요청했으나 채택되지 않았다. 이 시기에 주요 운동가로는 리디아 베커Lydia Becker(1827-1890)를 들 수 있다. 그녀는 『여성 참정권

저널』(1870-1890)을 창간해서 참정권을 위한 영국 사회 의식화에 노력했다.

2기는 1897년 전국여성참정권단체연합NUWSS이 조직되면서 시작된다고 할 수 있다. 이 시기에 여성 운동은 의회 로비에 주력하는 온건파와 원외에서 폭력 시위도 마다하지 않는 과격파로 나뉘었다. 밀리센트 포셋Millicent Garrett Fawcett(1847-1929)이 이끌었던 NUWSS는 의회에서 법안을 통과시키는 것에 집중했다. 하지만 의회를 대상으로 하는 NUWSS의 로비 활동에 한계를 느낀 에멀린 팽크허스트Emmeline Pankhurst(1858-1928) 등 과격파들은 1903년 여성사회정치연합Women's Social and Political Union: WSPU을 설립했다. 그들은 서프러제트suffragette라는 명칭을 얻었는데 에멀린 팽크허스트는 영화 〈서프러제트Suffragette〉(2015)에서 메릴 스트립의 뛰어난 연기에 힘입어 카리스마 넘치는 지도자로 부활한다. 서프러제트들은 남성 노동자들이 참정권 운동에서 했던 것처럼 과격한 무력 저항을 시도했고 투옥 시 단식 투쟁을 감행했다.[15] 1913년 조지 5세가 참석했던 애스콧 승마 경기에 서프러제트 중 하나였던 에밀리 데이비슨Emily Davison (1872-1913)이 참석해 조지 5세의 말에 차여 죽는 사고가 발생했으며, 그녀의 장례식은 여성 참정권을 홍보하는 큰 행사가 되었다. 이 사건은 영화 〈서프러제트〉에서 생생하게 그려져 관객들에게 큰 충

: 영국의 참정권 운동가 에멀린 팽크허스트

15 https://en.wikipedia.org/wiki/suffragette

격을 안겨주었다.

1914년 1차 세계대전이 시작되고, 전쟁 중 여성의 역할이 확대되면서 사회 내의 여성에 대한 기대도 변화한다. 1차 세계대전이 끝난 후인 1918년에 4차 선거법 개정으로 21세 이상의 성년 남성이 보통 선거권을, 30세 이상 여성은 제한 선거권을 획득하게 되었다.[16] 1928년 제5차 선거법 개정으로 남녀 모두 21세 이상이면 보통 선거권을 행사하게 되는 국민평등선거법이 통과되었다. 최초의 여성 하원의원으로 1919년 플리머스 선거구에서 남편에게서 선거구를 물려받은 낸시 애스터Nancy Astor(1879-1964)가 당선되었다.

미국의 여성 참정권 운동의 시작[17]

영국의 참정권 운동이 차티스트 운동과 맞물려서 진행되었다면, 미국의 여성 참정권 운동은 노예해방 운동과 함께 시작된다. 영국과 마찬가지로 당시 미국 여성, 특히 유부녀의 재산권, 법적인 권리는 매우 제한되어 있었다. 19세기 노예해방 운동에 참여하면서 여성들은 흑인 노예뿐 아니라 여성 또한 불평등한 지위에 놓여 있다는 것을 깨닫게 되었다(최재인, 6). 여성 운동가들 중에 가장 눈에 띄는 인물이 사우스캐롤라이나주 찰스턴에 거주하던 그림케 자매Sarah Moore Grimke (1792-1873); Angelina Emily Grimke(1805-1879)와 매사추세츠 출신의 루크리셔 모트Lucretia Mott(1793-1880)이다. 자매는 "노예의 처지를 공부하면서, 내 처

16 제한 선거권이란 본인이 지방자치정부의 선거명부에 올라 있거나 남편이 올라 있는 경우. 또는 대학 선거구의 경우 대학을 졸업한 여성에게 선거권을 부여한 것이다(이남희, 139).

17 여성 참정권 운동의 전반부는 최재인의 논문과 https://suffragistmemorial.org/, https://www.britannica.com/topic/American-Equal-Rights-Association, https://www.history.com/topics/womens-history/the-fight-for-womens-suffrage를 참조했고 직접 인용의 경우만 인용 표시를 했다.

지를 좀 더 잘 이해하게 되었다. 반노예제 대의를 공부하면서, 인권을 좀 더 온전히 이해하게 되었다. … 여성은 모든 도덕적 사안에 대해 생각하고 발언하고 행동할 권리를 빼앗겼다"고 토로했다(최재인, 11 재인용). 그림케 자매는 1837년 10월 로드아일랜드주 프로비던스의 여성반노예제협회Ladies Anti-Slavery Society가 주최한 연설회에서 미국의 독립선언문을 모방한 「여권 선언The Declaration of Sentiments」을 채택한다. "우리 여성들은 도덕적 주체로 양심에 따라 행동한다. 우리의 이러한 권리는 신성한 것이며 양도할 수 없는 것이다." 루크리셔 모트 또한 전국반노예제여성대회National Anti-Slavery Convention of American Women 실무 책임을 맡아 진행하면서 여성 지도자들과 연대를 구축했다. '여성의 권리' 또한 안건으로 논의되었다. 여성들은 여성반노예제협회와 여러 대회를 통해서 여성의 문제에 대한 중지를 모으고 네트워크를 형성해갔다.

1848년 7월에 뉴욕주 세네카 폴스에서 '여성의 지위'를 주제로 한 최초의 집회인 세네카 폴스 대표자회의가 개최되었다. 엘리자베스 캐디 스탠튼Elizabeth Cady Stanton(1815-1902)은 "모든 남성과 여성은 평등하게 창조되었다"는 「소견선언문」을 발표했는데, 이는 미국 독립선언문을 패러디한 것이었다. 「소견선언문」에는 여성 참정권도 포함되었다(최재인, 17). 참석자들은 정치뿐 아니라 결혼, 교육, 종교, 고용 등의 분야에서 남성과 동등한 권리를 주장했고 참정권 요구를 표결에 부쳐 결의했다(존슨, 243). 이후 여러 지역에서 여성의 지위와 권리를 논의하는 대회들이 이어졌다. 1850년 10월 매사추세츠주 우스터에서 전국여성권리대회National Woman's Rights Convention가 처음 열리게 되었다. 1866년 5월에 열린 11회 전국여성권리대회에서 "흑인 남성 참정권과 함께 여성 참정권"도 추진하자고 결의하게 되었다(최재인, 25). 그리고 관심을 가진 인사들이 모여 미국평등권협회American Equality Rights

Association: AERA를 구성하게 되었다.

미국 여성 참정권 운동 단체들의 활약: NWSA, AWSA, NAWSA, CU

1865년 노예제를 폐지하는 헌법 수정안 13조가 통과되고 1868년과 1869년 흑인 남성에게 시민권과 참정권을 부여하는 헌법 수정안 14조와 15조가 통과되었다. 흑인에게 참정권이 부여되자 여성 참정권 운동가들 사이에서 갈등이 발생하면서 단체도 분열되었다. 수정헌법 14, 15조를 지지했던 루시 스톤Lucy Stone(1818-1893) 등은 미국여성참정권협회American Woman Suffrage Association, AWSA를 조직[18]한 반면, 여성이 배제된 흑인 남성의 참정권은 반대했던 스탠튼과 수잔 B. 앤서니Susan B. Anthony(1820-1906)는 평등권협회를 탈퇴하고 전국여성참정권협회National Woman Suffrage Association, NWSA를 결성했다.

각 단체들은 자신들의 방법으로 참정권 운동을 개진해갔는데 NWSA는 헌법 수정과 연방대법원의 승인에 몰두했다. 정치인들 중에서도 여성 참정권에 우호적인 사람들이 있었다. 1869년 3월 15일 공화당 소속의 조지 W. 줄리안George W. Julian 인디애나주 하원의원은 연방의회에 흑인뿐 아니라 여성의 참정권을 보장하는 헌법 수정안 15조를 제출했다. "미국에서 출생했건 귀화했건 상관없이 모든 미국 시민은 성에 근거한 모든 구별과 차별 없이 평등하게" 시민권에 기초한 참정권을 향유할 수 있어야 한다고 주장한 것이다(조지형, 397). 물론 통과된 안에는 흑인만 포함되었고, 여성은 배제되었다.

참정권 운동가들의 전략들 중 주목할 것은 NWSA가 주도하고, 프란

---

18 수정헌법 14조 통과 이후의 여성 참정권 운동은 폴 존슨의 책, 조지형의 논문과 https://www.history.com/topics/womens-history/the-fight-for-womens-suffrage를 참고했고, 직접 인용의 경우만 인용 표시를 했다.

시스 마이너Francis Minor와 버지니아 마이너Virginia Minor 부부 등이 참여한 '새로운 출발' 전략이다. 그들은 참정권이 '시민권'의 일부라는 전략을 갖고 수정헌법 14조에 대한 연방대법원의 유권해석을 받아내려 했다. 즉 여성도 미국의 시민이므로 투표권도 당연히 행사할 수 있다는 주장을 편 것이다. 앤서니는 1872년 대통령 선거에서 "투표권은 시민권의 일부"라는 신념으로 투표를 시도했지만 불법투표 죄로 체포되어 유죄 판결을 받게 되었다. 버지니아 마이너 또한 1872년 투표 등록을 시도해서 연방대법원까지 소송을 가져갔으나 연방대법원은 "참정권을 시민권의 일부로 볼 수 없으므로 여성의 참정권은 당연한 것이 아니라고 결정했다"(조지형, 400). '새로운 출발' 전략은 실패한 것이다. NWSA는 역시 헌법이 수정되어야 한다는 것을 인식하고 노선을 바꾸었다. 1878년 1월 캘리포니아주 공화당 소속 상원의원, 아론 A. 사전트Aaron A. Sargent(1827-1887)가 헌법 수정안을 제출, 1887년 표결에 회부되었으나 채택되지 않았다. 하지만 30여 년이 지난 1920년에 결국 사전트의 수정안은 수정헌법 19조로 채택되었다.

AWSA는 헌법 수정보다는 각 주의 참정권 운동 단체들과 긴밀히 협력하면서 각 주 단위로 여성 참정권 획득에 노력했다. 이런 노력의 결과로 1887년에는 캔자스주에서 여성에게 지방정치에 참여할 수 있는 참정권이 부여되었다. 와이오밍 준주는 1869년 여성의 완벽한 참정권을 인정하고, 1890년 미국연방에 편입되어 여성 참정권을 인정한 최초의 주가 되었다(조지형, 403).

각 주의 법 개정에만 매진하자 연방권보다 주 우월주의적 풍토가 만연하게 됨에 따라 이에 적절히 대응하기 위하여 1890년 NWSA와 AWSA는 결국 NAWSA(National American Women Suffrage Association)로 통합되었다(조지형, 404). 스탠튼이 최초의 의장이 되었다. NAWSA의 노력으로 콜로라도주(1893), 유타와 아이다호주(1896)가 여성 참정권을 인정하게 되었다.

20세기에 들어와서도 문제는 해결되지 않았다. 유타주와 아이다호주가 참정권을 인정한 1896년 이후 1910년대 초반까지는 참정권 운동의 결실을 이루지 못한 침체기라고 할 수 있다. 1910년까지는 주 단위에서도 여성 참정권이 확대되지 못했다. 1913년까지 연방의회는 여성 참정권 문제를 위원회에 상정조차 하지 않았다(조지형, 402). 이런 상황에서 과격한 여성 지도자들이 등장하게 되었다.[19]

20세기 참정권 운동 단체와 지도자는 과격파와 온건파로 나눌 수 있다. 과격파로는 앨리스 폴Alice Paul(1885-1977)이 이끈 CU(Congressional Union)를 들 수 있다. CU는 NAWSA를 돕기 위해 탄생했으나 결국 독립하게 되었다. 앨리스 폴은 영국에서 수학한 퀘이커 교도로서 영국에서 팽크허스트 가족과 친분을 쌓으면서 그들이 사용한 과격한 전법을 배웠다. 폴은 1910년 미국으로 돌아와 펜실베이니아대학교에서 박사 학위를 취득한 후 여성 참정권 운동에 적극적으로 참여했다. 스탠튼과 앤서니가 세상을 떠난 후 구심점을 잃은 참정권 운동에 폴은 새로운 지도자로 부상했다.

폴은 1913년 3월 윌슨 대통령 취임 전날 밤에 백악관 앞 펜실베이니아 애비뉴에서 벌어진 최초의 여성 참정권 퍼레이드를 조직했다. 폴이 이끌었던 CU는 1916년 전국여성당National Woman's Party으로 변신했다. 전국여성당은 가두 피켓시위, 백악관 앞 침묵시위를 계속했고 결국 많은 여성들이 감옥에 투옥되었다. 여성들은 투옥된 상태에서 단식투쟁을 실행하고 교도관들은 강제 음식 투여를 실시하는 등 여성들의 고통은 계속되었다. 1920년 여성 참정권 획득 후에도 폴은 성별에 따라 차별받지 않는 남녀평등권을 담은 헌법 수정안을 주장했고, 이 법안은

19 https://suffragistmemorial.org/suffrage-history/

: 1913년 미국, 참정권 주장 서프러제트들의 퍼레이드

결국 1972년 통과되었다.

CU와 대조적으로 NAWSA는 보다 온건하게 목표를 쟁취하기 위해 노력했다. 의장인 캐리 채프먼 캐트Carrie Chapman Catt(1859-1947)는 과격한 투쟁을 지양하고 합리적 방법을 모색했다. 그녀는 헌법이 개정되지 않는 한 여성 참정권의 전면적 성취가 어렵다고 판단, 주 단위 투쟁과 연방 차원의 투쟁을 병행 추진했다. 그것은 훗날 '승리 계획winning plan'이라고 불리어진다. 캐트는 헌법 수정안이 통과되기 위해서는 야당인 민주당의 지지가 필요한 것을 감안해 민주당에 대한 무차별적인 비난을 지양하고 협력을 구했다(조지형, 417-18). 이렇게 해서 조직적인 참정권 운동으로 미온적이던 윌슨 대통령과 민주당 의원들까지도 여성 참정권 수정안을 지지하게 되었다(조지형, 419).

마침내 1918년 1월 10일 하원은 274대 136으로 참정권 수정안을 통과시켰다. 상원에서의 통과는 다음 해로 넘어갔다. 1919년에 하원은 113 대 89로 다시 한번 수정안을 통과시켰고, 같은 해 6월 4일 상원에서 마침내 통과되었다. 1920년 8월 테네시주가 48개 주 중 36번째(4분의 3)로 수정안을 비준함으로써 마침내 수정헌법 19조는 헌법적 효력을 갖게 되었다(조지형, 420). 드디어 미국 여성들이 참정권을 갖게 된 것이다.

4. 한국의 여성교육과 참정권[20]

서양 여성의 교육권과 참정권은 긴 투쟁 끝에 쟁취된 것이다. 이에 반해 우리나라 여성들의 교육권과 참정권은 1948년 대한민국 정부 수립과 함께 부여되었다. 헌법으로 초등학교의 의무교육과 여성 참정권이 보장된 것이다. 물론 법으로 보장된다고 해서 당장에 여성들이 남성과 균등한 교육을 받고 정치에 참여하게 된 것은 아니다. 유교 중심의 가부장제 사회에서 교육과 정치로부터 긴 세월 배제되었던 한반도의 여성들이 교육과 정치에서 평등한 자리를 찾고, 자기 목소리를 내기까지는 긴 시간이 필요했다. 19세기 말 개항 전까지 여성들의 교육 환경은 척박했으며, 참정권이라는 개념조차도 없었다.

이 땅에 살고 있는 여성들은 근대가 되기까지 나라에서 운영하는 공적인 교육기관에서도, 개인이 운영하는 사적인 교육기관에서도 배제되어왔다. 여성을 위한 교육이란 가정에서 몇몇 교훈서를 활용해서 이루어지는 것이 전부였으며 소수의 사대부 가정에서만 가능했다. 교육도 지적인 능력의 배양보다는 가사 기술과 부덕을 키우는 데 초점을 두었다(손인수). 즉 여성은 존중받는 하나의 독립된 인격체로 인정받기보다는 가부장제 하에서 하나의 부속물로서 남편과 시대에 종속된 존재로 간주되었다. 이런 가치관은 성리학이 득세한 조선 중기 이후에 더욱 두

---

20 신라시대부터 조선시대까지 여성교육은 손인수의 「여성교육」, 『한국민속문화백과대사전』에 간략히 정리되어 있다. http://encykorea.aks.ac.kr/Contents/Item/E0036367

드러졌다.

조선 초까지 여성교육을 위해 사용되던 대부분의 교재는 중국에서 들어온 한자로 된 것이었는데 한자를 읽지 못하는 대부분의 여성들에게는 무용지물이었다. 최초의 한글 교훈서는 세조의 맏며느리인 인수대비가 여러 교훈서를 참고하여 한문에 한글로 토를 단 『내훈』이다. 그 후 "이황李滉의 『규중요람閨中要覽』, 송시열宋時烈의 『계녀서戒女書』, 이덕수李德壽가 합본, 국역한 『여사서女四書』, 이덕무李德懋의 『사소절士小節』" 등이 편찬되었는데 내용은 현모양처가 되기 위해서 부덕을 키우라는 내용을 담고 있다(손인수). 위의 교훈서에서 강조되었던 내용은 정절을 지키는 등 정숙한 언행, 시댁 식구와의 화목, 정성껏 제사 모시기, 가사기술과 육아법 등이었다. 따라서 여성이 직업을 갖고 사회 활동을 하는 것은 드문 일이었으며 정치 참여는 있을 수 없는 일이었다. 왕의 나이가 어릴 경우 대비나 대왕대비가 수렴청정을 한 경우가 있기는 하지만 이는 일반 여성들의 권리 증진과는 무관한 일이었다.

근대 여성교육은 130여 년 전에 시작되었지만 초창기 여성의 참여는 매우 미미했다. 1876년 개항 이후 여성들을 위한 신식 교육기관이 설립된 것은 1886년 메리 스크랜튼Mary Scranton(1832-1909) 선교사가 세운 이화학당이 최초이다. 1948년 정부 수립과 의무교육이 실시되기까지 여러 교육기관이 설립되었다. 기독교 학교로는 한양에 정신(1887), 배화(1898), 인천에 영화(1892), 평양에 정의(1894), 부산 동래에 일신학당(1895) 등이 선교사들에 의해 설립되었다. 그 외에 엄비가 설립한 진명(1906), 숙명(1906) 그리고 순수 민간인이 설립한 동덕여학교(1908) 등이 뒤를 이었다.

1908년에 「고등여학교령」을 공포했는데 이에 따르면 고등여학교의 설립 목적은 "여자에게 필요한 고등보통교육 및 기예를 교수함에 있다"고 되어 있다. 이 법령은 여성교육을 위한 최초의 법령이다. 이 법령에 따라 설립된 최초의 관립여학교는 1908년 설립된 한성고등여학교인데 추후 경기여자고등학교로 개칭한다(손정숙, 61). 교육과정은 국영수를 중심으로 남녀에 큰 차이는 없었으나 여학생의 경우 가사 과목이 추가되었다. 하지만 중요한 것은 여학교의 경우 학생 모집에 큰 어려움을 겪었다는 점이다. 유교적 관념과 풍습으로 대부분의 가정이 여성교육에 무관심했기 때문이었다. 여성의 문맹률은 남성에 비해서 현저하게 높았고, 여성교육에 대한 사회의 의식을 바꾸는 데 긴 시간이 소요되었다.

일제강점기 하에서도 여성교육은 점차 교육 기간이 연장되고 고등교육이 시작되는 등 체제를 갖추어갔다. 1911년에 공포된 「조선교육령」으로 수업연한 3년인 여자고등보통학교가 설치되었는데 1922년의 제2차 「조선교육령」에 따라 여자고등보통학교의 수업연한이 4년 또는 5년으로 연장되었다. 1938년에 제3차 「조선교육령」으로 여자고등보통학교가 고등여학교로 개칭되었다. 1925년에 이화학당 대학과가 이화여자전문학교로 승격되고, 1928년에 조선여자의학전문학교가 설립되었다. 1931년 김활란, 1933년 고황경 등 최초의 여자 박사들도 탄생했다(손인수).

여성의 정치 참여는 여성교육보다 더 어려웠다. 1948년 5월 10일 최초의 국회의원 선거에서 여성이 18명 출마했으나 전원 낙선한 것도 여성의 사회 참여의 어려움을 단적으로 보여준다. 여성의 사회 진출을 백안시하는 사회 분위기 속에서 여성조차도 여성 후보자들을 지지하지 않았던 것이다(김수자, 183). 여성의 정치 참여가 날로 활발해지기는 하지만 행정부나 입법부에서 여전히 여성이 소수인 것은 분명한 현실이다.

오늘날 대한민국 사회에는 여전히 유리천장이 존재하고 있으며 남녀평등의 문제에 대해 사회 갈등이 지속되고 있다. 서양 여성들의 수백

년에 걸친 투쟁사 덕택에 우리에게 거저 주어졌다고도 할 수 있는 여성의 권리들을 어떻게, 어떤 방향으로 발전시켜나가야 할지를 남성과 여성 모두 고민해야 한다. 여성의 성취에 따른 행복이 곧 남성의 행복임을 우리는 이제 확인할 수 있기 때문이다.

주요 토론 주제

1. 한국의 여성들은 어떤 교육을 받았고 어떤 사회 참여가 가능했습니까? 시대별로 조사해봅시다.
2. 20세기 이전 성별에 따라 사람들은 어떻게 다른 교육을 받았으며, 그 이유는 무엇입니까?
3. 여성이 교육을 받게 됨으로써 달라진 점은 무엇이라고 생각합니까?
4. 여성이 참정권을 갖게 됨으로써 달라진 점은 무엇이라고 생각합니까?
5. 전 세계적으로 아직도 여성의 교육과 정치 참여를 바람직하지 않게 생각하는 사람들이 있을까요? 그렇다면 이유는 무엇일까요?

8

페미니즘 운동의 발아와 성취

함인희

이 글에서는 1960년대 서구에서 시작된 제2기 페미니즘 운동의 발아 배경을 탐색하고, 당시 운동의 주류를 형성했던 자유주의 페미니즘 및 급진주의 페미니즘의 성취를 정리하고자 한다. 이어서 1980년대에 부상한 흑인 페미니즘과 포스트모던 페미니즘의 핵심 주장을 간략히 살펴본다. 나아가 페미니즘 진영 간에 첨예한 대립을 불러일으켰던 임신중절권 운동의 역사를 개관함으로써 페미니즘의 역동적 정치화 과정에도 관심을 기울일 것이다. 아울러 서구 페미니즘 운동이 한국 사회에 미친 영향과 함의를 점검해보고자 한다.

1. 페미니즘 운동의 발아 배경과 특성

1960년대 페미니즘 운동의 발아 배경

여성학자 데일 스펜더Dale Spender의 "여성 운동은 항시 존재해왔다. 역사 속에서!"(Spender, 189)라는 주장은 굳이 페미니즘 운동이 아니더라도 역사 속 구석구석에 불평등과 부당함, 부정의와 배제, 차별과 억압 상황에 놓여 있던 여성들이 분연히 일어나, 불평등을 불식하고 차별을 극복하고자 투쟁했던 발자취가 자리하고 있다는 의미를 담고 있다. 그럼에도 불구하고 여성의 권리가 혁신적으로 개선된 것은 제2기 페미니즘 운동부터이다.

이 장에서는 특별히 제1기 페미니즘 운동의 뒤를 이어 서구를 중심으로 확산된 제2기 페미니즘 운동의 시작과 성장 과정을 다루고자 한다. 여기서 제1기 페미니즘 운동이라 함은 여성의 참정권과 기혼 여성의 사유재산권 인정을 요구하면서 1840년대 태동하여, 여성 참정권 획득에 성공한 1920년대를 거쳐, 시몬 드 보부아르Simone de Beauvoir(1908-1986)의 『제2의 성*The Second Sex*』이 출간된 1949년까지 진행된 제반 운동을 지칭한다. 제1기 페미니즘 운동은 법적·경제적 차원의 젠더 평등과 복지 문제에 중점을 두었다. 법적 영역의 젠더 평등을 위해 1848년 세계 최초의 여성권리회의로 기록된 '세네카 폴스 대표자회의'가 개최되었고, 1916년에는 미국 최초의 '전국여성당National Woman's Party'이 창설되었다. 1920-1930년대를 거치며 서구 각국에서는 마침내 여성의 투표권 획득이 이루어졌고 이를 기반으로 법적 평등을 향한 의미 있는 첫발을 내딛게 되었다.

제2기 페미니즘 운동이란 여성을 차별하고 억압해온 남성 중심의 가부장제로부터 양성평등과 여성해방을 이루고자, 1960년대 미국의 사회 구조적 배경을 기반으로 성장과 연대 및 갈등과 분열을 거듭해온 대표적 사회 운동이라 정의할 수 있다. 페미니즘 운동과 여성해방 women's liberation 운동은 개념적으로 혼용되고 있지만, 특별히 페미니즘 운동이라 할 때는 페미니즘 이론에 기반한 운동이라는 의미와 더불어, "1960년대 좌파 정치 운동의 영향을 받아 억압과 차별로부터 해방을 추구하는 운동"이라는 의미가 보다 강화된다는 점을 기억할 필요가 있다(Kramarae and Treichler, 1012-13).

제1기 페미니즘의 성과라 할 참정권 획득 이후 새로운 페미니즘 운동이 움트기 전의 미국 사회는 안정과 번영의 시기라고 할 수 있다. 제2차 세계대전 이후 1950년대를 거치는 동안 미국은 경제적 측면에서는 상대적 풍요로움과 높은 고용률의 혜택을 누렸고 정치적 측면에서는 안정과 질서를 중시하는 보수주의가 주류를 이루었다. 사회적으로는 전후 베이비붐을 타고 남성 가장과 여성 전업주부로 구성된 '정상가족'이 이상적 모델로 등장했고, 여성들은 교외에 거주하는 중산층 전업주부의 삶을 동경했다. 경제적 풍요는 노동 계급 주도 하에 대량소비 사회 진입을 유도했고, 생활수준의 향상과 함께 전 생활 영역의 상품화가 진행되었다.

그러나 1960년대로 접어들면서 기존의 사회 분위기는 급격히 반전되어, 정치적으로는 격변의 시기로 전환되어갔고 사회 문화적으로는 '허용적 가치permissiveness'가 확산되기 시작했다(아이젠슈타인, 18). 특별히 정치 영역에서는 젊은 세대를 중심으로 좌파 이데올로기가 부활했고, 이들은 인종차별 및 제국주의에 저항하는 반전 운동을 주도해갔다. 나아가 성생활 및 성관계를 지배했던 이중 성윤리를 극복하려는 움직임과 더불어, 도덕적 기준의 느슨함과 방만함에 큰 거부감을 느끼지 않는 사회 분위기가 조성되어갔다.

동시에 순종적 아내 및 헌신적 모성을 여성의 고유한 자리 및 역할로 자연스럽게 내면화했던 중산층 여성을 중심으로, 전통적 성역할에 대한 불만족과 의구심이 서서히 고개를 들기 시작했다. 정상가족을 이루었다는 사실에는 만족하지만 전통적 역할에는 만족하지 못하는 여성들의 주체적 의식이 고조되면서, 참정권을 획득한 이후 소강상태에 접어들었던 페미니즘 운동은 다시 기지개를 펴기 시작했다. 이후 여성해방을 기치로 1960년대 초부터 1970년대 중반까지 이어진 제2기 페미니즘 운동은, 전국여성조직National Organization of Women(이후 NOW로 지칭)으로 대변되는 자유주의 페미니즘과 신좌파로부터 분리되어 나온 급진주의 페미니즘이 양대 산맥을 이루며 발전해갔다.

페미니즘 운동의 특성

페미니즘 운동은 기존의 사회 운동과 차별화되는 고유한 특성을 지니고 있다. 첫째로 페미니즘 운동은 발아 단계에서부터 다양한 사회 운동과의 연계 하에 진행되었다. 참정권 운동, 흑인 민권 운동, 노동 운동, 시민권 운동, 풀뿌리 운동 등 기존의 사회 운동 속에서 여성들은 중요한 자리를 맡아 핵심적 역할을 담당하기도 했고, 여성 고유의 특성에 따른 이해관계를 성공적으로 관철시키기도 했다. 그러나 자신들의 역할 및 위상을 점검하면서 여성 운동의 정체성을 타진하는 과정에서 여성들이 깨달은 것은 여성 문제 및 페미니즘 이슈가 기존 운동권 내부에서는 부차적이거나 하찮은 것으로 간주된다는 사실이었다. 뿐만 아니라 각 사회 운동별로 원래 의도했던 목표가 달성되면 여성 문제는 자연스럽게 해결된다는 인식이 주를 이루고 있었고, 운동이 성공할 경우 혜택은 오롯이 남성의 몫으로 돌아간다는 현실이 기다리고 있음을 간파하기 시작했다(Latin American and Caribbean Women's Collective, 75).

둘째로 페미니즘 운동은 여성의 사적 경험을 정치적 쟁점으로 부각시켰다는 점에서 진정한 의미의 급진적 운동이라는 평가를 받고 있다(Morgan, 197). 실제로 페미니즘 운동 덕분에 이전까지는 사회 운동에서 배제되었던 임신, 출산, 결혼, 육아, 성관계 등의 이슈가 정치적 투쟁의 장으로 들어오게 되었고, 보이지 않는 일상의 불평등과 불합리를 극복하고자 하는 시도가 가능하게 되었다. 결국 페미니즘 운동은 삶의 뿌리를 송두리째 변혁하고자 의도했다는 점에서 '급진적radical'이라는 개념의 본래 의미에 가장 충실한 운동이라는 평가를 받아 마땅할 것이다.

셋째로 페미니즘 운동은 페미니즘 이론에 기반을 두고 추진되었다는 점에서 명실공히 이론과 실천의 통합을 이룬 운동이라 할 수 있다. 다양한 관점으로 구성되어 있는 페미니즘 이론은 여성의 억압 상황을 서술하고, 불평등 및 차별의 원인과 결과를 분석하며, 평등과 해방을 위한 전략을 처방해준다는 점에서, 이론이 담당해야 할 역할을 매우 충실히 수행하고 있다.

페미니즘 이론을 범주화하는 방식은 이론가에 따라 차이를 보이고 있음은 물론이다. 대표적 페미니즘 이론가인 로즈메리 통Rosemarie Tong은 자유주의 페미니즘, 마르크스주의 페미니즘, 급진주의 페미니즘, 정신분석학적 페미니즘, 사회주의 페미니즘, 실존주의 페미니즘,[1] 그리고 포스트모던 페미니즘으로 구분하고 있다(Tong, 19-25). 학자에 따라서는 문화 페미니즘, 에코 페미니즘, 흑인 페미니즘 등을 별개의 범주로 제시하기도 한다. 실제로 자유주의 페미니즘 운동은 법과 제도상의 성차별 철폐 및 제도권 내 여성 주류화를 추구했고, 마르크스주의 페미니즘 운동은 가사노동의 가치 논쟁을 불러일으켰으며, 급진주의 페미니즘 운동은 임신중절권, 포르노 찬반 논쟁, 성폭력 등의 이슈

1 일반적으로 급진주의 페미니스트들에게 강력한 영향을 미친 것으로 평가되고 있는 보부아르를 통은 실존주의 페미니스트로 분류하고 있음이 흥미롭다. 통은 20세기 가장 강력한 영향을 미친 페미니즘 이론서 『제2의 성』이 여성의 상황에 관한 실존주의적 관점을 견지하고 있다고 주장한다. 여성은 "타자성"을 미덕으로 받아들임으로써 억압받고 있다는 것이 보부아르 주장의 핵심이다. 여성은 오로지 남성이 아니라는 이유 때문에 늘 타자로 존재해왔다. 남성은 스스로 자아를 구성하는 자유로운 존재로서 실존의 의미를 주체적으로 정의하는 반면, 여성은 존재 의미가 타자에 의해 규정되고 결정된다. 따라서 여성이 주체적 자아로 거듭나기 위해서는 남성과 동등하게 자신의 존재를 제한하는 개념, 규정짓는 범주화, 한계지우는 기제 등을 초월해야만 한다. 자신이 원하는 바가 무엇이든 여성 스스로 그 상태를 만들어가야 한다는 것이 실존주의 페미니즘의 요체이다(Tong, 195-97).

를 운동의 의제로 부각시켰다.

한편 '거대 이론grand theory'을 표방하는 사회주의 페미니즘의 대표적 이론가인 줄리엣 미첼Juliet Mitchell은 여성의 억압 조건은 중첩적으로 결정된다는 점을 강조한다. 곧 여성 억압은 마르크스주의 페미니즘이 주장하는 생산 구조, 급진주의 페미니즘이 주장하는 재생산 및 섹슈얼리티, 그리고 자유주의 페미니즘이 주장하는 자녀의 사회화 과정을 통해 중층적으로 구성된다는 것이다. 따라서 완벽한 여성해방의 길로 나아가기 위해서는 여성의 사회적 지위와 역할 및 기능이 동시에 중층적으로 변화되어야만 한다고 본다. 뿐만 아니라 정신분석학적 페미니즘이 주장하듯 여성의 내면 세계 및 정신 세계 또한 변화되어야 하며, 실존주의 페미니즘이 강조하듯 내면의 변화를 수반하지 않은 채 외부 세계의 개선만 도모한다면 여성의 자존감을 손상시켜온 가부장적 사고로부터 여성해방을 실현하는 것이 불가능하다고 주장한다(Mitchell, 87-91). 따라서 페미니즘 운동을 하나의 관점으로 제한하거나 하나의 경향성으로 규정하는 것은 비합리적일뿐더러, 페미니즘의 다면성과 역동성을 희생하는 비생산적 결과를 가져올 가능성이 높다 하겠다.

페미니즘 운동과 여성해방의 관계

여성해방은 페미니즘 운동의 목표이자 핵심 이슈 중 하나였다. 여성해방 운동가 배출의 진원지가 1960년대 초반 부활하기 시작한 진보 운동 단체였음은 익히 알려진 사실이다(Echols, 19). 당시 미국 내 백인 여성 운동가들은 학생 운동 및 민권 운동을 대표하는 각종 단체에 적극 참여함으로써 한편으로는 운동가로서의 정치적 감각을 익힐 수 있었던 반면, 다른 한편으로는 운동 조직 내의 뿌리 깊은 성차별과 젠더 감수성의 부재로 인해 심한 혼란을 겪었다. 이러한 경험은 여성 운동가들로

하여금 '여성 문제women's problem'에 대해 특별한 의식을 갖고 각성하도록 하는 계기가 되었다.

제2기 페미니즘 운동의 발아 과정에서 여성해방이라는 목표가 정확히 언제부터 명료하게 설정되기 시작했는지에 대해서는 이견이 있다. 우선 1964년 학생비폭력조정위원회Student Non-Violent Coordinating Committee 소속 활동가들이 여성해방 개념을 최초로 사용하기 시작했다는 주장이 있다. 곧 미시시피주 웨이블랜드Waveland에서 개최된 스태프 컨퍼런스를 통해 당시 조직 내 여성 위치를 비판하면서 여성해방의 성취를 위해서는 기존의 사회 운동과 동일하게 여성의 조직화가 필수적이라는 주장이 제기되었다는 것이다(Kramarae and Treichler, 198). 반면 여성해방 슬로건은 1967년 시카고여성해방그룹에서 가장 먼저 사용했다는 주장도 있다. 미국 내 여성해방 운동은 주로 1960-1965년 민권 운동에 가담했던 신좌파의 주도 하에 진행되었는데, 복잡하게 얽혀 있던 흑인 민권 운동의 정치적 의제가 페미니즘 운동계에 심대한 영향을 미쳤고, 백인 여성 페미니스트들이 독자 세력으로 부상하도록 하는 단초가 되었다는 해석이다(조은 외, 252-54).

1967년 9월 시카고에서 개최된 신정치전국회의National Conference of New Politics(이후 NCNP로 지칭)는 신좌파 운동과 여성해방 운동을 분리시키는 계기가 되었다. 미국 전역에서 모인 200개 운동 단체 대표 및 회원 2천 명이 모인 자리에서 슐라미스 파이어스톤Shulamith Firestone과 조 프리먼Jo Freeman은 NCNP 의제에 다음과 같은 내용의 여성 결의안을 상정했다. 곧 1) 전체 인구의 51%가 여성이므로 모든 위원회에 여성 51%를 포함시킬 것, 2) 여성을 보조적 지위에 머무르게 하고 성적 대상으로 묘사하는 대중매체를 비판할 것, 3) 결혼/이혼/사유재산법 개정 추진을 위한 회의를 개최할 것, 4) 연령 및 결혼 여부에 관계없이 피임 정보를 완전히 공개하고 전파할 것, 5) 임신중절 금지를 철폐할 것

등이 포함되었다. 그러나 이들이 제시한 결의안은 무시되었다. 당시 운동권 주류 남성의 관점에서 볼 때 남녀 불평등은 주변적 이슈요, '혁명 이후' 처리될 문제였기 때문이었다. 이 사건을 계기로 여성해방 운동은 시민 운동 및 흑인 민권 운동에 동조는 하되, 독자적인 분리 패러다임을 유지해야 한다는 입장을 취하는 동시에 페미니즘 운동이 백인 여성 중심의 정체성을 갖는 계기가 되었다.

여성해방을 목표로 내건 제2기 페미니즘 운동은 자유주의 페미니즘과 급진주의 페미니즘이 양대 산맥을 이루며 발전해갔다. 자유주의 페미니즘에 기반한 여성해방 운동의 목표는 성차별적 법과 제도 개혁을 통해 남녀평등을 실현하는 것이었고, 여성의 제도권 진입을 통해 정치·경제·사회 각 영역에서 남녀평등을 이루는 것을 핵심적인 운동 방식으로 채택했다. 반면 급진주의 페미니즘 운동은 "개인적인 것이 정치적인 것"이라는 슬로건 하에 여성의 일상을 정치적 쟁점화하는 동시에, 결혼·임신·출산·양육·가족·섹슈얼리티 등의 영역에 깊게 뿌리내린 가부장제 타파를 목표로 전투적 방식의 운동을 적극 벌여나갔다.

운동의 초창기, 여성해방을 기치로 내건 페미니스트 그룹은 공동의 정치적 신념과 방법을 공유했으나, 시간이 흐르면서 무엇으로부터 해방될 것인가를 두고 다양한 분화 양상을 보이기 시작했다. 그 결과 1980년대 중반 제3기 페미니즘 운동에 이르면 '자매애sisterhood'로 묶을 수 없을 만큼 여성들 내부의 입장 차이가 두드러지게 된다(Ramazanoglu, 169; Tong, 198). 다음 절에서는 제2기 페미니즘 운동을 주도했던 자유주의 페미니즘과 급진주의 페미니즘의 성취를 정리해보기로 한다.

2. 제2기 페미니즘 운동(1963-1975)의 성취

자유주의 페미니즘의 성취

페미니즘의 다양한 분화는 자유주의 페미니즘에 대한 비판과 반작용으로부터 출발하고 있다 해도 과언이 아니다. 자유주의 페미니즘은 페미니즘의 사상적 특성 및 이에 기반한 운동 양상에 지대한 영향을 미쳤다. 자유주의 페미니즘의 뿌리를 찾아가노라면 메리 울스턴크래프트Mary Wollstonecraft(1759-1797)의 『여성의 권리 옹호*A Vindication of the Rights of Woman*』(1792)와 존 스튜어트 밀John Stuart Mill(1806-1873)의 『여성의 종속*The Subjection of Women*』(1869)을 만나게 된다.

자유주의 페미니즘에 따르면, 여성 종속은 일련의 법적, 제도적 제약 속에 관습적으로 뿌리내리고 있다. 이로 인해 여성은 사회 각 부문의 진입에서부터 두터운 장벽을 경험해왔고, 의사결정권과 권한을 위임받은 책임 있는 지위에 오르는 데 한계를 가질 수밖에 없었다. 여성은 남성보다 지적, 육체적 측면에서 본질적으로 열등한 존재라는 고정관념을 토대로 정치계, 노동계, 과학계 등으로의 진입이 배제되어왔기 때문이다. 이와 같은 배제 전략으로 인해 여성은 결과적으로 잠재력을 실현할 기회를 놓친 채 열등한 지위에 머물게 되었다. 이러한 문제의식을 토대로 자유주의 페미니즘은 여성과 남성이 평등한 교육 기회를 부여받고 동등한 시민으로서의 권리를 누리게 된다면, 과거 여성이 배제되어온 영역에서 남성과 대등한 성취를 이룰 것이라 주장한다.

자유주의 페미니스트들에 따르면 젠더 정의가 실현될 경우 공정한 게임 규칙이 도입될 것이기에, 사회적으로 희소한 재화 및 용역을 획득하는 경기에서 남녀 중 어느 한편의 성이 기회를 차단당하거나 차별받고 소외되는 일이 발생하지 않을 것으로 확신한다. 자유주의 페미니스트들은 여성에게 불리하게 작용해온 사회적 규범과 게임의 규칙을 사양하는 만큼, 역으로 남성에게만 불리하게 작용하는 규범이나 규칙도 원치 않는다.

제도 개혁을 통해 남녀평등을 성취하고자 했던 자유주의 페미니즘의 전략은 여성 참여를 금기시했던 사회 각 영역에서 여성 참여를 이끌어내는 성과를 거두었다(조은 외, 202-04). 구체적 사례를 살펴본다면, 1961년 설립된 대통령특별여성지위위원회 활동에 힘입어 1963년 행정 관리직, 전문직, 농업직, 가사 관련직을 제외한 영역에서 동일노동 동일임금법Equal Pay Act이 제정되었다. 제2기 여성해방 운동의 초석을 마련했다는 평가를 받는 베티 프리단Betty Friedan(1921-2006)의 저서 『여성의 신비*The Feminine Mystique*』는 1963년 발간 이후 1970년까지 500만 부가 팔렸다. 교외에 거주하는 백인 중산층 여성의 고립과 소외 및 억압 상황을 '이름 없는 병'으로 포착한 프리단의 저서는 자율과 독립을 갈망하는 전 세계 여성들로부터 폭발적 반응을 불러일으켰다.

1964년 제정된 시민권법The Civil Right Act 제7장에 인종, 성, 종교, 출신국으로 인해 고용주, 고용기관, 조합이 고용 차별을 할 수 없다는 내용을 담는 데 성공했다. 고용 차별 시 처벌을 강화하기 위해 설립된 고용기회평등위원회Equal Employment Opportunity Commission(약자는 EEOC)가 중재 권리만 있을 뿐 법적 구속력이 없다는 한계에 낙심한 28명의 여성들은 1966년 여성을 위한 시민 권리 조직인 NOW를 창립했고, NOW의 초대 회장 프리단은 1970년 여성

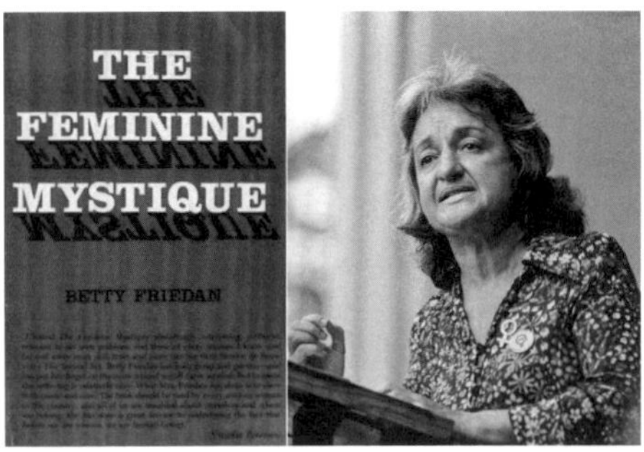

: 베티 프리단의 『여성의 신비』 표지

참정권 쟁취 50주년을 기해 8월 26일을 '여성 평등의 날'로 제정했다. 같은 해 캘리포니아 샌디에이고주립대학교에 세계 최초로 여성학 프로그램이 개설되었으며, 남녀평등권 개정안The Equal Rights Amendment이 의회에 제출되었다.

1971년에는 미국 전역에 걸쳐 강간방지센터가 설립되기 시작했고, 글로리아 스타이넘Gloria Steinem(1934-)의 주도 하에 창간된 잡지 『미즈*Ms.*』는 1년 내 35만 부의 발행부수를 기록하는 성과를 거두기도 했다. 1972년에는 고용평등법이 의회를 통과함에 따라 EEOC가 고용 차별 시 법적 구속력을 확보하게 되었고, 1973년에는 고용목표제 의무화와 더불어 애리조나주와 미네소타주에 매 맞는 여성을 위한 쉼터가 개설되었다. 1974년에는 1천 개 이상의 대학에 여성학 과목이 개설되었고, 80개 대학에서 여성학 학위과정을 운영하기 시작했으며, 230곳에 여성학센터가 설립되었다. 여성노동조합연합Coalition of Labor Union Women의 결성과 더불어 공직에 진출하는 여성 비율도 가시적 성과를 거두기 시작했다. 1974년 8명에 불과했던 여성 하원의원 수가 1986년 24명을 거쳐 1997년 62명에 이르게 되었고, 같은 기간 중 주의회 의원의 여성 비율 또한 8%에서 14.8%를 거쳐 21%를 기록하게 되었다.

1976년 유엔은 '여성을 위한 10년'을 선포하기에 이르렀고, 1977년에는 미국 선거 역사상 가장 대규모 집회였다고 평가되는 제1회 전국여성회의The First National Women's Conference가 텍사스주 휴스턴에서 열렸으며, 전국 규모의 여성학회가 결성되었다.

: 미국의 여성의 날 행진 장면

1978년을 기점으로 대학 입학생 중 여성 비율이 남성을 압도하기 시작했고, '밤을 되찾자Take Back the Night'라는 슬로건 하에 대규모 반反포르노 시위가 전개되었다. 정치 영역의 괄목할 만한 성과로서 1981년에는 샌드라 오코너Sandra Day O'Connor가 최초의 여성 대법원 판사로 임명되었고, 1984년에는 제럴딘 페라로Jeraldine Ferraro가 미국 민주당 최초의 여성 부통령 후보로 지명되었던 점을 들 수 있다.

자유주의 페미니즘은 여성의 지위 향상에는 분명히 일정 부분 공헌했으나, 젠더 불평등의 근본 원인을 제거하는 데에는 실패했다는 평가를 받고 있다. 성차별주의 및 젠더 차별의 문제를 공론화하고, 유리천장 등의 독립적 이슈를 중심으로 여성의 박탈감을 부각시키는 데에는 성공했으나, 일부 단편적 현상에 치중해왔다는 지적도 있다. 이러한 비판에도 불구하고 대부분의 국가에서 여성의 지위 향상 및 인권 개선을 위한 노력은 자유주의 페미니즘의 영향 하에 이루어졌음을 부인하기는 어려울 것이다.

급진주의 페미니즘의 성취

제2기 페미니즘 운동의 한 축을 담당했던 급진주의 페미니즘은 자유주의 페미니즘과 마르크스주의 페미니즘[2]의 한계에 대한 비판에서

---

2 마르크스주의 페미니즘 입장에서는 계급 사회가 존속하는 한 자유주의 페미니즘의 이상을 실현하는 것은 불가능하다고 주장한다. 이유는 계급 사회 하에서는 소수의 권력자들이 다수의 생산자들을 지배하고 그들이 생산한 결과물을 점유하기 때문이다. 마르크스주의 페미니즘은 사유재산 제도의 발생과 더불어 여성 억압이 시작되었다고 주장한다. 소수 남성에 의한 생산수단의 사적 소유가 오늘날 기업 자본주의 및 제국주의로 표상되는 계급 시스템의 도입으로 이어졌다고 본다. 따라서 사회 전반에 걸쳐 남성이 여성보다 우월한 특권적 지위를 갖는 것 자체가 문제가 아니라 실상은 계급 체계 자체가 여성 억압의 근본 원인이라고 보는 것이 마르크스주의 페미니즘의 관점이다. 마르크스주의 페미니즘은 자본주의가

: 미국의 페미니스트 일러스트레이터이자 작가인 재키 플레밍Jacky Fleming의 『여자라는 문제*The Trouble with Woman*』 중에서 페미니즘을 압축적으로 표현한 만화 컷

출발한다. 이들 입장은 여성 억압의 원인을 분석하고 여성해방 전략을 모색하기에 충분치 않다는 것이다. 급진주의 페미니즘 관점에서 여성을 억압하고 차별하는 것은 바로 가부장제이다. 가부장제란 남성이 여성 위에 군림하면서 권력을 행사하고 지배권을 휘두르며 남성 우위의 위계질서를 정당화하는 시스템이다. 가부장제는 역사적으로 공고한 뿌리를 지니고 있기에 제도적 차원의 개혁이나 개선이 불가능하다. 따라서 뿌리부터 근절해야만 한다는 것이 급진주의 페미니즘의 주장이다. 여기서 극복 및 타파의 대상에는 가부장제에 기반한 법적, 정치적 구조는 물론 가부장제에 배태된 사회 문화 제도(특별히 가족과 종교)도 포함된다.

사회주의로 대체될 때 모든 여성의 해방이 가능하리라 본다. 사회주의 하에서는 생산수단의 사적 소유가 폐지되고 공동체적 소유로 전환됨에 따라, 여성이 남성에게 경제적으로 의존할 필요가 없기에, 경제적 종속에서 벗어나 양성평등을 실현할 수 있을 것으로 본다. 마르크스주의 페미니스트들이 제기한 논쟁으로는 가사노동의 가치를 어떻게 측정할 것인가 여부와 가사노동은 자본가에게 유리한가 가부장에게 유리한가 등이 있다.

급진주의 페미니즘은 여성 개개인의 생애사를 공유하는 '여성 의식화consciousness-raising' 운동과 함께 미국 전역으로 확산되어갔다. 여성 의식화 운동이란 여성들이 소집단을 이루어 서로의 경험을 이야기하는 것으로, 구체적인 여성 자신의 경험에 근거해 남성 지배의 결과를 드러내고 분석하는 활동을 의미한다(아이젠슈타인, 86). 여성 의식화 운동은 1960년대 말과 1970년대 초에 걸쳐 미국 여성해방 운동의 대표적인 분석 전략이자 조직 방식으로 자리매김했다. 특히 급진주의 페미니즘을 대표하는 뉴욕 래디컬New York Radical 여성 그룹은 1968년 애틀랜틱시티에서 개최된 미스 아메리카 선발대회장 앞에서 반대 시위를 주도함으로써 매스컴이 여성 운동에 주목하는 계기를 마련하기도 했다.

급진주의 페미니즘은 여성의 생물학적 특성이 여성의 자기 인식, 지위, 그리고 기능에 영향을 준다고 강조하기에 종종 반反페미니스트 주장[3]과 혼동되기도 한다. 후자도 여성의 생물학이 여성의 운명이라고 주장하기 때문이다. 하지만 급진주의 페미니즘은 '자연의 질서' 개념이나 여성 종속-남성 지배를 정당화하는 생물학적 현상 유지에는 추호의 관심도 없다. 대신 급진주의 페미니즘은 자연의 질서라는 개념 자체에 의문을 제기하고, 생물학이 여성과 남성 모두에게 미치는 부정적 영향에 주목하면서 성차별적인 내용을 극복하고자 한다.

대부분의 급진주의 페미니스트들은 여성의 재생산(출산) 역량과 그로부터 파생되는 여성 특유의 양육 심리학이야말로 여성해방을 가능케

---

3 반페미니즘의 주장을 요약해보면, 첫째 인간은 남성 여성의 생물학적 차이에 따라 각기 다른 호르몬, 해부학, 염색체 등을 타고난다. 둘째 여성은 출산 역할을 담당한다. 셋째 생물학적 차이에 따라 남성은 (공격적, 자기주장이 강함, 합리적, 융통성이 없음, 논리적 사고력, 추상적 분석력, 감정을 통제하는 능력 등의) '남성다운' 심리적 특성을 보유하며, 여성은 (예의바름, 중도적 태도, 겸손함, 타인을 지원함, 공감력, 부드러움, 양육에 우호적 자질, 민감함, 이타주의 등의) '여성다운' 심리적 특성을 보유한다. 넷째 사회는 성별에 따른 자연적 질서를 유지해야만 하고, 남성은 남자다움을 여성은 여자다움을 실현해야 한다.

하는 잠재적 파워라 주장한다. 이들은 임신과 출산이라는 여성의 생물학적 본질로 인해 여성이 억압받는다고 보지 않는다. 그보다는 여성의 생물학적 운명이자 특징을 빌미로 여성을 임신과 출산의 전담자로 보고 여성을 통제하고자 하는 남성의 지배로 인해 여성이 억압받는 것이라는 입장을 취한다. 따라서 명실상부한 여성해방을 성취하기 위해서는 출산통제 기술(피임, 불임시술, 낙태 등)과 출산지원 기술(인공 수정, 계약 모성 등)의 사용 여부는 물론, 출산한 자녀의 양육권을 여성 스스로 결정할 수 있어야 한다고 본다.

물론 모든 급진주의 페미니스트들이 여성 억압의 생물학적 근원에만 초점을 맞추어온 것은 아니다. 남성다움과 여성다움을 지칭하는 젠더와 성적 취향을 뜻하는 섹슈얼리티가 여성을 종속시키는 과정에 활용되어온 방식/기제에 주목해온 급진주의 페미니스트들도 다수 있다. 이들은 젠더와 섹슈얼리티를 구분하기보다는 루빈이 제안하고 있는 '섹스/젠더 시스템' 개념을 선호한다(Rubin, 28). 섹스/젠더 시스템이란 생물학적 성을 사회 문화적 젠더로 전환시키는 일련의 사회적 장치들을 총칭하며, 생물학적 성과 사회 문화적 젠더, 그리고 섹슈얼리티가 유기적으로 연계되어 있음에 주목하는 개념이다.

급진주의 페미니스트 또한 젠더 차이는 타고난 것이 아니라 길러진다는 것에 동의하며, 여성다움과 남성다움의 특징은 거의 전적으로 사회화 및 환경의 결과이자 산물이라 주장한다. 인류학자 마가렛 미드 Margaret Mead(1901-1978)는 원시사회 세 부족 연구를 통해 아라페쉬족은 양성이 모두 여성적 특징을, 문두구머족은 양성이 모두 남성적 기질을 보인 반면, 챔불리족은 남성이 여성적 특성을, 여성이 남성적 기질을 보여주고 있음을 밝혀냄으로써 젠더 역할은 생물학에 기반을 두기보다 사회 문화적으로 만들어질 수 있음을 입증했다(미드, 198).

대신 급진주의 페미니스트들은 남성도 성역할 사회화의 희생자일 뿐이라고 주장하는 자유주의 페미니스트들과 달리 남성의 권력 독점이 젠더 차별의 주요한 뿌리라고 보았다. 이 문제의 해결 방안으로서 남성성과 여성성의 장점을 결합하여 실행하는 '양성성androgyny'이 대안으로 제시되었던 적이 있다(아이젠슈타인, 138-89; Bem, 76). 그러나 양성성에 대해서도 미묘한 입장 차이가 나타났다. 첫째로 양성성 개념에 반대하는 일부 이론가들은 여성성 및 여성다움이 문제가 아니라, 풍부한 감성과 양육에 우호적인 자질 그리고 부드러움 등의 여성성 및 여성적 자질을 폄하하는 가부장제 자체가 문제라고 보았다. 이들은 여성다움과 남성다움의 가치를 동일하게 평가할 경우, 여성 억압의 문제는 차후 해결이 가능하리라는 낙관적 전망을 하기도 했다.

둘째로 양성성 개념에 반대하는 또 다른 부류는 여성성 개념이 가부장제를 유지하기 위해 남성에 의해 만들어졌다는 점에서 여성성 자체가 문제라는 입장을 견지하고 있다. 이에 여성해방을 위해서는 여성성 속에 새로운 여성 중심적 가치를 여성 스스로 부여해야만 한다고 보았다. 따라서 남성성으로부터 이탈된 일련의 특징으로서 여성성을 이해하거나 여성 외부에서 준거를 찾아 여성성을 정의할 것이 아니라 완전히 새로운 존재양식으로서 여성성을 이해하고 규정해야 한다는 것이다.

셋째로 자연론nature theory으로 돌아가려는 반反양성주의자들은 가부장제가 여성에게 부과한 여성적 기질 및 특성은 진정성을 결여한 가짜 여성성이라 주장한다. 이들은 여성들이야말로 진정한 의미의 여성다움 및 여성성의 가치를 보유하고 있다고 생각한다. 때문에 여성들이 자신의 특성을 선택할 수 있는 자유를 누리게 된다면, 스스로 가짜 여성성을 부인하고 진정한 여성성에 입각한 자아를 구축할 수 있으리라고 믿는다.

급진주의 페미니즘 내에서 발견되는 미묘한 뉘앙스의 차이를 포착하는 것은 쉽지 않다. 더욱이 남성의 성적 지배와 여성의 성적 종속의 역사적 뿌리를 정확하게 분석하고 종속의 고리를 종식시키기 위한 방안을 제시하는 경우는 극히 희소하다. 포르노그래피, 매매춘, 성희롱, 강간, 여성을 향한 폭력에서부터, 중국의 전족, 서티suttee,[4] 퍼다purdah,[5] 음핵 절단, 마녀사냥, 산부인과학 등에 이르기까지 남성은 자신들의 쾌락을 위해 여성의 섹슈얼리티를 통제해왔다. 급진주의 페미니스트들은 여성이 진정으로 해방되기 위해서는 강압적 이성애의 한계를 탈피한 후 독신, 자율적 에로티시즘, 레즈비어니즘Lesbianism 등을 통해 새로운 여성 섹슈얼리티를 창조해야 한다고 주장한다. 여성들은 홀로 혹은 같은 여성과 함께할 때만이 진정한 의미의 성적 쾌락을 경험하고 발견할 수 있다는 입장인 것이다.

급진주의 페미니즘의 공헌 중 하나는 "개인적인 것이 정치적인 것The personal is political"임을 이슈화한 데 있다고 할 수 있다(밀레트, 21). 이전까지는 개인적 차원의 문제나 고민으로 받아들여졌던 것이 실상은 정치적 요소를 함축하고 있음을 인식시켜준 것이다. 일례로 가족폭력은 부부 혹은 부모-자녀처럼 사적 관계에서 발생한 불행한 사건으로 인식되어왔으나 실제로는 가족 관계에도 권력 불평등이 개입함으로써 빚어진 결과이며, 출산 또한 부부 간 소통을 통해 이루어지는 선택으로 인식되어왔으나, 실상은 국가의 인구통제 정책과 맞물려 정치적으로 결정되는 사건으로 받아들여지기 시작했다(조은주, 201).

---

4 서티suttee란 산스크리트어로 훌륭한 여성, 혹은 정절을 지키는 아내라는 뜻으로, 남편이 죽으면 남편의 뒤를 따라 자신도 목숨을 끊는 인도의 풍습을 의미한다(위키피디아).

5 퍼다purdah는 페르시아어로 커튼을 의미하는데, 오늘날 이는 무슬림과 힌두교 공동체 내에서 광범위하게 진행되고 있는 여성 격리 현상을 의미한다. 여성을 격리하는 방식에는 두 가지가 있다. 하나는 종교적, 사회적 관행으로서 여성을 남성으로부터 물리적으로 격리하는 것이고, 다른 하나는 여성에게 자신의 얼굴과 신체를 감출 것을 요구하는 것이다(위키피디아).

다만 급진주의 페미니즘은 여성 억압의 보편성을 강조함으로써 가부장제의 역사적, 문화적 다양성을 인정하지 않는다는 점에서 한계를 지니고 있다. 나아가 남성 지배 및 여성 억압의 근본적 이유가 여성이 출산을 전담하기 때문이라는 주장은, 모든 억압의 원인을 생물학적 요인으로 돌리는 '생물학적 환원론biological reductionism'의 위험에 빠질 수 있다는 점에서 비판을 받기도 한다. 가부장제 개념의 정교화 및 체계화를 시도한 바 있는 실비아 월비Sylvia Walby는 '공적 가부장제public patriarchy'로부터 '사적 가부장제private patriarchy'로 이행해가고 있는 변화에 주목한다(월비, 125-28). 전통 사회의 공적 가부장제가 국가, 조직, 법 등의 공적 영역에서 여성을 차별하고 억압하는 관례 속에 자리하고 있었다면, 오늘날의 사적 가부장제는 가족 혹은 친밀한 관계 등의 사적 영역 안에서 은밀하고 미묘하게 눈에 보이지 않는 상태로 여성 차별 및 억압을 수행하고 있다는 것이다.

3. 1980년대 페미니즘의 분화 및 다양화

급진주의 페미니즘 이후의 주요 이슈

1970년대 말에서 1980년대를 지나면서 미국 사회는 보수화의 길을 걷게 되었고, 여성 운동 또한 급진적 색채가 희미해지기 시작했다. 이 시기 페미니즘 운동은 NOW로 대표되는 자유주의 페미니즘과 분리주의를 표방하는 문화 페미니즘이 양대 산맥을 이루게 되면서 보수화 및 비정치화라는 특징을 보이게 된다. 이에 좌파 운동권은 페미니즘 운동의 진보성에 강한 의구심을 비치기 시작했고 여성들과 맺었던 사회적 연대의 끈도 단절되어갔다(아이젠슈타인, 215-18). 페미니즘 운동의 급진성이 약화되기 시작한 시기에 페미니즘 이론의 열기가 대학 캠퍼스를 중심으로 확대되기 시작했다는 점은 일면 역설적이라 하겠다.

급진주의 페미니즘의 열기가 수그러들던 1975년 이후 페미니즘의 주요 이슈는 다음 세 가지로 구체화되었다. 첫째는 페미니즘의 목표를 둘러싸고 남녀의 평등을 강조할 것인가 아니면 남녀의 다름을 인정할 것인가에 집중되었다. 둘째는 섹슈얼리티를 중심으로 다양한 이슈와 문제제기가 이루어졌다. 셋째는 여성 집단 간 차이와 다름의 문제를 페미니즘 내부에 어떻게 포용할 것인가로 모아졌다(Echols, 287-89).

페미니즘의 목표 설정을 두고 공고한 남녀평등으로 갈 것인가, 아니면 여성과 남성의 다름을 강조할 것인가가 팽팽히 맞서던 시기, 페미니즘 운동에 주목할 만한 영향을 미쳤던 두 권의 저서가 있다. 1978년 발표된 낸시 초도로Nancy Chodorow의 『모성의 재생산*The Reproduction of Mothering*』은 여성의 모성 역할이 전통적 성역할 분업을 지속시키는 기제임을 밝혀냈고, 1982년 발표된 캐롤 길리건Carol Giligan의 『다른 목소리로*In a Different Voice*』는 남녀의 도덕성 발달 과정이 각각 다른 경로를 거치며 감수성 또한 남녀가 차별화된 특성을 보인다는 사실을 입증했다.

남녀의 차이 및 다름에 주목했던 페미니스트들은, 오랜 시간 불평등 구조가 작동해왔던 상황에서 남녀의 차이를 간과한 채 형식적 평등만을 강조하는 것은 오히려 여성에게 부정적 결과를 가져올 수 있음을 인정하고 이를 정책에 반영하기 위한 노력을 기울였다. 이 시기 남녀의 차이 및 다름을 강조하는 페미니즘 경향은 여성 정책에도 그대로 투영되었다. 곧 이혼 시 파탄주의가 결과적으로 여성에게 불리하게 작용하는 점을 보완하는 문제, 여성 근로자의 임신과 출산 시 혜택을 부여하는 문제, 대리모의 권리를 보호하는 문제 등을 이슈화하는 과정에서 무조건적 남녀평등을 외치기보다는 남녀의 다름과 차이에서 파생되는 제반 문제를 정책에 반영하는 흐름이 만들어지기 시작했다.

두 번째 이슈로 섹슈얼리티 논쟁에 불을 지핀 것은 급진주의 페미니스트 캐서린 맥키논Catharine MacKinnon에 의해 주도된 반反포르노 운동이었다. 맥키논은 이성애적 욕망이야말로 허위의식이요, 이성애적 성애性愛는 위험과 희생만 따를 뿐이라는 주장을 펼쳤다(MacKinnon, 98-99). 1975년 이전만 해도 성은 쾌락과 위험을 동시에 포함하고 있다는 이중 메시지가 주를 이루었다.[6] 이에 한편에서는 여성도 성적 쾌락을 느낄 수 있어야 함을 주제로 다양한 논의가 진행되었고, 다른 한편에서는 강간은 폭력 범죄라는 인식 하에 강간 반대운동이 전개되었다. 당시의 논조는 남성의 통제와 기대로부터 해방된 여성 자신의 욕망은 비록 지배 종속의 판타지를 갖는다 하더라도 욕망 자체가 손상된 것은 아니라는 입장을 취했다. 반면 반포르노 운동은 성의 위험성을 강조한 상태에서 여성의 성적 환상 및 실천 모두를 향해 '정치적 올바름political correctness'의 기준을 적용했다. 1970년대 후반 들어 반포르노 운동이 갑자기 중심 이슈로 부상하게 된 배경에는, 성 혁명 이후 쾌락 원리는 인정하면서도 그에 따른 위험은 무시함으로써 여성이 더욱 위기 상황에 놓이게 된 현실에 대한 우려가 자리하고 있다.

한편 급진주의 페미니스트들은 포르노가 성폭력을 야기한다는 점에서 포르노에 대해 비판적 관점을 고수해왔다. 실제로 초기의 급진주의 페미니스트들은 포르노를 위시한 기존 미디어가 여성의 신체를 성적 대상화하거나 상품화하는 방식, 나아가 학대하는 방식 등에 대해 비

6 여성의 성 경험에 대한 페미니즘의 관점을 시대별로 개괄해보면 1960년대에는 이성애 관계에서 여성이 쾌락(오르가즘)을 경험할 권리 및 원치 않는 임신으로부터 법적 보호를 받을 권리(임신중절권)로 집약되었고, 1970년대에는 여성과 여성 간 쾌락의 원리(레즈비언 페미니즘)로 관심이 이동해갔으며, 1980년대에는 성적 쾌락의 수용 이후 이성애 제도의 성폭력과 위협(포르노그래피)을 강조하는 것에 초점이 맞추어졌다(Ferguson, 106-10).

판을 아끼지 않았다. 다만 비판의 핵심을 남성 지배로 한정하지는 않았다. 대신 남성과 여성 범주는 고정되어 있고 본질적으로 다르다는 전제하에, 여성의 성은 친밀함을 추구하고 남성의 성은 권력 및 쾌락을 추구하는 것으로 이분화했다. 반포르노운동은 포르노에 대한 법적 제재를 중심으로 전개되어갔다.

임신중절 허용안의 후퇴 및 남녀평등권 개정안의 반대 흐름 확산 등 사회적 분위기가 보수화되는 상황에서, 페미니즘 진영은 남녀의 다름에 근거한 페미니즘이 더욱 많은 여성들의 지지를 확보할 수 있을 것으로 판단했다. 반포르노 운동은 삼분오열된 여성 운동을 통합시키고 저변을 확대시킬 수 있는 초월적 주제로 받아들여진 셈이다(Echols, 289). 그러나 반포르노 운동은 여성들을 통합시키기보다는 여성 운동 내부에 성 논쟁을 가열시키는 계기가 되었다.

세 번째 이슈인 인종, 계급, 섹슈얼리티(성적 기호) 등에 따른 여성 집단 간 차이와 다름의 문제를 페미니즘 내부에 어떻게 포용할 것인가는 절을 바꾸어 서술하기로 한다.

흑인 페미니즘과 포스트모던 페미니즘

흑인 페미니즘black feminism의 부상은 1970년대 말부터 시작되었다. 당시 인권 운동에 힘입어 흑인 여성들의 공공 부문 고위직 진출이 활발히 이루어졌고, 지위 고하를 막론하고 만연되어 있는 성차별에 대한 인식 또한 증가하기 시작했으며, 흑인 인권 운동에 내재해 있던 남성중심주의에 대한 반발도 확산되기 시작했다. 흑인 페미니즘은 기존의 페미니즘이 철저하게 '백인 여성 중심적 시각'에서 구성되었다고 주장한다. 특정 부류라 할 서구 백인 중산층 여성의 경험이 여성 전체의 억압 상황을 일반화하는 데 활용됨은 타당하지 않다는 각성이 흑인 페미니즘의 출발점인 셈이다.

흑인 페미니즘은 백인 여성 중심주의를 극복하고자 역사적 맥락의 중요성을 강조한다. 현재 흑인 여성이 직면하고 있는 문제 상황은 과거로부터 지속되어온 노예제의 유산인 만큼, 흑백 분리 정책 및 인권 운동의 영향 하에서 종합적으로 이해하고 통찰해야 한다는 입장이다. 실제로 흑인 여성은 성차별에 더하여 계급 차별 및 인종 차별에 중층적으로 노출되어 있어, 흑인 여성의 불평등 및 억압 상황을 분석하고자 할 때는 백인 여성 중심의 설명 도구로는 정확한 분석이 불가능하다는 것이다.

흑인 페미니즘을 대표하는 벨 훅스bell hooks는 흑인 여성과 백인 여성의 억압 실태가 본질적으로 다르다는 점을 상징하는 무대로서 가족을 선택하여 특유의 예리한 분석을 시도한 바 있다. 곧 백인 여성의 시각에서 부부 중심 가족은 여성 억압의 진원지로서 탈출과 극복의 대상이지만, 흑인 여성의 삶에서 가족은 인종 차별에 대항하여 결속력과 회복력을 구현하는 집합체의 의미가 강하다는 것이다. 훅스는 흑인 가족 안에는 대체로 남성이 부재하지만 대신 여성들끼리 가족 공동체를 구성하여 후세대를 키워내고 있음에 주목한다. 흑인들 다수는 흑인 고유의 가족 공동체로부터 인종 차별로 인한 씻을 수 없는 상처를 치유하고 다시 일어설 수 있는 힘을 얻는다는 것이다. 훅스의 흑인 페미니즘은 제3세계 여성들의 경험을 설명하고 분석할 때도 의미심장한 시사점을 던져주고 있음이 분명하다.

1980년대 들어서자 흑인 페미니즘은 기존의 페미니즘을 백인 여성에게 양도하지 않겠다는 주장을 하기에 이른다. 여성 운동은 미국 사회의 전반적 변혁을 요구한 혁명적 주장이었지만, 사회 구조는 바뀌지 않았고 성차별적이고 인종 차별적인 세뇌 또한 끝나지 않았다는 것이다. 그리하여 여성은 여전히 타자로 대상화된 상태에 놓여 있고, 그 결과 페미니스트들이 주장해온 자매애sisterhood는 우리의 삶 속에서 실현되지 못했다고 본다. 대신 미국 사회에 정착된 성과 인종에 따른 위계서열 구조가 '페미니즘'이라는 이름 아래 외형만 바뀐 채 존재할 뿐이라는 주장이 흑인 페미니즘의 정서를 대변하고 있다(hooks, 1984: 121).

한편 페미니즘 운동에 대한 젊은 여성 세대의 무관심과, 평등은 이미 달성되었다고 보는 백인 중산층 여성의 생각이 확산되면서 '포스트모던 페미니즘post-modern feminism'이 서서히 부상하게 되었다. 포스트모던 페미니즘은 하나의 통합된 이론을 구축하려는 시도 자체가 '남성적'이라 주장한다. 하나의 진정한 실체를 전제하고 페미니즘 이론을 구성하고자 함이야말로 전형적인 남성적 사고방식의 산물이라는 것이다.

포스트모던 페미니즘은 모든 여성이 공유하는 일련의 보편적 정체성이나 공통된 경험이 존재한다는 것을 인정하지 않는 전복적 생각을 내포하고 있다(Tong, 259). 여성들이 스스로를 어떻게 인식하느냐 여부는 10인 10색으로 이질성과 다양성을 보이는 만큼, 여성을 동질적인 보편적 범주로 설정한 후 이를 토대로 여성 차별을 설명하는 방식은 온당치 않다고 보는 것이다. 이러한 설명 방식은 여성의 열악한 지위를 설명하고자 '거대 이론'을 추구하거나, 가부장제의 원인을 규명하는 과정에 생물학적 차이를 강조하는 환원론 및 본질주의에 빠질 위험성이 높다.

따라서 포스트모던 페미니즘은 매우 이질적이면서 다채로운 경험을 해온 여성 개개인의 고유성에 초점을 맞추는 동시에 '타자성otherness'의 긍정적 측면을 강조하고 있다. 지금까지는 '남성=중심, 여성=주변'이라는 등식 하에 여성들을 타자他者로 범주화했지만, 이제부터는 중심과 주변이라는 범주 설정 자체를 해체하자고 주장한다. 남성과 여성, 중심과 주변이 존재한다면 하나의 범주는 필연적으로 타자가 되지만, 이들 범주 자체를 해체하고 나면 우리에게는 개개인의 특별한 경험만이 남을 수밖에 없다. 이로부터 불평등을 해소하고 억압 상황을 극복해갈 수 있는 개념적 도구를 획득하자는 것이다.

'차이difference'에 대한 인식은 포스트모더니즘의 핵심이다. 포스트모던 페미니즘 또한 다양성과 다원성, 차이와 개방을 강조한다. 현실에는 여러 차원의 진리가 공존하고 있고, 역할 또한 다채로우며, 현실 구성 원리도 다면적이라는 사실에 주목해야 한다는 입장이다. '해체de-construction'의 중요성을 강조함도 포스트모던 페미니즘만의 특성이다. 여기서 해체라 함은 기존의 이원론을 공격하면서 새롭고 긍정적인 방식으로 반대 개념을 재구성함을 의미한다. 이원론에 입각한 남성 언어와 남성 세계관의 해체를 제안하면서, 프로이트 이론에서 볼 수 있듯이 남성이 기준이 될 때 여성은 나머지 잔여 범주나 일탈적 범주를 담당하게 되는 오류에 빠지게 됨을 상기시키고 있다. 하지만 포스트모던 페미니즘은 지나치게 추상적이라는 비판과 더불어, 남성과 여성, 중심과 주변 개념을 해체한다 하더라도 여성과 주변이 차별받고 소외되는 현실은 여전히 존재한다는 점에서 한계를 지적받고 있다.

지금까지 살펴본 바와 같이, 젠더 불평등을 설명하고자 하는 페미니즘의 다양한 시도는 현재의 이론적 추세와 결합하면서 운동의 지평을 확대해가고 있음이 분명하다. 1980년대 페미니즘 운동의 흐름을 평가하자면, 남녀 성차를 자연스럽고 고정적인 질서로 간주하여 강조하는 것이 과연 여성에게 도움이 되는가 하는 의문이 다시 제기되었다는 점, 성별분리 정책이 젠더 정의를 이루기 위해 필요하다는 인식이 자리 잡기 시작했다는 점, 그리고 남성 지배, 자본주의, 인종주의, 성별 위계체계가 상호 교차하는 지점 및 방식을 분석해야 한다는 주장과 그에 따른 연합 정치의 가능성을 제기했다는 점 등을 긍정적으로 평가할 수 있을 것이다.

4. 임신중절권을 둘러싼 페미니즘 운동의 흐름

제2기 페미니즘 운동의 정치화의 중심에는 임신중절권abortion rights 문제가 자리하고 있다. 급진주의 페미니즘의 영향 하에 전개된 임신중절권 투쟁은, '생명 존중pro life' 대 '선택 존중pro choice' 논쟁으로 가시화되기 시작했다. 이 운동의 뿌리에는 새로운 여성 주체의 형태를 선점하려는 정체성의 정치학이 있었음은 물론이다(Gordon, 20-28).[7]

1970년대 들어서면서 임신중절이 단순한 개인적 문제가 아니라 수백만 미국 여성들의 중심 화두로 부상하기 시작한 배경에는 피임법의 보급과 불법 임신중절의 확산 현상이 영향을 미쳤다. 급진주의 페미니즘은 임신중절권 투쟁을 통해 여성의 재생산(출산) 능력은 물론이요 자신의 삶 전반을 통제할 수 있는 자유 및 자율권을 확보하는 데 주력했다. 이들은 임신을 성 경험의 대가나 벌로 인식했던 기존의 통념에서 벗어나 임신을 성적 권리로 이해해야 한다고 주장했다.

1973년 미국 대법원은 임신중절의 합법화를 인정하는 판결을 내렸다. 이른바 로우 대 웨이드Roe vs. Wade 사건으로 알려진 판결이 바로 그것이다. 미국 대법원은 헌법 제14조, 곧 미국인의 사생활권에는 여성이 출산 여부를 결정하는 것도 포함된다는 논리에 근거해 정부가 임신중절 문제에 개입할 수 없다는 결정을 내린 것이었다. 당시 미국 대법원의 결정은 안전한 임신중절 시술을 통해 여성의 건강을 보호하기, 시민으로서의 여성의 사생활 권리를 인정하기, 태아의 권리를 지키기 등 각기 충돌하는 이해관계를 동시에 고려한 합리적 판결이라는 평가를 받았다(Callahan, 323-33).

---

7 사회주의 페미니스트들도 임신중절 문제를 이론적으로 지원했다. 고든은 출산 통제의 역사를 다룬 저술에서 자발적인 재생산권의 선택과 비자발적인 재생산권의 선택을 분리시켰고, 임신중절은 자발적인 선택으로, 불임 시술은 비자발적인 선택으로 분류했다.

한편 여성에게 합법적 임신중절을 허용한 것은, 여성의 재생산권을 법적으로 인정해서라기보다는 시민의 사생활권을 보장하는 맥락에서 이루어졌다는 주장도 있다. 이로 인해 여성의 권리를 강조하는 선택 존중과 태아의 권리를 강조하는 생명 존중 간에 극단적 대립이 발생하게 되었다.[8] 선택 존중을 지지하는 급진주의 페미니스트들은 임신중절이 여성의 재생산권을 보호할 뿐만 아니라 '성의 자유'와 밀접하게 관련되어 있음을 주장했다. 생명 존중 진영에서 임신중절을 태아 살인으로 규정한 진정한 의도 속에는 여성들로 하여금 임신과 출산과 양육 코스로부터 벗어나지 못하도록 성을 규제하는 데 있었다고 본 것이다(Snitow et al., 128). 급진주의 페미니스트들은 여성의 생명 및 안녕보다 태아의 생명을 더욱 중요한 것으로 간주한다는 점, 여성에게 출산 기능 이상의 실존적 권리를 적극적으로 부여하지 않고 있다는 점, 따라서 여성의 존재 의미를 자궁에 한정하고 있다는 점에서 보수주의적 생명존중론자들을 비판하고 있다(Willis, 87).

1970년대 중반 미국에서는 보수적 사회 분위기에 힘입어 극우파의 논리가 강해지면서 임신중절을 둘러싼 정치적 논쟁도 감소하기 시작했다. 1976년 미국 국회는 하이드 수정안Hyde Amendment을 수용하여 빈민 여성의 임신중절 시 연방의료기금 지원을 중단하기로 결의했다. 1977년에는 하이드 수정안을 재수정하여 "강간, 근친상간 혹은 여성의 신체적 건강에 심각하고도 지속적인 해를 입히는 경우를 제외"하고는 임신중절 시 의료 공제 혜택을 받을 수 없도록 했다(조은 외, 202). 이후 현재까지도 임신중절 시술 병원에 대한 방화와 폭탄 투하, 임신중절 반

8 이른바 생명 존중을 지지하는 신우파New Right와 선택 존중을 표명하는 페미니스트들 간의 첨예한 대립은 생명 존중 진영이 임신중절을 살인으로 규정한 반면에, 선택 존중 진영은 임신중절을 여성의 핵심적 기본권(선택할 수 있는 권리)으로 간주함으로써, 타협의 여지가 전혀 없는 상황으로 전개되어갔다.

대 시위 등이 간헐적으로 지속되고 있으며, 임신중절 찬반 여부는 여전히 미국 대통령 선거의 주요 쟁점이 되고 있다.

1980년대 초에는 정치 세력과 종교 세력 그리고 반페미니스트 세력 간의 느슨한 연합이라 할 신우파New Right 세력이 등장했다. 이들은 복지국가를 폐지하고 전통적 가부장제 가족을 재확립하며, 보수적 중산층 집단의 주류화 및 재건을 주 목적으로 한다(아이젠슈타인, 259). 신우파에게 있어 문제의 핵심은 전통적 가부장제 가족의 위기에 있다. 국가의 복지 정책이 여성의 사회 진출을 장려하고 가장의 권위를 훼손시킴에 따라 자녀 세대가 의당 누려야 할 가족의 삶을 빼앗아간다고 주장한다. 이들은 가장의 수입만으로 가족 생계가 가능하도록 지원함으로써 가장의 권위를 세우고, 여성을 임금노동 시장에서 제외함으로써 가족의 안전을 유지할 수 있도록 정책 방향을 선회할 것과, 세금 감축 및 인플레이션 억제 정책을 제안하기에 이른다.

당시 신우파가 기혼 여성의 취업을 공격한 것은 역설적으로 여성이 당당한 계급으로 부상했음을 함축한다. 중산층 기혼 여성과 노동 계급 여성이 저임금 서비스/사무직에 대거 포진하게 되면서 이들을 중심으로 페미니스트 의식이 성장해갔고, '빈곤의 여성화'가 심각한 사회 문제로 가시화되었다고 할 수 있다. 여기서 빈곤의 여성화란 남편 없는 여성들(이혼, 별거, 레즈비언, 독신, 사별 등)이 대거 빈곤층으로 포섭됨에 따라 젠더와 계급이 통합되어 나타난 현상을 지칭한다(아이젠슈타인, 278).

1980년대는 임신중절의 도덕성을 둘러싸고 생명존중 진영과 선택존중 진영 간의 논쟁이 가열되었다. 생명존중 진영은 행위의 옳고 그름을 결정함에 있어 '의무의 윤리'에 기반을 두고 있었고, 선택존중 진영은 행위의 목표를 중요시하되 옳고 그름의 연속선에서 선함과 악함을 판단하고자 했다. 전자의 논리인즉, 사람을 죽이는 것은 분명 잘못된 일인 만큼, 태아도 사람이기에 여기에는 어떤 조건도 달아서는 안 된다는

: 한국의 낙태죄 폐지 운동 장면

것이었다. 반면 후자의 논리는 임신중절을 선택하는 것이 이기적 행위가 아니라 '죄 없는 희생자'(원치 않는 임신의 결과)의 양산을 미연에 방지하기 위함이라는 주장을 폈다.

생명존중 진영의 주장이 여론의 폭넓은 호응을 얻게 되자 선택존중 진영은 여성의 자기 결정권과 그에 따른 성의 자유를 강조하던 입장에서 한걸음 물러나, 여성이 임신중절을 하는 것은 자신의 편의를 위해서가 아니라 건강상의 이유, 강간의 결과 때문이라고 반박하는 전략을 도입했다. 결국 이 시기의 임신중절 문제는 여성 문제로 인식되기보다는 태아가 사람인지 아닌지를 둘러싼 도덕적 문제로 전환됨에 따라, 정작 임신한 여성이 현실적으로 직면하는 문제는 실종되는 결과를 가져왔다.

1990년대에 들어서면 여성들 간의 다양성 및 차이를 주제로 한 논의가 활발해지면서 생명존중 대 선택존중의 이분법적 구도를 벗어나 이들 두 입장을 결합하려는 시도가 등장한다. 생명존중 쪽은 원치 않는 임신을 한 여성을 도울 수 있어야 하고, 선택존중 쪽은 여성들 간의 계급, 인종, 성적 지향성 차이에 따라 임신중절의 결과 또한 다를 수 있음을 인지함으로써, 두 입장 간 차이를 극복하는 노력이 수반되어야 한다는 주장이 등장한다(Rudy, 199; 조은 외, 192-97). 진화생물학자인 리처드 도킨스Richard Dawkins는 생명존중과 선택존중 모두 생명을 존중하는 입장임에 주목한다. 다만 존중의 대상이 태아인지 임신부인지 차이가 있을 뿐이기에, 두 입장 간의 대립적 요소보다는 상호보완적 요소에 주목하는 것이 바람직할 것이라는 견해를 내놓고 있다.

5. 서구 페미니즘 운동이 한국 사회에 미친 영향과 함의

미국에서 1964년 남녀차별철폐 법안을 통과시킨 지 60여 년이 넘게 흘렀고, 대표적 여성 금지 구역인 법대·의대·경영대의 대규모 여학생 진입이 시작된 지도 40여 년이 지났다. 그럼에도 지금까지의 성적표는 여전히 기대 이하이다. 2020년 기준 미국의 상원의원은 80%가 남성이요, 주지사는 50명 가운데 41명이 남성이다. 2019년 『포춘*Fortune*』 선정 500대 기업 가운데 여성 총수의 숫자는 33명으로 사상 최고를 기록했다고 하나 그 비율은 6.6%에 불과하다.

한국 상황을 보면 21대 국회의원 300명 가운데 여성은 19%를 차지하고 있고, 지방의회의원은 28.3%로 2014년에 비해 5.4% 증가했다. 2019년 공공부문 균형인사보고서에 따르면, 중앙 부처 고위공무원 1,514명 중 여성은 102명으로 6.7%를 차지하며, 중앙부처 과장급 여성 비율은 17.5%로 전년보다 2.7% 늘었고, 지방 과장급 여성 비율 역시 전년 대비 1.7% 증가한 15.6%를 기록했다. 그러나 2018년 기준 전체 공무원 108만 5,849명 가운데 여성이 50만 7,027명으로 46.7%인 점을 감안하면 정부 부처 및 지자체의 여성 관리자 비율은 전체 비율을 따라

가지 못하고 있다. 이러한 젠더 불균형은 지방자치단체가 더욱 심각한 것으로 나타나고 있는데, 일례로 1, 2급 고위직 공무원은 단 2명으로 전체 82명의 2.4%에 불과한 실정이다(공생공사닷컴http://www.public25.com).

한편 여성가족부의 성별 임원 현황조사 자료를 보면, 상장법인 전체 임원 중 여성 비율은 4%로 공공 부문의 상황보다 더욱 열악한 것으로 확인되었다. 국내 기업의 '유리천장'은 여전히 공고한 것으로 나타나, 2018년 매출액 상위 500대 기업의 여성 임원 비율은 3.6%로 집계됐고, 사외이사 중 여성이 차지하는 비율 또한 3.1%에 그쳤다. 상장법인 2,072개 중 여성 임원이 한 명 이상 있는 곳이 32.1%로, 3개 기업 중 2개 기업에는 여성 임원이 아예 없는 것으로 확인되었다(중앙일보, 2019년 10월 16일자). 상황이 이렇다 보니 2017년 한국은 144개 국가 중 '남녀권한척도' 순위 118위로 여전히 하위권을 기록하고 있다. 부문별로는 보건 부문에서 84위, 정치권한 부문에서 90위, 경제참여·기회 부문에서 121위, 교육성과 부문에서 105위에 그쳤다. 특히 노동시장 내 여성의 평균소득이 남성의 55%로 성별 임금 격차 또한 선진국 수준과 괴리를 보이는 것으로 나타났다(뉴스톱 http://www.newstof.com).

그럼에도 여성의 미래를 전망해보는 시선 속엔 전반적으로 낙관적 전망이 비관적 우려보다 우세했던 것이 사실이다. 각종 자격시험에서 여성이 대거 합격의 영광을 누림에 따라 매스컴의 집중 조명을 받았음이 주효한 때문일 것이다. 덕분에 앞으로는 성차별이 문제가 아니라 역차별이 문제가 되리라는 주장이 점차 목소리를 높여가기도 했다. 이 과정에서 여성들은 지금까지 걸어온 험난했던 길이 '지연된 혁명stalled revolution'의 여정이었음을 깨달았다. 여성은 전격 변화를 수용했으나 남성은 여전히 변화에 저항하고 있기에, 여성의 도전이 거세질수록 남성의 저항 또한 완강해질 것이며, 명백한 법 제도상의 차별은 제거되었지만 은밀한 차별은 오히려 공고해지고 있음을 인식하게 된 것이다.

미디어에 종종 등장하는 청사진 이면에서 여성을 차별하는 방식이 계속 정교해지고 세련화되어감을 간과해서는 안 될 것이다(이주희 외, 20-24). 예전처럼 드러내놓고 여성을 배제하고 막무가내로 여성을 비하하는 경우를 발견하는 일은 쉽지 않을 테지만, '유리천장'은 건재할 것이고 '미묘한subtle' 혹은 '숨겨진covert' 차별이 공고히 뿌리내릴 것임을 명심할 일이다. 여기서 미묘하게 숨겨진 차별은 행위자의 의도를 가늠하기 어려우며, 공식적 상황보다는 비공식적 상황 속에서 자주 발생하고, 사규社規와 같은 조직적 형태보다는 개인적 차원에서 주고받는 대화 및 행동을 통해 일상적인 에피소드의 형태로 발생하는 경우가 많기에, 이는 성차별 인식을 불투명하게 함으로써 조직적 대항을 점차 어렵게 하리라 전망된다(Benokraitis and Feagin, 196).

특히 사회적 영향력과 위세가 높은 영역으로 진입하는 여성들일수록 한편으론 여성에게 불리하게 작용하는 조직문화에 대항해야 할 것이며, 다른 한편으론 자기 자신과의 싸움을 계속해야 할 것이다. 곧 명문 법대 졸업생의 30% 이상이 여성임에도 불구하고 실제로 대규모 로펌의 파트너로 남는 비율은 여성이 남성의 5분의 1에도 미치지 못하는 현실, 명문 경영대 출신 남성은 가족과 경력의 양립에 아무런 어려움을 겪지 않으나 여성은 독신으로 남거나 출산을 포기하거나 아니면 경력을 희생해야 하는 현실이 엄연히 존재한다는 사실, 세계 유수 명문 대학 교수의 남녀 비율이 최근 20여 년 동안 큰 변화가 없다는 사실 등은 서구 선진국에만 해당되는 이야기는 아닐 것이다.

지금까지의 과오는 생물학적 차이를 사회적 차별로 환원시킨 것이다. 이제부터는 '차별 없는 차이론'을 기본 틀 삼아 개성과 다양성이 존중되는 환경을 만들어내는 노력을 경주해야 할 것이다(오툴, 25). 더불어 페미니즘 자체의 패러다임 전환 또한 게을리해서는 안 될 것이다.

실제로 성차는 여성의 불평등을 정당화하는 논리로 활용되어왔고, 여성이 남성보다 뛰어난 부분을 드러내기에는 사회적 장애물이 다수 존재하기에, 남녀가 다름을 인정하고서도 남녀평등이 이룩될지 의문이라는 페미니스트들의 주장은 여전히 현실적합성이 높다.

여기서 새로운 페미니즘으로서 포스트페미니즘과 에코 페미니즘의 등장이 주목된다. 전자는 성차를 인정하면서 오히려 성차가 여성 억압을 해결할 수 있다고 주장한다. 대표적 여성성인 모성을 기존 페미니즘처럼 억압으로 볼 것이 아니라 모성 경험을 통해 연마되는 인내력, 순발력 등에 비추어 여성의 우월성 및 진정한 파워를 구현하는 저력으로 수용해야 한다는 것이다. 후자는 '남성=문명, 여성=자연'의 가부장제적 등식이 남성성과 문명을 여성성과 자연의 우위에 둠으로써 결과적으로 여성과 자연을 지배하고 파괴해왔음을 강조한다. 따라서 남성과 여성의 평등, 자연과 인간의 공생을 통해 여성 문제와 환경 문제를 동시에 해결하자고 주장한다. 양자는 뿌리가 다름에도 불구하고 여성성, 여성다움의 기질을 다른 무엇보다 우월한 해결수단으로 본다는 논리를 공통으로 갖고 있다.

오늘날 페미니즘 논의가 끝없이 재생산되는 것은 전통적인 여성 문제 해결방식이 더 이상 유효하지 않다는 공동의 인식을 배경으로 하고 있다. 남성과 동등한 법적 지위를 가지면 문제는 해결되리라 본 자유주의 페미니즘과 계급 차별이 해결되면 여성 문제는 사라진다고 본 마르크스주의 페미니즘은 1960년대 전반을 풍미했으나 곧 한계를 드러냈다. 1970년대엔 과격하고 정치성이 강한 급진주의 페미니즘과 사회주의 페미니즘이 나타나 영향력을 발휘한 바 있다. 2000년대 전반기를 풍미한 포스트페미니즘과 에코 페미니즘은 이 같은 조류에 대한 반성의 결과로 나왔다.

현재의 룰이 불리하다면 새로운 룰을 만들어내는 것 또한 미래 페미니즘의 몫이다. 파워의 최상위권으로 진입하려면 '남자보다 더 남자다운' 여자를 요구하는 기존의 규범 하에서 유능한 여성들이 선택해온 전략은, 사생활을 희생한 채 일중독자가 되거나 아니면 권력 자체를 기꺼이 포기한 채 자신을 합리화하는 것이 주를 이루었다. 대기업의 최고경영자든 로펌의 파트너든 이를 목표로 매진하던 여성들은 어느 순간 자신이 매우 중요한 것을 잃어버리고 있다는 혼란에 빠지게 된다. 사회가 인정해주는 성공의 열매가 여성에겐 오히려 상실감과 자괴감으로 다가오는 경우가 발생해온 것이다(우에노 지즈코, 201).

마지막으로, "페미니즘은 여성들에게 행복을 가져다줌에 실패했다"는 비난을 불식시키고, 그간 사회를 강타했던 반동backlash의 물결을 되돌려놓아야 할 것이다. 페미니즘은 물론 여성들에게 행복을 가져다주지 않았다. 페미니즘이 여성들에게 가져다주고 싶었던 것, 그것은 자율성이요 독립성이었다. 페미니즘은 노예도 행복할 수 있다는 함정을 가르쳐주며 '구속 속의 행복'보다는 '진흙 속의 자유'를 가르치려 했다.

대신 페미니즘이 잠시 간과했던 건 여성이 자율성과 독립성으로 무장할 때 남성 또한 진정한 해방의 기쁨을 누릴 수 있음을 설득하지 못했다는 사실이다(훅스, 158). 사회적 불평등이 존재하는 한 누구도 인간의 존엄성을 유지할 수 없고, 정의를 구현할 수 없으며 불합리한 모순을 해결할 수 없기에, 페미니즘은 악순환의 고리를 풀고자 했던 것이다. 이제 21세기 페미니즘은 "따로 또 같이"의 유연성을 발휘하면서 남녀의 차이를 다양성으로 승화시키는 가운데, 미완의 혁명을 완성해가기 위한 끊임없는 여정을 계속해갈 것이다.

주요 토론 주제

1. 미투 운동은 할리우드의 유명 영화제작자 하비 와인스타인의 성추문을 폭로하고 비난하기 위해 소셜 미디어에 해시태그(#MeToo)를 다는 것으로 대중화된 바 있습니다. 한국에서는 서지현 검사에 의해 미투 운동이 시작되었습니다. 그로부터 어느 정도 시간이 흐른 지금, 미투 운동이 한국 사회 각 분야에 미친 영향에 대해 다각도로 평가해봅시다.
2. 한국에서는 1976년 처음으로 여성학 강의가 개설되면서 1980년대 중반까지 대학가를 중심으로 페미니즘 열풍이 불었으나, 1987년 민주화 운동 과정에서 젠더 이슈는 주변적 지위에 머물러 있었다는 평가를 받고 있습니다. 이후 1997년 외환 위기를 거치면서 사회 전반적인 보수화 분위기 속에서 페미니즘도 수면 아래로 가라앉았다가 최근 분위기가 다시금 반전되고 있습니다. 페미니즘의 부활이라 해도 무방할 사회 현상에는 어떤 것들이 있는지 함께 논의해봅시다. 예) 소설 『82년생 김지영』의 베스트셀러 기록 등.
3. 2017년 5월 교육부 역사상 처음으로 여성 차관이 임명되었습니다. 흑인에게 인색하다는 평가를 받는 오스카상에서 흑인 여배우 최초의 여우주연상은 2002년 할리 베리에게 돌아갔습니다. 믿거나 말거나, 오늘날에도 최초의 여성과 최초의 흑인이라는 타이틀의 주인공이 탄생하고 있습니다. 그만큼 사회적 소수자에게는 기회가 차별적으로 제공됨을 상징적으로 보여주는 셈입니다. '최초의 여성'이 갖는 의미와 영향력 그리고 한계를 함께 논의해봅시다.
4. 페미니즘에 대한 관심이 증가하면서 다른 한편으로는 여성 혐오에 대한 우려도 등장하고 있습니다. 여성 혐오의 원인은 어디에 있다고 생각하는지, 아울러 이 문제를 해소하기 위해서는 어떤 노력을 기울여야 할지 함께 중지를 모아봅시다.

3부

현대 문화와 여성

9

미국 페미니즘 연극[1]

이형식

미국의 페미니즘 연극은 1960년대의 체제 저항적 정치 상황과 사회적 분위기 속에서 탄생했다. 연극적으로는 1960년대의 왕성한 실험극 운동이 전통적 사실주의의 틀에 갇혀서 목소리를 내지 못했던 여성 작가들에게 돌파구를 마련해주었다. 이 글에서는 미국 페미니즘 연극이 탄생하게 된 배경과 주요 주제와 기법, 그리고 대표적인 극작가들의 작품을 살펴보면서 페미니즘 연극에 대한 이해를 돕고자 한다.

1. 1960년대 미국과 페미니즘 연극의 탄생

사회적 배경

여성 작가가 쓰거나 여성을 묘사하는 연극은 연극의 역사가 시작

1 이 글은 필자의 『현대 미국 희곡론』(신아사, 1995)에 수록된 부분을 발췌·수정한 것이다.

된 이래로 꾸준히 존재해왔지만 1960년대에 영국과 미국에서 등장하여 오늘날까지 발전을 거듭해온 페미니즘 연극은 영미의 연극계에서 중요한 비중을 차지하고 있을 뿐 아니라 독자적인 한 장르로서의 위치를 확고히 하게 되었다. 특히 베스 헨리Beth Henley(1952-)의 『마음의 범죄*Crimes of the Heart*』와 마샤 노먼Marsha Norman(1947-)의 『잘 자요 엄마*'night, Mother*』가 1981년과 1983년에 각각 퓰리처상을 수상하게 된 사실은 페미니즘 연극이 미국 연극의 주된 흐름에 합류하며 그 영향력을 확대해나가고 있음을 단적으로 보여준다. 또한 페미니즘 작품들만을 수록한 여러 종류의 작품집 출간과 『여성과 공연*Women and Performance*』과 같은 페미니즘 공연만을 다루는 전문 학술지의 등장은 이들이 학문적으로도 많은 주목을 받고 있다는 사실을 뒷받침해준다. 이 글에서는 미국의 페미니즘 연극의 흐름을 그 근원부터 개괄하고 주요 페미니즘 극작가들의 작품에서 표출되는 미학과 주제를 규명해봄으로써 미국 페미니즘 연극의 이해를 높이고자 한다.

미국 페미니즘 연극 운동은 1960년대의 사회적 의식의 변화나 실험극 운동과 함께 촉발되었으므로 미국 페미니즘 연극에 대한 역사적 탐색은 민권 운동이나 반전 시위와 같은 사회적 반항의 분위기와 실험극 운동의 미학에 대한 논의를 필요로 할 것이다. 또한 탈중심화와 즉흥성, 주변적인 것에 대한 관심 등을 그 특징으로 갖는 문학에서의 포스트모더니즘 흐름과 일레인 쇼워터Elaine Showalter, 메리 엘만Mary Ellman 등의 페미니즘 비평 저작들이 등장한 것도 바로 이 시점이므로 페미니즘 문학비평의 개념과 용어들은 페미니즘 연극 분석의 적절한 틀을 제공해줄 것이다. 따라서 여기서는 먼저 페미니즘 연극이 등장하게 된 사회적, 연극적 배경을 먼저 살펴보고 페미니즘이 시간의 경과를 거치면서 겪게 되는 변화와 여러 가지 페미니즘의 분파들을 검토해본다. 이것을 바탕으로 페미니즘 연극이 표방하는 미학과 주제는 어떤 것들인지,

그것이 대표적인 극작가들의 작품에서 어떻게 표현되어 있는지를 논의해볼 것이다.

페미니즘 연극의 탄생

1950년대가 냉전 논리가 팽배한 보수적인 시대였다면 1960년대는 정치적 변혁의 시대였다. 미국은 1960년대에 들어오면서 사회의 광범위한 분야에서 정치적인 반항을 목격하게 되었는데 우선 흑인 운동의 등장과 성장에 뒤따른 여성해방 운동과 소수민족의 정당한 권리 주장이 대표적인 경우이다. 이러한 운동들은 서로 사전에 협의라도 한 것처럼 같은 시점에 폭발적으로 시작되었으며 미국의 월남전 개입으로 시작된 반전 운동과도 때를 같이하여 이 시대를 불안한 정치적 반항의 시대로 만들었다. 이 시기에 상당한 수의 중산층 지식인 계급에 속하는 미국 여성들이 집안의 안락함을 박차고 나와서 적극적으로 여성의 권리 옹호와 주장에 가담하여 "공동 사회를 강조하는 신좌파 이념을 수용하고 인종차별주의, 빈곤, 제국주의, 핵무장과 함께 부르주아 가족 구조에 도전"(Keyssar, 12)하기 시작했다. 여성들은 곳곳에서 모임을 결성하고 직장에서의 여성 차별, 대중매체에서의 여성에 대한 왜곡된 보도 등에 항의하며 시위를 벌였다. 이들은 구호에 그치는 시위보다 몸으로 보여주는 것이 더 효과적이라는 점에 착안하여 자신들이 일상생활에서 겪는 좌절을 거리에서 극적으로 보여주었고 이것은 또한 텔레비전과 라디오의 도움으로 생생하게 전국으로 전달되었다. 이러한 정치적 시위가 갖는 극적 요소들은 페미니즘 연극의 탄생과 큰 연관성을 지닌다. 헬렌 케이사Helene Keyssar는 미국에서의 미스 아메리카 선발대회의 성차별주의 반대 시위, 영국에서의 미스 월드 미인대회 항의 시위를 설명한 후 "페미니즘 연극이 비로소 탄생하게 된 것이다."(18)라고 말함으로써 이러한 운동과 페미니즘 연극의 탄생을 연관 짓고 있다.

케이사는 이들 신좌파 운동가들과 미국의 실험극 예술가들 간의 주목할 만한 연관성을 찾아내고 있다. 이들 운동은 모두 집단적 행동과 삶에 높은 가치를 두며 행동을 강조한다. 또한 이들은 권위와 제도권에 도전하며 안일한 삶에 안주하기보다는 개인적, 사회적 변화를 모색하기를 원한다(Keysaar, 13). 예술과 사회 전반에서 고조된 참여적인 분위기는 시위가 갖는 극적인 성격과 어우러져 페미니즘 연극 운동을 일으키는 데 결정적인 역할을 했다. 이 시기는 비단 여성 문제에 대한 개혁뿐만 아니라 베트남전 반대, 민권 운동 등도 강력한 사회 분위기를 형성하던 시기였고 작가들도 이러한 문제들에 대해 예민하게 반응을 보였던, 빅스비C. W. E Bigsby의 표현에 의하면, "정치적으로 몰입된 십년간"(Bigsby, 294)이었다.

여성 운동에서 시작했으나 나중에 페미니즘 연극 미학에 커다란 기여를 한 요소는 소위 의식화consciousness-raising, CR 집단들의 출현이었다. 이 집단은 구성원들이 모여 남성의 방해나 관찰의 두려움이 없는 환경에서 자신들이 겪은 고통과 좌절을 표현할 수 있는 출구를 마련해주는 것을 목적으로 삼고 있었다. 가부장제에서의 여성 억압의 역사는 곧 목소리의 상실이었다는 인식에서 출발한 의식화 작업은 여성들로 하여금 목소리를 되찾도록 유도하며 공통의 경험을 공유하고 있다는 것을 구성원들에게 깨닫게 해주었다. 이러한 깨달음을 바탕으로 궁극적으로는 여성들에게 자주성과 자신감을 부여하는 데까지 나아가는 것이 의식화 작업이 추구하는 목표였다. 이러한 작업이 페미니즘 연극에 끼친 영향은 페미니즘 연극의 초기 단계에서 특징적으로 볼 수 있는 대본 구성 과정에서의 공동 작업, 억압과 착취의 경험의 극화, 단일한 목소리보다는 다성적인 목소리의 표현 등에서 잘 나타난다.

지금까지 페미니즘 연극의 발생을 촉발한 사회적 변혁의 분위기를 살펴보았다. 연극사적인 맥락에서 페미니즘 연극을 살펴보기 위해서는 아리스토텔레스 이후 서양 연극에서의 여성의 묘사와 여성 극작가의 위치, 그리고 페미니즘 연극 미학의 기초가 되었던 1960년대의 미국 실험극 운동이라는 두 가지 사항을 고려해야 할 필요가 있다. 페미니스트들은 여성 극작가들이나 그들이 쓴 작품이 17세기에 이르기까지 거의 존재하지 못했음에 주목하고 무대에서 여성을 배제하도록 만든 가부장제의 가치 체계를 새로운 시각으로 재해석하면서 전통적인 연극사를 해체한다. 또한 페미니즘 비평 초기에 나타난 이미지 비평은 남성 작가들에 의해 묘사된 여성이 실제로는 남성의 가치에 의해 구축된 가부장적 이미지라는 것을 강조하면서 전통적인 작품들을 '텍스트를 거슬러서 읽는' 전략을 통해 다시 읽는다. 수-엘렌 케이스Sue-Ellen Case는 자신의 책 『페미니즘과 연극*Feminism and Theatre*』의 첫 장에서 전통적 연극사를 페미니스트의 시각으로 해체하면서 이렇게 무대 위에 등장한 여성은 가부장제의 허구적인 구축물이라고 지적한다.

> 실제 여성을 억압한 결과 가부장제 문화는 나름대로 여성을 표현할 수 있는 이미지를 고안하게 되었고, 무대와 신화와 조형미술에 등장한 것은 실제적 여성의 경험과 이야기와 감정과 환상을 억압하면서 가부장제가 부여한 여성의 가치를 표현했던 바로 이 허구적 '여성'이었다. (Case, 7)

르네상스 시대까지도 여성 인물들의 역할을 여성으로 분장한 소년들이 담당했다는 사실은 무대에서 여성을 완전히 배제함으로써 실제 여성을 억압하고 가부장제의 가치를 표현하기 위해 연극이 이용되어왔다는 주장을 뒷받침한다. 남성 배우가 연기하는 여성의 역할은 남성의 관점에서 본 여성의 행동의 모방이므로 필연적으로 일반화와 정형화를 거치게 되고 진정성 있는 여성의 모습을 억압하게 된다는 것이 페미니즘 비평의 관점에서 본 서양 연극의 재해석이다.

페미니즘 연극은 이처럼 전통적인 무대에서 소외당하고 왜곡된 여성 이미지를 바로잡는 데 주력하면서 다른 한편으로는 이러한 어려운 상황 하에서도 극작 활동을 했던 여성 극작가들을 발굴해냄으로써 남성 작가 중심에서 밀려난 여성 극작가들을 재평가한다. 그동안 등한히 여겨졌으나 새로운 가치를 인정받고 빛을 보게 된 여성 극작가 중에는 10세기경에 활약했던 흐로스비타Hrosvita(935-973), 17세기의 여류 극작가 아프라 벤Aphra Behn(1640-1689) 등이 있고, 수잔 글라스펠Susan Glaspell(1876-1948), 릴리안 헬만Lillian Hellman(1905-1984), 로레인 핸즈베리Lorraine Hansberry(1930-1965) 등의 작품 또한 여성의 삶의 중요성을 여성의 입장에서 밝혔다는 점에서 주목을 받기 시작했다.

이상과 같은 전통적 연극사의 해체는 1960년대 초에 불붙기 시작한 미국 극단의 실험극 운동과 시기적으로 일치했고 페미니스트들은 여성의 삶을 남성의 틀이 아닌 여성 고유의 방법으로 표현할 수 있다는 가능성을 실험극을 통해 모색하기 시작했다. 상업적이고 비평적인 성공을 성취한 정전Canon에 속한 작품들 거의가 남성 작가들이 쓴 사실주의적 작품이라는 사실은 페미니스트들로 하여금 오프 브로드웨이Off Broadway(브로드웨이의 상업적인 연극 제작을 떠나 예술성을 담보한 연극을 공연하기 위해 소극장 중심으로 일어난 연극의 흐름)와 오프오프 브로드웨이Off Off Broadway 운동(오프 브로드웨이조차 상업성에 침범되었다고 생각하여 실험적인 창의적인 젊은 작가들이 흥행을 고려하지 않고 자유롭게 창작 작업을 할 수 있는 연극 운동)으로 대표되는 미국의 실험극 운동에 기대를 걸게 만들었다. 실험극 운동은 사실주의가 근간을 이루는 모더니즘적 감수성과 표현 형태가 변화하는 현실을 표현하는 데 더 이상 적합하지 않다는 인식과 함께 1959년경부터 시작되었다. 상업성의 배격과 새로운 표현 형태의 모색은 이 시기에 문을 열면서 미국 실험연극의 산실 역할을 했던 카페 치노Cafe Cino, 카페 라마마Cafe La Mama 등의 소극장에서 이루어졌다. 1958년에 번역되어 미국에 소개된 안토넹 아르토Antonin Artaud(1895-1948)의 연극 미학은 1967년 미국을 방문한 폴란드 연출가 예지 그로토프스키Jerzy Grotowski(1933-1999)의 배우 훈련 이론과 함께 리빙 시어터The Living Theater, 오픈 시어터The Open Theater, 퍼포먼스 그룹Performance Group 등의 실험극단에 이론적 근거를 제공해주었다. 이들 실험극 연극인들에게 있어서 기존의 사실주의는 당면한 현실 문제에 대한 인식을 표현하는 데 부적합한 것으로 인식되었는데 그 이유는 관객으로 하여금 현실로부터 도피하여 허구적 환상에 빠지도록 하는 사실주의의 관습 때문이었다. 미국의 실험극이 일차적으로 반기를 든 부분은 바로 연극을 인생의 모방 혹은 재현으로 보는 서구 연극의 전통적인 이론이었다.

케이사가 "미국 페미니즘 연극의 어머니"(53)라고 부르는 페미니즘 극작가 미간 테리Megan Terry(1932-)는 조셉 채이킨Joseph Chaikin(1935-2003)이 중심이 된 오픈 시어터의 단원으로 활약하면서 강렬한 페미니스트 주제를 실험적인 기법으로 표현했다. 이 극단에서 개발된 변신 기법은 테리에게 있어서 여성의 삶을 표현하는 데 유효한 전략이 되었다. 사회적 여성 운동과 달리 여성 극작가들이 처음부터 뚜렷한 의식적 공동 목표의 추구를 위해 페미니즘 연극을 썼던 것은 아니었다. 그러나 개별적으로 활동했던 여성 작가들은 차츰 자신들의 작업에서 공통분모를 느끼고 1972년에는 미간 테리, 마리아 아이린 포니스Maria Irene Fornes(1930-2018) 등 여섯 명이 모여 여성연극협의회를 결성하게 된다. 여성 극작가들이 처음에 정치적, 사회적 운동인 페미니즘과 연관되기를 꺼렸던 것은 페미니즘 드라마라는 한정적인 틀 속에 자신들의 작품이 규정되는 것을 꺼렸기 때문이며, 장르 구분이라는 것 자체가 남성적인 위계질서의 억압의 한 형태라고 생각했기 때문이다. 또한 페미니스트들과 연관된 사회적 선입견, 즉 "레즈비언", "남성을 혐오하거나 성적으로 변태적인 집단"(Keyssar, 19)으로 페미니즘을 이해하는 통념에 연루되지나 않을까 하는 우려가 처음에 여성 극작가들의 공동 연대의식을 방해한 이유였다. 여성연극협의회의 출발과 함께 활성화된 페미니즘 극작가들의 연대감은 곧 페미니즘 작품의 희곡 모음집의 발간과 활발한 비평 활동으로 이어졌다.

1970년대 후반에 들어서면서 미국의 실험극 운동은 쇠퇴기를 맞이하게 되고, 비평가들이 '슈퍼 리얼리즘Super Realism' 혹은 '하이퍼 리얼리즘Hyper Realism'이라고 부르는 미국 연극의 새로운 흐름이 출현하게 되자 페미니즘 연극 또한 중대한 전환기를 맞이하게 된다. 실험극 운동에 참여했던 대표적 남성 작가인 샘 셰퍼드Sam Shepard(1943-2017)가 자신의 작품 성향을 실험성에서 사실주의로 전환한 것처럼 페미니즘 극작품들도 소수의 관객을 위한 이해하기 어려운 실험극보다는 사실주의의 틀 속에서 설득력 있는 방법으로 페미니스트 메시지를 전달하려는 경향을 보여준다. 이러한 연극들은 대중에게 호소력을 지녔을 뿐만 아니라 미국 연극의 주된 흐름에 페미니즘 연극을 합류시키는 데 지대한 공헌을 하게 된다. 베스 헨리의 『마음의 범죄』와 마샤 노먼의 『잘 자요 엄마』의 퓰리처상 수상과 대중적 성공은 이러한 흐름을 단적으로 보여준다. 이러한 현상은 페미니즘 연극이 포괄적이고 고정된 개념이라기보다는 다양하고 유동적인 양상이라는 사실을 증명한다. 고정된 진리를 중심으로 위계를 이루며 구축되어 있는 가부장제 인식론의 틀에 대한 반발로 시작된 페미니즘 운동이 이처럼 다양한 모습을 보여주는 것은 전혀 이상한 일이 아니다.

2. 페미니즘의 여러 입장들

"1970년대가 진행되면서, '페미니즘'이 '여러 가지 페미니즘'으로 바뀌기 시작했다"(Case, 63)는 케이스의 지적은 시대의 변화에 따라 각기 다른 차이를 보이는 페미니즘 현상을 적절하게 요약하고 있다. 그녀는 계속해서 급진주의 페미니즘, 자유주의 페미니즘, 유물론적 페미니즘, 사회주의 페미니즘, 마르크스주의 페미니즘, 레즈비언 페미니즘 등의 리스트를 열거하면서 페미니즘 연극 운동에 가장 중요한 영향을 미친 두 가지 페미니즘, 즉 급진주의 페미니즘과 유물론적 페미니즘을 설명하고 있다.

급진주의radical 페미니즘은 페미니스트 운동의 출발이 가부장제 사회 내에서의 여성 억압에 대한 반발로 시작된 것을 생각할 때 비교적 초기부터 미국에서 가장 중요한 위치를 차지하고 있는 페미니즘이라고 할 수 있다. 급진주의 페미니즘에 의해 시작된 의식화(CR) 작업이 페미니즘 연극에 끼친 영향 등을 생각해볼 때 급진주의 페미니즘의 주장은 미국 페미니즘 연극 연구에 있어서 상당히 중요한 입장으로 간주된다. 급진주의 페미니즘은 "가부장제가 여성 억압의 근원"이었다는 신념에서 출발한다(Case, 64). 여성을 차별하고 배제해온 가부장제에 대한 강조는 자연적으로 여성만의 고유한 문화와 의식에 대한 자부심과 장점을 부각하는 것과 연결된다. 다시 한번 케이스의 말을 인용해보자.

> 가부장제와 여성 문화를 강조한다는 점에서 볼 수 있듯이 급진주의 페미니즘에서 중심이 되는 개념은 바로 젠더gender 개념이다. 여성 문화의 배타성은 바로 젠더의 배타성이다. 급진주의 페미니스트들은 남성의 억압이나 여성의 억압을 찾아내는 데 많은 비평적이고 실제적인 노력을 집중한다. (Case, 64)

CR 집단에서 주로 나누는 대화 또한 여성만이 겪을 수 있는 고유한 경험에 집중되어 있으며 1970년에 창설된 '여자가 되는 것은 좋은 일이다'라는 극단은 그 명칭에서 여성 경험에 대한 자부심을 표현하려는 노력을 보이고 있다. 이런 초기 페미니즘 극단의 공연에서 관객은 마치 CR 집단에 참여한 구성원들처럼 무대에서 제시되는 고통과 좌절의 이야기를 듣고 공감했다. 또한 이토록 가까운 무대와 객석 간의 관계는 이 당시의 실험극이 추구했던 배우와 관객 간의 장벽의 붕괴라는 목표와도 일치했다. 많은 경우, 작가나 배우들은 자신의 실제 경험에서 추출한 이야기를 자신의 이름을 통해 이야기했는데 이것은 전통적인 무대에서 여성 인물이 남성 배우에 의해 연기되거나 여성 작가가 자신의 신분을 숨긴 상태에서 작품을 발표하던 것에 대한 반발이다. 그들은 자신의 개인적인 이야기의 중요성을 인식했고 그것을 공적으로 알리기에 주저하지 않았으며 이는 페미니즘 연극의 큰 모티프의 하나인 "개인적인 것이 정치적인 것이다the personal is political"라는 명제와 부합한다.

급진주의 페미니스트들은 가부장제의 여성 억압의 형태가 성적인 억압이었다는 인식을 바탕으로 남성 욕망의 대상으로서의 여성의 신체를 여성의 소유로 되찾아오는 데 많은 노력을 기울인다. 이러한 생각을 극화한 많은 페미니즘 연극에서 우리는 여성들이 자신의 신체에 대한 애착과 주권을 주장하는 예를 볼 수 있는데, 미간 테리의 작품 『고정하세요 어머니*Calm Down, Mother*』는 세 명의 주인공이 나와서 자신의 몸을 만지고 "우리의 몸, 우리의 배… 우리의 그것… 우리의 알"(280-81) 등의 주문을 외우며 극을 끝맺는다. 남성들의 성적 억압에 대한 비판은 여성을 성적 상품화하는 미스 아메리카 등의 미인선발대회 항의 시위에서도 대두되었다. 여성에 대한 성적 억압이 가장 두드러진 형태로 표현된 것이 강간이라는 인식 또한 급진적 페미니스트들이 제기하는 문제가 되었다. 강간은 여성을 육체적, 정신적으로 해치는 가부장제의 무기일 뿐 아니라 여성을 거리에서 몰아내고 자유로운 성적 표현으로부터 소외시키는 위협으로 인식되기 시작했다(Case, 66). 또한 여성의 성적 권리와 자유에 대한 주장은 여성 낙태의 합법성의 주장으로 연결되었다. 이렇듯 이전까지 금기시되어오던 주제들이 활발하게 논의되며 무대 위에서 극화되었고 여성의 신체 부위나 생리에 대한 표현들이 거리낌 없이 사용되었다.

가부장제 문화에 대한 대안으로서 여성 문화를 제시한 급진주의 페미니스트들은 남성 억압의 장이 되어온 여성의 몸과 신체적 성을 되찾으려는 노력에서 여성의 생물학적 성의 속성의 좋은 점을 오히려 찬양하는 경지에까지 나아간다. 그들은 여성의 생물학적 생리가 여성을 더 직관적이고 영적으로 만들기 때문에 여성의 인식 방법과 사고방식은 남성의 이성적이고 직선적이고 위계적인 정신체계로는 이해될 수 없다는 주장을 펴고 있다. 여성의 생리와 자연의 주기를 연관시켜 자신들이 자연에 더 가깝다는 주장 또한 급진주의 페미니스트들에 의해 제기되었다. 초기 미국의 급진주의 페미니즘을 이끌던 여성들은 백인 중상류층 출신의 지식인 계급에 속하는 부류들이었다. 이들은 여성 운동에 적극적으로 참여하여 미인대회 반대 시위나 브래지어를 태우는 등의 시위를 벌이고 사회적 관심을 끌었다. 그러나 모든 여성의 문제가 이들의 주장처럼 같은 범주 속에 규정될 수 있을까에 대한 문제가 대두되기 시작했고 이러한 급진주의 페미니즘의 모순을 지적하고 나선 입장이 바로 유물론적 페미니즘materialist feminism이다.

유물론적 페미니즘은 우선 역사적 유물론에 기반을 두고 있으며 여성의 억압을 이해하려면 그 사회의 역사와 계급에 대한 이해가 필요하다는 것을 강조한다. 왜냐하면 여성 억압은 구체적인 역사적 상황의 산물이기 때문이다. 그리하여 이들은 모든 여성의 경험을 남녀의 성차에만 근거하여 해석하는 급진주의 페미니즘에 반발하며 여성 간의 계급의 차이에서 올 수 있는 경험의 다양성에 주목한다. 중상류층 백인 여성의 차별의 경험은 노동자 계급의 유색 여성의 경험과 같을 수 없기 때문이다. 사회주의에 영향을 받은 유물론적 페미니즘은 또한 여성을 하나의 계급으로 설정하여 자본주의 사회의 노동과 생산 과정에서 여성의 차별 대우나 집안에서의 여성 노동의 가치가 인정되지 않는 점 등을 주로 문제 삼는다. 이러한 유물론적 입장은 미국에서보다는 영국과 유럽 국가들에서 더욱 두드러지게 나타났다는 것이 수-엘렌 케이스나 헬렌 케이사의 공통적인 지적이다. 케이스는 "유물론적 페미니즘이 페미니즘 연극에 끼친 영향은 영국과 다른 유럽 국가에서 두드러지게 나타났으나 미국에서는 미미한 정도였다"(Case, 84)고 지적한다. 마찬가지로 케이사도 다음과 같이 영국에서의 페미니즘 연극의 특징을 이야기한다.

> 영국에서는 많은 페미니즘 극작가들이 계급과 성의 관계, 생산과 생식의 관계에 깊은 관심을 가지고 있는 사회주의자이기도 했다. 자신을 사회주의자라고 부를 만한 미국 페미니즘 극작가는 거의 없으며 훨씬 더 많은 미국 페미니스트들은 자신들의 작품에 대해 심리적인 접근을 한다. (Keyssar, xiii)

지금까지 설명한 급진주의 페미니즘과 유물론적 페미니즘이 페미니즘의 대표적인 입장이지만 질 돌란Jill Dolan 같은 비평가는 여기에 "여성을 2급 시민으로 보는 문화적 관념을 변화시킴으로써 여성을 정치적이고 사회적 삶의 주류에 가담시키는 것"(Dolan, 4)을 목적으로 하는 자유주의 페미니즘liberal feminism을 추가하기도 한다. 이러한 주장은 최근 전통적인 양식 속에서 자신들의 메시지를 표현하여 상업적으로 성공할 뿐만 아니라 비평적인 인정까지도 획득해 남성 중심의 정전에 진입하려는 페미니스트 극작가들을 볼 때 상당히 설득력 있는 주장이다.

3. 페미니즘 연극의 주제와 미학

주제

위에서 설명한 것처럼 다양한 입장들이 있음에도 불구하고 페미니즘 연극이 취급하고 있는 주제의 공통분모를 찾아보는 것은 페미니즘 연극에 대한 총체적 이해를 위해 필요한 일이라 여겨진다. 우선 페미니즘 연극은 지금까지 남성 작가 위주의 연극이 소홀히 해온 여성의 삶을 무대에 올리는 데 치중한다. 따라서 많은 경우에 무대는 전적으로 여성 등장인물들로 채워지며, 남성이 등장한다 하더라도 무대에 등장하지 않고 대사 속에서 언급만 되거나 주변적인 인물로 그려진다. 이것은 전통적인 연극에서 그려지는 세계에 대한 도전이며 전복이다. 대표적인 예가 마리아 아이린 포니스의 『페푸와 그 친구들*Fefu and Her Friends*』과 웬디 와서스타인Wendy Wasserstein(1950-2006)의 『비범한 여자들*Uncommon Women and Others*』이다. 기존의 연극에서는 중요하지 않다고 여겨져 연극의 소재가 되지 못했던 문제들이 진지하게 다루어지며 여성 등장인물들이 여성이기 때문에 겪을 수밖에 없는 좌절과 고뇌를 표현한다.

연극사적으로 중요한 주제를 점유해왔던 부자간의 갈등의 그늘에 가려 빛을 보지 못했던 모녀 관계 또한 페미니즘 연극에서 많이 다루어진다. 특히 미국 현대 연극은 가족이라는 주제가 중요한 전통을 이루어오고 있었으나 유진 오닐Eugene O'Neill(1888-1953)의 『밤으로의 긴 여로*Long Day's Journey into Night*』, 아서 밀러Arthur Miller(1915-2005)의 『세일즈맨의 죽음*Death of a Salesman*』, 샘 셰퍼드의 가족극의 경우에서 볼 수 있듯이 부자간의 대립이 연극의 주된 갈등을 차지하고 있었다. 미간 테리의 『고정하세요 어머니』, 포니스의 『사리타*Sarita*』, 마샤 노먼의 『잘

자요 엄마』 등은 모녀간의 문제를 극적 갈등의 전면에 내세우면서 등한히 여겨왔던 여성의 문제의 심각성을 부각시킨다.

페미니즘 극작가들은 주제를 부각시키는 데 있어서 긍정적인 접근과 부정적인 묘사라는 양면적인 전략을 취한다. 많은 페미니즘 연극은 먼저 가부장제에 의한 여성 억압의 묘사에 치중하며 남성의 폭력과 횡포에 의해 희생당하는 여성의 좌절을 그린다. 이러한 가부장제에 대한 부정적인 묘사는 여성에 대한 물리적인 폭력과 감금(포니스), 여성에 대한 무관심과 유기(베스 헨리와 마샤 노먼), 미친 여자로 규정하는 것(포니스와 헨리), 역할의 한계 부여로 인한 착취(노먼과 헨리), 가부장제 사회제도와 언어에 의한 억압(미간 테리와 웬디 와서스타인) 등의 예를 들 수 있다. 그러나 페미니즘 작가들은 이러한 가부장제의 횡포의 묘사와 고발을 통한 분노의 표출에 그치지 않고 이러한 장애를 극복하는 긍정적인 여성상을 묘사함으로써 해결책을 모색한다. 가부장제의 억압을 극복하는 해결책으로 주로 제시되는 것은 자주성autonomy의 획득과 여성간의 유대sisterly bonding이다. 페미니즘 연극의 여자 주인공들이 자신의 삶에 대한 자주적인 권리를 선언하고 쟁취하는 것은 많은 경우 남성이 부여한 역할의 거부를 통해서이다. 예를 들어 베스 헨리의 『마음의 범죄』에 나오는 세 자매는 자신들의 삶을 통제했던 올드 그랜드 대디 Old Grand Daddy가 규정해준 아내로서, 가수로서, 가정주부로서의 역할을 거부할 때 자신의 삶의 주인이 된다. 자주성의 획득과 함께 페미니스트 극작가들이 강조하는 것은 여성 간의 유대와 결속이다. CR 작업 자체가 여성들이 공통적으로 겪는 어려움을 나눔으로써 공감대를 형성하려는 시도였으며 일부 급진주의 페미니스트들은 이러한 여성 간의 유대를 레즈비언 관계로 발전시키기도 했다. 동성애는 결혼이라는 제도 자체가 여성을 성적으로 억압하고 남성에 의존시키기 위해 가부장제가 만든 굴레였다는 인식에서 출발하며, 아드리엔 리치Adrienne Rich

는 결혼을 "강압적 이성 관계compulsory heterosexuality"라고 표현한다. 동성애적 관계는 여성이 남성의 사랑을 얻기 위해 서로 경쟁한다는 가부장제의 편견에 대한 도전이기도 하다. 이러한 동성애적인 관계가 아니더라도 여성이 다른 여성의 지지와 도움을 통해 자주성을 되찾는 경우를 여러 작가의 작품에서 찾아볼 수 있다.

페미니즘 연극의 초기 단계에서는 여성의 삶을 다루는 많은 주제들이 CR 작업을 통해 발굴되었다. 이제까지 억제되었던 좌절과 착취의 경험들이 표현될 수 있는 연극이라는 매개체를 통해 표출되었다. 또 이야기들이 여성의 관점과 신체와 언어를 통해 표현되었기 때문에 기존의 남성 작가의 작품에서 다루어온 여성의 이야기보다 훨씬 더 진실성을 가지고 관객에게 전달될 수 있었다. 많은 여성 작가들이 자신의 경험을 바탕으로 글을 쓰며 같은 여성의 몸을 가진 배우가 육체적인 몸짓으로 같은 여성의 경험을 표현해주기를 기대한다. 레이철 코닉Rachel Koenig은 페미니즘 연극의 이러한 특성에 대해 다음과 같이 언급한다.

> 여성 극작가는 사실상 자신의 몸과 비슷한 육체를 가진 사람에 의해 구체화될 인물을 자신의 몸 밖에 창조한다. … 배우는 극작가의 대사를 매우 육체적이고 감정적인 방법으로 끌어안고 씨름해야 한다. (Koenig, 11)

앞서 언급했듯이 작가들은 자신의 삶에서 연극의 소재를 찾았고 그것을 가식 없이 제시했으며 따라서 작가와 등장인물, 등장인물과 배우, 배우와 관객 간의 관계는 밀접하고 직접적이었다. 그러나 이러한 개인적인 고백에 의존하는 연극 작업은 "너무 개인의 특성을 강조하거나 몇몇 극작가의 특정한 삶의 경험에 의해 제약을 받을"(Keyssar, 5) 위험성을 내포하고 있었으므로 이것을 극복하기 위해서 시도된 것이 집단적 대본 쓰기였다. 그들은 토론을 통해 공동의 주제와 모티프에 도달하고 그것을 대본으로 옮기는 작업을 재능 있는 소수에게 위임했다. 심지어는 다른 지역에 있는 집단에게 보낼 때 대본의 주된 골격만을 제시하고 구체적인 세부는 각 집단의 특정한 상황에 알맞게 고치도록 융통성을 부여하기도 했다. 미간 테리는 『오는 것과 가는 것*Comings and Goings*』에 대한 연출 노트에서 그 연극이 매번 공연될 때마다 결코 동일한 연극이 되지 않았다고 말한다(*Four Plays*, 113). 물론 이러한 집단적 대본 쓰기 작업은 시간이 가면서 다시 개인적인 작가의 손에 넘어가게 되었지만 그것이 "위계질서와 권위적인 통제에 대한 페미니스트적 반발의 표현"(Keyssar, 7)이었다는 점에서 큰 의미를 지닌다.

급진주의 페미니스트들이 주장한 것처럼 여성들의 감수성과 인식과 세계관은 남성의 그것과 같을 수가 없었기 때문에 페미니즘 연극의 주제 또한 남성 작가와 구별되는 기법을 통해 표현되었다. 이론이 가지는 엘리트적이고 언어학적인 속성을 가부장제의 경직성과 연관시키면서 이론에 대해 부정적인 견해를 가지는 페미니스트들도 있지만, 많은 페미니스트들은 최근 기호학과 심리학의 이론의 도입을 통해 무대 미학에 대한 새로운 이론을 정립하려고 시도한다. 수-엘렌 케이스는 아리스토텔레스의 시학에 대한 해체와 도전이라는 의미에서 여성 무대 미학을 "새로운 시학"(Case, 114)이라고 부르면서 무대에서 여성이 어떻게 타자로서 지금까지 위치해왔는가, 무대의 메커니즘 속에 어떻게 여성 억압과 객체화의 기제가 숨어 있는가 등을 파헤친다. 전통적인 무대가 여성을 타자로서 규정해왔다면 그것을 극복할 "여성적 형식female form"이 존재해야 되지 않는가 하는 문제는 엘렌 식수Hélène Cixous 등의 비평가들에 의해 주장되어왔다. 이들이 여성적 형태의 특징으로 주장하는 것은 "연속성"이다. 남성의 형태가 완벽하고 명쾌하고 고정적이라면, 여성의 형태는 파편적이고 모호하고 유동적이다.

> 이 연속성은 텍스트 내에서와 텍스트의 경계선에서 존재한다. 여성적 형태는 종결감이 없는 것처럼 보인다. 사실 그것은 하나의 반 종결anti-closure로 작용한다. … 종결도 없고, 시작, 중간, 끝에 대한 감각도 없고, 중심되는 초점도 없는 상태에서, 여성적 형태는 계층 구조—즉 여성을 담론에서 제외하는 역할을 했던 전통적 형태의 원리—를 버린다. (Case, 129)

전통적 비극의 형태를 남성의 성적 행위의 과정과 동일시하면서 페미니스트 비평가들은 페미니즘 연극이 여성의 성적 행위(여러 번의 오르가즘을 가지며 한 번의 클라이맥스를 향해 달려갈 필요가 없는)와 유사한 형태를 추구해야 한다고 주장한다. 이러한 극단적인 여성적 형식의 주장이 모든 페미니즘 극작가들에 의해 채택되고 있는 것은 아니지만 우리는 플롯에 대한 강조가 페미니즘 연극에서는 경감되고 있는 것을 목격할 수 있다. 거투르드 스타인Gertrude Stein(1874-1946)이 자신의 연극을 가리켜 "풍경"이라고 표현한 것을 인용하면서 케이사는 페미니즘 연극에서는 플롯보다는 세부 묘사와 분위기의 창조가 더욱 중요하다고 주장하면서 "풍경으로서의 희곡의 개념은 플롯에 대한 강조를 약화시키는 반면 페미니스트 연극에서의 질감과 세부의 중요성을 유용하게 표현하고 있다."(Keyssar, 2)라고 지적한다. 이러한 지적은 실험성이 강한 초기의 극에 더욱더 잘 적용되지만 사실주의의 형태를 취한 페미니즘 연극에서도 여성적 공간의 창조와 세부 묘사는 돋보이는 특징이다.

공간과 소재

많은 페미니즘 연극은 전통적으로 여성의 공간이라고 여겨져 온 부엌과 거실을 무대 배경으로 삼는다. 부엌에서 그리고 거실에서 여성 주인공들은 가부장제가 여성의 역할로 규정한 '여성의 일'을 행한다. 베스 헨리나 마샤 노먼처럼 사실주의 기법을 취하는 극작가들이 쓴 연극에서는 여성의 공간이 세부적으로 묘사되는데 이것은 여성 관객으로 하여금 동일시와 친숙함을 느끼게 함으로써 여성 관객과 극적 세계를 연결하려는 의도에서이다. 평범한 세부를 사용하는 것은 관객들을 극적 세계로 끌어들여 극적 경험을 공유하게 만들려는 전략이다. 부엌에서 여성들이 행하는 일은 주로 음식과 관계된 일이다. 여성들이 음식을 정리하거나 요리하거나 먹는 등의 일을 하는 것은 비록 사실적으로 그려질지라도 상징적인 차원으로까지 승화된다. 보통 여성의 일은 여성을 억압하고 창조적인 활동으로부터 제외시키려는 가부장제의 수단으로 해석되지만 루라나 도널스 오말리Lurana Donnels O'Malley와 같은 비평가는 포니스의 극에서 옷을 다리거나 콩 껍질을 까는 등의 여성의 일을 여성으로 하여금 자아를 찾게 하는 긍정적인 행위로 해석한다. 린다 하트Lynda Hart는 마샤 노먼의 극에서 여주인공이 가부장제의 폭력에 대한 투쟁의 무기로 음식을 거부하고 있다고 주장하며, 로라 모로우Laura Morrow는 헨리와 노먼의 극에서의 음식의 소모를 좌절과 정서적 갈증을 해소하기 위한 수단으로 해석하고 있다.

언어

플롯의 경시는 많은 경우 대사에의 의존으로 이어지고 자신들의 문제에 대한 여성 주인공들의 끊임없는 대화는 남성 비평가들로부터 페미니스트 연극이 "너무 수다스럽다"는 평가를 받게 했다. 여성 작가들은 대개 대사 구사의 재주를 작품 속에서 발휘하는데 노먼은 그것이 듣는 재주를 통해 획득되었다고 주장하며 "내가 잘할 수 있는 유일한 것은 듣는 일이다."("Conversations" 10)라고 말한다. 그러나 대사에의 과도한 의존은 극적 사건 전개에 익숙해 있는 관객을 실망시키는 경향이 있다. 또한 여성들만의 비밀스런 세계에 대한 끊임없는 대화는 관객을 참여시키기보다는 유리시키고, 특히 남성 관객을 훔쳐보는 사람voyeur으로 만들 위험이 있다. 이러한 단점에도 불구하고 여성들이 자신의 고민을 표현하고 해결책을 모색할 수 있는 것은 서로 간의 대화를 통해서이다.

미학: 변신 기법

페미니즘 연극의 미학을 논하면서 간과할 수 없는 개념이 있다면 그것은 바로 변신transformation이다. 변신 기법은 1960년대의 실험극 운동에서 선도적인 역할을 했던 오픈 시어터에 의해 개발되었으나 미간 테리에 의해 사용됨으로써 페미니즘 연극에 지대한 영향을 미쳤다. 조셉 채이킨이 주도하고 샘 셰퍼드, 장-클로드 반 이탈리Jean-Claude Van Itallie(1936-), 미간 테리가 주축이 되어 활동한 오픈 시어터는 변신 기법이라는 극적 실험을 통해 사실주의를 바탕으로 이루어져 온 미국 연극에 획기적인 변화를 가져오며 기존의 미학을 전복시켰다. 변신은 우리가 일상생활에서 취하고 있는 자아가 실제로는 무수히 많은 문화적 모델들에서 빌려온 가면이라는 인식에서 출발한다. 문화적, 종족적, 성적으로 주어진 역할들이 바로 우리의 자아인 것처럼 받아들이는 데 너무 익숙한 나머지 우리는 그러한 역할을 버리는 것이 바로 우리의 자아를 포기하는 것이라고 생각하고 두려워한다. 변신 기법은 자아와 현실의 구축이 얼마나 가상적이며 무너지기 쉬운 것인지를 우리에게 제시한다. 원래 배우의 상상력, 연기력, 기량을 훈련하려고 개발된 이 프로그램은 리얼리티와 자아에 대한 우리의 인식론적 고정관념에 도전하는 데 사용된다. 준 슐루터June Schlueter는 변신을 사용한 연극의 역할을 다음과 같이 말한다.

> 그러나 테리와 다른 작가들이 보여준 것처럼, 도덕적으로 책임 있고, 심리적으로 일관성이 있고, 사회적으로 안정된 자아를 식별할 필요 없이, 단지 자아가 어떻게 형태를 갖추는가에 대한 인식론적 문제와 유희를 하기 위한 연극을 고안할 수도 있는 것이다. (Schueter, 163)

이전까지 사실주의적 연극 개념에 입각한 성격character의 설정은 심리적인 동기 파악과 원인 결과의 연결에 초점을 맞추었으나 변신을 이용한 연극에서는 이것이 불가능하다. 왜냐하면 등장인물이 한 인물에서 다른 인물로 아무런 이유 없이 변화하기 때문이다. 따라서 변신 기법은 배우에게 있어서 연기의 폭을 넓히는 훈련이 될 뿐만 아니라 관객들의 상상력도 자극하며 그들이 자아에 대해 가지고 있는 고정관념이 얼마나 허구적인 것인가를 보여준다. 피터 펠드만Peter Feldman은 미간 테리의 『시원하고 건조한 곳에 보관하시오*Keep Tightly Closed in Cool Dry Place*』의 제작노트에서 "변신은 매우 생생한 방법으로 '리얼리티'에 대한 우리의 개념을 문제 삼으면서 또한 자아의 본질과 성격의 유한성에 대해서도 의문을 제기한다."(201)라고 변신 기법을 설명한다.

그렇다면 이러한 변신 기법이 페미니즘 연극과는 어떠한 상관관계가 있는가? 변신 기법은 그동안 자아와 리얼리티를 고정된 것으로 간주하고 그것에 대한 올바른 인식을 향해 나아가는 것이 극적 행동의 중심을 이루었던 전통 연극에 대한 반기를 들면서 자아를 "고정되고 숨겨지기"보다는 "움직이고, 변할 수 있고, 다양한"(Keyssar, xiv) 것으로 보았다는 점에서 페미니즘 연극에 중요한 의미를 지닌다. 왜냐하면 앞에서 살펴보았듯이 많은 여성들이 가부장제가 부여한 자아의 가면, 즉 아내, 주부, 인형, 성적 대상으로서의 스테레오타입을 자신의 진정한 자아인 것처럼 집착해왔기 때문이다. 변신은 변화의 가능성과 역할의 융통성을 보여줌으로써 획일적이고 위계적인 세계관을 전복시킨다. 헬렌 케이사는 전통 연극이 희랍 비극이나 셰익스피어의 비극처럼 주인공이 자아를 인식recognition하는 데 치중해왔다면 페미니즘 연극은 자아와 세계의 변신을 강조한다고 지적한다.

> 전통적으로 연극은 이처럼 우리로 하여금 우리 자신을 더 잘 알고, 우리의 역사를 탐색하고, 우리가 '실제로' 누구인가를 우리 자신과 남에게 밝히기를 종용해왔다. 그러나 페미니즘 연극에서는 자아 인식이나 '진정한' 자아의 폭로가 아니라 다른 사람의 인식과 그에 따른 자아와 세계의 변화를 향해 모든 힘이 경주된다. (Keyssar, xiv)

물론 극이 진행되는 도중에 한 인물이 다른 인물로 혹은 물건으로 갑작스럽게 변화하는 원래의 의미에서의 변신 기법은 실험극이 왕성한 활동을 하던 시기에 활약한 미간 테리, 마리아 아이린 포니스의 작품에서만 보일 뿐 1970년대 이후에 활동을 시작한 사실주의적 작가들에게서는 찾아보기가 쉽지 않다. 그러나 이러한 사실주의 작가들에게 있어서도 주인공의 변신은 중요한 의미를 지닌다. 왜냐하면 주어진 역할을 수동적으로 감수하던 인간에서 자신의 생에 대한 자주적 권리를 주장하는 인물로 변화하는 것이 많은 페미니즘 연극에서 긍정적으로 묘사하고 있는 여성 주인공이기 때문이다.

4. 페미니즘 연극의 새로운 방향: 마샤 노먼과 베스 헨리

1970년대 말부터 페미니즘 연극은 실험극 운동의 쇠퇴와 함께 새로운 방향으로 선회했는데 그것은 전통적인 극 형식 속에서 재미와 극적 묘미를 희생하지 않으면서 여성의 삶을 묘사하는 사실주의 연극이었다. 새로운 전통에 속하는 작가들은 선배들이 이루어놓은 업적을 바탕으로 여성의 삶의 진솔한 묘사와 여성 간의 유대감 설정에 치중했다. 이들의 작품에서는 세부적 묘사에 의한 여성적 공간의 창조, 분위기의 묘사, 평범한 여성의 삶의 제시가 비교적 전통적인 틀 속에서 전개된다. 가부장 사회에서 겪는 억압과 한계에 대한 분노의 표출이 선배들의 극에서처럼 강렬하지는 않지만 분명히 제시되고 있으며, 그것에 대한 해결책으로 여성 간의 공감대 형성과 결속이 제시되고 있다.

마샤 노먼과 베스 헨리는 비슷한 시기에 등장하여 퓰리처상을 수상함으로써 미국 연극계에 충격을 주며 사실주의 페미니즘 연극의 도래를 이끌었다. 이 두 작가의 작품은 우리나라에서도 여러 번 공연될 정도로 여성 관객들로부터 공감을 이끌어냈으며 대중적으로도 성공한 페미니즘 연극의 전형이라고 할 수 있다.

마샤 노먼의 『잘 자요 엄마』는 우리나라 공연에서 특히 델마Thelma 역에 박정자(1990), 윤소정(2004), 손숙(2008), 김용림(2015), 나문희(2008, 2015) 등 카리스마가 넘치는 배우들이 캐스팅되면서 주목을 끌었다. 엄마인 델마와 40대 딸 제시Jessie 두 사람만이 출연하는 이 작품은 제시가 엄마와 보내는 주말 저녁에 "나 자살할 거예요."라는 폭탄선언을 하면서 시작된다. 처음에는 그 말을 농담으로 여겼던 델마는 제시가 오래전부터 자살을 준비해왔다는 것을 알게 되면서 그 이유를 묻게 되고 처음으로 모녀간의 진솔한 대화가 진행된다. 그 대화를 통해 우리는 제시가 남편과 이혼하고, 도벽이 있는 아들은 가출하고, 하나밖에 없는 피붙이인 오빠네 식구와도 소원한 관계임을 알게 된다. 또한 간질병을 앓고 있는 제시가 직장을 얻는 데에도 실패하고 같이 살고 있는 엄마로부터도 알게 모르게 압박을 받아온 사실이 밝혀진다.

페미니즘 연극이 여성 주인공을 둘러싼 가부장적, 사회적 억압이라는 부정적 요소와 그것을 이겨내는 주인공의 노력과 연대를 보여주는 긍정적 요소를 포함하고 있다면 이 작품은 부정적인 요소에 훨씬 더 많이 치중한다. 우선 그녀를 둘러싼 네 명의 남성은 그녀를 힘들게 한다. 그녀의 아버지는 그녀와 유일하게 대화를 나누는 상대였지만 엄마와는 의사소통을 하지 않고 15년 전에 죽어버렸다. 그녀가 아버지의 총으로 자살을 하려는 것은 어쩌면 아버지의 길을 따라가려는 것인지도 모른다. 두 번째 인물인 세실Cecil은 그녀의 남편이었지만 자신의 기대와 다른 아내를 얻었다는 사실을 깨닫고 아그네스Agnes의 딸과 바람이 나서 그녀를 버린다. 그녀의 아들 리키Ricky는 그녀의 보석을 가지고 도망치며 도벽이 있어서 교도소에 가 있다. 아버지와 남편과 아들을 비롯하여 그녀를 둘러싼 모든 남성들이 그녀를 버렸다. 하나뿐인 오빠 도슨Dawson은 그녀와 의사소통이 거의 없을 뿐 아니라 무심하며 그의 아내는 함부로 제시의 집에 들락거리면서 그녀의 사생활을 침해한다. 제시가 총을 사용하는 법을 묻자 도슨은 이유를 묻지도 않고 친절하게 사용법을 알려줌으로써 그녀의 죽음에 일조한다.

: 시씨 스패식Sissy Spacek과 앤 뱅크로트 Anne Bancroft가 주연했던 미국 영화 <잘 자요 엄마>(1986)

이처럼 부정적인 요소로 가득 찬 이 작품에서 제시의 자살은 인생을 포기한 여성의 도피로 볼 수 있다. 그리고 그녀가 간질병을 가지고 있다는 사실, 사회적으로 부적응자라는 사실, 낮은 자존감과 사회적 신분을 가지고 있다는 사실로 인해 자살을 선택한다는 점 때문에 이 작품을 비관적인 작품으로 공격하는 비평가들도 있었다. 그러나 제시의 자살

⋮ 각각 김용림, 나문희가 주연했던 <잘자요 엄마>

은 "자신을 실존적으로 정의하는 행위"(Adler, 7)로 볼 수도 있다. 그녀는 "내 생명은 내게 남아 있는 유일한 것이고 나는 이제 그 생명을 마음대로 하려는 거예요. 내 생명을 이제 멈출 거예요."라고 말한다. 그녀가 자신의 삶에 가할 수 있는 유일한 통제는 그것을 중단시키는 일 밖에 없고 중단시키는 행위야말로 그녀의 의지를 발휘할 수 있는 유일한 길이다. 또 하나의 긍정적인 요소는 여성 간의 이해와 결속이다. 제시와 델마는 이날 밤 서로 묻고 싶었으나 묻지 못했던 일들을 함께 나눈다. 그들에게 이날 밤의 대화는 서로의 문제를 이해하는 데 도움을 준다. 제시는 델마 또한 착취당한 경험을 가진 가부장제의 희생양이었음을 깨닫는다. 이 연극은 이러한 이해가 더 빨리 왔더라면 위기가 방지될 수 있었을지도 모른다는 것을 시사해준다. 델마의 "나는 몰랐다. 나는 항상 여기에 너와 함께 있었어. 네가 그렇게 외로운 줄을 내가 어떻게 알 수 있었겠니?"라는 대사는 여성이 일상생활에 파묻혀 의사소통하기를 그칠 때 문제가 얼마나 심각해질 수 있는가를 보여준다. 이 장면은 또한 여성 관객을 안일한 일상의 반복으로부터 일깨우려는 시도이다. 이 밤의 경험이 있은 후 델마의 인생은 결코 이전과 같지 않을 것이다. 헬렌 케이사는 다음과 같이 말한다.

> 아마도 『잘 자요 엄마』의 연속극 같은 대화와 무대장치는 평범한 여성들의 매일매일의 삶이 오늘날 여성의 극적 이미지의 주된 제공자 역할을 하는 텔레비전 연속극에 나타난 것보다도 훨씬 덜 아름다울 뿐 아니라 오히려 훨씬 더 불행하다는 점을 관객에게 이해시키려고 의도된 것 같다. (Keyssar, 165)

노먼은 이 연극에서 가부장제 속 생활의 현실에서 여성 간의 이해와 결속이 문제를 해결하는 실마리가 될 수 있음을 보여준다.

우리나라에서 2019년 제2회 페미니즘 연극제에서 공연된 것을 비롯해 수차례 무대에 오른 베스 헨리의 『마음의 범죄』 또한 가부장제의 억압과 그것을 극복하는 여성들을 그렸다는 점에서 전형적인 미국 페미니즘 연극의 공식을 따르고 있다. 이 극의 주인공 레니Lenny, 멕Meg, 베이브Babe, 세 자매의 불행은 아버지가 가족을 버리고 나간 후 그들이 어머니와 함께 할아버지 집에 와서 살게 되면서 시작된다. 아버지의 가출 후 슬픔을 겪다가 고양이와 함께 목매달아 자살한 어머니의 죽음은 지방 신문에 대서특필되었고 자매들이 평생 지니고 살아가야 하는 낙인을 안겨준다. 이 자매들을 억압하는 힘은 할아버지를 비롯한 남성들의 가부장적 사고와 체제이지만 정작 이 남성들의 모습은 『잘 자요 엄마』에서처럼 무대 위에 등장하지도 않는다. 자매를 버린 아버지, 그들의 삶의 방향을 임의로 정해놓고 조종하는 할아버지, 베이브를 정신적, 육체적으로 학대하여 결국 베이브로 하여금 총을 쏘게 만든 재커리Zackery 등은 오프 스테이지 캐릭터로 언급만 될 뿐이지만 그들의 비가시성은 그로 인해 더 큰 힘을 갖는다.

레니, 멕, 베이브는 할아버지가 정해준 삶의 경로를 비판 없이 받아들이고 그것을 지키려고 애쓰지만 사실 이들의 모습은 남성이 규정한 여성의 스테레오타입을 대표한다. 돌아가신 할머니의 옷을 입은 채 낭

: 2019년 제2회 페미니즘 연극제에서 공연된 <마음의 범죄>

만적인 사랑의 희망조차 가지지 못하고 집안일을 하고 할아버지의 온갖 뒤치다꺼리를 하는 레니의 모습은 희생적인 여성상을 대표한다. 가수가 되라는 할아버지의 권유에 가수가 되기 위해 LA로 떠났던 멕은 결국 정신병원에 갇히는 신세가 된다. 그녀는 나중에 누군가를 기쁘게 하기 위해서 노래를 부르지 않아도 된다는 것을 깨달았을 때 비로소 후련함을 느낀다. 베이브는 그 이름이 상징하듯이 할아버지의 "귀염둥이"이며 아무것도 모른 채 할아버지의 권유로 재커리와 결혼하여 정신적, 육체적 학대를 받는다.

베스 헨리는 이처럼 순종적인 희생자, 남성을 즐겁게 하는 연예인, 남성의 소유물이라는 역할을 떠맡은 여성 인물들을 제시하는 데 그치지 않고 이들이 인식과 변신을 통해 자주성과 유대를 강화하는 과정을 극화하고 있다. 멕은 노래를 통해 성공하기를 강요했던 가부장제의 억압에서 해방된 후 언니와 동생이 인식에 이르는 것을 돕는다. 다른 사람들의 뒷바라지에 모든 노력을 허비해온 레니는 할아버지가 혼수상태에 빠지면서 스스로의 삶을 직면하게 되고 마침내 용기를 내어 사귀던 남자에게 다시 전화를 걸게 된다. 가부장제의 육체적 폭력, 정신적 학대의 직접적인 피해자였던 베이브는 자살을 여러 번 시도하지만 언니들의 사랑과 유대에 힘입어 어머니의 전철을 따르지 않고 긍정적으로 삶을 주도해나가기로 결심한다.

마지막 장면에서 가부장제의 위협을 잠시 망각한 채 순수한 기쁨에 젖어 있는 자매들의 모습은 첫 장면에서 레니가 고독한 생일 축하 노래를 스스로에게 불러주는 장면과 대조가 된다. 서로 간의 이해와 유대를 통해 그들은 가부장제가 자신들의 인생에 미친 힘을 극복할 수 있게 된다. 또한 그러한 극복을 통해 그들은 자주적인 자아로 변신하게 된다.

5. 미국 페미니즘 연극의 한국적 수용

1980년대의 사실주의 페미니즘 연극의 활발한 공연에 뒤이어서 많은 여성 극작가들이 페미니즘 연극 운동을 이어갔다. 이들 중에는 아프리카계, 히스패닉계, 아시아계 여성 극작가들도 있어서 백인 위주의 여성 극작가들이 착안하지 못한 여성의 경험들을 보여주었다. 특히 이런 작가들의 작품은 여성의 억압적 상황을 산출한 역사적, 계급적 상황에 대한 고려가 반드시 수반되어야 한다. 왜냐하면 이들의 독특한 상황은 백인 여성들과 같은 '자매'의 입장에서 파악하는 데 한계가 있기 때문이다. 수-엘렌 케이스의 말대로 이들은 "성, 인종, 계급의 억압"(97)이라는 삼중의 억압을 짊어지고 있기 때문이다. 로레인 핸즈베리, 아드리엔 케네디Adrienne Kennedy(1931-), 앨리스 칠드레스Alice Childress(1916-1994), 엔토자키 샹게이Ntozake Shange(1948-2018), 수잔-로리 팍스Suzan-Lori Parks(1963-), 린 노티지Lynn Nottage(1964-) 등 여성 작가들은 꾸준하게 작품을 발표하면서 퓰리처상 수상 등 연극계에 깊은 울림을 남기며 우리의 관심을 끌고 있다.

우리나라에서 페미니즘 연극이 본격적으로 하나의 트렌드로 등장한 것은 여성문화기획에서 버지니아 울프Virginia Woolf의 책을 모노드라마 형식으로 각색하여 이영란이 공연한 『자기만의 방』(1992)으로부터 시작한다. 이 작품은 공연이 아니라 강연 형식이어서 남성 관객에게 삿대질을 하며 남성들에 대한 공격을 노골적으로 하여 논란이 되기도 했지

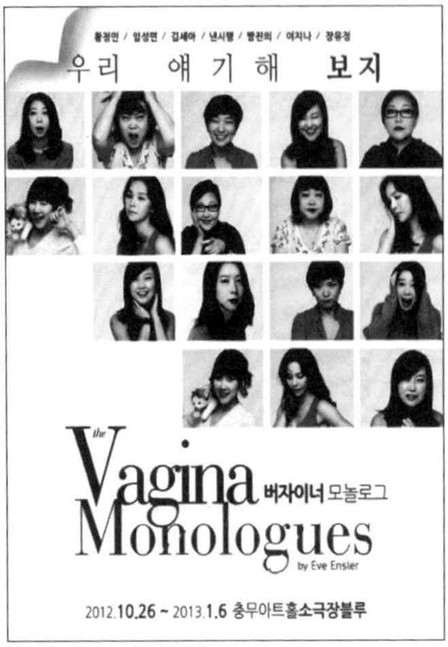

⋮ <버자이너 모놀로그> 2012년 공연

만 페미니즘 연극사에서 매우 중요한 위치를 차지하는 작품이라 하겠다. 뒤를 이어서 공지영의 소설을 연극으로 각색한 『무소의 뿔처럼 혼자서 가라』가 공연되었고, 영국 극작가 넬 던Nell Dunn의 『스티밍*Steaming*』을 『욕탕의 여인들』이라는 선정적인 제목으로 당시 유명 여배우였던 김성녀를 캐스팅하여 무대에 올린 작품도 인기와 논란거리가 되었다. 마샤 노먼의 『게팅 아웃*Getting Out*』은 〈애마부인〉 시리즈의 여주인공을 맡았던 배우가 출연하여 공연되었는데 이 작품 또한 여주인공이 타월만 두르고 욕실에서 나오는 장면을 보려고 남성 관객들이 앞좌석에 자리 잡는 해프닝을 야기했다.[2] 노골적인 제목으로 우리나라에서 여러 번 공연된 적이 있는 이브 엔슬러Eve Ensler(1953-)의 『버자이너 모놀로그 *Vagina Monologue*』도 여성의 몸과 관련된 논란과 담론을 형성하고 있다. 필자가 관람한 한국 공연 10주년 공연에서는 연극의 제목을 한국어로 번역하자는 의견이 제작진들로부터 나왔으나 그것이 일반 대중에게 미칠 파급효과를 우려하여 원제를 고수하기로 했다는 이야기를 출연진들이 했다. 여성들만의 비밀스러운 이야기를 무대에 올려서 여성 관객의 공감을 얻는다는 취지를 가지고 있는 이런 작품들이 실제 공연 현장에서는 여성의 몸이 (특히 유명 여배우들이 주연할 경우) 헬렌 케이사가 지

2 이 작품들은 필자가 1990년대 초에 직접 관람을 했던 공연들이다. 너무 오래된 공연이어서 인터넷에서 검색이 되지 않고 필자의 기억에만 기초했기 때문에 정확한 공연 연도는 밝힐 수 없었다.

적했던 것처럼 남성 관객의 관음증voyeurism의 대상이 되는 현상이 벌어졌다. 페미니즘 영화가 여성의 대상화 문제를 극복하려고 노력했던 것처럼 페미니즘 연극에서도 성을 다룬 연극 내용이 말초적인 재미를 강조함이 없이 여성의 섹슈얼리티와 사회에서의 여성 억압 문제를 다룰 수 있는 방향으로 탈출구를 찾는 노력들이 계속되고 있다.

주요 토론 주제

1. 우리나라에서 공연된 영미권 페미니즘 연극의 사례를 조사하고 각각의 작품에서 나타난 주제들을 토의해봅시다.
2. 관객의 입장에서 남성 작가와 여성 작가의 작품이 무대 위에서 재현될 때 어떤 점에서 다르게 수용하는지 토의해봅시다.
3. 『자기만의 방』, 『무소의 뿔처럼 혼자서 가라』 등 우리나라에서 공연된 한국 페미니즘 연극의 사례를 조사해봅시다.
4. 『버자이너 모놀로그』의 공연평을 조사하고 여성의 몸에 대한 노골적인 대사가 페미니즘의 주제를 강화하는지 아니면, 케이사의 주장대로 남성 관객의 관음주의를 부추기는지 토의해봅시다.
5. 『잘자요 엄마』에서 제시의 자살이 "실존적인 자기 정의"로 간주될 수 있는지에 대해 토의해봅시다.

10 미국 영화에 나타난 여성의 몸

: 마릴린 먼로의 <7년만의 외출>에서 여성의 몸의 대상화[1]

이형식

현대 사회에서 여성의 몸의 상품화와 대상화는 광고, 드라마, 영화 등에서 자주 제기되는 문제이다. 영화에서 여성의 몸을 상품화하는 것이 본격적으로 대두된 시기는 1950년대 할리우드 섹스 코미디 장르의 전성기였으며 바로 그 시대를 대표하는 섹스 심벌은 마릴린 먼로였다. 이 글에서는 여성의 몸의 대상화에 대한 이론적 근거를 살펴보고 〈7년만의 외출〉에서 그 구체적 사례를 분석한다. 이러한 논의는 오늘날 우리나라에서 제기되고 있는 젠더 폭력과 여성의 성 상품화를 고찰할 수 있는 거울을 제공할 것이다.

1. 섹스 코미디의 탄생 배경

1895년에 뤼미에르 형제의 영화가 처음 상영된 이후 무성영화는 인기가 치솟기 시작했다. 무성영화는 일상의 단편들을 보여주는 데서 시

1 이 글은 「7년만의 외출에 나타난 여성의 몸의 대상화」라는 제목으로 2018년 『문학과 영상』 제19집 3호, 497-515쪽에 게재된 논문을 수정·보완한 것이다.

작했다가 점점 색다르고 신기하고 환상적인 영상을 보여주면서 1927년 유성영화의 시대를 맞게 되었다. 소위 미국 영화의 고전 시대가 시작되면서 스튜디오 시스템을 구축한 할리우드는 세계 영화를 지배하기 위한 발판을 마련했다. 그러나 유성영화 시대 초기에 슬랩스틱 코미디와 다른 장르에서 성적인 표현이 증가하면서 천주교윤리위원회Catholic Legion of Decency가 영화에 대한 보이콧을 하겠다고 나서는 지경에 이르게 되었다. 비상이 걸린 영화제작협회는 관객 수 급감에 대한 우려로 스스로 제작 규정Code of Production을 만들어 할리우드 스튜디오에서 제작되는 모든 영화에 이 규정을 적용하여 단속하고 나섰다. 이 규정에 의해 '간통과 불륜', '성애', '유혹과 강간', '성도착증', '백인 노예', '종족 간 교잡', '저속함', '외설' 등의 묘사가 철저히 검열되었다(벨튼, 180). 마릴린 먼로Marilyn Monroe(1926-1962)가 등장하기 전 할리우드 블론드의 원조 격인 배우는 진 할로우Jean Harlow와 메이 웨스트Mae West였고, 특히 이들의 영화가 검열의 대상이 되었다.

사랑의 육체적인 표현이 금지되자 그것은 슬랩스틱으로 표현되었고, 점잖은 사람들의 슬랩스틱 코미디가 스크루볼 코미디screwball comedy라는 장르의 탄생으로 이어졌다. 영화 주인공인 캐리 그랜트Cary Grant, 캐서린 헵번Katharine Hepburn 같은 상류층의 인물들이 자신들의 사랑을 성적으로 표현하지 못하자 슬랩스틱 코미디에서나 볼 수 있는 뺨 때리기, 꼬집기, 넘어뜨리기 등의 골탕 먹이기로 사랑을 표현하면서 스크루볼 코미디라는 장르가 탄생한 것이다. 그중에서도 〈어느 날 밤에 생긴 일It Happened One Night〉은 1936년도 아카데미상을 휩쓸며 대표적인 스크루볼 코미디로 불리게 되었다. 2차 대전이 시작되면서 코미디 장르는 잠시 느와르라는 어두운 장르에 자리를 내주게 된다. 어두침침한 골목과 밤 풍경을 배경으로 돈과 욕망을 좇는 인물들의 살인과 범죄의 행동들이 중심 플롯을 형성하는 느와르는 팜므 파탈femme fatale이라는 문제성 있는 여성 캐릭터를 탄생시키지만 그것은 또 다른 논의를 필요로 하는 주제이다.

2차 대전이 끝나고 1950년대가 되면서 그 시대를 지배한 장르는 멜로드라마, SF 영화, 그리고 섹스 코미디였다. 멜로드라마는 2차 대전 중에 남자들이 전쟁에 참여하여 빈 공백을 여자들이 메우면서 잠시나마 공적인 삶에서 자기실현을 맛보았던 여성들이 남성들의 귀환으로 다시 가정으로 돌아오면서 겪는 어려움을 다룬 것이다. 좁은 가정 속에서 다시 어머니와 아내로서의 역할에 만족해야 하는 여성들이 그것에 불만을 품고 일탈하려고 시도할 때 가정에 문제가 생긴다. 멜로드라마는 이러한 여성들의 욕망과 좌절을 다루고 있으며 더글러스 서크Douglas Sirk라는 멜로드라마의 거장을 만나 1950년대의 대표적인 장르로 꽃피게 된다. 그에 비해 SF 장르는 미국과 소련 사이의 냉전 상태에서 미국 내에 숨어 있을지도 모르는 내부의 적에 대한 공포를 외계인의 침입으로 표현하여 공감을 샀다. 미국 국무부 내에도 공산주의자가 숨어 있다는 매카시McCarthy 상원의원의 발언으로 시작된 마녀사냥은 특히 미국 할리우드 영화인들을 강타했으며 많은 사람들이 청문회에 소환되어 과거 공산주의 활동 여부를 추궁받았다. 그중 일부는 반미행동조사위원회HUAC의 조사에 협조하여 순순히 자백을 했고 나머지 사람들은 끝까지 협조하기를 거부했다. 이러한 공산주의에 대한 공포는 영화에서 외계인의 침입으로 표현되었다. 〈신체강탈자의 침입Invasion of Body Snatchers〉(1956)과 같은 영화에서는 우리 주변에서 친하게 지내던 가족, 친구, 이웃들의 몸속에 외계인이 침입하여 겉은 멀쩡하지만 다른 사람으로 변모시켜 놓는다. 이처럼 주변 사람들에 대한 불신이 SF 영화로 표현되었다.

1950년대를 지배하던 세 번째 장르인 섹스 코미디는 2차 대전이 끝난 후 제작 규정의 경계를 몇몇 감독들이 시험적으로 넘보면서 시작되었다. 1950년대는 베이비붐과 함께 성의 대한 대중적 관심이 높아지던 시기였다. 킨제이 리포트가 발표되고 『플레이보이*Playboy*』지가 창간된 것도 바로 이때였으며 프로이트의 정신분석학에 대한 서적이 대중적 심리학pop psychology의 형태로 우후죽순처럼 출간되었다. 사람을 움직이는 힘은 리비도라는 억압된 성적 충동이며 이것을 억압할 때 문제가 된다는 식의 단순화된 프로이트 심리학이 대중의 의식 속에 스며들기 시작했다.

섹스 코미디는 이러한 시대적인 배경 하에서 앞서 설명한 대로 제작 규정의 검열이 느슨해진 틈을 타서 영화산업 쪽에서 마릴린 먼로와 같은 걸출한 스타를 앞세워 관객들에게 어필하기 위해 만든 장르이다. 존 벨튼John Belton은 다음과 같이 말한다.

> 영화 제작자들이 제작 규정의 한계를 시험하기 시작하면서 규정의 제한도 약간 느슨해지기 시작했다. 그에 따라 코미디 영화는 성적 이슈의 처리에 있어서 점점 노골적이 되어 섹스 코미디라는 새로운 하위 장르를 부상시켰다. (벨튼, 186)

오토 프레밍거Otto Preminger 감독이 혼전 섹스, 임신, 유혹 등의 이슈를 다룬 〈푸른 달The Moon Is Blue〉(1953)이라는 영화를 제작 규정에 저촉하지 않고도 성공적으로 개봉시키자 감독과 제작자들은 너도나도 도발적인 섹스 코미디에 뛰어들기 시작했다. 특히 비슷한 시기에 활동했던 제인 맨스필드Jane Mansfield는 〈그 여자는 어쩔 수 없어The Girl Can't Help It〉(1956)와 〈성공한다고 록 헌터가 변하겠소?Will Success Spoil Rock Hunter?〉(1957)라는 영화에서 그녀가 지나가기만 해도 "얼음장수의 얼음이 녹고, 우유장수의 우유가 끓으며, 남자 구경꾼의 안경이 깨지는"(벨튼, 236) 장면을 연출하여 섹스 코미디의 극치를 보여주었다.

마릴린 먼로는 바로 이러한 시기에 미국 남성 관객의 판타지를 만족시켜주는 인물로 창조되었다. 존 벨튼은 마릴린 먼로가 분한 영화 캐릭터의 발전에 대해 이렇게 말한다.

> 마릴린 먼로의 영화 캐릭터는 처음에는 덤 블론드dumb blonde, 조크의 대상이 되는 성적으로 순진한 유혹녀(〈신사는 금발을 좋아한다〉, 〈백만장자와 결혼하는 법〉)에서 남자의 성적 판타지의 대상(〈7년만의 외출〉)을 거쳐 마침내 좀 더 세속적이고 성에 눈뜬, 그러나 약간 상처받은 낭만주의자(〈뜨거운 것이 좋아〉)로 변모한다. (벨튼, 186)

뉴욕 전철 통풍구에서 나오는 바람에 치마가 올라가는 장면이 세계의 여러 장소에서 동상으로도 제작될 정도로 강력한 인상을 남긴 〈7년만의 외출The Seven Year Itch〉은 남성의 성적 판타지로 구축된 먼로의 이미지가 가장 잘 표현된 작품이다.

마릴린 먼로는 미국 영화사에서 한 시대를 풍미했으며 뇌쇄적인 미소와 글래머러스한 몸으로 미국뿐만 아니라 전 세계 관객들을 사로잡았다. 비록 젊은 나이에 요절했지만 그녀가 남긴 영화와 일화들은 문화사적으로 많은 논란거리를 제공한다. 그녀는 왜 섹스 심벌sex symbol로 미국 영화의 영원한 아이콘으로 기억되는가? 그녀의 얼굴과 표정과 제스처와 몸의 어떠한 면이 남성들의 관음적 취향과 판타지를 만족시키면서 그녀를 1950년대를 주름잡는 스타로 만들어놓았는가? 그녀가 출연한 각 영화에서 그녀의 이미지는 영화 제작자들에 의해 어떻게 조종되고 제작되었는가? 이러한 질문들은 그녀의 사후에도 계속 따라다니는 질문이었다. 포스트모던 시대를 맞이하여 앤디 워홀Andy Warhol은 그녀의 모습을 실크 스크린 기법으로 같은 이미지를 여러 번 반복함으로써 기계화에 따른 비인간성, 상품화된 인간의 존엄성을 표현했다. 여성의 이미지가 상품화되고 대상화objectify되는 경향은 페미니즘 비평가들에 의해 많은 비판을 받았는데, 특히 마릴린 먼로의 가슴과 입술은 페티시fetish화되면서 남성들에게 하나의 소유물로 제공된다고 비판받았다.

그러나 그와 동시에 그녀의 몸의 이러한 대상화가 어쩌면 그녀가 의도한 것이며 그녀에게는 그것이 여성의 몸을 대상화하는 영화산업에 대한 반격일 수도 있다는 의견도 만만치 않게 제기되었다. 로이스 배너Lois Banner는 "먼로는 자신의 몸을 즐겼던 노출증주의자였다. 그녀는 자신의 성적 대상화라고 간주될 수 있는 행위에 적극적으로 참여했다"(7)고 주장한다. 그녀 자신이 기꺼이 자신의 몸을 시선의 대상으로 현시하면서 여성의 몸을 욕망의 대상으로만 보는 풍조를 희화화한 것이라는 것이다. 특히 자살로 끝난 그녀의 생은 관객들로 하여금 "그녀의 삶을 다시 돌아보게" 했으며 "메시지와 의미를 가진 예술작품으로 그녀를 변신시켰다"(해스켈, 254).

이제 마릴린 먼로가 출연한 1950년대의 대표적인 작품인 〈7년만의 외출〉(1955)에서 마릴린 먼로의 얼굴, 표정, 몸, 제스처 등이 남성적 시각에 의해 어떻게 대상화되며 섹스 심벌로 구축되는지 살펴보고자 한다. 이를 위해서는 특히 영화와 포르노그래피에서 여성 이미지가 생산되고 소비되는 방식에 대해 로라 멀비Laura Mulvey와 아네트 쿤Annette Kuhn이 제시한 이론을 사용하려고 한다.

2. 로라 멀비와 아네트 쿤의 이론

로라 멀비: 관음증과 페티시즘

영화에 재현된 여성 이미지에 대한 페미니즘 비평에 처음 불을 붙인 사람은 영국의 비평가 로라 멀비Laura Mulvey이다. 그녀는 1975년에 『스크린*Screen*』지에 발표한 「시각적 쾌락과 서사 영화Visual Pleasure and Narrative Cinema」라는 글에서 여성이 남성의 시선에 의해 대상화되는 방식에 대해 라캉의 이론에 바탕을 둔 흥미로운 주장을 했다. 멀비에 따르면 영화를 관람할 때 관객이 얻는 즐거움에는 스코포필리아scopophilia와 나르시시즘narcissism이 있다(58). 스코포필리아는 말 그대로 '보는 즐거움'으로서 남성의 경우 화면에 비친 아름다운 여성의 이미지를 보는 데서 즐거움을 얻는다. 나르시시즘은 연못에 비친 자신의 그림자와 사랑에 빠진 신화의 주인공처럼 관객이 화면에 등장하는 남성 주인공과 동일시하면서 느끼는 즐거움이다. 영화 속 남성 주인공은 관객이 현실에서 할 수 없는 일들을 수행하고 목표에 도달하며 아름다운 여인을 쟁취한다. 관객은 "더 완벽하고 완전하고 이상적이고 힘 있는 자아"(58)인 남성 주인공과 동일시함으로써 마치 자신이 현실에서 가능하지 않았던 목표를 성취한 것처럼 착각하며 그것을 즐긴다.

라캉의 정신분석 이론에서 남자아이는 어릴 때 거울단계를 거치면서 거울에 비친 이상적인 자아와 실제 자아를 구분하지 못하며 상상계에 머문다. 아이에게 있어서 거울에 비친 이상적 자아는 바로 그의 모든 욕구를 충족시켜주는 어머니이며 그는 어머니와 동일시한다. 그러나 아이는 자라면서 자신과 어머니 간의 차이를 인식한다. 그는 자신과 같은 성기가 어머니에게서 결핍된 것을 깨닫고 자신의 성기 또한 거세될까 하는 거세 위협castration threat을 느끼게 된다. 이와 동시에 자신과 같은 성기를 소유한 아버지와 동일시하면서 오이디푸스 단계로 나아가게 된다. 이 시기는 그가 말을 배우는 시기와 일치하며 말을 할 수 있는 상징계로 진입하게 된다.

이것을 영화 관람 행위에 적용시켜 보면 영화 관람 시에 남성 관객은 화면에 비치는 여성 주인공을 보면서 보는 즐거움을 느끼지만 동시에 남자아이가 상징계에 들어설 때 어머니에게서 느꼈던 거세 위협을 느낀다. 그래서 이 위협을 상쇄하기 위한 출구를 찾게 되는데 그것은 바로 관음증voyeurism과 페티시즘fetishism이다. 멀비에 따르면 스코포필리아가 "다른 사람을 대상으로 삼고 그를 통제력이 있는 시선을 통해 굴복시키는 데"(59)에서 오는 즐거움이라면 영화에서 관음증은 "죄를 확인하고(거세와 즉시 연관된), 통제력을 주장하고, 죄 지은 사람을 처벌이나 용서를 통해 굴복시키는"(59) 것에서 즐거움을 찾는다. 관음증, 즉 훔쳐보는 행위는 자신은 보여주지 않으면서 대상이 되는 다른 사람을 몰래 엿보는 행위이다. 그렇기 때문에 훔쳐보는 사람은 무방비가 된 대상에 대해 힘을 가진다. 멀비는 이것을 영화에 적용하여 느와르나 멜로드라마에 나오는 여성이 바로 이런 관음증의 대상이 되는 인물이라고 본다. 왜냐하면 죄를 저지르고 일탈을 하는 여성은 가부장제에 의해 처벌되고 용서를 받아야 하기 때문이다. 또 다른 방어기제인 페티시즘은 위협이 되는 여성을 페티시라는 물건으로 변화시켜 위협 자체를 없애버리는 것이다. 대표적인 사례가 금발인 여자는 외모만 예쁘고 머리는 비었다는 편견에서 나온 '덤 블론드dumb blonde'라는 스테레오타입으로서 이러한 여성은 죄를 짓거나 위협을 제기하기보다는 그 아름다운 외모로 인해 성적인 욕망을 충족시키기만 하는 물건이 되는 것이다. 페티시적인 스코포필리아fetishistic scopophilia는 "대상의 육체적 아름다움을 강조하고 그것을 그 자체로 만족을 주는 물건으로 변화"(59)시킨다.

멀비는 영화에서 언제나 "능동/수동이라는 이성애적 구분이 서사 구조를 지배해왔다"고 주장하면서 사건을 일으키고 스토리를 이끌어나가고 통제력을 가지며 시선의 담지자가 되는 쪽은 언제나 남성이고, 여성은 이 남성의 행동의 대상, 시선의 대상이 되어왔다고 주장한다. 그렇기 때문에 "관음증"과 "페티시즘"에 관련된 영화 속 행위 또한 남성들이 여성을 시선의 대상으로 삼고, 처벌하고, 시각적 즐거움을 주는 존재로 대상화한 것과 관련이 있다. 관음증과 페티시즘은 특히 특정 장르와 연관이 있는데 관음증의 경우 멜로드라마와 느와르 영화에서, 페티시즘의 경우는 섹스 코미디에서 작동한다.

로라 멀비는 영화에서 작용하는 시선에는 세 가지가 있다고 주장했는데, 그것은 관객의 시선, 영화 속 남성의 시선, 그리고 카메라의 시선이다. 관객의 시선은 화면 속에 재현된 여성의 이미지를 소비하며 쾌락을 느끼고, 많은 경우 영화 속 남성의 시선과 동일시하여 여성을 바라본다. 우리가 흔히 깨닫지 못하고 있었지만 로라 멀비가 적시한 시선은 바로 카메라의 시선이다. 카메라는 이미지를 만들어내는 의미화 장치로서 여성 캐릭터의 사적인 공간까지도 침투하여 그녀를 대상화하고 하나의 물체로 만드는 역할을 한다.

아네트 쿤: 포르노의 미학

멀비가 관객의 시각적 쾌락에 대한 이론을 제시했다면 아네트 쿤은 『이미지의 힘*The Power of the Image*』에서 포르노가 성을 상품화하여 생산, 판매, 구매하고 있기 때문에 페미니즘의 입장에서 관심을 가질 필요가 있다고 주장한다. 쿤은 포르노 분석의 필요성을 논의하는 자리에서 주로 스틸 사진에서의 포르노를 이야기하면서 사진을 소비하는 주체가 훔쳐보기를 하고 있으며 훔쳐보는 대상이 자신을 볼 수 없다는 사실에서 즐거움을 찾는다고 설명한다. 그리고 그 즐거움은 "권력의 즐거움이며, 시선은 통제하는 시선이다"(45). 쿤은 포르노에서 작용하는 미학을 세 가지로 분류하여 제시한다. 어떤 여성이 목욕물 속에 앉아 자신을 노출시키고 무아지경에 빠져 있는 사진을 보여주면서 쿤은 이것을 "모르게 찍히다caught unawares"라는 메커니즘으로 설명한다. "관람자는 자신에 도취되어 무아지경의 순간을 즐기는 여성을 훔쳐보고" 있으며 “훔쳐보는 시선을 이 여성이 모르고 있다는 사실을 사진이 안심시켜주기 때문에 관람자는 불법적인 관찰에 마음껏 빠질 수 있다”(47). 이것은 실제로 오늘날에도 광고 사진 등에서 많이 사용되는 전략이며, 그것을 우리는 〈7년만의 외출〉에서 마릴린 먼로가 나오는 장면에서 살펴볼 것이다. 아네트 쿤이 열거하는 포르노의 두 번째 미학은 파편화fragmentation이다. 사진이 일반적으로 얼굴에 인간성이 있다고 믿고 얼굴에 주의를 집중하는 데 반해 포르노는 “성적 차이와 섹슈얼리티의 기표라고 간주하는 것, 즉 성기, 가슴, 둔부”에 몰두한다. 그리고 “그러한 이미지를 유통시키면서 포르노는 또한 인간을 성적인 육체로 구축한다”(55). 실제로 하드코어 포르노에서는 이러한 경향이 매우 심하다. 그러나 여성의 몸을 전체적으로 보여주는 핀업 사진 같은 경우에도 “육체의 형식적 배열, 전시 방법은 관람자의 시선을 간청한다. 핀업 사진의 관행은 몸, 대개 여성의 몸을 구경거리로 구축한다”(56). 이것 또한 마릴린 먼로가 나오는 장면에서 분석할 것이다. 포르노에서 사용하는 세 번째 전략은 초대하는 시선inviting look이다. 첫 번째 전략에서 관람자가 보는 것을 모르는 것처럼 여성이 찍혔다면 이 사진에서는 피사체가 카메라를 정면으로 바라보면서 관람자의 존재를 공공연히 인정한다. 쿤은 이런 사진에 대해 “정면을 바라보기보다는 머리를 기울여 시선이 약간 각이 지도록 했다”고 분석하고 있다. 또한 “비스듬히 쳐다보는 것은 성적인 초대 혹은 도발을 의미하며, 이러한 해석은 약간 벌린 입술이 가지는 문화적 암시에 의해 강조된다”(60)고 주장한다. 카메라로부터 얼굴을 돌리고 모른 척하거나 의식적으로 카메라를 쳐다보는 것은 둘 다 관음증을 도발하는 시선이다.

다음 절에서는 〈7년만의 외출〉이 이러한 전략들을 다양하게 사용함으로써 성적 대상으로서의 마릴린 먼로를 볼거리로 만들어놓았음을 살펴보고자 한다.

3. <7년만의 외출>: 금발 미인의 대상화

이 영화는 뉴욕시를 배경으로 가족들은 다 피서를 가고 생계를 위해 홀로 도시에 남아 직장생활을 하는 리처드 셔먼Richard Sherman이라는 주인공이 이층에 이사 온 매력적인 여성에게 마음이 흔들리지만 마음을 고쳐먹고 가족이 있는 시골로 떠나는 것으로 끝나는 영화이다. 1950년대의 풍속도와 당시 유행하던 대중심리학의 내용들을 흥미롭게 반영하는 이 영화에서 주인공인 리처드 셔먼은 출판사에서 근무하고 있고 '중년 남성의 억압된 충동: 그것의 원인과 영향'이라는 제목의 원고를 검토하고 있다. 『플레이보이』지가 출간되고 킨제이 리포트가 발표되면서 성적인 리비도를 옹호하는 담론과 성적인 욕망을 너무 억압하는 것은 정신과 육체에 좋지 않다는 식의 주장이 펼쳐지면서 1960년대 자유분방한 성 혁명의 바탕을 놓은 것이 바로 이 시기였다. 영화는 지고지순한 아내와 리처드를 도처에서 유혹하는 여성들을 이분법적으로 대비시킴으로써 성녀/창녀의 이분법적인 이미지를 제시한다.

페미니즘 영화 이론에서 이미지 비평의 장을 연 몰리 해스켈Molly Haskell은 『숭배에서 강간까지*From Reverence to Rape*』에서 남성들이 여성에 대해 가지고 있는 이분법적 구분이 성녀와 창녀Madonna/Whore의 대조적인 모습으로 묘사되었다고 주장한다. 남성들은 순종적이고 희생적인 여성(성녀)들을 숭배하고 신성시하는 경향이 있으면서 이들을 희생자로 만든다는 것이다. 동시에 남성들은 성적 매력이 풍부하고 도발적인 여성(창녀)을 쾌락의 대상으로 좋아하면서 동시에 그들을 도덕적으로 정죄하는 경향이 있다.

이것이 가장 잘 나타나는 장면이 남자 주인공인 리처드 셔먼이 회사에서 돌아와 아내인 헬렌의 전화를 기다리며 상상에 빠지는 장면이다. 그는 아내의 명령에 그대로 순종하여 퇴근 후 다른 데로 새지 않고 채

식주의 식당에 가서 건강식 식사를 한 후 집으로 돌아온다. 그는 담배를 끊으라는 아내의 명령에 순종하기 위해 담배를 서랍에 넣고 잠근 후 열쇠를 손이 닿지 않는 높은 곳에 던져버린다. 만약 담배를 프로이트식의 남근의 상징으로 볼 수 있다면 그의 아내는 도덕률로 남편을 거세시키는 여자인 것이다. 바로 이때 벨이 울리며 현관문 밖에 여성의 실루엣이 비친다. 그가 문을 열자 마릴린 먼로가 양손에 짐을 들고 등장한다. 여름 동안 이층에 세든 이 여성은 금발에다 육감적인 몸매에 아주 순진하고 어린 여성의 말투를 사용한다. 그녀는 왼쪽 팔에 시장 본 것을 안고 오른쪽 팔에는 선풍기를 들고 꿈에서 등장한 것처럼 리처드의 현실 속에 등장한다. 가슴과 둔부가 과장된 흰색 원피스를 입고 입은 약간 벌린 채 멍한 눈빛으로 주인공을 바라보는 이 여성은 성적으로 매력적이지만 남성에게 위협을 주거나 불안을 안겨주는 타입은 전혀 아닌 것이다. 이것이 바로 로라 멀비가 섹스 코미디에서 등장한다고 주장한 페티시로서의 여성이다. 마릴린 먼로는 이 영화에서 이름도 없이 이층에 사는 여자로 등장하며, 따라서 아무런 정체성도 없는 여성이다. 먼로는 '덤 블론드', 즉 금발은 멍청하다는 스테레오타입을 그대로 재현함으로써 남성들의 판타지를 충족시켜서 성공한 스타이다.

⋮ <7년만의 외출>에서 마릴린 먼로는 가슴과 둔부가 강조되는 의상을 입고 입을 벌리고 멍한 표정으로 주인공을 바라보고 있다.

먼로의 등장에 잠시 마음이 흔들린 리처드는 10시에 전화하기로 한 아내의 전화를 기다리며, 아내가 혹시 자신을 의심하는 것은 아닌가 하는 생각에 기분이 나빠진다. 이때 상상 속에 그의 아내가 등장하며 그는 아내와 상상의 대화를 나눈다. 상상 속의 아내는 수수한 차림에 화장기 없는 얼굴로 뜨개질을 하고 있다. 그녀는 자기 남편이 여자들에게 매력적일 리가 없다고 단언하고 남편의 판타지를 일축한다. 그때 남편은 세 가지 사례를 들어 자신에게 몸을 던졌던 여성들이 있었다고 주장한다. 첫 번째 판타지 장면에 등장하는 여성은 그의 여비서이다. 안경을 쓰고 단정한 모습으로 등장한 그녀에게 리처드는 한 페이지에 여러 군데의 타이핑 오류가 있다고 지적하면서 도대체 뭐가 문제냐고 나무란다. 그러나 비서는 태도가 돌변하여 머리를 풀어헤치고 겉옷을 벗으며 그녀의 문제는 리처드의 남성적인 매력에 반한 것이라고 하면서 그에게 덤벼든다. 자신을 왜 타자를 치는 손가락으로만 취급하느냐고 하면서 리처드를 책상에 눕힌 후 그녀는 울면서 뛰쳐나간다. 그래서 와이셔츠가 찢어진 거라고 하자 그의 아내는 그건 세탁소에서 찢어진 것이라고 하면서 상상력도 풍부하다고 말한다. 이에 굴하지 않고 리처드는 두 번째 사례로 자신이 맹장 수술을 했을 때 자신을 돌보았던 야간 간호사를 예로 든다. 밤마다 그를 간호하던 간호사는 어느 날 더 이상 욕정을 참지 못하고 리처드에게 달려들어 키스를 하면서 함께 도망치자고 조른다. 뺨을 때리면서 그녀의 유혹을 냉정하게 물리친 리처드는 비상벨을 누르고 결국 그녀는 끌려 나간다. 이때도 그녀는 리처드에게 뭔가 뿌리치지 못할 동물적인 매력animal thing이 있으며 아무리 노력해도 그 유혹을 피할 수 없다고 말한다. 또 시큰둥한 반응을 보이는 아내에게 리처드는 이번에는 지난여름 해변에서 아내의 친구인 일레인Elaine과 가졌던 은밀한 시간에 대해 이야기한다. 1953년에 나온 버트 랭카스터Burt Lancaster, 몽고메리 클리프트Montgomery Clift 주연의 유명한 영화 〈지상에서 영원으로From Here to Eternity〉의 한 장면을 패러디한 이 장면에서 위에서 주도적으로 정사를 이끌어나가는 것은 남자가 아니라 여자이다. 여기서도 여자가 남자에게서 풍기는 동물적인 힘이 "여기서부터 영원까지" 자신을 괴롭힐 것이라고 말한다. 리처드는 자신에게 몸을 던지는 이 모든 여인들의 유혹을 물리치며 자신이 결혼생활의 정절을 지켰다고 주장한다. 이 장면에서 리처드의 부인은 유혹하는 여자들과 달리 흰색의 수수한 옷을 입고 있으며 여성들이 가정에서 하는 허드렛일의 대표적인 작업인 뜨개질을 하고 있다. '성녀'를 상징하는 그녀의 대척점에 있는 여성들은 모두 적극적으로 자신의 섹슈얼리티를 발산하며 남성을 유혹하는 '창녀whore' 타입이다. 이것이 바로 1950년대 남성들의 성적 판타지인 것이다. 그들의 판타지 속에서의 여성은 성적 욕망에 적극적으로 반응하며 그것을 충족시키는 여성이다. 그의 비서는 안경을 벗고 머리를 풀어헤치고 상의를 벗음으로써 한순간에 조신한 직장 여성에서 유혹녀로 변신한다. 하얀 제복을 입은 헌신적인 나이팅게일의 후예도 자신의 욕망을 충족시키기 위해서는 직업을 잃게 되는 위험도 감수한다. 부인의 친구인 일레인은 부인과의 우정과 의리도 저버리고 적극적으로 리처드와의 육체적 관계를 원한다.

이러한 남성 판타지가 구체적으로 실현될 수 있는 장면이 이어서 벌어진다. 리처드가 아내에게서 걸려온 전화를 받고 자리에서 일어서는 순간 위층에서 화분이 떨어지고 화초로 몸을 가린 마릴린 먼로가 등장한다. 실수로 화분을 떨어뜨려서 미안하다고 하는 그녀에게 리처드는 내려와서 술을 한잔하자고 한다. 이 장면에서 마릴린 먼로의 소위 '덤블론드 조크dumb blonde joke'가 나온다. 그녀는 냉장고에서 옷을 꺼내 입고 내려가겠다고 하는데 왜 냉장고에 옷을 보관하냐는 리처드의 질문에 그녀는 더운 날씨에는 속옷을 냉장고에 보관한다고 대답함으로써 리처드의 머리에 야릇한 생각이 떠오르게 한다.

그녀가 내려오기를 기다리는 동안 리처드는 그녀와 할 수 있는 일들을 상상한다. 이 집은 원래 1층과 2층이 계단으로 연결된 건물이었으나 주인이 세를 놓기 위해 계단을 막아버려 이제 각각 다른 집이 된 공간이지만 상상 속의 마릴린 먼로가 분한 이층집 여성은 계단을 타고 내려온다. 이때 그녀는 가슴은 한껏 드러내고 팔뚝까지 올라오는 긴 장갑을 끼었으며 몸에 착 달라붙는 긴 드레스 차림이다. 화장 또한 화려하게 하고 귀걸이를 한 그녀는 남자를 유혹하여 파멸에 빠뜨릴 만한 팜므 파탈이다. 그녀는 적극적이며 공격적으로 리처드에게 달려든다. 라흐마니노프Rachmaninoff의 피아노 협주곡을 연주하고 있는 리처드의 옆에 앉아서 그의 연주가 자신을 달아오르게 하고 산산이 부수고 있다고 하면서 절정에 오른 표정을 짓는다.

우리는 이 장면을 아네트 쿤의 포르노그래피의 미학 중 첫 번째인 "모르게 찍히다"의 메커니즘을 적용하여 분석할 수 있다. 화면에서 마릴린 먼로의 얼굴은 옆으로 젖혀졌고 눈은 감은 상태이다. 입은 반쯤 벌려진 상태이며 양손은 달아오르는 자신의 흥분을 주체하지 못하는 듯 몸을 감싸고 있다. 옆에서 리처드가 피아노를 치면서 그녀를 바라보고 있지만 그녀는 그러한 시선을 의식하지 않는 듯 관음자의 시선에 자신을 내맡긴다. 포르노그래피와 포르노성 광고에서 흔히 사용하는 무아지경에 빠진 여성의 모습에 남성들은 현혹되고 그 여성을 마음대로 조종할 수 있다는 환상에 빠져든다. 욕망을 가지고 있고 그 욕망을 실현하고 싶은 현실에서 마릴린 먼로는 해맑은 웃음에 어린애 같은 말투를 사용하는 순진한 여성이지만 리처드는 앞에서의 판타지에서 그랬듯이 자신을 강하게 흔들어줄 유혹녀를 무의식에서 원하고 있는 것이다. 이처럼 성녀/악녀의 이분법, 페티시와 팜므 파탈의 스테레오타입을 마릴린 먼로는 다른 분장과 의상, 그리고 연기로 표상하고 있다.

이와 달리 아네트 쿤이 말하는 세 번째 전략, 즉 "초대"의 전략이 사용되는 장면은 그녀가 실제로 리처드의 집으로 내려와서 에어컨이 있다는 사실에 감탄하며 자신이 그동안 자라온 배경과 해온 일, 그리고 지금 하고 있는 일에 대해서 장황하게 이야기하고 있을 때이다. 리처드의 상상과는 달리 실제로 등장한 그녀는 깔끔한 핑크빛 셔츠를 입고 있으며 에어컨이 있는 것을 보자 옷을 가슴 밑까지 들어 올리며 허리 속으로 시원한 바람을 쏘일 정도로 거리낌 없고 순진한 여성임을 보여준다. 그러다가 자신이 하고 있는 일이 광고 사진 찍는 일이라고 하면서 카메라를 향해 광고 사진 찍을 때의 표정을 짓는다. 이것이 비록 치약 광고이기는 하지만 그녀는 카메라를 보고 활짝 웃으며 관람자의 존재를 인정하고 그를 자신의 세계 속으로 초대한다. 이것은 마릴린 먼로의 '트레이드마크'가 되는 표정이기도 해서 영화산업 측과 광고업계에서 그녀의 이미지를 성적으로 이용했음을 보여준다. 그녀의 이 표정은 "비스듬히 쳐다보는 것은 성적인 초대 혹은 도발을 의미하며, 이러한 해석은 약간 벌린 입술이 가지는 문화적 암시에 의해 강조된다."(60)라는 아네트 쿤의 주장과 맞아 떨어진다.

이층집 여성을 만남으로써 자기 통제를 모두 해제하기로 결심한 리처드는 숨겨둔 담배를 꺼내서 피우고 그녀와 함께 마티니를 만들어 마신다. 이층집 여성은 자기에게 샴페인이 있다는 사실을 말하고 그것을 가지고 오기 위해 이층으로 올라간다. 리처드는 다시 한번 그녀와의 즐거운 시간을 상상하면서 행복감에 빠진다. 샴페인을 들고 내려온 먼로는 샴페인을 마시기에 적절한 의상으로 갈아입었다고 하면서 어깨가 훤히 드러나는 원피스를 입고 등장한다. 그러나 그녀는 끈을 매지 않고 내려와 끈을 묶어달라고 리처드에게 부탁함으로써 한 번 더 순수함과 교태의 두 얼굴을 보여준다. 풍만한 몸매가 어깨와 함께 드러나는 옷을 입고 끈을 묶어달라고 남자에게 부탁하는 그녀는 아무리 보아도 유혹녀의 도발적인 제스처를 하고 있지만 그녀의 말투와 얼굴은 어린아이와 같은 순진성을 그대로 담고 있다. 이러한 엉뚱한 괴리는 또 다른 '덤 블론드 조크'로 평범한 사고의 뒤통수를 때린다. 그녀는 어젯밤 너무 더워서 욕조에 물을 받아놓고 들어갔는데 수도꼭지에서 물 떨어지는 소리가 거슬려서 발가락으로 수도꼭지를 막으려 하다가 발가락이 수도꼭지에 끼었던 사건을 이야기한다. 어떻게 그 문제를 해결했냐고 리처드가 묻자 욕실에 있던 전화기로 배관공을 불렀다고 그녀는 대답한다. 그런데 정말 "창피해서 죽을 뻔했어요."라고 말한 뒤에 그녀는 "제가 완전히 낯선 사람 앞에서 발톱에 매니큐어도 칠하지 않고 있었지 뭐예요?"라는 예상을 깨는 이유를 댐으로써 리처드와 관객에게 '덤 블론드 조크'의 정수를 보여준다.

다음날 리처드와 마릴린 먼로가 분한 이층집 여성은 영화를 보러 극장에 간다. 두 사람이 관람한 영화의 제목은 '푸른 개펄에서 나온 괴물 Creature from Blue Lagoon'이며 여성은 그 괴물이 불쌍하다는 이야기를 한다. 이 영화는 남성들의 무의식 속에는 괴물과 같은 성적인 본능이 억압되어 있으며 그것을 너무 억압할 때 어떠한 증상이 생기는가에 대해 관심을 가졌던 1950년대의 시대상을 잘 보여주는 제목의 영화라고 할 수 있다. 리처드가 출판을 위해 검토하고 있는 원고의 제목도 '중년 남성의 억압된 충동'이었다.

이들이 극장에서 나와 대화를 하고 있을 때 마릴린 먼로를 유명하게 만든 한 장면이 연출된다. 이때 먼로가 입었던 의상은 흰색 원피스이다. 이것은 흰색 귀걸이와 함께 먼로의 순박한 면을 잘 보여주는 동시에 그녀의 가슴을 돋보이게 하는 의상이다. 치마의 길이 또한 짧지 않고 무릎을 가리는 길이이지만 지하철 통풍구에서 나오는 바람에 의해 그녀의 다리가 드러나게 된다. 여기서 우리는 마릴린 먼로의 이미지를 아네트 쿤이 말한 파편화의 매커니즘으로 설명할 수 있다. 리처드와 이야기하는 장면에서 먼로는 전인적인 인격을 가진 한 명의 아름다운 여성으로 포착되지만 그녀의 치마가 올라가는 장면에서는 다리만이 하나의 성적 기표로서 파편화되어 우리에게 제시된다. 앞에서 말한 것처럼 치마 자체는 무릎을 덮을 정도로 길지만 바람에 치마가 날릴 때에는 위로 젖혀져서 다리만 노출된 채 우리에게 보인다. 우리는 흰색 원피스 정장을 입은 한 사람의 인격으로서 마릴린 먼로를 보는 것이 아니라 다리가 몸으로부터 파편화되어 성적 기표로 재현된 모습을 보는 것이다. 위에 있는 치마가 보이지 않기 때문에 관음자는 다리의 연장선상에 있는 먼로의 몸까지 상상하게 된다. "그러한 이미지를 유통시키면서 포르노는 또한 인간을 성적인 육체로 구축한다"(55)는 아네트 쿤의 주장이 그대로 적용될 수 있는 장면이다.

바람이 불어서 숨겨졌던 여성의 내부가 노출되는 것은 여성에게는 치욕적인 것이지만 남성들에게는 즐거운 성적 판타지가 된다. 순진한 덤 블론드인 마릴린 먼로는 이 영화에서 지하철 통풍구의 바람에 의해 치마가 들려 올라가는 경험을 자발적으로 맛보는 여성이다. 지하철이 한 번 지나가고 난 다음 또다시 지하철이 지나가자 그녀는 바람이 불어오는 곳을 향해 방향을 맞추고 그 바람이 자신의 몸을 훑고 지나가도록 허용하며 탄성을 지른다. 이 영화는 남성들이 좋아하는 성적 판타지를 구현하고 관음자로서의 쾌락을 맛보도록 하기 위해 먼로를 성적 존재로 구축했다.

: 지하철 통풍구 바람에 의해 마릴린 먼로의 치마가 올라가는 유명한 장면

이 영화의 결말에서 리처드는 과감하게 먼로의 유혹을 거부하고 아내와 아들이 있는 시골로 내려간다. 할리우드 장르 영화는 남성에게 판타지의 실현을 잠시나마 허용하지만 미국 사회를 떠받치고 있는 핵가족이라는 토대가 무너지도록 허용하지는 않는다. 빌 니콜스Bill Nichols가 『이데올로기와 이미지*Ideology and Image*』에서 주장한 것처럼 영화는 지배 계층과 제도권의 이데올로기를 전파하는 데 봉사하고 있으며 "현상태status quo"를 옹호한다. 갈등이나 문제점을 영화에서 제시하지만 해피엔딩으로 서둘러 봉합함으로써 미국의 이상과 가족 제도는 건재하다는 것을 보여주는 것이다. 이 영화에서 성녀/창녀의 이분법이 리처드의 아내와 이층집 여성이라는 캐릭터에서 구현되고 남자 주인공은 판타지를 통해 잠시 일탈을 하지만 결국 현모양처를 선택함으로써 제도권의 이데올로기를 지지한다.

4. 현대적 의미: 대상화된 몸인가 주체적 몸의 현시인가?

불우한 환경에서 태어나 고아원을 전전하다가 모델을 거쳐 배우가 된 마릴린 먼로는 섹스 심벌로서의 자신의 이미지를 벗어버리고 진정한 예술을 하는 배우로 거듭나려는 시도를 했지만 결국 영화산업에서 구축한 그 이미지에서 탈피하는 데 실패했다. 그녀는 세 번째 남편인 극작가 아서 밀러의 영향을 받아 액터스 스튜디오Actor's Studio에서 연기 수업도 받고 〈버스 정류장Bus Stop〉(1956)에 출연하여 골든글로브상도 받았다. 그렇지만 그녀는 여전히 섹스 심벌로 기억되고 있다. 안드레아 드워킨Andrea Dworkin은 그녀를 시대를 잘못 타고 태어난 배우로 평가하면서 "마릴린이 조금 늦게 태어났더라면 좋았을 텐데. 그랬다면 우리는 위대한 영화배우 노마 진 먼로를 알았을 것이다."라고 말한다

(먼로, 20 재인용). 그러나 로라 멀비의 주장대로 할리우드 영화에서 시선은 남성의 것이며 스크린상에서 여성은 남성의 욕구에 의해 정의되는 존재라고 할 수 있다. 이것이 가장 잘 적용될 수 있는 배우가 바로 마릴린 먼로이다.

우리가 살펴본 대표적인 장면들에서 먼로는 아네트 쿤이 말한 '모르게 찍히다', '파편화', '초대'라는 전략에 의해 성적인 존재로 구축된다. 동시에 로라 멀비가 말한 것처럼 그녀의 순진한 얼굴과 표정, 그리고 금발머리는 남성이 소유하고 싶은 페티시로서의 속성을 지니고 있다. 숭배하면서 동시에 강간하고 싶은 남성의 이율배반적인 욕망을 적절하게 자신의 몸에 담고 있었던 마릴린 먼로는 그러한 이미지 때문에 스타덤에 오를 수 있었고, 또 바로 그 같은 이유로 단명한 배우로 생을 마감했다.

그러나 2000년 이후에 나온 포스트페미니즘[2] 계열의 영화에서 우리는 전혀 다른 여성의 모습을 보게 된다. 기존의 페미니즘 영화 비평에서 여성의 몸이 남성의 시선의 대상이 되었으며 수동적 입장에 있는 것으로 보았다면 포스트페미니즘 영화에 나오는 여성들은 오히려 여성성을 당당하게 과시하며 그것을 임파워먼트empowerment의 도구로 삼는다. 포스트페미니즘에서는 여성성과 섹슈얼리티로의 회귀를 주장하면서 여성성을 취하는 것이 반드시 페미니즘과 배척되는 것이 아니라는 입장을 취한다. 이전에는 여성스러운 아름다움의 추구가 자신을 치

---

2 포스트페미니즘에서 "포스트"라는 말이 스스로 설명하듯이 포스트페미니즘은 1960년대의 제 2기 페미니즘second-wave feminism이 이루고자 했던 목표들이 거의 달성되었으며 사회 구조적인 차별적 제도들에 맞서 싸워야 했던 과거 세대의 집단적 페미니즘이 아니라 여성들이 개인적으로 자아 성취와 욕망을 달성해야 한다는 개인적인 입장을 견지한다. 제2기 페미니즘에서 여성성이 남성의 성 착취의 원인이 되었다고 주장하면서 여성성을 억압하고 투쟁적이고 호전적인 남성 혐오자man-haters의 입장을 강하게 취했다면 포스트페미니즘에서는 여성성과 섹슈얼리티로의 회귀를 주장하면서 여성성을 취하는 것이 반드시 페미니즘과 배척되는 것이 아니라는 입장을 취한다.

장하여 남성들에게 상품으로 제시하려는 속물적인 욕망으로 간주되었으나 포스트페미니즘에서는 자유로운 개성의 발로이며 자아 표현의 수단으로 포용된다. 여성은 "스크린 스토리 내의 캐릭터를 위한 에로틱한 대상이면서 영화관의 관객을 위한 에로틱한 대상"(Mulvey, 33)이었다. 그러나 포스트페미니즘 영화에서 여성은 "해방으로서의 나르시시즘"(Douglas, 245)을 누리며, 〈섹스 앤 더 시티Sex and the City〉에 나오는 여성들은 "자신뿐 아니라 다른 사람에 대해서도 강한 시선의 소유자possess a stronger gaze of others as well as of themselves"(Kim, 324)들이다. 시선이 권력이고 통제력이라면 경제적 능력을 가진 주체적인 포스트페미니즘의 여성들은 자신의 여성성을 당당하게 뽐낼flaunt 뿐 아니라 시선의 힘을 가지고 다른 사람을 통제, 평가, 지배한다. 〈섹스 앤 더 시티 2〉(2010)에는 아부다비에 간 네 명의 여성 주인공이 수영장에서 럭비 선수들의 수영복 몸매를 바라보는 장면이 나온다. 기존의 영화에서 카메라가 남성의 시선을 대신해서 여성의 몸의 부분들을 클로즈업해서 대상화했다면 이 장면에서는 남성 육체에 대한 여성 주인공의 시선을 카메라가 클로즈업해서 보여준다.

또 이런 포스트페미니즘 계열의 영화에서는 여성의 시선의 대상이 여성일 경우가 많다. 화려하고 아름답게 치장한 여성의 몸을 다른 여성들이 감탄과 부러움의 시선으로 바라본다. 또한 전통적인 영화에서 남성 관객이 남성 주인공과 동일시하는

⋮ <섹스 앤 더 시티 2>에서 주체적 여성의 시선에 대상화된 남성의 몸

것처럼 포스트페미니즘 영화에서는 여성 관객이 영화 속 여성 주인공과 동일시할 수 있다. 〈악마는 프라다를 입는다Devil Wears Prada〉(2006)와 같은 영화에 명품 디자이너들이 의상을 담당하고 화면 도처에 다양한 의상과 신발, 액세서리가 사용되는 것은 영화 속 주인공들을 열망하는 관객들의 동일시 효과를 노림과 동시에 잠재적인 고객으로서 유인하는 효과를 노리는 것이다. 자신을 아름답게 가꾸는 것은 여성의 자연스러운 본능이며 영화를 비롯한 미디어가 이것을 성적 대상화의 도구로 이용하는 것인지 아니면 여성들이 미디어를 통해 자신을 주체적으로 현시하는 것인지는 끊임없는 토론의 주제이다.

주요 토론 주제

1. 자신이 본 미국 영화에서 여성의 몸의 대상화 전략이 두드러지게 사용된 사례를 들 수 있는지 생각해봅시다.
2. 최근 한국의 광고물에서 아네트 쿤의 포르노그래피 전략이 사용된 사례를 발견할 수 있는지 찾아봅시다.
3. 성녀/악녀의 이분법적인 묘사가 두드러지게 나타난 한국 영화의 사례는 어떤 것이 있는지 찾아보고, 그 이분법적 묘사에 대해 논의해봅시다.
4. 여성의 몸을 대상화하는 영화적 장치들을 비판하는 페미니즘과, 섹슈얼리티 또한 힘이라고 생각하는 포스트페미니즘의 주장을 각각 비판해봅시다.
5. 여성 감독이 만든 영화에서는 대상화를 피하기 위해 어떤 카메라 기법과 편집, 혹은 서사적 장치를 사용하는지 생각해봅시다.

11

미술과 여성
: 여성 작가들의 목소리

박성연

이 글은 먼저 여성을 대상으로 그린 서양 남성 작가들의 작품들을 살펴본 후, 서양 여성 작가들의 작품들을 페미니즘의 시선으로 분석한다. 이어서 가부장적 규범을 해체하고 페미니즘 입장에서 명확한 비판의식을 가지고 새로운 미술 실천을 시도했던 서양과 우리 시대 한국 여성 작가들을 소개하며 페미니즘 미술이 구체적으로 어떤 작업을 하고 있는지 알아본다. 이로써 페미니즘 미술이 현대의 정치 · 사회 · 문화를 비판하고 또 다양한 분야와 협력함으로써 새로운 미래를 만들어간다는 점을 확인한다.

1960년대 이후 급부상하여 현재까지 우리 사회에 큰 파급력을 가진 페미니즘 운동과 이론의 영향으로 오늘날 '여성'과 '여성성'은 여성 예술가들의 창작 과정에 깊은 영향을 끼치게 되었다. "미술사 속에는 왜 위대한 여성 작가가 없는가?"라는 미국의 미술사학자이자 선구적인 페미니스트 이론가인 린다 노클린Linda Nochlin(1931-2017)의 유명한 질문은 남성 중심적 미술 제도에 대한 비판과 더불어 가부장적 제도 안에서 나름 활발히 작품 활동을 해왔던 여성 작가들의 작품들을 새롭게 들여다

보게 하는 촉발제가 되었다(파커와 폴록, 67-68; Nochlin, 22-39, 67-71).[1] 이 글은 남성 중심적 미술사 속에 드러난 젠더 정치학을 전반적으로 개괄한 후 페미니즘 미술을 주도한 서양과 한국 여성 작가들의 작품 속에 반영된 페미니즘 주제들을 확인하고자 한다.

1. 미술사 속 젠더 정치학

미술사 속 남성 작가들의 여성 이야기

전통 서양 미술에서 여성은 남성 시각에서 바라본 대상이었다. 미술 작품 속 여성들은 주로 신화 속 여성들로서 에로티시즘의 대상이었다. 우리가 잘 아는 이탈리아 르네상스 시대의 작품 산드로 보티첼리 Sandro Botticelli(1445-1510)의 〈비너스의 탄생The Birth of Venus〉(1485-1486년경)(그림 1)에서 비너스는 신화적 특성이 강하지만 에로틱한 누드화이며, 티치아노 베첼리오Tiziano Vecellio(1490-1576)의 〈우르비노의 비너스Venus of Urbino〉(1538년경)(그림 2)의 비너스는 세속적인 귀족 가문의 에로틱한 누드 여성으로 형상화시켰다.[2] 신고전주의이자 낭만주의 작가 장-오귀스트 도미니크 앵그르Jean-Auguste-Dominique Ingres (1780-1867)의 〈그랑 오달리스크Grand Odalisque〉(1814)(그림 3), 〈샘The Source〉(1820-1856), 〈터키탕The Turkish Bath〉(1863)은 여성 누드 윤곽선

1 린다 노클린은 미국 미술사학자이자 뉴욕대학교(New York University Institute of Fine Arts) 교수로서 선구적인 페미니스트이다. https://en.wikipedia.org/wiki/Linda_Nochlin 참고.

2 비스듬히 누워 있는 비너스는 16세기 아주 흔한 소재 중 하나이다. 결혼 축하나 다산을 상징하기 위해 화가들에게 주문을 의뢰하기도 했었다. 또한 이것은 화가들에게 하나의 양식으로 받아들여져 이후 새롭게 비너스를 해석한 작품들이 지속적으로 생산되었다.

의 곡선을 강조하고 평면화시키는 독특한 기법을 사용함으로써 에로티시즘의 극치를 보여준다.

이에 반해 신화적, 역사적 주제를 버리고 현실의 삶을 담아내기 시작했던 사실주의 시기의 작품들은 여성을 당대의 현실과 연결시켜 그려냈다. 사실주의 시기의 대표 작가로는 19세기 프랑스 화가 구스타브 쿠르베Gustave Courbet(1819-1877)를 들 수 있다. 쿠르베는 앵그르의 감각적이고 매끄러운 누드화와는 대조되는 현실적인 여성 누드를 화폭에 담았다. 쿠르베의 〈화가의 작업실: 나의 7년의 예술 생애를 요약하는 사실적 우화The Artist's Studio: A Real Allegory of a Seven Year Phase in My Artistic and Moral Life〉(1855)는 사회 문제에 관심이 많았던 쿠르베가 자신의 예술적 생애 7년 동안의 철학과 고민을 요약한 그림이다. 쿠르베는 그림의 오른쪽에 자신을 후원하는 지식인 계층과 독서 중인 시인 보들레르를 묘사했고, 왼쪽에는 빈곤층, 실업자 등 민중을 그려 자신의 사회적 관심을 반영했다. 그림의 중앙에는 쿠르베 자신, 어린아이, 누드의 여성을 배치했는데, 이는 화가로서의 자신의 직분을 높이기 위함이다. 화가 왼쪽 어린아이는 화가가 어린아이와 같은 투명한 눈으로 현실의 모습을 관찰하고 창조한다는 것을 의미하며, 화가의 오른쪽 누드 여성은 진실을 상징한다. 서양화에서는 종종 누드를 진실로 표현하는데, 이 작품에서도 누드의 여성은 모든 가식을 벗고 있는 그대로의 진실을 보여주려는 의도를 담고 있다. 쿠르베는 특히 누드 여성을 풍경 앞에 배치하고 있는데, 이는 그가 여성을 자연의 일부로 인식한다는 점을 보여준다.

인상주의 시대에 이르면 여성 누드는 보다 현실적인 인물로 제시된다. 인상주의 시대 에두아르 마네Edouard Manet(1832-1883)는 전통적인 주제를 현대적으로 해석하려는 새로운 시각을 보여주는데, 그의 〈풀밭 위의 식사The Luncheon on the Grass〉(1863)나 〈올랭피아Olympia〉(1863)

⁝ **그림 1** 산드로 보티첼리, <비너스의 탄생>, 1485-1486년경

⁝ **그림 2** 티치아노 베첼리오, <우르비노의 비너스>, 1538년경

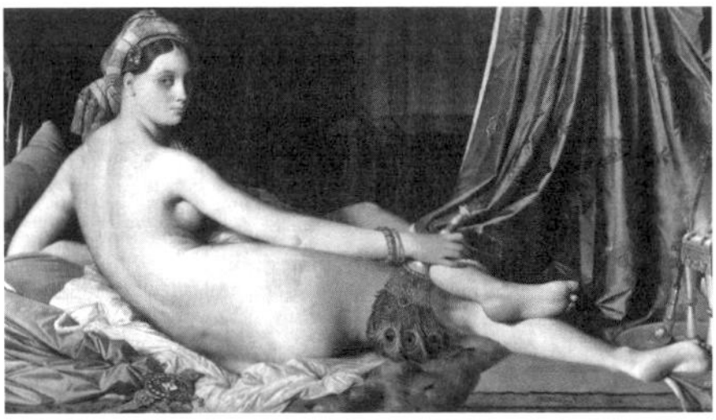

⁝ **그림 3** 장-오귀스트-도미니크 앵그르. <그랑 오달리스크>, 1814년

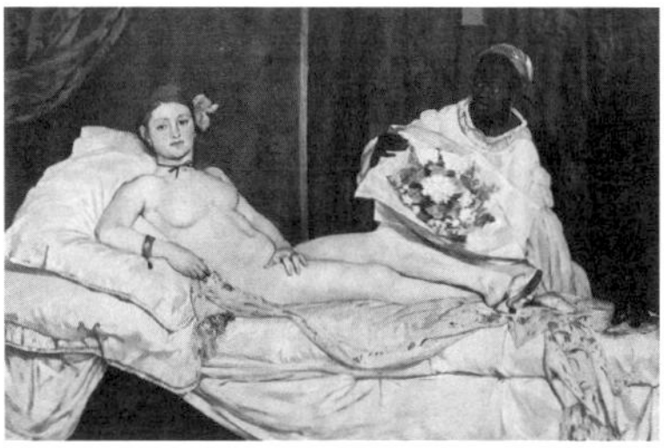

⁝ **그림 4** 에두아르 마네, <올랭피아>, 1863년

(그림 4) 속 누드 여인들은 이상화되지 않은 평면적이고 현실적인 여성들이다. 특히 그의 〈폴리베르제르의 바A Bar at the Folies-Bergère〉(1882)는 중앙의 술집 종업원을 여신처럼 당당하게 표현하고 술집의 배경을 거울 반사를 통해 보여준다. 이 그림은 거울에 비친 모습을 앞의 모습과 다르게 그려 양면성을 강조한다. 즉 앞은 고고해 보이지만, 뒤는 고객과 거래하는 사회적 내용을 묘사하는 것이다. 이러한 괴리는 당대 개인이 느끼는 소외감을 포착한다. 인상주의 시대 이후에는 마네의 경우처럼 작품 속 여성 이미지를 역사나 사회적 맥락에서 해석하거나 여성 특유의 모습들에 초점을 맞추는 그림들이 대세를 이룬다.

여성 작가 이야기

위에서 보듯이 전통적 서양 미술사에서 여성은 작품의 소재로서만 등장하고 여성 작가는 존재하지 않았던 것처럼 보인다. 그러나 여성 작가는 항상 존재했었고 단지 사회적·제도적 제약에 의해 은폐되었을 뿐이다. 여성 예술가들에게는 가부장적 사회의 고정관념(여성의 연약함, 우아함, 섬세함)을 그림에 투사하거나 '남성적인 스타일'을 차용해 그림을 그리거나 하는 두 가지 길만이 존재했다.[3] 이 두 가지 방법 모두 여성 작가들에게는 억압이자 검열로 여겨졌다. 이 현상은 다만 미술사에서만 발견되는 현상이 아니라 문화예술계의 역사 전반에 걸쳐 나타나는 공통된 현상이기는 하나, 미술사에서의 여성 작가들에 대한 은폐와 배제는 더욱 두드러졌다. 한 예로, 두 여성 화가 앙겔리카 카우프만Angelica Kauffmann(1741-1807)과 메리 모저Mary Moser(1744-1819)는 남성 작가집단인 영국왕립아카데미British Royal Academy의 초창기 회원으로 활동했지만 그룹 초상화 〈왕립아카데미 회원들The Academicans of Royal Academy〉(1771-1772)에는 등장하지 않는다. 이 두 화가의 배제는 영국왕립아카데미가 두 여성 회원을 제대로 인정해주지 않았음을 시사한다. 그룹 초상화에서 배제함으로써 아카데미는 여성이 미술에 대한 논의에 개입할 여지를 주지 않았다. 사실상 19세기까지 여성 화가는 누드모델 소묘 수업에서 배제되어 초상화 작업의 기초 실력을 연마할 기회도 없었다. 16세기부터 19세기에 이르기까지 누드 소묘 수업은 화가들에게는 필수적인 훈련 양식이었음에도 두 화가는 표현의 기초를 쌓을 수 있는 훈련 기회를 박탈당했던 것이다(채드윅, 9-10).

3 이 당시 "남자처럼 그린다"가 일종의 칭찬이 되기도 했다. "미술사가들은 여성 화가를 칭찬할 때 "그녀는 남자처럼 그린다."라고 말했다. 이 말은 1846년 보들레르Charles Baudelaire가 고티에Eugénie Gautier를 평한 말이다(파커와 폴록, 23-24).

앞에서 언급한 위대한 여성 작가가 왜 없었느냐는 노클린의 질문은 가부장적 미술계 제도에 대한 비판이긴 하지만 위대한 여성 작가는 없었다고 단정하는 것이기도 하다. 이에 비해 1960년대 이후 페미니즘 이론가들은 여성 화가들은 역사상 항상 존재해왔었다고 주장한다. 그 대표적인 이론가로는 로지카 파커Rozsika Parker(1945-2010)와 그리젤다 폴록Griselda Pollock(1949-)을 들 수 있다. 파커와 폴록은 19세기 이전에도 여성 화가들이 많았을 뿐 아니라 여성 화가들은 교육 기회 박탈 및 각종 사회적 제약에도 불구하고 창작 작업을 지속적으로 해왔다고 주장한다.

> 노클린은 스스로 위대한 여성 작가는 없었다고 말하고 있다. 그리고 제도적인 배제와 교육 기회의 제한, 여성이 전문가로서 활동하는 것에 대한 상반된 태도 등에 초점을 맞추어 그 이유를 설명했다. … 하지만 여성 작가는 항상 존재했었고 따라서 쟁점은 오히려 '그들이 그러한 제약들에도 불구하고 어떻게 작업을 했었는가' 하는 것이다.
>
> … 그들은 끊임없이 작업을 했고 차별에도 불구하고 그 수가 늘었다. 각각의 여성의 작업은 특정한 역사적 시대의 성, 계급, 장소에 따라 결정되었고 차이가 있었다. 여성은 당연히 그들이 속한 사회와 문화의 일부이기 때문에 미술 형식과 어법에 참여해왔다. 그러나 서구의 가부장적인 문화에 있어서의 성차의 경제, 사회, 이데올로기적인 효과 때문에 여성은 그 사회의 문화 속의 다른 지점에서 발언하고 행동해왔던 것이다. (파커와 폴록, 68)

노클린과 같은 초창기 페미니즘 이론가들이 여성 미술가들도 남성 미술가들 못지않게 훌륭하다거나 가부장적인 사회로 인해 여성 화가들이 열등하게 취급받았다고 주장했다면, 파커와 폴록을 비롯한 오늘날의 페미니즘 이론가들은 남녀 화가들 중 누가 우월하고 누가 우월하지 않은지를 문제 삼지 않는다. 앞서 파커가 강조하듯이 페미니즘 이론가들은 인종과 젠더에 따른 서로의 다양성을 인정하는 것이 중요하다고 주장한다. 이후 미술계의 페미니즘 전략은 젠더 간 위계질서를 전복하는 일을 넘어 탈중심적인 관점에서 고정관념의 질서를 해체하고 다양성을 인정하는 방향으로 나아가고 있다.

2. 페미니즘 미술

페미니즘 미술은 사회 제도에 대한 저항의식을 바탕으로 1970년 전후 서양에서 등장했다. 페미니즘 미술은 기존의 가부장적 사고에서 벗어나 '나' 스스로를 자각하고 남녀 간 이분법을 배제하는 관점에서 시작되었다. 페미니즘 미술을 이해하기 위해서 주의해야 할 점들이 있다. 첫째 여성 미술과 페미니즘 미술을 명확하게 구분해야 한다. 여성 미술이 여성이 그린(제작한) 미술이라면, 페미니즘 미술은 페미니즘 의식을 갖고 대안을 제시하는 것을 의미한다. 다시 말해, 여성 작가들의 모든 작업 과정을 여성 미술이라고 부른다면, 페미니즘 미술이란 작가가 작품과 여성의 관계에 대한 명확한 주제의식을 가지고 그것에 대해 주장하거나 비판을 시도하는 미술 작업을 의미한다. 말하자면, 페미니즘 작가들은 A에 반대하여 B를 주장하기보다 A와 B를 나누는 이분법적 체제 혹은 틀에 대한 대안을 제시한다. 예를 들어, 페미니즘 미술을 실천하는 화가는 가사노동이나 성의 상품화 등 우리 사회에 고착된 여성 문제를 드러내고 비판하는 내용의 작품을 제작하거나, 도자기, 바느질 등 여성 특유의 속성을 드러내는 작품에 관심을 갖는다. 따라서 이들은 여성을 둘러싼 일련의 여성적 특성들이 불평등한 권력관계의 산물이라는 것을 밝혀낼 수 있다. 따라서 페미니즘 미술의 관점에서 젠더는 사회, 역사, 정치적 맥락 속에서 의미를 가지며, 가부장 체제 속에서 확립된 고정된 의미와 양식, 기존의 미술 문법을 해체한다.

둘째, 페미니즘 미술을 이해하려면 미술과 여성의 관계에 대해 새롭게 접근해야 한다. 여성은 작품의 창작자로서, 작품의 소재로서, 그리고 작품의 감상자로서 미술과 다양한 연결 관계를 맺을 수 있다. 여기서 여성이 미술과 관계를 맺는 새로운 중요한 방식으로 미술 비평가가 되는 일도 있다는 점에 주목할 필요가 있다. 여성은 미술 비평가로서 여성 미술가들을 발굴해 그 미술사적 맥락을 짚어주고, 노클린의 질문처럼 사회가 여성 미술가들에게 씌운 제도적 굴레나 고정관념을 지적하는 일을 한다. 예를 들어, 가부장적 사회 구조 속 미술 분야에서 여성이 주체가 되지 못하고 미적 대상으로 다루어져 왔던 것은 창작품의 감상자가 남성이기 때문이었다는 점을 밝히고, 미술 작품 속 여성 이미지를 역사나 사회, 문화적 맥락에서 해석한다. 또한 미술 비평가로서 여성은 여성 작가들이 채택한 예술 기법(바느질, 뜨개질, 퀼트, 자수, 공예 등)이나 형식 또는 내용을 예술적 가치로서 정당한 평가를 받도록 돕는 일을 한다. 이에 덧붙여 페미니즘 미술의 이해에는 가부장적 시각에서 전승되어온 예술적 가치와 개념에 의문을 제기하는 일을 넘어서 새로운 예술적 가치와 개념을 정립하고 페미니즘적 시각에 근거한 방법을 제시하는 일도 필요하다.

셋째, 페미니즘 미술을 이해하려면 페미니즘 미술을 실천하는 여러 가지 방식들을 살펴보아야 한다. 페미니즘 미술을 실천하는 여성 미술가들은 크게 독자적 연구를 진행하는 여성 작가, 여성의 속성을 탐구하는 작가, 여성 문제나 새로운 원리를 주장하는 여성 작가로 나뉠 수 있다. 독자적으로 페미니즘 미술을 탐구했던 선구적 여성 작가들로 독일 작가인 케테 콜비츠Käthe Schmidt Kollwitz(1867-1945), 멕시코 작가 프리다 칼로Frida Kahlo(1907-1954), 미국 작가 조지아 오키프 Georgia O'Keeffe(1887-1986), 프랑스-미국 작가 니키 드 생팔Niki de Saint Phalle(1930-2002) 등을 들 수 있다. 이들 독자적인 탐구 작가들 중에는 전쟁, 가족의 죽음, 가정 폭력, 아이를 낳지 못하는 어려움, 가부장적 집안 환경의 고통 등 혹독했던 개인적 경험을 토대로 자신만의 작품세계를 정립한 작가들이 주목을 받았다. 프리다 칼로는 소아마비, 교통사고, 30번이 넘는 수술, 3번의 유산, 남편의 외도와 이혼의 고통, 상실감과 외로움을 그림에 표현했다. 칼로는 자신의 자화상에서 자신의 현실을 반영한 처절함을 담았고 그녀 사후에 페미니스트들에 의해 널리 알려졌다. 조지아 오키프는 20세기 미국 모더니즘을 대표하는 화가이며 유럽 예술의 영향을 받지 않고 자신만의 화풍을 정립했다. 오키프는 삶의 괴로움을 창작에 대한 치열한 고민으로 승화해 자신만의 작품세계를 구축했다. 이들 중 케테 콜비츠는 빈곤, 죽음, 남겨진 자의 슬픔, 사랑하는 아이를 감싸 안은 어머니와 아들의 모습을 드로잉, 판화, 조각 작품으로 남겼다(그림 5, 6). 콜비츠는 고통스러운 경험을 그려내면서도 여성의 주체성을 강조하고 모성이 사회를 구할 수 있는 힘을 지녔다는 믿음을 보여주었다. 베를린 고전주의 형식의 '노이에 바헤Neue Wache' 기념관에는 콜비츠의 피에타 조각상 하나만 있다(그림 7, 8). 이 조각상은 어머니가 죽은 아들을 무릎으로 감싸 안은 모습을 표현했는데, 전형적인 예수와 마리아를 담은 전통적 피에타 조각상과 크게 다르다. 콜비츠는 1차 세계대전과 2차 세계대전 때 각각 사랑하는 막내아들과 손자를 잃는 비극을 겪었는데, 이 슬픔을 이 피에타 조각상에 담아냈던 것이다. 이 조각상을 통해 콜비츠는 자신의 슬픔뿐만 아니라 빈곤에 허덕이는 사람들의 아픔과 가족을 잃는 비극을 겪는 사람들의 비통함을 전달했다.

니키 드 생팔은 친아버지에게 성폭행 당한 고통, 억눌린 분노, 상처를 작품으로 표현했다. 그녀의 대표 작품들 중 하나인 〈슈팅 페인팅 시

: **그림 5** 케테 콜비츠, <죽은 아이와 함께 있는 여성>, 에칭, 드라이포인트. 1903년

: **그림 6** 케테 콜비츠, <어머니>, 목판화, 56×46cm, 1922년

: **그림 7** 케테 콜비츠, <어머니와 그녀의 죽은 아들>, 노이에 바헤 내부 모습. 1937-1938년

: **그림 8** 케테 콜비츠, <어머니와 그녀의 죽은 아들>, 노이에 바헤 내부 모습, 1937-1938년

리즈Shooting Pictures〉(1961-1966년경)는 총으로 물감주머니를 쏘아 오브제 위로 물감이 쏟아지는 장면을 담는다.[4] 이 작품은 검정, 빨강, 주황, 노랑 페인트가 담긴 물감주머니 위를 석고로 뒤덮은 후 관람자가 직접 그림에 총을 쏘아 후면의 물감주머니를 터트리는 기법을 사용했다. 이 기법으로 물감이 석고 위로 흘러 내려 일종의 추상회화가 연출

4 니키 드 생팔Niki de Saint Phalle, 〈슈팅 페인팅 시리즈Shooting Pictures〉 작품 영상
Grand Palais, https://www.youtube.com/watch?v=s5MUxuY4Hbw
Tate, https://www.youtube.com/watch?v=XV7aJ7XHeB4 1분 58초 부분

된다. 이후 생팔은 여성, 신부, 용, 괴물 등 형상이 있는 조각들 또는 조형물들을 제작했다. 남편인 작가 장 팅겔리Jean Tinguely(1925-1991)와 공동으로 제작한 〈그녀She〉(1966)는 여성의 자궁을 형상화한 길이 28m, 높이 6m의 대형 조형물로 만들어, 관람객들이 '그녀'의 자궁 속으로 걸어 들어가도록 했다.[5]

여성의 속성을 의도적으로 탐구하는 두 번째 부류의 미술가들로는 미리엄 샤피로Miriam Schapiro(1923-2015), 주디 시카고Judy Chicago(1939-) 등을 들 수 있다. 이들은 작품의 양식, 재료, 기법에서 여성성의 특성들을 강조하고 그 위상을 높였으며, 기하학적인 장식적 패턴을 위주로 페인팅과 공예 작품을 선보였다. 하급 미술로 치부되어왔던 것들을 여성적 특징으로 부각시켰던 것이다. 즉 일상적 물건들을 배치하거나 그동안 여성적인 것으로 무시당했던 장식적이고 화려한 패턴 그림, 자수, 바느질을 활용해 페미니즘 미술의 새로운 방향을 제시했다. 이중에서도 주부의 가사노동쯤으로 경시되었던 바느질 작품이 작품의 예술적 가치를 드러내는 매개체가 되었던 점은 큰 성과였다. 일례로, 주디 시카고의 〈디너 파티The Dinner Party〉(1974-1979)(그림 9)는 39개의 도자기 접시와 테이블보에 각각 다른 방식으로 (새겨넣거나 바느질을 통해) 역사적으로 의미 있는 39명의 여성 이름을 새겨넣었는데, 이는 가부장적 사회에서 바느질과 부엌 일 등 여성 고유의 노동으로 흥미로운 족적을 남긴 여성들의 성취를 기린 것이다(채드윅, 465).[6]

세 번째 부류의 여성 작가들, 즉 여성의 문제를 형상이나 문구를 통

5 니키 드 생팔. 〈그녀She〉 제작 과정 영상은 https://www.youtube.com/watch?v=jNfQt2FsUD4 참고.

6 이 작품이 지닌 정치적, 사회적 의도에 긍정적인 평가도 있었으나 여성의 성기를 직접적으로 표현했다는 비판을 받기도 했다. 이것은 당시 보수적인 미술계 분위기를 반영한다고 할 수 있다.

해 직설적으로 묘사하는 작가로 마사 로슬러Martha Rosler(1943-), 셰리 레빈Sherrie Levine(1947-), 바바라 크루거Barbara Kruger(1945-), 제니 홀저Jenny Holzer(1950-), 신디 셔먼Cindy Sherman(1954-) 등을 들 수 있다. 이들은 포스트모더니즘 계열의 페미니즘 작가들로 확고한 자신의 작업 세계를 구축하고 명확하게 자신의 의견을 발언하는 작가들이다. 이중 로슬러는 선구적 페미니즘 비디오 작품 〈부엌의 기호학Semiotics of the Kitchen〉(1974-1975)을 발표했다.[7] 당시 미국의 주방도구 광고를 패러디한 이 작품에서 로슬러는 주방도구를 A부터 Z까지 나열하며 퍼포먼스를 시도했다. 이 비디오 작품에서 카메라는 고정되어 있으며 화면 속 로슬러는 카메라를 응시한다. 알파벳 순서대로 주방도구를 지칭한 후 집어서 실제 사용과는 다른 우스꽝스러운 도구 사용을 6분간 반복한다. 그리하여 이 비디오 작품은 주부의 하루를 표상하며 주부의 하루가 사회적으로 사소하게 폄하된 점을 지적한다.

제니 홀저는 옥외간판이나 인쇄물, LED 광고판에 텍스트를 삽입하여 자신의 메시지를 전달하고, 바바라 크루거의 작품은 포토 실크스크린 방법으로 타블로이드나 옥외광고 형식을 취하는데, 주로 흑백 이미지 위에 짧은 텍스트를 콜라주해 일종의 선언과

: **그림 9** 주디 시카고, <디너 파티>, 도자기, 천. 1974-1979년. 뉴욕 브루클린 미술관 소장

7 마사 로슬러Martha Rosler 링크 https://en.wikipedia.org/wiki/Martha_Rosler 작품 관련 링크: https://en.wikipedia.org/wiki/Semiotics_of_the_Kitchen 참고.

도 같은 메시지를 전달한다. 크루거의 〈당신은 당신 자신이 아니다You are not Yourself〉(1981), 〈무제(당신의 몸은 전쟁터다)Untitled(Your body is a battleground)〉(1989)는 대중매체를 차용해 강렬한 메시지를 보여준다.[8] 낙태 행위를 결정하는 주체가 남성이라는 점을 비판하는 이 작품은 여성 얼굴의 반을 음영 반전한 후 슬로건을 덧붙여 작가의 의도를 전한다. 이 작품에는 여성 문제뿐 아니라 각종 모순적 사회 구조에 대한 비판, 즉 사회 부조리, 자기 결정권, 억압, 여성의 상품화 및 대상화 등에 대한 저항이 담겨 있다. 크루거의 다른 작품 〈무제(작은 세상이지만 청소해야 한다면 그렇지 않다)Untitled(It's a small world but not if you have to clean it)〉(1990)는 말 그대로 여성의 가사노동을 빗댄 작품이며, 〈무제(우리는 움직이지 말라는 명령을 받아왔다)Untitled(We have received orders not to move)〉(1982)는 선전적 문구를 통해 대중을 일깨운다. 또 다른 작가인 신디 셔먼은 다양한 캐릭터로 분장해 자신의 정체성을 연출하며 초상사진 작업을 했는데, 이는 현대 초상사진에 큰 영향력을 행사했다.

지금까지 살펴본 바와 같이 미술에서 페미니즘 실천은 다양하게 이루어져왔다. 앞서 열거한 오늘날 페미니즘 미술은 개인적 고통이나 작품 매체의 특성, 그리고 남성 중심의 주류 미술계에 대한 저항을 표출할 뿐 아니라 보다 다채로운 양식들과 주제를 이끌어내고 있다. 3절에서는 한국 작가들의 작품 형식과 주제를 살펴보고 우리 시대 한국 작가들이 만들어내는 발언과 담론을 함께 생각해보고자 한다.

3. 페미니즘 미술의 실천: 한국 여성 작가들의 작업

오늘날 한국 사회는 페미니즘 미술을 실천하는 작가들을 아직도 특

8 https://en.wikipedia.org/wiki/You_Are_Not_Yourself 참고.

정 소재만 다루는 작가나 선동가로 분류하기도 한다. 이와 같은 선입견이 여전히 존재함에도 불구하고, 우리나라에서 페미니즘 미술 작가들이 증가하고 심지어 눈에 띄는 활약을 하고 있다는 점은 매우 고무적이다. 국내 여성 작가인 윤석남(1939-), 김수자(1957-), 이불(1964-)은 한국의 대표적인 페미니즘 미술 작가들이다. 윤석남은 정식 미술교육을 받지 않았으나 자신의 어머니를 모델로 삼아 독보적인 스타일을 확립했다. 이불은 가부장적인 사회에서 행해진 여성의 억압과 남성적 권위를 설치미술, 행위예술 등을 통해 적나라하게 폭로했다(채드윅, 560). 김수자는 손바느질을 한 전통적 '보따리'를 통해 결혼, 장례, 제사 등의 중요한 전통의식을 상징하는 작품을 제작했다(채드윅, 570). 1세대격인 이 작가들을 잇는 우리 시대 작가들은 자신들의 발언을 통해 의견을 표출하고 대안을 제시한다. 1세대를 잇는 작가들은 페미니즘 미술 연구를 지속하면서 작품 활동을 어떻게 할 것이며, 어떻게 자신의 작품들을 맥락화해야 할지에 대해 꾸준히 고민한다. 이런 상황에서 가장 중요한 점은 페미니즘 미술이 한국 사회에서 어떤 방식으로 논의되며 공론화되고 어떻게 사회를 변화시키고 있는지를 살펴보는 일이다. 이런 의미에서 한 작가의 작품이 페미니즘 미술인가 아닌가를 구분하는 일보다 페미니즘 미술의 실천적 의미를 따지는 일이 더 중요할 것이다. 현재 활발하게 활동하는 여성 작가들이 작품을 통해 제시하는 페미니즘 시각을 살펴보면서 그 실천적 의미를 진단해보자.

강은수Eunsu Kang(1974-)는 참여 관객과 무용수가 상호작용하며 소리와 영상이 어우러진 공간을 만들어내는 작업을 주로 하는 미디어 아티스트이다.[9] 강은수의 작품 중 〈소리뜨개Voice Woven〉(2016)(그림 10)

9 강은수는 미국 University of Akron 교수로 재직했으며(2009-2018), 현재 Carnegie Mellon University, School of Science의 방문교수로 Art and Machine Learning 강의를 담당하고 있다.

⁝ **그림 10** 강은수 & 도날드 크레이그Donald Craig. <소리뜨개>. 나무 바퀴, 마이크로 콘트롤러, 수집한 목소리, 인터랙티브 오디오비주얼 시스템, 2016년

는 지역 사람들의 목소리를 씨실과 날실로 엮어내는 상호작용 미디어 작품이다. 현재 버전은 미국 오하이오주에 사는 다양한 연령대의 네 여성의 목소리가 만들어내는 관객 참여형 작품이다. 전시장에 들어서면 이미 작품에 저장되어 있는 네 여성의 목소리가 불분명한 음악처럼 흘러나온다. 방문한 관람자가 화면 앞에 놓인 물레를 돌리면 잡음noise 같은 직조된 목소리가 4개의 채널을 통해 풀리면서 각각의 이야기를 또렷하게 들을 수 있게 된다. 각 이야기는 네 여성의 개인적 경험담이다. 이 작품은 소외되었던 사람들이 자신의 목소리를 낸다는 생각에서 시작되었다. 우리 사회에는 늘 수많은 목소리들이 있다. 어떤 목소리는 너무 미미한 파장을 지녀 잘 들리지 않고 어떤 목소리는 잠시 크게 퍼져 나왔으나 쉽게 잊힌다. 끊임없이 생성 소멸하는 소리들은 보이지도 만져지지도 않는다. 하지만 물레질은 여성이 반드시 해야 하는 가사였는데 과연 이 물레 소리가 우리로부터 완전히 사라진 것일까? 어쩌면 그 소리가 우리들 사이사이 거미줄처럼 얽혀 보이지 않게 공명하고 있는 것은 아닐까? 우리가 그 소리의 자취를 보거나 만질 수 있다면 어떨까? 이 작품은 이러한 질문에서 출발하여 우리 사회의 수많은 목소리가 물레질을 통해 만들어진다는 생각으로 발전되었다.

강은수의 가장 최근 작품 〈어럴 파나Aural Fauna(소리생명체)〉(2019)(그림 11) 프로젝트는 방문자가 상상의 생명체 'Aural Fauna'와 상호작

⁝ **그림 11** 강은수와 협업팀, <어럴 파나>(소리생명체), 머신러닝 알고리즘, 상호작용 청각시각 시스템, 3D 프린트 오브제, 2019년

용할 수 있도록 한다. 〈어럴 파나〉의 여러 몸체와 목소리들은 인공지능 알고리즘Algorithm이 만들어낸다. 이 작품은 작가와 컴퓨터 프로그래머, 건축가 등이 협업하여 직접 개발한 인공지능 알고리즘으로, 알고리즘이 상상한 모양과 소리들을 골라내고 3D 프린터와 스피커를 통해 현실로 이끌어냈다. 잠들어 있던 생명체들은 방문객이 방문객 터치패드에 손가락으로 그린 그림에 의해 깨어나고 방문객이 마이크에 대고 부르는 노래나 말소리에 실시간으로 화답한다. 이 작품은 인공지능이 만든 작품을 창작품으로 인정할 수 있는가의 문제를 제기하며, 덧붙여 인공지능이 상상해낸 가상의 생명체와 인간이 서로 화합하며 노래하는 장면까지 예상하도록 이끈다.

정은영siren eun young jung(1974-)은 리서치 기반 예술 실천을 수행하며 정체성의 문제를 젠더, 재현의 문제로 환원시키는 작가이다.[10] 정은영은 1950년대 대중적 인기를 얻었지만 지금은 사라진 여성 국극女性國劇을 연구, 조사, 분석한 예술 프로젝트를 수행한다. 여성 국극은 전통음악에 기반을 둔 여자 배우들만이 출연하는 창극으로 남자 역을 남장한 여자 배우들이 맡는다. 여성 국극은 해방 후에 생겨나 1950년대

10 정은영은 2013년에 에르메스재단 미술상, 2015년에 신도리코 미술상, 2018년에 《올해의 작가상》을 수상했으며 2019년 베니스 비엔날레 한국관 대표 작가 중 한 명이다.

인기를 끌었지만 1960년대 쇠퇴했다.[11] 거의 잊힌 공연예술 장르의 발자취를 추적 연구한 결과물(여성 국극 배우들을 만나 가까이에서 자료 수집, 구술아카이빙, 사진, 영상, 퍼포먼스로 기록한 것들)을 토대로 정은영은 공연과 전시 작업을 동시에 하고 있다(그림 12). 여성 국극에서 여배우가 복장 전도를 통해 남성 역할을 맡을 때 젠더가 전복되며 일탈적 예술 실천의 주체가 되는데, 이 점을 활용해 작가는 견고한 남녀 이분법과 전통적인 젠더 개념을 비틀어 흥미로운 작품을 만들어낸다. 또한 정은영은 이 과정에서 왜 여성 배우가 남성 역할을 하는가, 왜 여성 국극이 존재해야 하는가에 대해 질문하며, 여성 국극을 가시화하고 상찬하는 데에만 머무르지 않고 비판적인 분석을 가하기도 한다.[12] 정은영의 《올해의 작가상 2018》 전시 작품인 〈유예극장〉(2018)(그림 13) 또한 여성 국극을 다루고 있는데, "기존의 역사 쓰기의 방식을 의도적이고 적극적으로 유예시키고 그것을 둘러싼 담론과 기억의 뒷면에 머물고자" 하는 특징을 드러낸다. 그 결과 정은영은 "변칙적이고 퀴어한 예술 실천의 정치적 힘을 역설"한다는 평을 받고 있다.[13]

박성연Sungyeon Park(1975-)은 문화 및 지역 연구에 대한 개인적 탐구를 기반으로 혹은 개인적 사건을 통해 관객이 아무 생각 없이 받아들였던 사회의 보편타당한 사실을 자각하게 만드는 작업에 몰두한다. 문학, 연극, 비디오, 사운드, 상호작용 미디어아트, 도자기, 뜨개질 등 다양한 방법과 매체를 아우르며 예술을 통한 경계 넘나들기를 시도한다. 박성연은 미국, 독일, 대만, 영국의 지역 주민이나 예술계 전문가들

11 한국민속대백과사전 http://folkency.nfm.go.kr/kr/topic/detail/6304 참고.

12 이성희, 「개인들의 노래」, 국립현대미술관 《올해의 작가상 2018》 글, 2018; 이성희 2017년 글 수정. http://koreaartistprize.org/project/%ec%a0%95%ec%9d%80%ec%98%81/ 참고.

13 국립현대미술관 《올해의 작가상 2018》 http://koreaartistprize.org/project/%ec%a0%95%ec%9d%80%ec%98%81/ 참고.

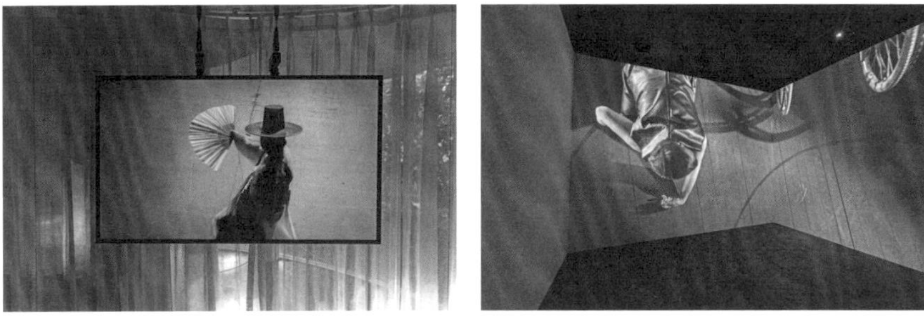

그림 12 정은영, <섬광, 잔상, 속도와 소음의 공연>, 비디오 및 설치, 2019. 장소: 2019 베니스 비엔날레, 이탈리아 (사진 김경호)

그림 13 정은영, <유예극장>, 비디오 및 설치, 2018. 장소: 국립현대미술관 서울관 (사진 홍철기)

을 인터뷰하여《동네 다방과 동네 사람들Regular Cafe with Homemakers》(2009-2013)(그림 14)이라는 인터뷰 프로젝트를 진행한 바 있다. 이때 인터뷰 주제는 일상의 소소함, 습관, 일상생활, 가족, 집 안에서 좋아하는 장소, 의미 있는 사물 등 평범한 것들이다. 이 작품에서 박성연은 인터뷰를 토대로 소소한 개인의 역사를 되짚어 보거나 실재와 상상이 결합된 새로운 작품을 선보인다. 박성연은 주변부 이야기를 사회 구조 또는 문화 현상과 연계하며 여성의 문제를 여성의 언어로 서술한 수잔 글라스펠Susan Glaspell(1876-1948)의 단막극『사소한 것들*Trifles*』(1916)과 몇 초의 짧은 시간에 떠오르는 사소하고 작은 이야기를 묘사한 니콜슨 베

⋮ **그림 14** 박성연, 《동네 다방과 동네 사람들》, 비디오 아카이빙, 2009-2013년

이커Nicholson Baker(1957-)의 소설 『중간층*Mezzanine*』(1988), 우리나라 박태원의 『소설가 구보씨의 일일』 등을 인용한다. 특히 이 작품에서 박성연은 글라스펠의 『사소한 것들』에 나오는 두 여성 인물이 남성들에게는 하찮게 여겨지는 바느질감을 두고 이야기를 나누다 중요한 살인의 단서까지 찾게 되는 무대 장면을 통해 기존의 가부장적 연극 문법을 해체시킨 점에 주목했다. 인터뷰 프로젝트 결과 중 하나인 작품 〈2.9

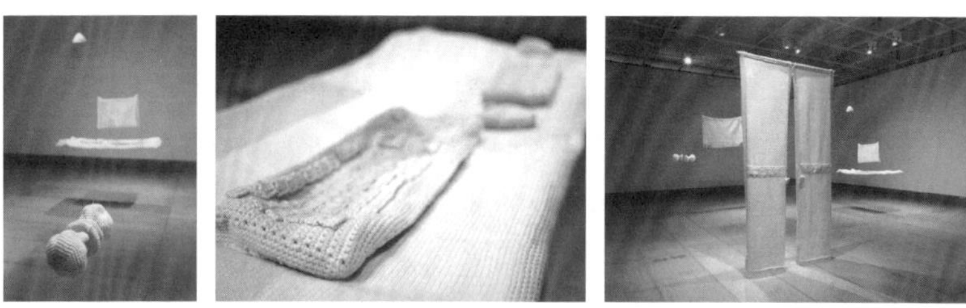

⋮ **그림 15** 박성연, <2.9×3.6m>, 바느질, 털실, 솜, 290×360×220cm, 2012년

×3.6m〉(2012)(그림 15)는 대만 타이베이 지역 주민과의 인터뷰를 통해 부부의 방을 유추해 제작한 작품이다. 실제 방 크기에 따라 290×360×220cm 공간에 뜨개질로 재현한 책상, 문, 옷장, 창문을 모두 공간 바깥을 향하도록 설치했다. 이 설치는 이 정도 크기의 공간 바깥이 부부의 방이 되게 함으로써 공간을 확장한다는 의미를 내포한다. 박성연은 사소한 일들이 반복되는 일상에서 개인과 사회 구조 관계의 모순을 지적하거나 개인의 역사를 드러낸다. 작품 〈빈 깃발Empty Flag〉(2016)(그림 16)은 제도의 강요를 다룬 작품이다. 무궁화 모양 국기봉과 깃대를 나란히 설치하고 어떤 문양도 없는 빈 깃발 영상을 함께 설치해 애국심, 충성심 등 신념의 공허함을 보여준다.

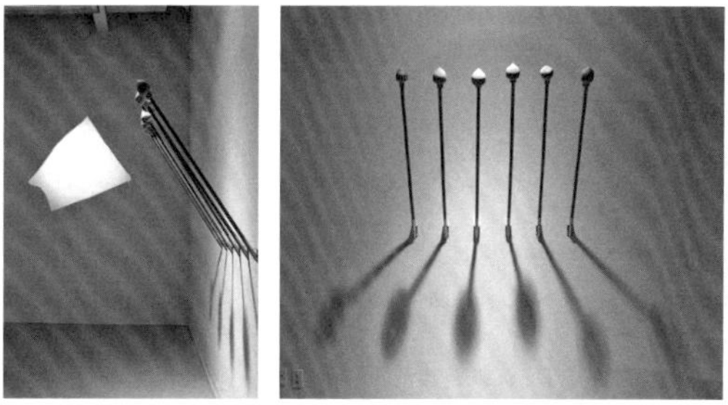

: **그림 16** 박성연, <빈 깃발>, 도자기, 나무막대기, 빔 프로젝터, 사운드, 2016년

4. 페미니즘 작가들의 현재와 미래

지금까지 전통적 미술 작품에서 여성이 대상화되거나 배제되었던 사례들을 살펴본 후 서구의 페미니즘 작가들의 작품들과 페미니즘 미술을 실천하는 2000년대 이후 한국 여성 작가 작품들을 함께 소개했다. 현재와 미래의 페미니즘 미술에게 주어진 과제는 첫째, 여성 작가는 여성 작가로서의 위치를 지속적으로 확인하는 가운데 기존 미술과 차별성을 명확하게 확보하고, 둘째, 미술계 밖의 영역과 연계해서 페미

니즘 미술의 영향력을 확장하는 방법을 모색하며, 셋째, 페미니즘 미술의 비평 활동을 지속하는 일이다.

〈바람의 화원〉(SBS, 2008년 방송)은 김홍도와 신윤복의 이야기를 퓨전 사극으로 구성한 드라마이다. 두 주인공 김홍도(박신양)와 신윤복(문근영)은 낮에 본 저자거리 모습을 바탕으로 〈군선도〉를 그린다. 즉 "보이는 것으로 보이지 않는 것"을 그린다.[14] 〈군선도〉는 신선을 소재로 한 작품으로, 극 중 주인공은 시장에서 본 평범한 사람들의 모습에서 상상 속 신선의 모습을 찾아낸다. 이 드라마에서 "말하지 않은 것의 진실과 묘사를 넘어 보이지 않는 것을 잘 보이도록"이라고 말하는 주인공의 대사는 예술가의 태도이자 하찮게 두었던 우리 일상의 재발견이라 할 수 있다. 평범한 일상생활에서 미처 보지 못했던 삶의 다양한 모습을 발견할 수 있는 것이다. 결국 예술은 보이는 것을 토대로 보이지 않는 것까지 그려낸다. 서양과 우리나라의 페미니즘 미술은 그동안 미술계에서 배제되었던 여성 작가들의 작품이 저평가되었던 점을 강조했다. 페미니즘 미술은 남성 중심의 미술계가 여성의 문제를 외면했으며 여성도 스스로 이 문제에 대해 침묵했다는 것을 적극적으로 알렸고, 목소리를 힘차게 내 그동안 보이지 않았던 여성의 이야기를 미술 및 각 분야 담론의 중심으로 이끌어냈다. 앞으로 페미니즘 미술은 사소하게 다루어졌던 여성의 이야기가 어떻게 정치·사회·문화 담론을 만들어내는지를 확인하는 기회가 될 것이다.

페미니즘 미술이 무엇인가에 대한 정의가 다양할 뿐만 아니라 다양한 여성들이 다양한 방식으로 여성의 관점에서 '여성' 관련 이슈들을 다루고 있다. 그렇다고 페미니즘 미술인가 아닌가에 대한 분명한 틀이 있는 것은 아니다. 그렇기 때문에 여성과 미술의 관계에 있어 가장 중점

14 〈바람의 화원〉 4회차, SBS, 2008.

을 둬야 하는 부분은, 이 작품이 또는 이 작가의 개념, 철학, 언어, 신념, 주장, 담론이 미술계에서 어떠한 방식으로 논해지고 있으며 기존 예술작품과 비교할 때 무엇이 달라지고 새로워졌는가 하는 점일 것이다. 정은영의 작품을 비평한 우테 메타 바우어Ute Meta Bauer, 싱가포르 난양기술대학교 현대미술센터NTC CCA 디렉터는 정은영의 작품을 다음과 같이 설명한다.

> [정은영은] "작가의 나라인 한국을 포함해서 모든 가부장적 사회에서 여성들이 겪어온 조직적 폭력의 억압된 역사를 또한 조망한다. 정은영의 예술 실천은 단지 이 특수한 장르(여성 국극)와 배우, 그리고 그들의 역사에 대한 옹호라고 한정할 수 없다"고 하며 "작가는 역사상 가시성의 주변에 머무르는 그림자처럼 불편한 진실을 포함한다는 사실을 보여주는 데 그치지 않고, 한국 사회의 공적이며 사적인 삶에서 여성을 조연으로 격하시키는 가부장제의 지속적인 지배를 거론한다."[15]

강은수 작가는 박성연의 〈빈 깃발〉에 대해 "어린 시절에 느끼던 깃발에 대한 경외감, 내 마음속에서 우러나오는 줄로만 알았던 그 애정이 사실은 강요되고 주입된 것이라는 걸 깨닫는 데 얼마나 오래 걸렸던가"라며 경제성장과 고도성장 시기에 학창시절을 보낸 1970년대생 작가들에게 무궁화 깃봉이 있는 〈빈 깃발〉 설치 작품이 개인적인 동시에 너무나 정치적인 기억들을 떠올리게 만든다고 설명한다.[16] 이제 우리 시대

---

15 우타 메타 바우어Ute Meta Bauer, 「유예된 역사들-불편한 진실을 이야기하다」, 국립현대미술관《올해의 작가상 2018》글, 2018.
http://koreaartistprize.org/project/%ec%a0%95%ec%9d%80%ec%98%81/

16 강은수, 「비우는 듯 채우고 지우는 듯 그려내는」, 『Light, Sound, Wind』, 박성연 지음, 연북스, 2016, 70-71쪽.

여성 작가들은 자신의 생각과 의견을 다양한 매체로 전하면서 더 이상 여성이 대상화되는 일이 없도록, 또 여성 미술을 폄하하는 기존 예술을 넘어서도록 노력하고 있다. 앞으로 여성 작가들이 더욱 적극적으로 예술로 정치·사회·문화적 문맥 읽기와 비평을 실천할 것으로 기대한다.

주요 토론 주제

1. 바바라 크루거의 작품을 차용하여 자신만의 카피와 이미지를 만들어보시오.
2. 성차별적 광고, 방송, 드라마의 사례는 무엇이 있을까요?
3. 페미니즘이 문화에 적극적으로 개입하여, 그 속에서 '여성'의 관점과 감추어진 시각을 찾는 것이라고 할 때, 국내외 페미니즘 미술작품의 사례를 들고 설명해보시오.
4. 최근 게임산업이 각광을 받으며 게임에서 여성 캐릭터의 특성에 대한 연구가 활발히 진행되고 있습니다. 자신이 좋아하는 게임 속 캐릭터(여성)의 특징을 페미니즘 시각에서 읽어보시오.
5. 최근 미술, 드라마, 영화, 광고, 게임 등 주로 시각성에 기반한 창작물들 중에서 관심 분야를 선택하여 페미니즘 미술의 시각에서 분석해보시오.
6. 본 글에서 언급한 마사 로슬러의 작품 〈부엌의 기호학〉은 주부의 일상생활을 하찮게 다루는 것을 비판하는 작품입니다. 우리 일상생활에서 이처럼 사소하게 다루어지는 예를 찾아 토론하고 영상으로 만들어보시오(모바일 앱 사용 가능).

4부

한국 문화와 여성

12

한옥과 여성 다시 보기

이영한

우리 전통 가옥인 한옥을 통해서 한국 여성의 삶과 가족 내 역할을 점검해보는 일은 한국 여성의 삶을 구체적으로 살펴보는 가장 효과적인 방법들 중 하나이다. 건축은 시대의 모든 것을 담는 그릇이며, 시대 삶의 입체적인 프린트이기 때문이다. 이 글에서는 선사시대에서 조선시대에 이르기까지 각 시대의 여성상을 살펴본 후 조선시대에 건축된 한옥을 통해서 우리 주거 문화 속에 나타난 여성의 역할과 위상, 그리고 그 의미를 더듬어보고자 한다.

1. 한옥과 여성, 어떻게 볼 것인가?

유가 공자의 여인상과 고구려 어머니 유화부인의 여인상

우리 문화는 만주와 한반도를 중심으로 하는 동북아 문명권에서 발생하여 발전해왔다. 이 동북아 문명권은 황하를 중심으로 하는 중화 문명과 교류하면서 이어져 내려왔다. 우리 전통 문화 속에 나타난 여성의 성격과 역할을 이해하기 위해서는 이 두 문명권에서의 여성상을 비교할 필요가 있다.

흔히 우리 전통 문화에는 남존여비라는 유교적인 이념이 깊숙이 자리 잡고 있다고 알려져 있다. 유교 이념이 잘 드러난 책으로는 중국 송나라 때 주자朱子(1130-1200)가 소년들에게 유학의 기초를 가르치기 위해 만든 책으로 조선시대 교육의 필수 교재로 애용된 『소학小學』(1187)이 있다. 그 책 「명륜明倫」 편, '부부지별夫婦之別' 장에는 다음과 같은 공자(B.C. 551-479)의 글이 있다.

> 부인이란 다른 사람에게 복종하는 것이다. 그러므로 자기 뜻대로 처리하는 도리는 없다. 세 가지 따라야 할 도리가 있으니 집에 있을 때는 아버지를 따르고, 시집가서는 남편을 따르고, 남편이 죽으면 아들을 따라야 하니, 감히 스스로 정하여 행할 수 없다. … 여자에게는 버림받게 되는 일곱 가지가 있다. 부모에게 순종하지 않거나, 자식을 낳지 못하거나, 음란하거나, 질투하거나, 고치지 못할 나쁜 병이 있거나, 말이 많거나, 도둑질을 하거나 하면 버림받는다. 무릇 이것은 성인이 남자와 여자 사이를 순하게 하고 혼인의 시초를 중히 여겼기 때문이다. (김복한, 44)

공자에 의해서 세워진 유가 사상은 2,500여 년 동안 우리 민족에 영향을 미쳤으며 조선시대에는 유교를 국교로 숭상했다. 기원전 500년즈음에 공자는 여성의 본성은 복종이며, 여자는 아버지, 남편, 아들을 따라야 한다는 '삼종지도三從之道'를 제시했다. 또한 여자의 '칠거七去'를 나열하며 일곱 중에 하나라도 어기면 이혼당할 수 있다는 등 결혼생활에 있어서 여성의 자격 요건을 세세히 규정하고 있다.

하지만 우리 민족 문화의 주요 발원처이며 민족 문화 형성에 중심

역할을 했던 고구려高句麗시대의 건국에 대한 이야기를 살펴보면 공자의 여성상과는 크게 다른 면을 엿볼 수 있다. 『삼국유사』 권1 기이1 고구려조(1281)의 유화부인의 말을 들어보자.

> 나는 하백河伯의 딸 유화柳花인데 여러 아우들과 나와 놀고 있는데, 그때 한 남자가 스스로 말하기를 천제의 아들 해모수解慕漱라 했다. 그는 나를 웅신산熊神山 아래 압록강가의 집 안으로 꾀어 사통하고 가서 돌아오지 않았다. 부모님은 중매 없이 사람을 따른 것을 꾸짖어 마침내 이곳으로 귀양 가서 살게 했다. (일연, 56)

이 이야기는 기원전 50여 년 전을 배경으로 하고 있는데, 고구려가 태동하던 초창기 여성의 본성과 역할을 잘 묘사하고 있다. 고주몽의 어머니인 유화는 고구려 건국에 있어 큰 역할을 맡았던 것으로 추정되며, 그녀가 죽은 뒤에도 고구려의 수호신으로 모셔졌다. 유화는 해모수 신의 아들인 주몽을 낳아 고구려 건국의 영웅으로 키웠다. 아들의 뜻을 간파해 북부여北扶餘를 떠나 남쪽으로 가서 새로운 나라를 세울 것을 일깨워주었다. 말과 새를 다루는 솜씨도 좋아 주몽에게 최고의 말인 천마天馬를 골라주고 비둘기를 날려 보내 오곡의 종자를 전해주기도 했다. 고구려가 멸망할 때까지 여신으로 모셔져 고구려의 정신적, 종교적 지주 역할을 했다. 그러나 고주몽의 아버지인 해모수에 대해서는 "해모수는 유화와 동침하고 떠나서 다시 돌아오지 않았다"고 나와 있을 뿐이다. 대제국 고구려의 건국 신화라는 차원에서 볼 때 아버지에 대한 기록은 매우 인색하다고 볼 수 있다. 이렇듯 고구려 건국 신화에서는 가부장적 사고보다는 어머니에 대한 숭배가 더 뚜렷이 나타난다. 고주몽과 유화부인의 관계 유형은 백제 시조인 온조溫祚와 그의 어머니 소서노에서도 나타난다. 소서노는 온조를 언제나 곁에서 지켜주었으며, 온

조는 그의 어머니를 모시는 신묘를 세우고 국모로 제사를 지냈다.

주자의 『소학』에 기록된 가부장적 틀에서의 여성상과 우리 민족의 최고 번영기였던 삼국시대에 고구려와 백제 건국의 실질적 지도자였던 유화와 소서노의 삶에 나타난 영웅적 여성상은 매우 다르다. 한국 문화 속에서 다른 두 여성상이 어떻게 공존할 수 있었을까? 만주와 한반도를 근거로 번성했던 동북아 문명에서 발아한 우리 민족의 여성상은 중화 문명권의 가부장적 유가 세계관에서의 여성상을 받아들이면서 어떻게 스스로를 지켜올 수 있었을까? 한옥은 이 질문에 대한 답을 제공해 줄 수 있는 좋은 증거물이다.

삶의 입체적 프린트, 한옥

한옥은 3차원 영상과 같이 그 속에서 살았던 여성들의 삶을 선명하게 기록하고 있다. 우리 전통 문화 속 여성상을 밝히기 위해서는 삶의 터전이며 현장이었던 전통 한옥 연구가 매우 중요하다. 한국인이 살아온 '한옥'은 두 가지 의미를 가진다. 하나는 넓은 의미로 '한국의 전통 가옥'을 의미하며, 또 하나는 좁은 의미로 '초가집草家'에 대비되는 '한옥韓屋' 즉 기와집을 말한다. 조선시대의 한옥은 삼강오륜, 『주자가례朱子家禮』 등에 영향을 받은 유교적 위계 공간이며 남녀차별이 상존하는 공간, '출가외인出嫁外人'으로 '시집살이'하는 집이라고 알려져 있다. 과연 한옥은 가부장적 공간이기만 했을까?

우리 전통 문화에서의 여성상을 밝히기 위해서는 한옥을 넘어서 좀 더 긴 시간 속에서 바라볼 필요가 있다. 반만년 우리의 긴 역사에서 조선시대는 현재와 가장 가까운 시기이지만 또한 한 시기일 뿐이다. 과연 긴 역사 속의 도시에서, 마을에서, 거리에서, 가옥에서 남녀 구분은 어떠했고, 여성의 역할은 무엇이었을까? 선사시대, 초기 국가시대, 삼국시대, 고려시대, 그리고 조선시대의 여성상과 가옥의 구조에 대해 개괄적으로 살펴본다. 그런 후 조선시대의 한옥을 중심으로 주거 문화 속 여성의 역할과 위상을 짚어보고, 그 의미를 찾아보고자 한다.

2. 우리 전통 문화 속의 남성과 여성

동북아 선사시대의 여신 숭배 전통

선사시대에 만주 지역을 중심으로 번성했던 동북아 문명은 황하를 거점으로 하는 중원 문화권과는 다른 독립된 정체성을 가지고 있었다. 1983년에 '여신묘'라고 불리는 유적이 만주 서쪽 지역에서 발견되어 세계적으로 크게 주목을 받았다.[1] 중국 랴오닝성 링위안시 '뉘우허량 유적'에서 돌 마루와 채색 벽의 신전이 발견되었고, 이 안에는 사람의 3배 크기의 도기 인물상들이 줄지어 있었다. 비취로 만든 눈을 가진 도기 여신 두상은 황하 문명보다도 앞선 기원전 6000년 전에 제작된 것으로 확인되었다. 이 요하遼河 서쪽에서 집단적으로 발견된 유적들은 '황하 문명'과는 다른 독립적인 하나의 문명권으로 인정되어 '요하 문명'이라고 불

<여신전 여신상, 우하량 홍산문화 유지牛河梁 紅山文化 遺地>

1 https://ko.wikipedia.org/wiki/ 요하공정

린다. 이 요하 문명은 세계 4대 문명에 이어 세계 5대 문명이라고 일컬어지기도 한다. 이 문명이 만주를 근거지로 한 동이족과 밀접한 관계가 있다는 점은 분명하다. 요하 문명은 여신상을 모신 여신전을 건립하여 여성의 다산과 자녀 양육 기능을 숭배했다. 이 시대에는 여성의 종교적·사회적 역할을 중시했다고 볼 수 있다.

여성 신은 고조선, 부여, 고구려, 백제, 신라의 건국 신화 및 건국 초기 기록에 자주 나타난다. 여성 신은 신의 세계와 인간의 세계 사이에 존재하면서 토지 신, 물의 신, 곡식 신의 형태이거나 또는 신적 속성을 지닌 비범한 영웅을 낳고 기르는 신모神母였다. 여성 신은 출산과 육아 기능뿐만 아니라 농업 생산까지 관장하여 절대화된 것으로 추정된다.

초기 국가시대의 남녀 놀이 풍속

초기 국가시대 우리 민족의 주류는 만주 지역에서 살던 부여와 고구려였다. 고구려는 남하하여 압록강 유역에 수도를 옮기면서 영역을 확대했다. 고구려의 한 일파는 더 남하하여 한강 유역에 백제국을 세웠다. 이로써 우리 민족은 고대국가 기반을 갖추게 되었다. 한반도 남쪽에 살던 마한, 진한, 변한도 이들 북방의 영향을 받았다. 중국은 이들 우리 민족을 동이족이라 칭했다. 중국 고대 사서에 동이족에 대한 기록들이 있다. 범엽이 432-445년에 저술한 『후한서後漢書』는 후한(25-220)의 역사를 기술했는데, 『후한서』 「동이열전東夷列傳」에는 부여, 읍루挹婁, 고구려, 동옥저東沃沮, 예濊, 삼한三韓, 왜倭에 관한 기록이 있다. 이 기록을 근거로 우리는 기원 후 200년 동안의 우리 조상의 풍속, 제도, 남녀 관계를 조금이나마 엿볼 수 있다. 아래는 후한 역사서 기록에 나온 동이족에 대한 묘사들이다.

부여인은 "음력 정월에 지내는 제천 행사인 큰 모임에서 날마다 마시고 먹고 노래하고 춤추었으며, 「영고」라 칭했다. … 길에 다닐 때는 낮이나 밤이나, 늙은이 젊은이 할 것 없이 모두 노래를 불렀다. 하루 종일 노랫소리가 그치지 않는다."

以臘月祭天 大會連日飮食歌舞 名曰「迎鼓」… 行人無晝夜 好歌吟 音聲不絕. (동북아역사재단, 24)

고구려인은 "그 풍속은 음란하고, 청결한 것을 좋아한다. 한밤중이 되면 남녀가 모여 떼를 지어 노래를 부른다. 귀신, 조상, 별에 제사 지내는 것을 좋아하고, 10월에 하늘에 제사하는 큰 모임이 있었으며, 「동명」이라 칭했다."

其俗淫 皆絜淨自憙 暮夜輒男女群聚爲倡樂 好祠鬼神社稷零星 以十月祭天大會 名曰「東盟」. (동북아역사재단, 26)

동예인은 "10월이면 하늘에 제사를 지내는데, 주야로 술 마시며 노래 부르고 춤추었다. 「무천」이라 칭했다."

常用十月祭天 晝夜飮酒歌舞 名之為「舞天」. (동북아역사재단, 29)

마한인은 "매년 5월이면 씨뿌리기를 마치고 귀신에게 제사를 지내며, 모여서 떼를 지어 노래와 춤을 즐기며 술을 마시고 노는 데 밤낮을 가리지 않는다."

常以五月田竟祭鬼神 晝夜酒會 群聚歌舞. (동북아역사재단, 29)

진한인은 "노래 부르고 춤추고 술 마시는 것을 좋아했다."

俗喜歌舞飮酒鼓瑟. (동북아역사재단, 30)

위 내용에 따르면, 우리의 먼 조상들은 마을마다 남녀노소 구별 없이 모여 떼 지어 술과 춤, 노래와 함께 살았다. 남녀노소 구별이 비교적 약했고, 남녀 교제도 비교적 자유로웠던 것으로 추정된다. 신라시대 김유신의 아버지 서현과 왕족인 숙흘종의 딸 만영이 서로 첫눈에 반해 사랑을 나눈 이야기나, 김춘추와 김유신의 누이인 문희가 혼전에 임신한 사건 그리고 고구려 평강왕의 공주가 바보 온달과 결혼했다는 이야기로 볼 때, 초기 국가시대에는 조선시대에서는 상상할 수 없을 정도로 남녀 간의 만남이 비교적 자유로웠고 남녀차별도 그리 심하지는 않았던 것으로 추정된다.

고려시대의 남녀 생활 풍속

『고려도경』은 고려 수도인 개경의 모습을 글과 그림으로 상세히 기록했는데, 이 기록으로 고려시대 남녀 생활 풍속 일부를 알 수 있다. 이 책에는 등에는 아이를 업고 머리에는 귀가 있는 항아리를 이고, 한 손으로는 항아리 귀를 붙들고 다른 한손으로는 흐트러진 옷을 추스르고 걸어가는 여인의 모습에 대한 기록이 있다. 이는 1970년대까지도 우리 주변에서 흔히 볼 수 있었던 헌신적이고 애달픈 어머니의 모습을 상징하는 이미지이다. 고려 여인들은 의복을 빨고 견사나 삼베를 표백하고 밤낮으로 일하면서도 힘들다고 하지 않는다는

⋮ 항아리를 이고 아기를 업은 여인

기록도 찾아볼 수 있다.

> 여자의 옷은 흰 모시 저고리에 노랑 치마인데, 위로 왕가의 친척과 귀한 집으로부터 아래로 백성의 처첩에 이르기까지 모두 같은 모양이어서 구별이 없다. … 흰 모시로 두루마기를 만들어 입었는데, 남자가 입은 두루마기와 거의 같다. (서긍, 158-59)

> 남자들의 두건은 당나라의 제도를 어느 정도 본받고 있으나, 부인들이 땋은 머리를 아래로 내려뜨리는 것에는 변발의 흔적이 아직 남아 있다. (서긍, 169-70)

> 고려 사람들은 아침에 일어나면 먼저 목욕을 하고 문을 나서며, 여름에는 날마다 두 번씩 목욕하는데 시냇가에서 많이 한다. 남자 여자 구별 없이 의관을 언덕에 놓고 물굽이 따라 벌거벗는데, 이런 일을 괴상하게 여기지 않는다. … 부인이나 비구니가 다 남자처럼 절을 하니 이런 것들은 몹시 해괴한 짓들이다. (서긍, 175)

> 고려인들은 밤에 술 마시기를 좋아한다. (서긍, 171)

위 묘사에 따르면, 남성은 당나라(618-907)의 영향으로 두건을 쓰고 있었으나, 여성은 여전히 머리를 땋아서 아래로 내려뜨렸다. 귀족이나 백성이나 똑같이 여성은 흰 모시 저고리에 노랑 치마를 입었다. 또한 사람들은 남녀의 구별 없이 비슷한 스타일의 흰 모시 두루마기를 입었다. 게다가 여름철에는 시냇가에서 남녀가 같이 옷을 언덕에 벗어놓고 함께 목욕까지 했다. 고려시대에는 의복 스타일에서 남녀 차이가 거의 없었을 뿐 아니라, 시냇가에서 목욕도 같이 한 것 등으로 볼 때, 남녀 구별이 그리 크지 않았던 것으로 추정할 수 있다. 이것은 아마도 옛 조상으로부터 면면히 내려온 풍속이 고려시대에도 지속되었고, 여기에 더하여 만민 평등을 이념으로 하는 불교를 국교로 숭상한 것이 영향을 미쳤기 때문으로 추측된다.

조선시대의 유교적 남녀 구별

조선시대는 고려시대와 달리 유교를 국가 이념으로 숭상하고 불교를 억제했다. 고려시대에도 유교는 국가의 중요한 이념으로 불교와 공존했지만, 유교 원리가 그리 엄격하게 적용되진 않았다. 고려 성종 때 대 유학자인 최승로는 "유교는 나라를 다스리는 근본이요, 불교는 마음을 닦는 근본"이라 했다. 고려 말에 중국으로부터 도입된 성리학이 새로운 시대 이념으로 크게 부각되었다.

유학의 교본이라 할 수 있는 『맹자孟子』는 인간관계를 기본적으로 5가지로 분류하고, 그 덕목을 오륜五倫으로 명쾌하게 정리했다. 부자유친父子有親·군신유의君臣有義·부부유별夫婦有別·장유유서長幼有序·붕우유신朋友有信이 오륜이다. '친애', '의로움', '구별', '질서', '믿음'의 5가지 덕목을 부모와 자식 관계, 왕과 신하 관계, 부부 관계, 노인과 젊은이 관계, 친구 관계에 적용한 것이다. 이 책은 부자간은 친밀한 것이, 부부 사이는 서로 구별하는 것이, 노인과 젊은이 사이에는 질서가 중요하다는 관점을 드러냈다. 여기서 남녀 사이인 부부 관계가 사랑이나 질서보다는 구별에 의존한다는 점을 주목해야 한다. 이 부부유별 개념에는 남존여비와 같은 상하 개념이 없다고 봐야 한다.

조선시대에는 유교를 개인 생활이나 국가 관리에 적용하기 위해 주자의 사상을 받아들여 여러 책들을 저술하여 보급했다. 세종은 "정치를 안정시키기 위해 예법을 제정한다"고 언급했으며 많은 관련법을 제정했다. 조선 전기에 예서인 『삼강행실도三綱行實圖』, 『국조오례의國朝五禮儀』를 간행하고, 『경국대전』을 편찬하여 조선의 유교적 통치 질서 및 문물 제도를 완성했다. 이중에서도 『삼강행실도』는 세종의 명에 의하여 1434년에 직제학 설순 등이 우리나라와 중국의 서적에서 군신, 부부, 부자의 삼강三綱에 모범이 될 만한 충신, 효자, 열녀의 행실을 모아 만든 책이다. 효자, 충신, 열녀로서 특출한 사람 각각 110명을 뽑아서 글과 그림으로 행적을 기록하고, 찬양시를 붙였다. 성종 대에 발간된 『국조오례의』는 국가의 기본 예식인 오례, 즉 길례吉禮·가례嘉禮·빈례賓禮·군례軍禮·흉례凶禮에 대해 규정한 예전禮典이다. 『삼강행실도』와 『국조오례의』는 큰 틀에서 보면 『소학』의 여성관을 벗어나 있지 않다.

『소학』은 앞에서 언급한 삼종지도뿐 아니라 남녀의 행동 내규를 다음과 같이 상세히 규정하고 있다. 나라의 기초 교육 교재였던 『소학』에 남녀 간의 기초적 윤리 행동 강령을 넣었고, 이는 가부장적인 남녀와 부부의 행동지침이 되었다.

> 예는 부부가 서로 삼가는 데서 시작되니 궁실을 지을 때 안과 밖을 구분하여 남자는 밖에 거처하고, 여자는 안에 거처한다. 깊숙한 방은 문을 단단히 하고 문 지키는 이가 잘 지키게 한다. 남자는 안채에 들어가지 않고, 여자는 바깥채에 나오지 않는다. … 남자는 집안의 일에 대해 말하지 않고, 여자는 집 바깥의 일에 대해 말하지 않는다. … 가르침과 명령함은 규문閨門 밖으로 나가서는 안 되고, 하는 일은 오직 음식을 주관하는 데에 있을 뿐이다. … 남자와 여자는 시렁을 같이 쓰지 않고 여자는 감히 남편의 옷걸이에 자기 옷을 걸지 않으며, 남편의 옷상자에 자기 옷을 넣지 않고, 함께 목욕하지 않는다. 남편이 없을 때 남편의 베개와 옷상자는 잘 치워놓고 대자리나 돗자리는 주머니에 넣어두며 남편이 사용하는 기물은 잘 간수해둔다.… 제사나 상례 때가 아

> 니면 서로 기물을 주고받지 않는다. 서로 주고받아야 한다면, 여자는 광주리를 사용하여 받고 광주리가 없으면 앉아서 바닥에 놓은 다음에야 가져간다.… 안팎이 우물을 함께 쓰지 않고 함께 목욕하지 않는다. 이부자리나 방석을 통용하지 않는다. 서로 통하여 빌리는 일을 하지 않고 남자와 여자는 옷을 통용하지 않는다. … 여자가 문 밖을 나갈 때는 반드시 그 얼굴을 가려야 하며, 밤에 다닐 때에는 불을 켜고 불이 없으면 그만두어야 한다. … 길에서 남자가 오른쪽에 다니고 여자는 왼쪽으로 다녀야 한다.… (김복한, 43)

또한 『소학』의 내칙에는 여성, 특히 며느리에 대한 행동 강령이 많다. 며느리는 시부모 섬기기를 제 부모 섬기는 것과 같이 해야 한다. 닭이 첫 번째로 울면 일어나 세수하고 이를 닦으며 머리를 빗고 싸매어 비녀를 꽂고 머리를 묶어야 한다. 또 옷을 입고 띠를 매며, 좌우에 패물을 차고 향주머니를 매고, 신을 신고 끈을 맨다. 그런 연후에 시부모 계신 곳으로 가야 한다고 했다(김복한, 29).

남자는 밖에 거처하고 여자는 안에 거처해야 한다. 남자에게는 안채 출입, 여자에게는 바깥채 출입이 금지되었다. 또한 남자는 집안일에 대해 말하지 말고, 여자는 집 바깥일에 대해 말하지 말아야 한다고 했으며, 길을 갈 때도 남자는 오른쪽으로, 여자는 왼쪽으로 가야 한다고 했다. 더 나아가 남녀는 우물, 옷걸이, 옷상자, 시렁, 이부자리, 방석, 옷 등을 서로 같이 사용하지 않아야 한다고 했을 정도로 남녀 구별이 엄격했다.

3. 혼인 풍속과 가족 제도

'한옥과 여성'의 관계를 풀어내기 위해서는 여성상뿐 아니라 친족 범위, 관혼상제, 재산 분배 등 가족 제도에서 여성의 역할을 이해해야 한다. 선사시대부터 조선시대까지 아버지 계열 가족과 어머니 계열 가족 그리고 처 계열의 가족의 관계, 성년식, 결혼식, 장례식, 제사라는 가례家禮, 토지 및 노비 등 재산 분배 문제 등에서 여성의 존재와 역할을 이해할 필요가 있다.

관혼상제 중 주목해야 할 제도는 혼인제다. 새 가족의 시작은 혼인婚姻으로부터다. 혼인의 '혼婚'은 남자가 저녁에 장인의 집인 '장가丈家 간다'는 의미가 있고, '인姻'은 여자가 남편의 집인 '시집媤宅 간다'는 의미가 있다. 혼인 방식에는 장가가는 경우도 있고 시집가는 경우도 있었다. 혼인한 후에 새살림 방식으로는 신랑이 처가에 들어가서 사는 처가살이를 하는 경우도 있고, 반대로 신부가 시집에 들어가서 사는 시집살이를 하는 경우도 있었다. 이러한 풍속들은 시대와 지역에 따라서 다르게 나타날 수 있다. 우리 조상들의 풍속에도 장가가기, 시집가기, 처가살이, 시집살이 풍속이 이어져왔다.

초기 국가시대의 혼인 풍속

만주 북동부에서 세력을 떨쳤던 부여에서는 혼인을 할 때 일종의 지참금으로 신랑 집이 신부 집으로 소와 말을 보내는 풍속이 있었다. 간음을 엄격히 금지했는데 남녀가 간음하거나, 부인이 질투하는 경우에는 모두 죽였다. 특히 부인이 질투하면 죽인 뒤 시체를 산 위에 버려 썩게 했다. 만약 그 여인의 친정에서 딸의 시체를 가져가려면 혼인 지참금인 소와 말을 신랑 집에 반환해야 했다. 이를 근거로 볼 때, 부여에서는 시집살이가 성행했던 것으로 추정된다. 또한 부여에서는 형이 죽으면 동생이 형수를 아내로 맞는 풍속인 형사취수가 있어서 여성이 과부가 되어 어려운 삶을 사는 일이 없도록 조치했다.

함경도 지역에서 세력을 떨쳤던 옥저에서는 남녀가 어릴 때 약혼을 한 뒤, 여자가 남자 집에서 일을 하다가 남자가 여자 집에 예물을 건네고 정식으로 혼례를 올리는 민며느리 제도가 성행했다.

고구려의 결혼 풍속을 기록한 역사책으로 3세기경에 저술된 『삼국지三國志』와 7세기경에 저술된 『수서隋書』가 있다. 『삼국지』는 진수陳壽(233-297)가 편찬한 위魏·촉蜀·오吳 3국의 역사서로서 위서魏書 「동이전東夷傳」에는 부여·고구려·동옥저·읍루·예·마한·진한·변한·왜인 등에 대해 기록하고 있다. 『수서』에는 다음과 같이 기록되어 있다.

> 고구려에서는 시집 장가드는 데 있어 남녀가 서로 사랑하면 바로 혼례를 치른다. 혼례식 때에 신랑 집에서는 돼지고기와 술을 보낼 뿐 재물을 보내는 예가 없다. 만약 재물을 받는 자가 있으면 사람들이 모두 수치로 여긴다.
>
> 有婚嫁者, 取男女相悅, 然卽爲之, 南家送猪酒而已, 無財聘之禮, 或有受財者, 人共恥之. (동북아역사재단, 81)

고구려의 결혼 풍속에 대한 비교적 상세한 기록은 『삼국지』에서도 발견된다.

> 먼저 말로써 혼인을 정하면 다음에 처갓집이 큰 집 뒤에 별채인 작은 집(소옥)을 지었으며, 이를 서옥壻屋이라 불렀다. 저녁에 사위가 처갓집에 와서 문 밖에서 자기의 이름을 알리고 무릎 꿇고 절하면서 여자와 같이 잘 것을 세 번 원하면 장인이나 장모는 이것을 듣고 소옥에서

같이 잘 것을 허락한다. 다음날 소옥, 즉 서옥에 돈과 옷감을 놓고 간다. 자식이 장성하면 가족을 데리고 시집으로 간다.

其俗作婚姻 言語已定 女家作小屋於大屋後 名壻屋 壻暮至女家戶外 自名跪拜 乞得取女宿 如是者再三 女父母乃聽使就小屋中宿, 傍頓錢帛, 至生子已張大 乃將婦歸家. (동북아역사재단, 34)

위의 예문들을 보면 고구려에서는 남녀 당사자 간의 사랑이 중요하며, 남녀 교제가 비교적 개방적이었던 것으로 보인다. 서로 사랑하면 바로 혼례를 치렀다는 위 기록은 고구려에선 신분을 초월한 자유연애도 가능했음을 짐작케 한다. 그 대표적 사례가 평강공주와 바보 온달의 사랑 이야기라고 볼 수 있다. 평강공주는 아버지 평원왕(平原王, 재위 559-590)이 정해준 혼처를 거부하고, 스스로 온달溫達과 만나 결혼을 했다. 이런 일은 조선시대에는 상상할 수도 없는 일이었지만 고구려에서는 가능한 일이었던 것으로 보인다.

고구려에서는 신랑이 처갓집으로 장가가서 사는 처가살이가 성행했다. 이 원인을 분석해볼 필요가 있다. 『삼국지』에 따르면 고구려는 큰 산과 깊은 골짜기가 많고 넓은 들과 좋은 밭이 없어서 부지런히 농사를 지어도 식량이 충분하지 못했다. 고구려는 이러한 역경을 극복하고 대제국으로 성장했는데, 이 과정에서 처가살이가 어느 정도 국가 발전에 기여했던 것으로 보인다. 자식들이 장성할 때까지는 처가살이를 하고, 자식들이 장성하면 시집살이하는 방식이 어린 자식들을 안정적으로 키울 수 있으면서도 가부장제를 이어갈 수 있는 유용한 제도였던 것 같다. 특히 자식 입장에서는 외가와 친가와의 인연을 동시에 유지할 수 있어 안정적인 삶을 영위할 수 있었고 이로 인해 여러모로 유익한 점들이 많았을 것이다.

고려시대의 혼인 풍속

처가살이 풍속은 고려시대에도 계속되었는데, 결혼 풍속이 조선시대보다 훨씬 자유로웠다. 『고려도경』에는 고려시대 혼인과 관련된 기록들이 있다.

> 그 사람들은 은혜를 베푸는 일이 적고, 여색을 좋아하여 분별없이 사랑하고, 재물을 중히 여긴다. 남자와 여자의 혼인에도 경솔히 합치고 쉽게 헤어져, 전례를 본받지 않으니 진실로 웃을 만한 일이다. (서긍, 154)

> 귀인이나 선비 집안에서는 혼인 때 예물을 쓰나 백성들은 술이나 쌀을 주고받을 뿐이다. 부유한 집에서는 아내를 서너 명이나 맞이하지만, 조금만 맞지 않아도 바로 이혼한다. (서긍, 170)

고려시대에는 일부다처제 풍속이 있었던 것으로 보이며, 이혼도 비교적 자유로웠다. 여성도 이혼을 요구할 수 있었다. 고려시대에 원나라의 지배 하에서 민족주의적 문인으로 활동했던 이규보는 처가에서 결혼하고 처가살이를 했는데, 처부모의 은혜가 친부모와 같다고 말했던 것을 보면 고려시대에도 처가살이 풍속이 계속되었던 것 같다. 게다가 혼인식은 반드시 처가에서 올렸으며, 혼인식 후에 잠시라도 처갓집에 머문 뒤 살 곳을 정했다. 새살림은 부부의 의사, 친가나 처가의 가족 구성이나 경제적 조건, 관직 및 기타 이유로 처가살이나 시집살이 등 다양한 방식이 나타났다.

처가살이와 시집살이가 공존했던 풍속은 재산 상속과 밀접한 관계가 있었다. 딸은 아들과 동등하게 재산 상속을 받았다. 제사에도 딸이 참여했다. 조상의 위패를 사찰에 봉안하고 제례도 불교적인 방식으로 이루어졌는데, 자식들이 돌아가면서 제사를 지내는 윤회 봉사도 행해졌다. 당연히 딸도 윤회 봉사를 했다. 고려시대에는 남녀 차별이나 구별이 크지 않았던 것으로 판단된다.

조선시대의 혼인 풍속

조선시대가 시작되면서 중국 송나라의 주자 등이 발전시킨 성리학을 국가 이념으로 받아들이게 되고 이에 따라 여성의 지위뿐 아니라 혼인 풍속도 크게 변화한다. 주자가 만든 가정의 예절서인 『주자가례』는 기본 생활지침서가 되었다. 이 책은 여자가 시집을 와야 한다고 강조했다. 조선의 성리학자들은 조선이 중국의 문물 제도를 대부분 본받았으면서도, 유독 혼인 예법만큼은 옛 풍속을 따르고 있다면서 혼인 예법도 중국의 성리학에 따라 바꿔야 한다고 주장했다. 이들은 자식들이 어린 시절에 외가에서 자라는 풍속 때문에 일가친척의 소중함을 알지 못한다고 비판했다. 즉 이들 성리학자들은 처가살이가 부계 중심 가문 운영에 방해된다고 보고 이를 시집살이로 바꾸고자 했다. 또한 조선 전반기에 이중 혼인重婚 금지, 여성 재혼 금지, 과부 재가 금지를 제도화했으며, 동성동본 혼인도 금지했다.

그러나 민간에서는 처가살이가 17세기까지 일반화되어 있었다. 1740년경에 저술된 조선 실학자 이익(1681-1763)은 『성호사설星湖僿說』에서 "우리나라는 백 년 전만 해도 처가살이 풍속이 남아 있어 외친이 본친과 거의 다름이 없다."라고 했다. 처가살이 풍속은 17세기까지 지속되었고, 18세기에 가부장제家父長制가 강화되면서 시집살이가 일반화되었다.

4. 전통 가옥에서 남녀 공간

선사시대 움집의 남녀 공간

가정과 사회에서의 여성의 역할과 지위에 대한 역사적 이해를 바탕으로 주거 문화를 선사시대부터 분석해보자. 흔히 신석기시대를 제1차 산업혁명 시기라고 부른다. 구석기시대의 어로채집 경제가 신석기시대에는 목축농경 경제로 발전했다. 삶의 형식도 근본적으로 변화를 맞이해, 이동생활에서 정착생활로 발전했다. 살기 좋은 곳에 정착하여 집을 짓고 대대로 살기 시작한 것이다. 주로 해안가나 강가 등 물가에서 살았다.

신석기시대에 여성의 지위는 남성보다 낮지는 않았다는 것이 학계의 통설이다. 남성 인형이 더 많이 출토되는 청동기시대와 달리 신석기시대 유품으로 남성 인형보다 여성 인형이 많이 출토되고 있다는 점이 이를 입증한다. 세계적으로 많이 발견되고 있는 선사시대의 여신상은 여성이 생산과 번식의 신비한 능력을 가진 존재라는 것을 상징한다.

우리나라 신석기시대 주거는 방형의 평면에 땅을 파서 집 바닥을 낮추고 나무로 서까래를 세우고 풀을 덮은 움집이 주를 이룬다. 현존하는 움집은 없지만, 고고학자들이 발굴한 움집터와 유물이 있다. 이들을 통해서 당시 남녀가 어떻게 공간을 사용했는지를 추정할 수 있다. 일례로, 신석기시대 주거지인 황해북

: 서울 암사동 신석기시대 주거지

도 봉산군 지탑리 움집터의 유물 배치 상황을 보면 여성과 남성의 공간 분화를 추정할 수 있다. 이 터는 6-7m인 방형 평면에 땅을 50cm 팠다. 평면 중앙에는 화덕이 놓여 있었다. 출입문 반대쪽, 즉 화덕 안쪽에서 곡식을 갈고 조리하는 데 쓰이는 갈돌과 토기가 발견되었으며, 입구 쪽에 돌도끼, 돌창, 돌화살촉 등이 놓여 있었다. 여성들은 주거지 안쪽에서 곡식을 조리하고, 남성들은 입구 쪽 공간에서 사냥 준비를 하거나 집을 외적으로부터 지켰던 것으로 분석된다. 즉 여성은 움집 안쪽에, 남성은 입구 쪽에서 생활했던 것으로 추정된다.

『삼국지』 한조韓條에는 다음과 같이 기록되어 있다.

> 거처는 초가에 토실을 만들어 사는데, 그 모양은 마치 무덤과 같았으며, 그 문은 윗부분에 있다. 온 집안 식구가 그 속에 함께 살며, 장유와 남녀의 분별이 없다.
>
> 居處作草屋土室 形如冢 其戶在上 擧家共在中 無長幼男女之別. (동북아역사재단, 40)

이 기록은 움집에 대한 묘사이다. 한반도 남부에서 세력을 떨치던 한인들은 지붕을 풀로 덮고 실내를 흙으로 마감한 무덤 형태의 움집에서 살았다. 원룸형 집으로 남녀노소 가족이 같이 살았다고 한다. 내부 공간에서는 지탑리 주거지와 같이 내부 칸막이 없이 여성은 안쪽, 남성은 입구 쪽에 자리 잡았을 것이다.

삼국시대와 고려시대 가옥의 남녀 공간

오늘날 현존하는 삼국시대, 통일신라시대, 고려시대 주택은 없다. 고대 중국 문헌이나 삼국시대 고분벽화 등에 근거하여 이들 시대의 주거 문화를 알 수 있을 뿐이다. 당나라 시대인 636년에 저술된 『주서周書』

열전에는 고구려와 백제에 대해 "남녀가 함께 시냇가에서 목욕하고, 한 방에서 잔다乃至同川而浴 共室而寢"(동북아역사재단, 62)고 기술되어 있다. 고구려 안악 3호분의 벽화에는 가옥 그림이 있다. 주방, 부엌, 마구간, 마차 창고, 창고 등 주거 기능별로 한 동씩 여러 동이 그려져 있다. 고구려의 지배층들의 가옥은 여러 채가 모여 하나의 큰 저택을 이루고 있었던 것으로 보인다. 고대 중국 역사책에서 백제는 고구려와 그 풍속이 유사하다고 기록하고 있으므로, 백제의 주거 문화는 고구려의 주거 문화와 유사하다고 보면 될 것이다. 삼국시대 서민 주택에서는 남녀 구분 없이 한 방에서 같이 살았던 것으로 보인다.

송나라 시대인 1060년에 편찬된 당나라 역사서 『신당서新唐書』는 신라인에 대해 "겨울에는 집 가운데 부뚜막을 만들고 여름에는 음식을 얼음 위에 올려놓았다冬則作竈堂中, 夏以食置氷上"(동북아재단, 120)고 기록했다. 즉 통일신라시대는 집 가운데에 부뚜막을 만들고, 겨울에는 불을 사용하여 익혀 먹고, 여름에는 음식을 얼음 위에 놓는 발달된 주거 문화를 가지고 있었는데, 이런 주거 환경 속에서 신라 여성들이 불과 얼음을 활용하여 날씨에 따른 음식을 꼼꼼하게 준비했을 것이라고 추정할 수 있다.

고려의 주거 문화에 대해 『고려도경』은 다음과 같이 기록하고 있다.

> 고려 초기 상류 귀족 계층의 경우, 큰 자리를 깔고 평상을 사용하고, 신라에서와 마찬가지로 난로와 향로 등과 같은 난방 기구를 사용했다. 일반 백성은 대부분 흙 침상으로 땅을 파서 온돌을 만들고 그 위에 눕는다. … 민중들의 주거가 좁고 누추하며, 들쭉날쭉 가지런하지 못하기 때문이다. (서긍, 52)

고려시대에 귀족들은 바닥에 큰 자리를 깔고 그 위에 평상을 놓고 살았으며, 난로와 향로로 난방을 했으며, 평민들은 좁고 누추했지만 온돌 흙침대에서 잤다고 기록하고 있다. 주거 환경만큼 여성들의 삶도 신분에 따라 차이가 났을 것으로 추정할 수 있다.

고구려 서옥

전술한 바와 같이 『삼국지』에 기록된 고구려의 서옥 제도는 우리의 주거 문화에서 매우 의미가 깊다. 따라서 고구려 서옥壻屋은 우리 고대 주거 문화 속 남녀 공간의 특성을 잘 드러내기에 별도 분석이 필요하다. 서옥은 고구려의 혼례와 처가살이 풍속을 잘 반영한다. 『삼국지』의 기록에서와 같이, 먼저 말로서 약혼을 하면 처가에서는 집 뒤에 작은 집을 별동으로 짓는다. 이 집을 서옥, 즉 '사위집'이라고 칭했다. 이 집이 완성되면 사위는 장인 장모의 허락을 얻어 신방에서 동침한다. 다음날 처갓집에서 그 집에 돈과 옷감을 놓고 간다. 그리고 자식이 성장하면 시집에 들어가 정착한다. 이것이 고구려의 혼례 의식과 새살림 풍속이었다. 여기서 처가와 친가 중 누가 돈과 옷감을 갖다 놓았느냐에 대해서 주장이 엇갈리고 있다. 『수서』의 기록에 따르면 사위가 신부대新婦代로 돈과 옷감을 가져가지 않았다고 한다. 그러므로 처가에서 지참금持參金 조로 혹은 딸을 분가시키면서 일종의 재산 분할의 형식으로 돈과 옷감을 전달한 것으로 볼 수 있다. 삼국시대에는 여성이 처가에서 재산을 상속받고 스스로 처분할 권리가 있었기 때문이다.

서옥은 처가집의 대가족 울타리 안에 있으면서도 신혼부부 가족을 위한 독립적인 거주 공간인 별동이었다. 서옥을 소옥小屋이라고 한 것으로 볼 때, 큰 집인 처가에 비해 작은 집이었다. 아마도 방 하나, 둘에 부엌이 있는 2-3칸 정도였을 것이다. 옛 문헌에 고구려 주택에는 큰 창고는 없고 집집마다 부경이라는 조그만 창고가 있었다고 하는데, 서옥은 부경과 비슷한 크기였을 것으로 추정된다.

그러면 서옥이 주거 문화사적으로 가지는 의미는 무엇일까? 첫째, 서옥은 결혼한 여성에게 기대되는 역할인 임신과 자녀 양육을 배려한 탁월한 제도이다. 처갓집에서는 처갓집의 일부를 쓰도록 하지 않고 별동으로 집을 새로 지어주어 부부의 독립적 주거생활이 가능하도록 했고 이로써 다산을 장려했다. 이 새집에서 신혼 첫날밤을 지냈으며 자식들이 장성해 시댁으로 가기 전까지 이 집은 살림집으로 사용되었다. 서옥은 처가와 붙어 있지만 독립된 공간이므로 처가와 반은 연계되고 반은 독립적이었을 것이다. 결혼한 여성 입장에서 가장 힘든 시기가 자식을 낳고 기르는 기간이다. 이 어려운 시기에 여성이 이 공간에서 처가의 물적 자산이나 인적 자원을 활용할 수 있었을 것이다. 서옥이라는 가옥 문화를 통해 여성의 임신을 장려하고 자녀 양육을 도운 것은 조선시대 출가외인과는 상반된 여성에 대한 배려라고 할 수 있다.

둘째, 서옥은 신축한 가옥으로 새 가족에게 새집을 주었다는 의미가 있다. 동예의 풍속에 병을 앓거나 사람이 죽으면 그 집을 버리고 곧 다시 새집을 지어 산다고 했다. 고대에는 집은 단순히 물리적 구조물이라기보다는 정령을 가진 실체로 인식되었다. 새집의 건축은 생명체의 탄생이며 새로운 소우주의 시작이었다. 새집에서 혼인 첫날밤을 지내고 새살림을 산다는 것은 신랑, 신부 모두에게 큰 축복이었다.

셋째, 서옥제는 사위가 일정 기간 처가에 머무는 서류부가혼壻留婦家婚이나, 결혼 전에 처갓집에서 살다가 결혼하는 데릴사위 제도와는 다른 매우 독특한 제도이다. 이 서옥에서 사위가 동거했느냐 여부에 대해서는 주장이 엇갈린다. 남편은 밤에만 와서 동숙同宿했다는 주장과 동거同居했다는 주장이 있다. 아마도 처가살이 동거 가옥이었을 것으로 추정된다. 그 근거는 집 이름이 사위의 집을 뜻하는 '서옥'이라고 분명히 호칭된 점에서 찾을 수 있다. 또한 결혼한 딸이 처가 옆에 살고 있지만,

새 가족은 경제적으로 독립한 생계단위였다. 남편 없이 아내 혼자 생계를 영위한다는 것은 매우 어려운 일이기 때문에 딸과 사위, 어린 자녀로 구성되는 핵가족 형태의 주생활이었을 것으로 추정된다. 남녀가 분리된 공간에 거주하고 시댁에 대한 여성의 일방적인 헌신을 강요한 측면이 있는 조선시대와 달리, 서옥은 여러모로 여성 친화적인 주거 형태였다. 고구려시대 주거 공간은 조선시대의 『주자가례』식의 엄격한 부부유별夫婦有別적이라기보다는 부부유친夫婦有親적이었다고 볼 수 있다.

조선시대 가옥의 남녀 공간

한옥 개요

현존하는 한옥의 99% 이상은 조선시대 중기 이후에 건립된 것들이며, 조선시대 이전에 지어진 집들은 현재 집터나 주춧돌로만 남아 있다. 따라서 여기서부터 한옥은 양반이나 사대부의 주택, '기와집'을 지칭한다. 한옥은 안채, 사랑채, 사당채, 행랑채, 별채로 분리된 채들이 결합되어 유기적 통일체를 이룬다. 그런 의미에서 우리의 전통 가옥인 한옥은 하나의 소우주였다. 즉 하나의 완결된 질서가 정적으로 혹은 동적으로 운행되는 생태적, 사회적, 정신적, 초월적 삶의 공간이었다. 규모는 초가집에 비해 크며, 민간에서는 최대 평면 크기가 '99칸 집'까지 가능했다. 여기서 칸이란 전통 건축에서 평면 크기 단위로 가옥에서는 사방 8자(약 2.4m)로 약 5.76㎡이다. 99칸 집의 건물 바닥 면적은 570㎡(172평) 정도라고 보면 된다. 이 면적에는 방과 대청, 창고 등이 모두 포함된다.

초가집은 평민이나 천민의 주택으로 '민가民家'라고 호칭되기도 했다. 보통 초가집은 '초가 3칸'을 상상하면 된다. 초가 3칸 집에는 1칸짜리 방 2개, 1칸 부엌 칸으로 구성되며, 바닥 면적은 17.28㎡(5.2평) 정도였다. 요즘 도시의 원룸 정도 규모였다고 보면 될 것이다.

한국의 전통 가옥은 주로 초가집이었고, 열 집 가운데 한두 집만이 한옥이었다고 보면 무리가 없다. 고려 중기 송나라 사신 서긍이 저술한 『고려도경高麗圖經』(1123)에도 고려의 수도 개경에는 "부유한 집에는 기와를 얹었으나, 겨우 열에 한두 집뿐이다."라고 기록되어 있다(서긍, 54). 전체 가옥에서 한옥의 비율이 10% 내외지만, 한옥에 살펴볼 사항이 많다. 초가집이 10쪽짜리 단편소설이라면, 한옥은 100쪽짜리 장편소설이다. 그만큼 공간이 세분화되어 있고 이야기가 많기 때문에 여성과 전통 가옥 문화를 보고자 하면 한옥 즉 기와집을 살펴보는 것이 좋다.

한옥 배치

성리학이 지배 철학이었던 조선시대의 한옥은 남성의 공간과 여성의 공간이 분리되어 있었다. 보다 체계적으로 주거 공간 구성을 이해하기 위해서는 한옥 배치를 알아야 한다. 조선시대에 가옥의 대지 면적과 칸수는 신분에 따라서 규제했다(대한건축학회, 410). 『경국대전』(1460-1470)에 따르면, 신분이 3, 4품인 경우 최대 대지 규모를 10부, 평민의 경우 2부로 규제했다. 1부는 약 39평으로 평민의 주택은 78평을 넘지 않도록 했다. 『세종실록』에 따르면, 집의 평면 크기와 기둥과 보의 크기 그리고 장식을 제한했다. 신분이 3품 이상인 경우, 주택 크기는 30칸 이하로, 평민은 10칸 이하로 규제했다. 평민의 집을 10칸 이하로 규제했지만, 많은 서민들은 초가 3칸의 집에서 살았다. 양반의 가옥이라 할 수 있는 한옥 기와집은 10칸 이상, 많게는 99칸인 경우도 있었다.

평민의 집이라 할 수 있는 초가집의 기본 평면은 부엌 1칸, 아랫방 1칸과 윗방 1칸, 총 3칸으로, 아랫방에서는 안주인과 딸들이 자고, 윗방에서는 바깥주인과 아들들이 잔다. 양반이나 사대부의 집이라 할 수 있는 한옥에서는 대가족 제도에 의해 보통 3대, 4대의 가족이 생활했으며, 세대별로 그리고 남녀별로 영역을 분리했다.

한옥은 독립적인 채들의 종합체이다. 채들이 각각 독립적 영역을 형성하면서도 전체적으로는 하나의 골격을 갖는다. 채는 독립적 영역 개념으로 기본적으로 건물, 마당, 울타리로 구성되어 있다. 안채, 사랑채, 사당채, 행랑채, 별당채 등은 각각 위계와 기능에 따라서 독립적이면서도 유기적으로 통합되어 있다. 한옥의 기본 골격은 안채, 사랑채, 사당채라는 3개의 채로 구성된다. 이들의 주인은 각각 여자 어른, 남자 어른, 조상이다.

채의 배치를 보면, 가옥의 중심은 안채와 사랑채이다. 외부 진입로로부터 행랑채, 사랑채, 안채, 사당채 순으로 배치한다. 외부에서 가장 은폐된 것은 안채이며, 대지 안에 낮게 깊숙이 위치해 있다. 안채는 다른 채에 비해 압도적으로 크다. 안채와 사랑채는 서로 떨어져 있다. 사랑채는 마을이나 들판을 볼 수 있도록 개방되어 있으며, 널리 조망할 수 있도록 누마루가 있다. 조상을 모신 사당채는 앞의 채들을 내려다볼 수 있도록 후면 높은 지대에 위치한다.

한옥 안채

안채는 안주인과 가족의 생활 공간이다. 보통 안마당을 중심으로 ㅁ자형 건물이다. 마당에서 볼 때 정면에 안방—대청—건넛방이 있다. 안방이 안채의 중심 공간이다. 안주인이 안방을 차지하고 며느리는 건넛방을 쓴다. 안채로의 진입은 중문을 통해서 이루어진다. 중문은 문을 열어도 외부에서 안채가 보이지 않도록 시각적 차폐 구조물이나 방풍용 벽이 설치되는 경우가 많다. 잡귀들이 중문으로 들어온다는 믿음이 있어서 중문의 위치 및 처리에 매우 민감하게 신경을 썼다. 여성 가족이나 어린 남성 자식들은 안채에서 살았고, 여자 하인은 행랑채에서 살기도 하지만 안채의 작은 방에서 살기도 했다. 안채 뒤쪽에는 장독대를 포함하여 후원을 조성하여 외부로부터 은폐된 여성들의 공간을 조성했다. 건넛방의 측면 마당에 울타리를 설치하여 며느리의 독립된 마당을 조성하기도 한다. 백일헌 이삼장군 고택의 경우, 며느리 공간인 건넛방 앞에 낮은 담을 둘러 며느리 전용 마당을 두었다(한필원, 76). 안방은 안주인의 취침 공간이면서 부부 침실로도 이용되는 은밀한 공간이었다. 낮에는 직계 가족들의 거실 기능도 했고 안주인의 손님 접대 공간이기도 했다. 직계존속 이외의 남자는 출입 금지였다. 안방 천장에는 '고물'이라는 비밀 공간을 설치한 경우도 있어 유사시 피난장소로 이용되기도 했다. 안방에는 조상신인 조상 할매, 집안사람들의 수명 등을 관장하는 제석신, 삼신할머니 등이 살고 있다고 믿었다. 안방의 시렁 위에 이 신들을 모신 단지를 놓았다. 삼신할머니는 아기를 잘 낳게 해주고 잘 성장하도록 도와주며, 산모를 잘 보살피는 자손 번성의 신으로 모셔졌다. 안방은 이런 신들의 집으로서 어머니의 모태와 같은 가족 생명의 근원으로 인식되었다.

안방에서 대청 건너편에 있는 건넛방은 며느리의 방이다. 경상도에서는 상방, 호남 지방에서는 모방이라고도 불린다. 며느리가 출산을 하는 방이며, 출가한 딸이 친정에 와 해산할 때 산청으로 사용되기도 한다. 시어머니가 안방물림을 하고 건넛방으로 옮겨오기도 한다. 건넛방 앞에 좁은 툇마루를 붙이거나 한 단 높은 작은 누마루를 설치하기도 한다.

부엌은 여성 전용 공간이었다. '사내가 부엌에 들어가면 고추가 떨어진다'는 이야기가 말해주듯이 남자 출입 금지 공간이었다. 부엌에는 불을 주관하는 부뚜막신인 조왕신이 있다고 믿었다. 안대청 마루 한쪽에는 집을 지키는 성주신을 모신 성주단지를 놓았다. 관혼상제 등 여러 의례는 마당과 대청에서 행해지는 것이 일반적이다. 한옥에서 안방과 부엌 그리고 대청에는 각각 신들이 모셔져 있어 신들이 사는 장소로서 종교적인 성격도 가진다. 한옥 안채는 한옥의 핵심 영역이다.

한옥 사랑채

사랑채는 남성 주인의 집으로 사회적인 성격이 강한 영역이다. 보통은 1자형으로 안채의 전면이나 측면에 붙어 있다. 사랑채 건물은 사랑방, 침방, 대청, 누마루 등으로 구성된다. 대문으로 들어서면 사랑 마당을 건너서 바로 주 건물을 면하게 되어 있다. 사랑채에는 외부 손님들이 숙박하는 경우도 있다. 큰 사랑채, 작은 사랑채가 있는 경우도 있다. 큰 사랑채는 남성 어른이, 작은 사랑채는 장성하거나 출가한 아들이 쓴다. 출가한 아들은 며느리와 같은 방을 사용하지 않는다. 아들은 작은 사랑채를, 며느리는 안채의 건넛방을 각각 쓴다.

사랑채에는 대청마루를 두고 또 정자와 같은 기능의 누마루를 둔다. 여러 사람들의 회합이 가능하고, 또 멀리 자연과 마을을 조망할 수 있다. 마을에서 기와집을 볼 때에 눈에 띄도록 사랑채를 건축하는 것이 중요하다. 즉 사랑채의 외향이 매우 중요하다. 사랑채 처마 밑에는 충효당, 양진당, 서백당 등과 같이 주인의 철학을 담은 현판을 걸어놓으며, 기둥 주련에 한시를 써서 걸기도 한다. 이 현판의 건물명이 곧 가옥의 명칭으로 불린다. 이와 같이 건축의 격식을 중시하는 사랑채는 가옥의 사회적, 정신적 품격을 담는다.

대문에 들어서면 사랑채로 가거나 안채로 들어가게 된다. 이 과정에서 남녀 동선과 시선이 겹치게 되고 내외법에 어긋날 수 있다. 이를 해결하기 위하여 사랑 마당에 담을 쌓아서 동선과 시선을 분리하기도 했다. 이런 담을 '헛담'이라고 한다. 청송의 송소 고택의 경우, 이 헛담에 구멍을 뚫어 여자들이 안채 영역에서 사랑채를 엿볼 수 있도록 했다(이진경, 253).

한옥 사당채

사당채는 조상님의 집이다. 종가에서는 보통 4대 조상인 고조부모高祖考妣, 증조부모曾祖考妣, 조부모祖考妣, 부모考妣의 신위를 모셔놓는다. 1자형 건물인 사당 건물을 별도의 대문과 울타리로 둘러싸서 가옥의 다른 영역과 엄격히 분리했다. 남자 어른은 외부에 나갈 때에 사당에 고하고 귀가하면 먼저 사당에 보고하는 것이 예법이었다. 제사는 남성들이 담당하며, 친족 범위의 남성들이 참여한다.

한옥 행랑채

행랑채에는 남자 하인이나 그의 가족이 거주하며, 대문, 창고 등 주거 부속 시설들이 있다. 가옥의 최전면에 배치되어 집의 울타리 기능을 한다. 대문은 행랑채 한 칸을 차지한다. 남자 하인은 대문을 관리하며, 집의 수위 역할도 한다. 행랑채에서 거주하는 노비를 솔거노비라 한다. 집 밖에 거처하는 노비를 외거노비라 하는데, 이들의 집은 가람집(또는 호지집)이라 하고 집 밖의 터에 짓는다.

『주자가례』와 조선시대 가옥

조선시대의 주거 문화와 여성의 위상을 이해하기 위해서는 조선시대의 생활지침서 중의 하나인 『주자가례』를 참고할 필요가 있다. 이 책은 유교의 실천윤리인 삼강오륜을 기준으로 가족 관계와 가옥 공간을 규정하고 있다. 조상 숭배와 장자 중심의 가부장제 그리고 남녀 영역의 분리를 골격으로 한다. 이러한 흐름은 조선 후기로 갈수록 강화되었다. 조선 전기에는 조선 후기에 비해 상대적으로 여성들의 생활이 덜 폐쇄적이었으며, 주거도 남녀 생활 공간을 엄격히 구분하지 않았던 것으로 추정된다. 조선 전기 사대부들은 안주인과 같이 안채에서 기거했던 것으로 보인다.

조선 후기가 되면 사대부는 안채에서 물러나가 별동 영역에서 살았다. 이 영역이 사랑채이다. 주택은 여성의 공간과 남성의 공간으로 확실히 분화된다. 여성의 영역인 안채에 남성의 영역인 사랑채를 붙이거나 별동으로 배치했다. 맏자손의 집에는 반드시 조상의 신주를 모시는 공간을 마련하도록 했다. 크게는 사당을 지어 모시거나 아니면 방 혹은 궤짝이나 책장에 모시도록 했다. 조선 말기로 갈수록 조상을 모시고 제례를 지내기 위한 영역은 점점 더 커졌다. 삼강오륜의 장유유서長幼有序에 따라서 가족 내 서열과 지위별로 공간이 배치되고, 가장과 장자의 거주 공간도 부자이궁父子離宮의 원칙에 따라 구분했다. 사랑채가 두 개가 있는 큰 집에서는 가장은 큰 사랑채에 거주하고, 장자는 작은 사랑채에 거주하도록 했다.

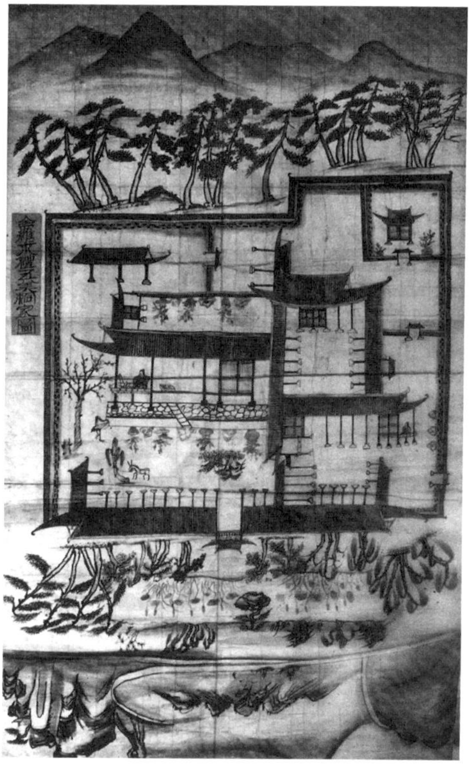

⁝ <구례 운조루(雲鳥樓) 평면도>
운조루는 중국의 도연명이 지은 귀거래사에서 따온 글로서 '구름 속에서 새처럼 숨어 사는 집'이라는 뜻.
맨 아래가 행랑채, 중앙 왼쪽이 사랑채, 오른쪽이 안채, 맨 뒤 오른쪽이 사당채.

조선 후기가 되면 결혼한 신부는 바로 시집으로 들어가 시집살이를 했으며 친정으로부터 '출가외인'으로 취급받았다. 이런 상황에서 여성은 재산 상속권과 제사권을 상실했다. 현대적 시각으로 볼 때 이것은 사회 구조적인 여성 인권 침해였으며, 하늘이 맺어준 가족 관계를 파괴하는 '반인륜적' 해악이었다. 그러나 조선시대 처음부터 이런 가부장적 제도가 확립된 것은 아니었다. 조선 중기의 신사임당(1504-1551)은 초기의 친정살이 문화에서 시집살이 문화로의 과도기를 산 여성이다. 30대 후반까지 친정살이를 하던 사임당은 시댁 살림을 책임져야 했기에 서울 시집으로 이주했다. 그때 신사임당은 〈어머니를 그리며〉라는 시에서 서울 시집에서 고향에 홀로 계시는 친정어머니에 대한 그리움을 노래한다.

> 산 첩첩 내 고향 여기서 천리
> 꿈속에도 오르지 고향 생각뿐
> 한 송정 언덕 위에 외로이 뜬 달
> 경포대 앞에는 한 줄기 바람
> 갈매기는 모래톱에 헤어졌다 모이고
> 고깃배는 바다 위로 오고 가겠지
> 언제쯤 강릉 길 다시 밟아가
> 어머니 곁에 앉아 바느질 할꼬

제도와 풍속의 변화와 함께 조선의 주택 또한 변화했다. 부부유별夫婦有別에 따라서 여성의 행동 영역은 안채로 한정되었다. 친족 간이라도 남성이 함부로 안채에 들어가는 것을 부도덕한 것으로 여겼다. 남자 주인의 정원은 사랑채의 주변 마당에 꾸며졌으며, 여성용 정원은 안채 뒤쪽에 장독대와 같이 후원으로 조성되었다. 측간도 가능하면 여성용 측간과 남성용 측간이 분리되도록 했다.

관혼상제 공간도 남녀로 구분되었다. 남성이 주인인 관례冠禮는 사랑채의 사랑대청과 사랑방에서 행해졌고, 여성의 계례는 안채의 대청과 안방에서 행해졌다. 혼례도, 전안례奠鴈禮는 사랑 마당에 차일과 병풍을 치고 탁자를 설치하고 행했으며, 대례는 안대청 또는 안마당에 차일을 치고 행했다. 사랑방은 신랑을 따라온 상객과 남자 하객의 접객 공간으로, 안채의 각 실은 일가친척 여성들을 접대하는 공간으로 사용되었다. 또한 여성은 안채에서, 남성은 사랑채에서 임종을 맞이했다. 문상이 이루어지는 빈소도 남성은 사랑방과 사랑 침방, 작은 사랑방에, 여성은 안채 건넛방이나 윗방에 차렸다(대한건축학회, 410).

5. 한옥의 남녀 공간 다시 보기

한옥의 내외법 의도 다시 읽기

한옥에서의 철저한 남녀 공간 분리의 의미를 이해하기 위해서는 조선 후기 한옥의 핵심 개념인 내외법을 알아야 한다. 이 내외법을 한마디로 축약한 말이 남녀칠세부동석男女七歲不同席, 즉 '남녀는 7세가 되면 같은 자리에 앉지 않는다'이다. 6세까지 남녀의 공간은 같이 사용해도 되지만, 7세가 되면 남자의 공간과 여자의 공간은 분리해야 하고, 서로 침범하면 안 된다. 남녀는 7세 이후 같은 자리에 앉지도 않아야 하며 같은 방을 써서도 안 된다. 이 내외법에 따라 한옥에서 남성의 공간과 여성의 공간은 엄격히 분리되었다. 이들 사이에는 은폐된 좁은 문이 있을 뿐이었다. 남녀는 밥도 같이 먹지 않았으며男女不共食, 부부는 떨어져서 잤다夫婦別寢.

한옥에서 내외법의 의도는 무엇이었을까? 내외 개념은 선사시대 움집부터 조선 후기 한옥까지 계속 발전해왔는데, 그 긍정적인 면과 부정적인 면은 무엇일까? 부정적인 면만 있었다면 계속되지 못했을 것이다. 내외법은 결혼한 여성으로 하여금 안채에 머물며 고된 시집살이를 감내하게 하는 소위 '남존여비' 성격을 띤다는 점에서 부정적이다. 그러나 한옥에서의 내외법은 긍정적인 면도 있다. 첫 번째 긍정적인 면은 내외법이 어느 측면에서 여성의 독립성을 보장했다는 점이다. 남편과 시부와 분리된 공간에 거주하면서 여성은 온전히 여성의 전통을 이어가며 여성의 영역을 가꿔갈 수 있었다. 시댁 생활이나 풍속에 낯선 며느리는 시어머니와 부엌을 같이 쓰면서 가옥의 전통을 고스란히 전수받게 된다. 딸은 안채 이외에 별도의 교육 공간이 없었다. 어머니는 안채에서 딸이 여성으로서의 갖추어야 할 교양 그리고 자녀 양육을 위한 지식 및 관습을 교육시켰다. 여성들은 여성 전용 정원이 안채 후원에 있어서 편안하게 휴식할 수 있었을 뿐 아니라, 남성들의 간섭을 받지 않고 친척들이나 친구들과 비교적 자유로이 친교를 나눌 수 있었다.

둘째, 내외법은 역설적으로 여성을 보호했다. 한옥의 내외 공간은 외부의 적으로부터 신체적 약자인 여성과 미성년 자식을 보호할 수 있도록 했다. 선사시대부터 가족생활 내의 남녀 역할이 구별되었다. 여성은 자식을 낳고 기르고, 남성은 가족을 외적으로부터 지키고 식량을 공급했다. 여성이 결혼하면 가임 기간 동안 임신과 출산이 계속 반복되었을 것이기 때문에 여성은 신체적인 약자였다. 여성은 어린 자식들과 함께 약자로서 보호받아야 했는데, 이들을 위한 안식처가 바로 집이었다. 집은 근원적으로 여성과 자식을 보호하기 위한 피난처shelter였다. 집의 외벽은 성벽과 같이 짐승이나 외적의 공격이나 침투를 방지하는 방어벽이었다. 성인 남성은 집의 입구 쪽에 거주하면서 외적이 공격 시에 안쪽의 가족을 보호할 수 있었다. 한옥에는 대문과 중문이 있다. 대문은 주택 전체의 큰 문이며, 중문은 안채로 들어가는 작은 문이다. 사랑채에서 남자 주인은 대문과 중문을 감시할 수 있었다. 중문은 사랑채의 남성 주인이 진출입을 관리할 수 있고 통제할 수 있도록, 즉 안채를 지킬 수 있도록 배치되어 있다. 또한 사랑채에는 보통 바닥 높이가 한 자 정도 높은 누마루가 있다. 이곳은 주택 울타리를 넘어서 집 주변을 조망하고 감시할 수 있도록 되어 있어, 일종의 성곽에서의 망루와 같은 기능도 한다. 남성 주인은 사랑채에서 낮에는 사랑방에서 밤에는 침방에서 24시간 거주하면서 집을 지키고 있었다. 셋째, 내외법은 가족 안에서도 다른 남성들로부터 여성을 보호하는 효과도 가지고 있었다. 성인 남성 가족의 안채 출입을 억제함으로써 남성이 여성에게 임의로 접근하는 것을 방지하여 안주인이나 여성 노비 등을 보호할 수 있었다.

한옥과 현대 아파트 공간에서 안주인

"여자는 안에 위치하고 남자는 밖에 위치한다. 남녀의 위치가 정해진 것은 천지자연의 원리女正位乎內南正位乎外 男女正天地之大義也"라고 중국의 최고 고전인 『주역』 가인괘家人卦는 말하고 있다(최완식, 157). 이 말에 따르면, 남녀의 내외적 존재 방식은 인간이 만든 것이라기보다는 동물의 세계 등을 포함한 자연계의 보편적 원리라는 것이다. 전통적으로 여자는 안에서 아이를 낳아 기르고, 남자는 밖에서 먹이를 구해오고 외적으로부터 가족을 지켰다. 이와 같이 남녀는 존비 관계라기보다는 가족 생명 공동체로서 상보적 관계를 맺었다고 할 수 있다. 한옥은 이러한 생명 공동체의 상보적 관계를 담는 그릇으로 끊임없이 진화했다.

조선시대의 한옥을 살펴볼 때 여성은 안주인이고 남성은 바깥사람이었다. 근본적으로는 한옥은 안주인 중심의 가족 공간이었다. 조선 후기에 가부장제와 조상 숭배 풍속이 강화되면서 사랑채와 사당의 영역이 확대되었다. 그렇지만 ㅁ자형의 완결적 안채는 견고하게 유지되고 한옥에서 안주인의 위상은 크게 위축되지 않았다. 한옥의 ㅁ자형 안채에서 어머니는 자식을 위해 자신의 삶을 다 바쳤다. 전통적으로 한국의 많은 사람들이 아버지보다 어머니에 대한 깊은 사랑과 존경을 표하는 것은 이 헌신과 사랑 때문일 것이다.

조선시대에 사회 위계와 가족 질서 지침으로 삼강오륜을 내세웠지만, 실제 삶에서는 양친과의 화합도 중요했다. 조선 전기 경상북도 청도 출신 학자인 소요당 박하담朴河淡은 가훈 십조를 만들어 자손에게 전했는데(이진경, 336), 그 열 개 중에 세 개는 다음과 같다.

> 승지양친承志養親 뜻을 따르고 사랑을 더해라
> 형제화합兄弟和合 형제간은 서로 화합하라
> 부부정체夫婦情體 부부는 따뜻함의 구현체다

이 세 가지 가훈은 오륜에서 말하는 장유유서長幼有序, 부자유친父子有親, 부부유별夫婦有別과는 다른 메시지이다. 한옥은 가부장 중심의 내외법에 의하여 공간을 엄격히 구분했지만, 실제 공간에서는 사랑과 화합이 있는 따뜻한 장소이기도 했다. 한옥은 생명의 상생 공간으로 대대로 우리 삶의 질을 발전시켜왔으며, 그 주인공은 아마도 안주인이라고 해야 할 것이다. 한옥의 안채는 모성母性 공간이며 신성神性 장소이며 한옥의 중심이다.

지금까지 살펴본 '한옥과 여성'이 우리 현대인에게 던져주는 메시지는 무엇일까? 우리 조상들은 선사시대 이래로 혼인 후에 처가살이와 시집살이 풍속을 혼용해오다가 조선 후기가 되면서 시집살이를 확고히 받아들였다. 현재 우리 세대들은 결혼 후 주로 분가한다. 그러나 자식을 낳게 되면, 양육을 위하여 처가나 친가 가까이 살기를 원한다. 자식들이 독립적으로 생활할 수 있는 나이인 중학교 입학을 할 때까지 처가나 친가의 도움을 필요로 한다. 이런 문제는 먼 과거인 고구려에서도 있었고, 서옥제가 그 해결책이었다. 즉 고구려 신혼부부는 처갓집에 들어가서 살지는 않고 처갓집 옆에 따로 집을 마련하여 애들이 장성할 때까지 살았다. 오늘날 신혼부부가 처갓집 가까이에 신혼집을 마련한다면, 이것은 고구려의 서옥제의 전통일 수가 있다.

한옥의 중심 공간은 안채이고, 안채의 중심 공간은 부엌—안방—대청—건넛방이다. 이 안방—대청—건넛방의 형식이 현대 아파트에서도 나타나고 있다. 국민주택인 전용면적 25.7평형의 아파트는 보통 전면이 3베이bay 평면형들이다. 아파트 전면 가운데 거실이 있고 그 좌우에 안방과 아이들 방이 있다. 안방—거실—아이방이다. 이 배열은 한옥에서 안방—대청—건넛방 배열과 같다. 아파트 평면에서 후면에는 화장실과 출입구—부엌과 식당—아이방으로 되어 있다. 현대적인 생활 방식에 따라서 한옥의 사랑채나 사당채 공간은 없어졌다. 한옥의 안채가 안주인 중심의 공간인 것과 같이 아파트의 평면도 안주인 중심의 배치이다. 아파트의 중앙에는 거실living room과 식당dining room 그리고 부엌kitchen이 위치한다. 건축적으로 말하면 LDK 평면이다. 한옥에서는 안방에 안주인과 딸들이 살고 건넛방에 남자 주인과 아들들이 살았다고 하면, 아파트에서는 안방에 부부가 살고 아이들은 아이방에서 산다는 점이 다르다. 현대는 부부유별夫婦有別 시대가 아닌 부부유친夫婦有親, 즉 부부사랑의 시대이기 때문에 부부는 한방에서 같이 산다. 수천 년 역사를 거쳐오면서 외래 사조나 한 시대의 이념에 의해 주택의 공간 쓰임이 변천해왔지만, 주택의 중심이 여성이었다는 것은 변함없다.

주요 토론 주제

1. 현대인이 살고 있는 아파트의 공간 배치와 한옥의 공간 배치는 어떻게 다른지, 또 다르게 변화한 사회적, 문화적 이유는 무엇인지 생각해봅시다.
2. 한옥의 주인이 여성이라고 한다면 아파트의 주인은 누구입니까?
3. 현대 주거 공간에서 자신의 공간 또는 자신이 선호하는 공간에 대해 생각해봅시다.
4. 현대 주거 공간 또는 가구 배치 등에 나타난 문화의 특징을 알아봅시다. 우리나라 문화와 다른 문화들도 살펴보고 시대별로도 비교해봅시다.
5. 현대 사회와 가족의 형태는 급격하게 변화하고 있습니다. 미래의 주택은 어떤 형태를 띠고 있을지 생각해봅시다.

13

한국 문학과 여성
: 박경리의 『표류도』를 통해 본 사회 재건과 젠더 정치

김은하

6·25전쟁 후 민족의 주체성 회복이 해방과 전쟁으로 균열이 간 가부장제를 재건하는 것을 의미하게 되면서 한국 사회는 점차 보수화되었고, 여성 작가들에게는 해방과 전쟁으로 전통적 규범으로부터 이탈한 여성들을 길들이는 역할이 주어졌다. 그러나 여성 작가들은 표면적으로 드러나는 것과 달리 여성의 억압적 현실을 고발하는가 하면 여성의 자아와 욕망을 표현해 페미니즘 문학의 기초를 마련했다. 박경리의 『표류도』는 젠더화된 사회 재건에 대한 여성적 대항 서사로서 한국전쟁 이후 여성이 처한 현실을 예리하게 보여준다.

1. 시대적 배경과 여성의 지위

전후의 여성 작가와 문예 공론장

기존의 한국 문학사는 여성 작가와 그녀들이 쓴 작품을 문학성이 부족한 것인 양 무시해왔다. 일반적으로 '정전正典, canon'은 어떤 절대적인 가치를 체현하고 있어 인간다움을 실현하는 데 도움이 된다고 여겨지는 '위대한 책'들을 뜻한다. '정전'에 포함된다는 것은 학교 교과과정 속에서 공인된 텍스트나 해석 혹은 모방할 만한 가치가 있다고 인정받는 것과 다르지 않다. 그러나 한국 문학 '정전'에서 여성 작가는 늘 주변화되어왔다. 문학 정전의 목록에 포함된 다수의 작품들은 남성 작가의 것으로 여성 작가는 수적으로 소수를 면치 못해온 것이다. 설령 여성 작가가 문학 정전에 포함된다고 해도, 문학성보다 문단의 희소하고 특이한 존재로서 주목되는 경우가 빈번했다. 문학 정전이 여성 작가를 주목했던 것은 출판 시장에서 여성 작가가 대중의 시선을 끄는 상품화 코드의 역할을 했기 때문이었다.

여성 작가에 대한 제도적, 문화적 배제 혹은 차별의 역사는 유구하다. 한국 근대문학의 초기에는 김명순(1896-1951?), 나혜석(1896-1948), 김일엽(1896-1971) 등이 있었지만, 이들의 문학 활동이 당대 비평의 본격적인 관심의 대상이 된 적은 거의 없다. 이들은 여성 계몽을 위한 잡지를 창간하거나 기자로 활동한 여성 지식인이었을 뿐더러 여러 작품들을 남겼지만 '작품 없는 벙어리 작가'나 '작품은 없고 스캔들만 요란한 신여성'이라는 굴욕적인 평가를 받았다. 여성 작가의 글쓰기 활동을 주목하는 경우에는 '여류문학'이라고 지칭함으로써 문학 창작의 주체로서 여성 문필가의 희소성을 강조하는 데 그쳤다. 1930년대는 여성문학이 여류적인 속성을 벗어나기 시작한 시기였다. 소설 문단에는 박화성, 강경애, 최정희, 백신애, 이선희 등이 등장했고, 시단에서는 노천명, 모윤숙 등이 활동했다. 이들은 문단에서 '여류적 속성'으로 지적되어온 문학의 경향을 벗어버림으로써 각각 자신들의 문학적 위치를 분명하게 드러냈다. 그러나 최근까지도 한국 문학사는 여성문학 형성기의 작가와 이들의 작품을 "유치한 작문을 넘어서지 못한 것", "존재의 희소성"(권영민)으로 인해 주목을 받았던 것으로 서술한다(김양선, 16-19).

그러나 한국전쟁 이후 새롭게 문단 질서가 재편되면서 여성 작가들은 다소 적극적인 협상과 타협을 통해 가부장적 문학 장에 본격적으로 끼어들며 세력화를 시도한다. 한국전쟁이 끝나고 난 후에는 식민지기 문단과 비교할 수 없을 정도로 많은 여성 작가들이 문단에 데뷔해 활발히 창작 활동을 이어갔다. 박경리, 강신재, 한말숙, 한무숙 등 한국 여성문학사를 대표하는 작가들이 등장하며 여성문학의 르네상스기가 찾아왔다. 각각 데뷔 시기는 다르지만 여성 작가들의 활동이 본격화된 것은 한국전쟁이 끝난 후였다. 여성 작가들의 문단 진출이 늘어나고 활동이 증대된 것은 이념 갈등으로 점철된 해방과 한국전쟁 과정에서 좌익 계열의 문인들이 월북을 하거나 납북됨으로써 남한 문단이 작가 기근에 시달렸기 때문이었다. 문단은 문인의 부족이라는 문제를 해결하기 위해 문인 추천제를 비롯해 작가 공모 제도를 다양화했다. 이러한 틈을 비집고 여성 작가들은 문단에 진출했다. 여성의 사회 진출이 용이하지 않았던 시대에 글쓰기는 여성이 사적 가정이라는 밀실에 고립되지 않고서도 경제력을 가질 수 있는 이상적 직업이었다. 문단에 진출한 여성 작가들은 글쓰기 활동을 활발하게 이어갔다.

그러나 여성들의 글쓰기는 여전히 '여류문학' 혹은 '규수문학'이라는 별칭으로 불렸다. '여류문학' 혹은 '규수문학'이라는 호명은 여성의 글쓰기는 창조적 작가로서의 미적 자율성을 결여하고 있다는 부정적 평가를 함축한 것이었다. 그만큼 문단은 여성 작가들과 이들이 쓴 작품들에 호의적이지 않았다. 문단은 전통적으로 남성적인 것으로 규정되어온 문학 장에 여성이 끼어드는 것을 노골적으로 꺼려했다. '여류', '규수'라는 호명은 여성 작가의 글쓰기를 관리하고자 하는 혐의마저 드러냈다. 이 단어는 여성은 표현의 자유를 가진 작가이기 전에 '숙녀'여야 한다는 규제적 의미를 담고 있었기 때문이다. 이렇듯 문단은 여성 작가에게 성적 신분의 특수성을 강조하는 한정어를 붙임으로써 창작의 자유를 불허하는가 하면 남성들의 글쓰기에 독창성과 개성을 부여함으로써 예술가로서 구별 짓기를 했다고 할 수 있다.

여성의 글쓰기에 대한 편견은 여성 작가의 '저자성authorship'을 부정하는 것이라고 할 수 있다. 일반적으로 '저자'는 문학작품의 집필자, 원작자, 창조자라는 말로 통용되고 작품은 천재적인 영감을 가진 개인의 표현이라는 의미를 담고 있다. '저자'는 작가의 창조성을 강조하는 한편으로 자아 및 개인과 연결된 개념인 것이다. '저자성'은 기실 출판 시장이 상업적 이익을 위해 작가를 신화화, 물신화하면서 생겨난 개념이다. 사실 모든 작품은 그것이 속한 시대의 집합적 감정의 구조에 빚지고 있으며, 작품의 해석과 감상은 작가가 전적으로 결정할 수 없는 독자의 몫이기도 하다. 그러나 출판 마케팅의 과정에서 예술이 천재적 영감의 산물로 여겨짐에 따라 작가의 위상이 높아진 것이다.

여성 작가의 저자성은 남성 작가와는 다른 방식으로 형성되었다. 문학/출판 시장에서 유익함과 즐거움이라는 문학적 효과를 주는 작품을 쓸 경우에만 '저자성'을 인정받았던 것은 당시 여성 작가가 처한 또 다른 현실이다. 따라서 전후 여성 작가들은 본격 문학 장에 끼어들기를 시도하는 한편으로 신문이나 잡지의 문예 코너를 문학적 활동의 무대로 삼는 전략을 통해 '저자성'을 인정받고자 했다. 전후 사회에서 문학은 대중이 미적 쾌락을 얻을 수 있는 희소한 장이었다. 더욱이 소설은 그 반영적 성격으로 인해 사회의 여러 사안들이 검토되고 숙의되는 공론장의 성격을 띠었다. 단행본 시장이 활성화되지 않았던 당대 상황에서 신문이나 잡지(이하 매체로 표기함)에 소설을 연재한다는 것은 작가의 '저자성'을 증명하는 것이었다. 매체 연재로 인한 원고료 수입도 뿌리치기 어려운 유혹이었다. 그러나 남성 작가는 문학성이 중시되는 본격문학 장과 선정성, 유머 등 상업적 이익을 중시하는 매체를 오갈 수 있었던 반면에 문학 제도의 주변부에 있던 여성 작가들은 저자성을 입증하기 위한 매체를 주된 활동의 장으로 삼을 수밖에 없었다. 여성지의 문예면은 본격 문단과 달리 여성 작가들이 비교적 용이하게 끼어들 수 있는 문학 장이었다. 몇몇 여성지들은 신진 여성 작가들을 배출하는 공모 제도를 운영하기도 했다. 남성 평론가로부터 '매스컴 작가', '에로 작가'로 비난을 받을 만큼 여성 작가들은 매체에서 각광을 받았다. 여성 작가의 '저자성'은 대중성이나 상업성과 불가분의 관계를 맺고 있었던 것이다.

그렇지만 당시는 문학 시장이 다양하게 분화되지 않았기 때문에 '본격문학/통속문학'이라는 이분법을 적용하기 어렵다. 특히 여성 작가들이 주로 활동했던 여성지들을 단순히 상업적 매체라고 분류하기 어렵다. 전후의 대표적인 여성지 『여원』(1955년 창간), 『여상』(1962년 창간), 『주부생활』(1965년 창간) 등은 오늘날 패션, 화장법, 인테리어 정보를 제공하거나 상품을 소개하는 등 소비 매체의 정체성에 충실한 여성지들과 그 성격이 크게 달랐다. 문맹률이 높던 시대에 여성지는 고등교육을 받은 여성들을 위한 교양지의 성격을 겸했다. 여성지들은 위생과 양육, 영양, 살림, 내조 등 살림에 관한 정보 중심으로 구성된 한편으로 사회적 이슈에 대한 명사들의 좌담이나 논설을 실어 시사성을 더했다. 따라서 문예 코너는 가볍고 섹시한 읽을거리가 주를 이루기보다 혼란한 시대 현실 속에서 여성이 처한 위치를 가늠하고 여성 독자가 성 정체성을 획득해가는 온건한 내용이 다수를 차지했다. 매체문학은 본격문학과 통속문학의 경계에 위치해 있었다.

독자층이 뚜렷하고 매체로서의 정체성이 분명했기 때문에 여성 작가들은 어떤 압력이나 구속 없이 자유롭게 글을 쓸 수는 없었다. 여성 작가는 여성 독자가 보수적인 성 규범에 복종할 수 있도록 길들이는 역할을 맡았다. 전후 여성지들은 한국이 봉건적 질서로부터 근대로 성공적으로 전환해가기 위해서 여성의 역할이 갖는 중요성에 주목했다고 할 수 있다. 여성지들은 주부들에게 살림을 과학화하고 위생의 전문가가 됨으로써 가정을 근대화하도록 교육했다. 그러나 여성지는 단지 유용한 정보를 전달하는 역할에 그치지 않고 인간을 욕망하고 이익을 추구하는 존재로 개조하는 거대한 프로젝트의 일환이 되었다. 여성지들은 전통적으로 검약과 절제라는 고대적 가치 속에서 살아왔던 한국인에게 물질적 부와 신분 상승을 향한 욕망을 일깨워주었다. 여성지는 물질적으로 넉넉한 중산층 가정을 '행복'의 표상으로 전시함으로써 자신의 결핍을 발견하고 세속적 욕망을 향한 노력을 경주하게 했다. 공공의 질서를 위협하지 않으면서도 저마다 세속적 이상을 실현하기 위해 분투하는 '근대적 개인'의 탄생이 부추겨진 것이다. 여성지는 '스위트 홈'을 여성의 소망이자 주부(여성)의 헌신을 통해서만 도달할 수 있는 여성들의 행복 재화로 묘사했다. 특히 다정한 부부 관계는 이상적인 중산층 가정의 핵심적 자질로 그려졌다. 따라서 여성들은 아이들을 훌륭하게 양육하는 방법만이 아니라 남편이 사회적으로 훌륭하게 활동하도록 내조를 하고 단란한 가족을 지키기 위해 감정 관리는 물론이고 성관계 방법조차 배워야만 했다. 여성은 자유인으로 다시 태어나기 위해 자기를 '계몽'하기보다 가부장제 사회가 요구하는 능력과 자질을 갖추라는 문화적 압력 속에 놓여 있었던 것이다.

여성 작가들은 여성 독자가 문학작품을 통해 가부장제의 모순을 폭로하고 해방을 추구할 수 있는 용기를 불어넣기보다 여성의 운명을 수락하고 규범적 여성성을 내면화할 수 있도록 계도하는 역할을 위임받았다. 여성 작가들은 남녀의 사랑을 소재로 한 소설을 통해 여성에게 사랑의 구원을 갈망하게 하는가 하면, 성녀/악녀의 이분법에 의거해 착한 여자에게 보상을 주고, 나쁜 여자를 처벌함으로써 가부장제의 하수인 노릇을 자처했다.

그러나 여성 작가들은 점차로 분신double, 대항 플롯, 침묵과 공백 등 은폐와 위장의 전략을 통해 가부장제의 감시를 벗어나 여성의 욕망을 기입하는 '양피지적palimpsest 글쓰기'를 시도했다.[1] 전후 가부장적 문학 제도에서 '여류', '규수'로 특화되어 여성 문단이라는 게토ghetto화된 지정석에 놓였던 한국의 여성 작가들 역시 19세기 초 영국의 여성 작가들과 같이 진짜 하고 싶은 말은 텍스트의 이면에 감추거나 혹은 다양한 문학적 의장을 통해 전치시키는 식으로 글을 썼다. 여성의 독서는 표층 서사의 보수적 교훈주의와 거리가 먼 것으로 가부장제의 금기를 넘어서는 위반의 쾌락이었다. 가령, 강신재는 언뜻 보면 착한 여자를 곤경에 빠뜨린 악녀를 처벌하는 듯하지만 악녀가 주도하는 에로틱한 연애소설을 통해 여성의 숨겨진 관능과 욕망의 힘을 가시화했다. 여성 독자가 작품을 통해 얻는 쾌락을 착한 여자의 수난과 승리라는 표층 서사에서만 찾을 수 없는 것이다.

여성 작가가 참여한 매체 소설들은 여성 작가가 남성들의 글쓰기를 흉내 내는 데 머물지 않고 여성 글쓰기의 정체성을 획득하는 데 기여했다. '여성지 소설'들은 사랑과 성, 결혼과 가족 등 친밀성 영역을 바탕으로 한 '젠더 서사'를 통해 가부장제 사회에서 억눌린 여성들의 목소리와 욕망을 대신 이야기할 수 있었다. 여성성과 성별에 초점을 둔 이야기들은 여성의 글쓰기 범주를 협소화했다는 한계를 남긴 것이 분명하다. 그러나 개인의 은밀한 사생활은 보는 방식을 바꾼다면 결코 사회나 역사 같은 거대 서사와 무관하지 않다. 더욱이 지극히 은밀해서 비가시화되기 쉬운 문제들을 이야기하는 것은 침묵의 압력에 저항하는 것이다. 사회적 소수자들은 이야기를 통해서 유령을 면하고 자신들의 소외를 자

---

1 산드라 길버트Sandra Gilbert와 수잔 구바Susan Gubar는 『다락방의 미친 여자*The Madwoman in the Attic*』(1971)에서 19세기 영미문학사의 여성 작가들의 창작 행위를 표층과 심층이 분열된 '양피지적 글쓰기'로 비유한 바와 유사하다. 여성 작가들이 표면의 의도 밑에 보다 접근하기 어려운, 혹은 사회적으로 수용되기 어려운 심층적 의미 차원을 은폐하거나 모호하게 얼버무려 놓았다고 본 것이다. 박오복 번역의 산드라 길버트, 수전 구바의 『다락방의 미친 여자』를 참조할 것.

각할 수 있기 때문이다. 전후 여성 작가들의 글쓰기가 갖는 정치적인 함의는 당대 사회를 풍미했던 '아프레 걸' 담론과 이에 대한 반격을 통해 확인할 수 있다.

전후의 사회 재건과 '아프레 걸' 담론

한 시인은 1950년대를 '폐허의 시대'로 회고한 바 있다. 한국전쟁은 악전고투하지 않으면 생존이 불가능할 만큼 지독한 빈곤을 안겨주었다. 더욱이 전쟁은 단지 재산을 파괴하는 데 그치지 않고 수많은 생명을 살상함으로써 생동하는 삶의 의미마저 빼앗았다. 살아남은 자들은 전쟁의 기억에 쫓기는 한편으로 살아가야 할 이유를 알 수 없어 공허와 절망감을 토로했다. 그러나 인간은 고통만으로는 살아갈 수 없음을 보여주듯이 재난의 트라우마trauma(정신적 외상) 속에서도 사회 재건을 향한 열망이 싹트기 시작했다. 매체 르네상스기라고 할 만큼 다수의 신문과 잡지가 창간되어 사회 복원을 향한 의지가 타올랐던 것이다. 1950년대는 전쟁으로 붕괴한 일상을 복구하고 사회 발전을 위한 문화적 토대가 마련된 국가 재건기였다.

한국전쟁 후 공론장을 주도한 엘리트 그룹들은 미국의 경제적 원조와 군사적 보호에 기대어 근대화[2]를 추진해가고자 했다. 그러나 다

---

2 19세기부터 20세기 초에 걸쳐 근대 혁명을 이룩한 서구 국가들의 비서구 지역에 대한 제국주의 침략이 이루어지면서 동아시아는 근대화를 해야 하는 압력 속에 놓이게 된다. 그러나 아시아로 진주해오던 서구 제국에 대항해 일본이 '탈아입구脫亞入口'를 외치며 이웃 나라 중 하나인 조선을 식민지로 삼아 제국주의의 길을 걸음으로써 조선은 조선 후기부터 이루어져온 자생적 근대화에 실패하고 만다. 근대화는 해방과 6.25전쟁 후 미국의 원조 속에서 등장한 이승만 정부에 의해 시작될 수 있었다. 그리고 1960년대 들어 박정희 정부가 '산업화'를 국가 시책으로 삼아 근대화에 가속도가 붙으면서 1960년대 중후반에 되면 가시적인 성과가 나타나게 된다.

른 한편으로 전통/근대, 토착/외래 간 충돌을 조정해 전통에 뿌리박은 민족적 주체성을 회복함으로써 서구와 다른 근대화를 이루고자 했다. 8·15 해방을 민족의 역량으로 이루지 못했다는 사실은 자존심에 치명적 상처를 입혔기 때문에 '탈脫식민 근대화'를 향한 의지와 열망은 더욱 강해졌다. 그러나 민족의 주체성을 회복해야 한다는 시대적 과제는 젠더 통치의 성격을 띰으로써 여성의 자유를 제약하게 된다. 1950년대 전후 국가 재건은 전통적 질서를 벗어난 여성을 처벌하고 계도함으로써 사회적 무질서를 바로잡는 여성 혐오 정치의 성격을 띠었다. '아프레 걸après-girl'(전후 여성)[3] 담론은 이러한 맥락에서 공론장의 뜨거운 화제로 떠올랐다(김은하, 177-201).

'아프레 걸'은 본래 프랑스에서 2차 세계대전 후에 등장한 허무주의적 세대를 뜻하는 말이다. 그러나 이 말은 한국의 전후 사회에서는 완전히 다른 의미로 문화 번역되었다. 전후 미디어는 아프레 걸을 "한 손에는 영어강습손가 뭔가 하는 데서 쓰는 영어책을 들고 다른 한 손에는 『스크린』이니 『무비』니 하는 영화배우들의 사진이 가득 찬 영어 잡지를 들고 명동 거리를 활보"(문재안, 148)하며 남자를 유혹해 외국 유학을 가려고 하는 여성들로 묘사했다. 원래 이 나라는 예의염치에 밝은 동양 군자의 나라이었다고 한다. 그런데 언제부터 이 모양이 되었는지 거리에는 창부가 범람하며, 유부녀는 간통을 다반사로 삼고, 소위 여자 대학생이라는 처녀들은 불량배와 작반하여 '땐스홀' 출입이 빈번한 나머지 여관 투숙을 예사로 하고 있다"(이건호, 32)는 실체 없는 비판도 난무했다. 젊은 여성들이 전통을 외면하고 서구 문명을 추종함으로써 정조

---

3 '아프레 걸'은 "2차 세계대전 후 사회의 혼란, 빈곤, 불안, 공포, 반항, 폭력, 파괴, 무정견을 거쳐서 구질서에 반항하고 방황하는 한 때의 젊은 세대를 지칭하는, 불어 '아프레 게르 après-guerre'에서 온 말"이지만 한국에서는 미국의 퇴폐적 문화를 무비판적으로 추종하는, 정조관념이 없고 물질주의적인 여성을 가리키는 말로 통용되었다.

관념을 잃어버리고 사랑을 물질적 쾌락을 얻기 위한 거래로 여길 만큼 타락했다는 것이었다. 아메리카니즘, 즉 미국 선망은 특정한 집단에 한정될 수 없는 전후 사회의 일반적 현상이었지만 민족적 주체성 상실의 책임이 여성에게 돌려진 것이다.

'아프레 걸'은 때로 전쟁미망인, 직업여성, 여대생에 한정되기도 했지만 대개는 젊은 세대 여성이나 현대 여성 등 불특정 다수를 가리키는 말로도 호환되었다. 그만큼 '아프레 걸'은 현실에 실재하는 특정 여성 그룹을 가리키는 것이 아니라 여성을 공공의 적으로 만들기 위해 허구적이고 상상적으로 발명된 '기호'였다. 전후 사회는 '아프레 걸' 담론에 뜨겁게 반응했다. 전방에서 돌아온 남자들이 사회에서 주도권을 다시 잡기 위해서는 여성을 순치시키는 과정이 필요했기 때문이다.

> 오늘날 한국의 여성은 가정에 있어서는 말할 것 없고, 사회와 국가적으로도 경제권을 잡았다. 상권을 잡고 정치권을 잡고, 사교권을 잡았다. 한국 남성들이 해방된 열다섯 해 동안에 좌우로 갈려서 실전으로 싸우고, 북으로 납치를 당하고 전쟁으로 무수하게 죽고 정당이 조직되어 정치로 싸우고, 토지 개혁이 되어 천지개벽이 되고 서투른 장사에 일확천금을 꿈꾸다가 패가망신을 했을 때, 오직 여성들만은 아수라장阿修羅場 같은 속에서 집안을 유지해야 하고 가계를 세워야 하고 자녀를 가르쳐야 하고, 백절불굴의 정신으로 살아가야 한다는 인생의 경험을 체험했으니 여자는 이만큼 각성했고 이만큼 투철透徹했고 이만큼 전진해서 오늘의 지위를 차지한 것이다. 이제는 웬만큼, 똑똑지 못한 남성은 여인의 손에서 얻어먹고 살게 되었다. 정히 「女人天下」의 감이 있다. (박종화, 73)

위의 인용문은 한국전쟁 이후 여성의 사회적 약진에 대한 남성의 불안과 공포를 보여주고 있다. 해방 후 한국사의 흐름을 여성의 진보/남성의 퇴보로 대조하며, 역사라는 공적 장에서 좌절하고 가정 안에서도 전통적 위상을 박탈당한 남성의 상실감과 무기력을 드러낸다는 점은 인상적이다. "이제는 웬만큼, 똑똑지 못한 남성은 여인의 손에서 얻어먹고 살게 되었다. 정히 「女人天下」의 감이 있다"는 탄식에는 이념 전쟁에 대한 허무와 냉소, 헛되이 시간을 써버렸다는 자조, 역사의 실패에 대한 남성의 한숨과 눈물이 담겨 있다. 전후의 남성은 역사의 트라우마로 고통받았을 뿐만 아니라, 여성이 주도하는 사회에서 과거로 되돌아갈 수도 미래로 나아가지도 못한 채 부유하는 존재로 서술되었다.

'아프레 걸' 담론은 전통적 젠더 질서가 무너진 데 대한 남성의 불안을 역설한다. 남성들의 탄식은 그 의도가 불순한 것이었지만 여성의 약진은 어느 정도 사실에 가까운 것이었다. 전쟁의 시간 동안 여성은 전쟁터에 나간 남자들을 대신해 가장家長의 정체성을 획득했다. 한 끼의 밥을 얻기 위해 광주리를 이고 헌 옷을 들고 시장에 나가 거래했던 여성들은 상업적 수완을 발휘하며 자신의 잠재성에 눈떴기 때문이다. 한국전쟁은 전통적으로 여성을 '가家'를 중심으로 한 사적 영역 속에 위치시키고 남/녀의 역할과 위계를 신성시해온 젠더 질서에 균열을 냈던 것이다. 반면에 전쟁터에서 후방으로 복귀한 남성들은 전쟁의 트라우마에 시달리는 한편으로 이렇듯 변화된 세상에 대한 부적응증을 호소했다.

무너진 젠더 질서를 다시 세우기 위해 가부장제 사회는 다양한 방안을 활용했다. 여성에게 현모양처의 이상을 제시함으로써 여성의 공적 노동이나 경제 활동을 부정적으로 의미화하는가 하면 서구의 '성모 마리아' 담론을 차용해 여성을 모성적 존재로 표상하고 신화화하려는 이데올로기 작업이 이루어졌다. 또한 여성의 섹슈얼리티에 풍기문란의 프레임을 씌움으로써 사생활과 욕망에 대한 가부장적 감시를 강화했다. 이러한 시대적 배경 속에서 신문과 잡지의 문예면은 단지 독자에게 미적 즐거움을 주는 데 그치지 않고 사회 공론장으로서 특별한 기능을 했다. 특히 신문과 잡지에 실린 소설은 문학의 반영론적 기능으로 인해 8·15 해방과 한국전쟁 후 사회의 풍속을 재현함으로써 사회를 비추는가 하면 무너진 전통과 가부장제를 일으켜 세워 사회를 바로잡는 조정자 역할을 떠맡게 된다.

정비석의 『자유부인』(1954)[4]은 전후 사회에서 신문 연재소설의 인기와 그 영향력이 어느 정도였던가를 보여준다. 대학교수 부인과 젊은 남자의 불륜을 소재로 한 이 소설은 연재가 된 서울신문의 구독자가 급증할 만큼 공전의 히트를 기록했다. 이 소설은 소재의 선정성으로 인해 지식인 사회에서 신문소설의 도덕성에 관한 논쟁을 일으키기도 했다.[5]

---

4 『자유부인』은 1954년 1월 1일부터 그해 8월 6일까지 215회에 걸쳐 서울신문에 연재되었으며, 1954년 연재 완료 전에 정음사에서 단행본으로 간행되었다. 이 소설의 내용은 다음과 같다. 장태연은 학문 연구에 몰두하는 소장학자이자 국문과 교수로 얌전한 가정주부인 오선영과 함께 단란한 가정을 꾸리며 살아간다. 그러나 오선영이 우연한 기회에 동창생 최은주의 소개로 당대 유력자의 부인들의 모임(화교회)에 참석한 것을 계기로 가정의 위기가 발생한다. 물질적 욕망에 눈뜬 오선영은 동창의 소개로 서울 시내 중심에 있는 실업가 한태석의 아내가 운영하는 양품점 파리양행巴里洋行에 취직하게 된다. 오선영은 차츰 사교춤에 대한 선망의 감정을 느끼게 되고, 급기야 이웃에 사는 남편의 제자 신춘호와 춤바람이 난다. 그러나 신춘호가 오선영의 조카 명옥과 가까워져 미국 유학을 떠나버리자 오선영은 분노와 좌절감에 사로잡힌다. 그녀는 자포자기 상태 속에서 한태석과 불륜의 관계를 맺으려 하지만 그의 아내의 추적을 받으며 가까스로 위기를 벗어난다. 오선영은 생활의 의지를 거의 잃어버리지만 장태연의 무한한 아량과 이해로 자신의 과오를 뉘우치고 가정으로 돌아가게 된다.

5 『자유부인』은 센세이셔널한 소재 탓에 격렬한 논쟁의 대상이 되었다. 서울대 법대 교수인 황산덕은 이 소설을 "야비한 인기욕에 사로잡히어 저속유치한 예로 작문을 희롱하는 문화의 적이요 파괴자요 중공군 50만 명에 해당하는 적"이라고 비난했고, 정비석은 "문학에 대한 몰이해"의 소산이라며 맞섰다. 그러나 두 사람은 이와 같은 견해 차이에도 불구하고 집나간 노라를 용서해서는 안 된다는 데 뜻을 같이했다. 길박세상. 『20세기 여성 사건사』. 여성신문사. 2001, 135-44쪽 참조.

⁝ 영화 <자유부인> 포스터

그러나 이 소설이 독자의 주목을 끌 수 있었던 것은 단순히 흥미 본위의 통속성 때문이 아니라 독자에게 사회의 위기의 원인이 어디에서 비롯되며 그 해결책은 무엇이어야 하는지 선명하게 보여주었기 때문이었다. 이 소설은 주인공 오선영과 그 주변 인물들을 중심으로 사치 풍조, 댄스 열풍, 성적 타락, 계모임 등으로 사회가 위기에 처했다고 암시했다. 특히 세상이 변했다고 말하며 오선영에게 물질적, 성적 욕망을 불어넣는 최은주는 사회가 지탄하는 '아프레 걸'의 표상이었다. 소설을 원작으로 한 영화 〈자유부인〉에서 최은주는 짙은 화장, 흡연, 경제적 이익을 중시하는 사업가적인 태도, 남자다운 말투 등을 통해 서구화에 노출됨으로써 전통적인 여성성을 상실한 '아프레 걸'로 재현된다.

전후 사회의 여성 혐오 정치는 한국판 카사노바Casanova(호색가)로 불린 '박인수 사건'(1955)에 대한 법정의 판결을 통해 명확히 확인할 수 있다. 박인수가 해군 헌병 대위를 사칭해 1954년 4월부터 1955년 6월까지 수많은 여성을 간음한 혐의로 재판을 받은 이 사건은 당시 사회적으로 큰 화제를 모았다. 많은 여성들이 박인수를 혼인빙자간음죄로 고발했다. 그러나 1심 법정은 "법은 사회적 이익이 있는 정조만을 보호한다"는 명분을 들어 박인수의 혼인빙자간음죄에 대해서 무죄를 선고하고, 공무원 사칭에 대해서만 유죄를 선고했다(길밖세상, 135-44). 박인수는 많은 여성들을 속이고 성을 유린했지만 사실상 법이 처벌한 것은 가해자가 아니라 고발자/피해자인 여성들인 셈이었다. 박인수는 불과 1년 남짓한 사이에 70여 명의 여성과 관계했는데 피해 여성들의 상당수를 차지하는 여대생들이 '처녀'가 아니었다고 주장했다. 이로 인해 '순결의 확률이 70분의 1이다'라는 유행어가 생길 만큼 사회적 조롱을 받은 것은 피해자 여성들, 나아가 전통적 여성성 규범을 이탈한 젊은 여성들이었다. 사회는 남성을 처벌하기보다 망신을 줌으로써 여성들의 섹슈얼리티에 대한 감시의 의지를 드러냈다.

박인수 사건에 대한 법정의 판결은 전후의 사회적 분위기를 보여준다. 남한 정부는 한국전쟁이 끝나기 직전에 미군정 치하의 사회적 혼란상을 바로잡기라도 하려는 듯 헌법 개정을 서둘렀다. 특히 민족적 자존심을 구기고 일본 제국이 만든 식민지 형법의 '혼인빙자간음죄' 조항을 차용하면서까지 헌법을 개정했다는 점은 이례적이다. '형법요강해설'은 '혼인빙자간음죄'를 제정한 이유를 남성의 성적 약탈로부터 여성을 보호하기 위해서라고 밝혔다. "전통적 미풍에 비추어 부녀의 정조는 재산권은 물론이고 때로는 생명권보다 소중한 것임에도 불구하고 강자의 지위에 있는 자가 약자의 지위에 있는 부녀의 정조를 농락하는 소행에 대하여는 그(것이) 강간이 아닌 이상 아무런 처벌 규칙도 없는 것이 우리 현행 형벌 법규"(박정미, 276)라고 기술했기 때문이다. 그러나 이 법은 정조를 여성의 생명으로 적시하고, 여성을 성적으로 방종한 여자와 순결한 여자로 이분화시킴으로써 여성의 성적 주체성을 인정하지 않는 후진성을 드러냈다. 또한 법의 보호 대상을 "음행의 상습 없는" 부녀로 적시함으로써 사실상 국가는 여성 시민의 권리를 보장하기보다 감시하고 처벌할 것을 선언했다고 할 수 있다.

이처럼 사회의 재건이 부권의 회복을 뜻하는 한 탈식민 민족국가의 건설은 전통적 질서로부터 이탈한 여성들을 처벌하는 여성 혐오 정치

일 수밖에 없었다. 따라서 변화된 시대 속에서 전통적인 여성성 규범과 달리 대안적인 주체성을 찾아가고자 하는 여성의 도전이나 모색에 제동이 걸리게 된다. 전통을 벗어난 여성의 근대적 활동이나 주체적인 추구는 성애적 의미가 덧씌워져 일탈 혹은 타락으로 치부하게 된 것이다. 1950년대는 1960년대 새롭게 권력을 장악한 대통령을 중심으로 근대화 정책이 본격화되기 직전에 사회의 주도권을 남성들이 되찾기 위한 문화 정치의 시간이었다. 1950년대가 막을 내리고 1960년대가 개막되어 국가 주도의 성장이 본격화되면서 가정이나 직장에서 역사상 가장 거친 '마초'들이 주도하는 초超남성성의 시대가 열리고 여성의 자유나 주체성은 더욱 억눌리게 된다. 다음 절에서는 한국 근대의 기원적 시공간인 1950년대 사회에서 여성들에게 가해진 사회적 압력은 무엇이었으며, 여성들은 어떤 문화적 반격을 준비했는지 여성 작가와 여성문학을 중심으로 살펴보겠다.

2.『표류도』가 던지는 사랑에 관한 의혹과 탐색

사랑의 열정과 낙인의 폭력 사이

박경리(1926-2008)는 1955년에『현대문학』에 데뷔한 이래 여성 글쓰기의 질적 가치를 끌어올린 대표적인 여성 작가이다.[6] 박경리는 젠

6 한국전쟁으로 남편을 잃은 박경리는 글쓰기만으로 생계를 꾸리는 전업 작가로서 뛰어난 단편만이 아니라『성녀와 마녀』(『여원』 연재, 1960) 등 대중성이 강한 소설들을 신문과 잡지에 다수 발표했다. 그녀는 노년기에 자신의 작품 중에 자랑할 만한 것은『토지』밖에 없고 나머지는 먹고 살기 위해서 썼다고 자조하기도 했다. 그러나 많은 대중의 인기를 끈『성녀와 마녀』만 보아도 성녀/악녀의 이분법을 교란함으로써 여성의 글쓰기를 불온한 것으로 만들고 있어 박경리의 대중소설을 통속성으로 치부할 수 없다.

: 박경리의 어린 시절, 여고 시절, 신혼 시절

더 서사를 통해 여성의 부자유한 현실을 고발하는가 하면 여성의 자아와 욕망을 표현함으로써 페미니즘 문학의 기초를 마련한 여성문학사의 대표적 작가이다. 박경리의 『표류도漂流島』(1959)[7]는 전후 사회를 여성의 시각에서 볼 수 있게 하는 한편으로 여성 독자가 가부장제에 의해 순치되지 않고 자신의 자아를 지킬 수 있게 했다는 점에서 여성문학의 정전으로 꼽을 만한 작품이다. 특히 이 소설은 당대의 식자층들에게 회자되었던 '아프레 걸' 담론을 교묘하게 비틀었다는 점에서 주목할 만하다. 더불어 가부장제 이데올로기로서 '낭만적 사랑'을 비판하고 여성의 자아와 양립할 수 있는 사랑의 가능성을 탐색했다는 점에서 오늘날에도 현재적 의미를 갖는다. 여성지에서 볼 수 있을 법한 애정 서사를 문예지 『현대문학』에 연재했다는 점은 남성적 글쓰기의 모범에 구애받지 않는 여성 작가로서의 정체성을 보여주는 것이기에 더욱 의미가 크다.

『표류도』는 '마돈나'라는 이름의 다방 마담인 강현회와 저널리스트 이상현의 사랑에 관한 이야기이다. 강현회는 아름다운 외모의 소유자

7 『표류도』는 『현대문학』에 연재되어(1959. 2-11) 1959년에 현대문학사에서 발표된 장편소설로, 제3회 '내성 문학상'을 수상했다. 이 글은 1999년 나남출판사에서 나온 텍스트를 판본으로 삼았다. 이후 소설을 인용할 때는 쪽수만 표기하겠다.

이지만 "제빙공장製氷工場 속의 거대한 얼음 덩어리가 꽉 들어박혀 오는 듯한 무서운 느낌"(6)에 시달리는 우울한 여성이다. 그녀의 애인이었던 찬수의 피에 젖은 얼굴, 가늘게 경련하는 손, 산산이 바스러진 손목시계의 이미지가 돌발적으로 재귀해오는 '플래시백'에 시달릴 만큼 사랑하는 이의 죽음을 애도하지 못한 것이다. 찬수와의 사이에서 태어난 딸과 노모에 대한 부양의 책임은 여성 가장인 그녀가 감당해야 할 또 다른 전쟁이다. 이렇듯 깊은 우울에 빠져버린 강현회를 이상현은 구원할 수 있을 것처럼 보인다. 그는 한국의 상류층으로 경제적으로 부유할 뿐 아니라 지적이고 비세속적인 가치를 추구한다는 점에서 강현회와 공통점이 많다. 한 편의 아름다운 로맨스가 펼쳐질 것 같은 기대감이 들기조차 한다. 그러나 두 사람은 연애소설의 이상적인 커플이 되기엔 결격사유를 가지고 있다. 이상현은 유부남이고 강현회는 순결하지 않은 여자이기 때문이다. 박경리는 순결하지 않은 여자의 사랑에 관한 이야기를 통해 전후 사회에서 '아프레 걸'로 낙인찍힌 채 살아간다는 것의 실감과 그 의미를 포착하고자 한다.

자세히 보면 강현회의 이야기는 식민지기로부터 전후로 이어지는 한국사에 대한 당대 여성의 체감을 담고 있다. 30대인 강현회는 '청소녀기'[8]에 일본 제국의 치하에서 '현모양처' 교육을 받지만 동서를 막론한 전 세계적인 현상으로서 '신여성'의 출현을 목도했던 세대다. 그녀는 잡지나 서양 영화 등 매체를 통해 서구 문화를 접하면서 전통에 매인 어머니와 다른 삶을 상상했던 신여성의 후예이다. 또한 강현회는 일본의 패망으로 민족이 해방되면서 일시적으로나마 정치적 자유를 경험한 해방 세대이기도 하다. 결과만 놓고 보자면 해방은 분단 체제가 가동되

8 소년은 소녀를 대표할 수 없기에 이 글에서는 청소년이라고 하지 않고 청소녀라는 단어를 쓰겠다.

기 시작한 역사적 기점이다. 그러나 해방기 남한의 미군정 치하에서 여성들은 공창제 폐지, 가족법 개정, 여성 참정권 등 여성의 시민적 권리를 얻기 위한 일련의 정치 투쟁들을 목도하고 또 참여하기도 하면서 역사상 최초로 남녀평등의 이상을 공유했던 세대이다. "여성이여, 두려워 말고 해방의 노라가 되라!"라는 구호는 해방기의 가장 흔한 구호였다. 그러나 해방 세대 여성들은 한국전쟁이 끝난 후에는 해방의 노라가 아니라 전쟁터에서 돌아온 남자들을 위무해줄 성모 마리아나 현모양처가 되도록 요구받는 한편으로 사회의 공공의 적인 '아프레 걸'이라는 혐의를 받았다. 『표류도』는 이처럼 복잡하고도 부침이 많은 여성의 시간에 관한 이야기이다.

> "쫓겨났다고요? 왜?"
>
> "질서라든가 명령에 견뎌 배길 수가 있어야죠. 먹을 것이 없어지면 양말장수 비누장수 막 닥치는 대로 해먹던 장돌뱅이 버릇이 있어 그런지 모르지만."
>
> "어지간히 고집이 세게 생겨먹은 얼굴이기는 해요."
>
> 상현씨는 노다지로 털어놓는 내 말이 재미있다는 듯 우스개로 응수한다.
>
> "그렇지만 쫓겨난 직접적인 원인은 품행이 단정치 못하다는 것이에요."
>
> 서슴없이 주워섬긴다.
>
> "품행이 단정치 못하다고요?"
>
> "그럼요. 전 사생아를 낳았거든요."
>
> "사생아?"
>
> "혼인 수속도 하지 않고 애기를 낳았단 말예요."
>
> 마치 남 일을 설명해주듯 그에게 큰 소리로 말했다. (35-36)

강현회는 다방 손님으로 만난 이상현과의 첫 데이트에서 다분히 냉소적으로 자신을 위와 같이 소개한다. 이상현이 고학력자이면서도 다방 마담으로 나선 이유를 묻자 마치 남의 일을 말하듯이 자신이 사생아를 낳았다고 고백한 것이다. 과거에 고학을 하는 여대생이었던 그녀는 동급생인 찬수와 사랑하는 사이가 되자 생활비를 절약할 수 있다는 명쾌한 이유로 동거를 결정했다. 그녀는 찬수의 친구인 김선생(환규)의 말대로 남의 눈치 따위는 보지 않는 당찬 여자였던 것이다. 그러나 찬수가 사망하고 딸 훈아를 출산하자 강현회는 지저분한 소문을 달고 다니는 '아프레 걸'로 전락한다. 그녀는 서울대 사학과를 수석으로 졸업할 만큼 학문적으로 뛰어났지만 "품행이 단정치 못하다"는 이유로 번번이 학교 측의 요구로 교사직을 그만두었다. 이후 그녀는 김선생의 후원을 받아 번역 일에 종사하며 연명해왔다. 그러나 그것조차 여의치 않게 되자 양말 장수, 비누 장수를 전전하다가 급기야 다방 마담으로 나섰다. 자존심 강한 그녀가 타인의 관음증적 시선의 대상으로 전락하고 만 것이다.

이렇듯 강현회의 '전락'의 과정은 한국전쟁 이후의 시간이 여성에게 무엇이었는가를 보여준다. 박경리는 1950년대라는 시간성을 여성의 주체성을 위협하는 가부장의 귀환이라는 문제의식 속에서 포착하고 여성의 자유를 향한 틈을 넓히고자 한다. 강현회는 1950년대 로맨스 소설 속 청순가련하거나 지극히 숭고한 여성 인물들과 변별되는 이지적인 성격의 인물이다. 그녀는 가부장적 젠더 질서에 복종하기는커녕 젠더 역전을 시도한다는 점에서 반항아의 면모조차 보여준다. 다방 '마돈나'는 가진 것 없는 여성이 젊음과 미모라는 자본을 팔아 생계비를 버는 생존의 현장이다. 그러나 자존심이 강한 지식인인 강현회는 다방을 좌절한 엘리트로서 자신의 주체성을 회복하는 장으로 삼는다. 그녀는 다방의 카운터를 "서울 장안을 굽어보는 감시대"(105) 삼아 손님인 예술가, 지식인, 관공리, 유명 인사, 귀부인들의 행태를 관찰한다. 그리고 이들을 "한밑천 잡아보자고 드는 족속들"(105)로 냉소한다. 전후 사회에서 다방은 지식인 혹은 중간 계급 남성들이 전화 연락을 기다리며 비즈니스를 겸하는 오피스 공간이었지만 남성 손님이 아름다운 마담과 여종업원을 향한 시선의 쾌락을 향유함으로써 남성적 활력을 되찾는 성애화된 성격의 공간이기도 했다. 다방이라는 공간에 담긴 시선의 권력관계를 전치시킴으로써 강현회는 자신을 대상화해야 하는 현실로부터 탈주하고자 한 것이다.

이렇듯 반항적인 기질의 소유자이지만 강현회는 본래적 자아를 감추며 살아왔다. 특히 그녀는 자존을 지키기 위해 열정을 억누르며 살아왔다. '아프레 걸'이라는 혐의로부터 자신을 방어하기 위해 '무성애'의 삶을 선택해온 것이다. 그러나 이상현이 구애하고 그를 향한 사랑의 욕망이 싹트면서 그녀가 어렵게 유지해오던 최저의 평화가 깨어진다. 사랑은 그녀에게 축복이라기보다 저주에 가깝다. 이상현은 아내와 딸을 가진 어엿한 가장이기 때문이다. 이상현은 부와 명예 모두를 가진 한국사회의 '귀족'이지만 사랑만은 갖지 못한 남자다. 그는 아버지가 짝지어준 아내에게 애정을 느끼지 못한 채 결혼생활의 껍데기만을 유지한다. 모범생의 삶에서 탈피하고 싶은 그는 강현회를 향한 구애를 멈추지 않는다. 그러나 그에게 사랑은 하나를 더 가지는 게임이지만 강현회에게 사랑은 남은 하나마저 빼앗기는 불공정한 게임이다. 사랑은 그녀를 다시금 추문 속으로 몰아넣을 것이기 때문이다. 강현회는 "사랑은 환상"이고 "연애를 생각한다는 것은 굴종"(12)이라며 열정을 물리치고자 한다.

그러나 '마돈나'의 여종업원인 광희의 "정조란 것은 아무것도 아니죠?"(107)라는 질문을 계기로 강현회는 더 이상 자기의 욕망을 숨기지 않겠다고 결심한다. 시인 민기를 사랑하는 광희는 사랑에 빠진 대부분의 여인들이 그러하듯이 남자와의 사랑, 즉 성관계가 자신에게 가져다 줄 위험을 두려워하며 정조가 사랑보다 더 중요하냐고 질문한다. 강현회는 광희의 질문을 계기로 자기 몸과 마음의 주체로서 당당하게 사랑을 했던 자신을 기억해낸다. 그녀는 "나는 정조가 아무것도 아닌 것이라 생각했기에 사생아를 낳았어. 그러나 나는 애정은 퍽 귀한 걸로 알고 있다."(108)라고 답한다. 가부장적 정조론이 윤리를 흉내 내며 여성의 사랑할 자유를 빼앗고 있다고 비판한 것이다. 사랑의 윤리는 행위자의 진정성이나 관계의 내용에 있지 여성의 성적 경험을 둘러싼 성기 중심적인 잣대로 측정될 수 없다고 본 것이다. 사회의 기만에 대항하듯이 강현회는 사랑의 용기를 낸다. 가부장적인 '성법性法'에 항거하며 사랑할 수 있는 자신의 권리, 즉 자유를 되찾고자 한 것이다.

결국 강현회는 밀애를 위해 .상현과 '표류도'로 향하는 기차를 탄다. 기차 안에서 그녀는 자신의 미래가 순탄하지 않을 것임을 예측하고 두려움에 사로잡히기도 한다. 그러나 만약 처벌이 신에 의해 마련된다면 자신은 신을 설득시킬 것이고, 인간에 의해 마련된다면 자신의 힘으로 맞서겠다고 다짐한다. "당연히 맺어져야 할 우리들이다. 집착인가? 집착이 아니다. 생명인가? 생명도 아니다."(172)라는 서술은 자신의 사랑은 진실하다는 항변을 담고 있다. 그리고 마침내 그녀는 "숫제 인간들이 서식하지 않는 밀림이나 동굴 속 같은, 흔히 표류기漂流記에 쓰여진 고절孤節된 곳"(171)에서 이상현과 함께 사회의 금기를 넘어선다. 남편에게 버림받고도 평생 수절해온 어머니는 강현회를 비난한다. 그러나 강현회는 마음속으로 "당신의 정절보다 나의 배덕이 훨씬 위대하다"(171)고 항의한다. 여성에게 강요되는 정절은 기실 노예의 도덕에 불과하다고 여기는 것이다.

여성의 자존과 위험한 열정

『표류도』는 '아프레 걸' 담론이 보여주듯이 여성에 대해 전방위적으로 가부장적 감시와 처벌이 이루어지는 사회에서 여성에게 사랑이 해방과 구원일 수 있는가를 질문하는 작품이다. 동서를 막론하고 많은 근대문학들은 간통문학이라고 부를 수 있을 만큼 제도를 위반하는 사랑의 진정성을 이야기해왔다. 불륜은 공동체의 기대에 부응하는 것과 나의 간절한 소망에 따르는 것 중 어떤 것이 진실한 삶인가라는 딜레마를 던져준다는 점에서 근대문학의 중요한 주제가 될 수 있었다. 근대에 들어 정념의 거처가 가문이 아니라 개인으로 이동하면서 무엇이 참된 삶인가에 대한 질문이 시작된 것이다. 근대문학은 불륜을 이상화하면서까지 '신실성'이 아니라 '자기진정성'[9]을 근대인이 추구해야 할 참된 도덕으로 옹호했다. 그러나 박경리는 열정을 법이나 규범과 같은 사회적 족쇄로부터 개인의 자유를 찾기 위한 감정적 출구로 그리는 대신에 현실에 대해 냉정하게 분석하고 관찰한다. 강현회는 사회적 금기를 어기는 용기를 냈으면서도 정념에 빠져드는 것을 망설이고 회의한다. 사회의 법이나 규범을 존경해서라기보다 사랑이 여성의 존엄을 위협할 것이라고 판단하기 때문이다.

식민지기 신여성들이 사랑의 전사를 자처했던 것과 비교해볼 때 강현회는 뜨겁다기보다 차갑다. 근대적 의미의 자유연애는 식민지 조선

9 근대적 사고에서 나온 자기진정성은 도덕적 옳고 그름을 구분하는 것이 '마음의 소리', 우리 자신과의 진정한 도덕적 접촉으로부터 나오는데, 이는 추상적인 도덕보다 더 근본적인 자기 자신과의 친밀한 접촉, 즉 기쁨과 만족의 원천을 뜻한다. 사람들은 각기 고유한 척도를 가지고 있고 인간적일 수 있는 자기 나름의 방식이 있기 때문에, 모두에게 부여되는 공동체의 의무는 그 중요성이 퇴색하고 '나'를 위한 무엇인가가 중요한 의미를 갖게 되었다. 즉 나의 척도에 진실하지 못하면 나는 내 인생의 요점을 잃게 된다. 공동체와 관련 없이 본연의 내면과 접촉할 때에만 나는 진정한 것이다. 이것이 자기진정성의 도덕적 이상이다.

을 무대로 처음으로 등장했다. 연애는 식민지의 배운 여자들에게 억압적인 현실을 가로지르고 탈주하기 위한 해방 기획이었다. 주체의 열정과 대상 선택의 주권을 강조한다는 점에서 사랑은 여성이 빼앗긴 자유를 찾는 문화의 전선으로 여겨진 것이다. 자유연애는 육체의 방종이 아니라 시대의 사상이었다. 따라서 신여성들은 사랑을 위해 목숨마저 걸었다. 신여성들은 사회적 조소를 받으면서도 자신의 선택을 수치스러워하지 않았다. 조선 최초의 여성 서양화가이자 소설가였던 나혜석은 인간은 신분 이전에 개인이며 남녀는 유별하지 않고 평등하기에 누구나 자유의사에 따라 성애적 관계를 가질 수 있다고 주장했다. 나혜석은 어떤 법도 여성의 성적 자유를 불허할 수 없다며 사랑할 권리는 여성에게 있다고 주장했다. 그녀는 유부녀의 몸으로 천도교 지도자 최린과 불륜을 저지르고 간통죄로 법정에 선 후 친족 공동체와 조선 사회로부터 완전히 버림받았다. 그러나 그녀는 반성과 참회의 눈물을 흘리며 사회의 용서를 구하기는커녕 자신을 선각자라고 여겼다.[10] 그녀는

: 영화 <표류도> 의 한 장면

10 나혜석은 우리나라 여성으로서는 최초의 서양화가이자 작가이며 근대적 여권론을 펼친 운동가였다. 일본 유학 시절 여자유학생 학우회 기관지인 『여자계』 발행에 주도적으로 참여하면서 조혼을 강요하는 아버지에 맞서 여성도 인간임을 주장하는 단편소설 「경희」(1918)를 발표했다. 변호사인 김우영과 결혼한 그녀는 구미 여행 중 파리에서 만났던 최린과의 관계가 귀국 후 문제가 되면서 1930년 이혼을 한다. 이후 그녀는 자신의 연애, 결혼, 이혼에 이르기까지의 과정과 심리를 솔직하게 털어놓고 식민지 조선 사회의 가부장제가 가지는 모순을 비판한 글 「이혼고백장」(1934)을 발표했다. 이 글에서 그녀는 여성에게 정조를

자신을 조선이라는 부조리한 세상에 너무 일찍 도착했던 시간 여행자로 여겼다. 그만큼 사랑의 열정을 고루한 사회를 뒤흔드는 위반의 에너지로 여겼던 것이다. 그러나 1950년대에 오면 연애는 더 이상 불온한 자유를 의미하지 않는다.

'표류도'로의 여행 이후 이상현이 윤리를 어겼다는 죄책감을 덜어내고 안정을 회복하는 데 반해 강현회는 그런 이상현에게 반감을 품는다. 어느새 사랑의 권태가 찾아와서가 아니라 금기를 넘어섬으로써 사회적 처벌의 공포가 현실화될 가능성이 커졌기 때문이다. "육체의 교류라는 것이 여자에게는 굴종을 의미"(181)한다는 강현회의 독백처럼 '성적 이중 잣대'의 사회에서 사랑은 여성에게 더 많은 대가를 요구할 것임을 직감한 것이다. 전후의 한국 사회에서는 전쟁미망인의 증가, 생계 불안, 전통 질서의 동요, 미국 문화의 확산, 범죄와 부패의 범람 등 사회 문제를 주로 여성의 성적 문란함에서 기인하는 문제로 초점화하는 '풍기문란의 정치'가 이루어졌다. 국가는 간통죄를 쌍벌죄로 규정한 것을(1953) 시작으로 중혼을 금지하고(1958) 축첩자의 공무원 임용 금지 법률을 제정하는 등 혼외 관계에서 이루어지는 성생활을 처벌해 일부일처제를 강화했다. 그리고 '혼인빙자간음죄' 조항을 제정해 국민의 사생활에 형법적으로 개입하고자 했다. 사법 권력이 겨냥하는 대상은 혼외 관계, 즉 '정상가족' 바깥의 여성들이었다. 전쟁미망인 등 여성 가장들은 성매매 여성이나 첩처럼 사회의 풍속을 어지럽히는 위험한 여성으로 간주되었다. 대중 서사는 싱글 여성들을 유혹적인 팜므 파탈femme fatale(요부)로 재현하기 시작한다.

박경리는 사랑의 위반적 힘을 찬미하는 대신에 사랑이 과연 여성을

요구하려면 남성 자신부터 정조를 지키라고 했을 뿐만 아니라 한 걸음 더 나아가 정조라는 것은 남이 강요할 수 있는 것이 아닌, 주체의 자유의지에 속하는 '취미'의 문제라고 했다.

구원할 수 있는지 냉정하게 질문한다. 여성 작가들은 주로 자매나 친구 등 상반된 성격의 여성 짝패 플롯을 통해 성녀와 창녀 외에 제3의 선택지가 없는 여성의 곤궁한 현실을 비판해왔다. '마돈나'의 종업원인 광희는 순수한 관능을 상징하는 여성으로 강현회의 짝패 자아이다. 열정적인 그녀는 시인 민기에게 아낌없이 사랑을 쏟아붓는다. 그러나 민기에게 버려진 그녀는 사랑의 대가로 낙태를 하는 수모를 겪는다. 수술대 위에서 상처 입은 짐승처럼 울부짖는 광희는 사랑이 여성에게 얼마나 모멸적인 대가를 요구하는지 폭로한다. 광희는 사랑의 기쁨을 알기도 전에 수태와 낙인의 고통을 짊어졌던 것이다. 사랑에 실망한 광희는 결국 세상의 남자들에 대한 복수심으로 종로 3가의 창녀가 된다. 성병에 걸린 그녀는 구더기가 썩어가는 몸으로 감옥에서 목을 매어 자살한다. '마돈나'는 단순히 다방의 이름인 것이 아니라 여성 희생자라는 중의적 의미를 담고 있었던 것이다.

광희의 낙태 수술을 목도한 이후 강현회의 이야기는 매우 급박하게 전개된다. 광희를 통해 어쩌면 자신이 겪게 될지도 모를 미래를 내다본 강현회는 충격에 휩싸인다. 혼란과 공포에 사로잡힌 강현회는 다방 손님인 대학 강사 최를 우발적으로 살해한다. 강현회에 대한 구애에 실패한 최가 외국인에게 강현회를 양도하려고 하자 강현회는 일종의 정신적 착란 속에서 최에게 청동 꽃병을 던진다. "여자는 돈과 폭력이면 정복되는 동물"(251)이고, "이런 곳(다방-필자)에 있는 여자는 레이디가 아니"(252)라는 그의 말은 그녀를 격분시킨다. 여성을 마돈나로 추켜세우는 한편으로 성적으로 대상화, 비인격화하는 여성 혐오에 가담함으로써 이익이나 권력 등 '가부장제의 배당금'을 챙겨온 전후 남성성과 사회에 대한 분노를 표출한 것이다.

강현회가 살인죄로 구속됨으로써 이후 소설의 무대는 감옥과 법정으로 변모한다. 박경리는 감옥을 가부장적인 국가법의 기만을 폭로하는 공간으로 초점화한다. 수감된 여자들—불륜을 통해 생긴 아이를 살해한 여자, 실연의 결과 양공주가 된 여자, 자신을 강간하고 첩으로 삼은 남편을 죽이려고 한 여자, 성매매 단속에 걸려 잡혀온 광희 등—은 가해자와 피해자가 명쾌하게 나누어질 수 없음을 보여준다. 불법을 저지르고 붙잡힌 여성들은 이른바 사회가 비난해온 '아프레 걸'들이었다. 저마다 불우한 사연을 가진 여성 죄수들은 '아프레 걸'을 마녀로 등치할 수 없음을 보여준다. 법정은 '아프레 걸'들을 처벌함으로써 사회적 질서를 바로잡는다고 자부하지만 기실 풍기문란이라는 이름으로 번번이 여성에게 죄의 올가미를 씌우고 가해자에게 면죄부를 주거나 사회적 책임을 은폐했던 것이다.

박경리는 강현회에 대한 판결이 이루어지는 법정 장면을 통해 형법이 정작 의도하는 것은 사회적 정의를 바로잡기보다 부권을 회복하는 데 있음을 폭로한다. 강현회는 "약한 위치에 서 있는 피고가 아무 잘못 없이 짓밟힌 가엾은 정상"에 대한 재판장의 관대한 처분의 결과 2년 형을 선고받는다. 법정은 "여성에게는 정조가 생명과 다를 바 없이 귀중한 것"인데, "창부가 아님에도 불구하고 임의로 제3자에게 구두 매매함으로써 개인의 이득을 얻고자 하는 비열에 대한 피고의 폭력 행위"(284)는 자신의 정조=생명을 지키려는 것이기에 정당방위라는 변호사의 주장을 수용해 그녀에게 관용을 보인다. 강현회가 최 강사를 살해한 것은 자기 존엄에 대한 여성적 자의식 때문이었다고 해석된 것이다. 법정은 그녀의 저항을 여성에게 정조는 생명보다 더욱 중요하다는 증거로 해석함으로써 강현회를 혐오스러운 '아프레 걸'이 아니라 동정받아야 할 전쟁미망인으로 인정해준 것이다. 법정의 판결은 여성의 성적 육체에 대한 자기결정권을 무효화하고 사회의 소유권을 주장한 것이라는 점에서도 문제적이다.

사랑은 구원과 상승의 사다리일 수 있을까?

만약 이상현이 이혼하고 싱글이 되었다면 강현회는 행복해질 수 있었을까? 이 소설의 특이한 점은 강현회가 줄기차고도 일관되게 이상현의 구애를 물리친다는 것이다. 사랑을 원하지만 결혼을 거부한다는 점에서 강현회는 연애소설의 일반 법칙을 깨는 인물이다. 대개의 '낭만적 사랑'의 이야기는 결혼으로 완결되기 때문이다. 두 사람은 계급적 차이가 크지만 공통적으로 이지적이고 이상주의자라는 점에서 이상적인 커플의 조건을 갖추고 있다. 더욱이 강현회는 가난한 가족을 먹여 살려야 하는 여성 가장이자 남편의 죽음과 사회적 낙인 속에서 깊은 슬픔을 지니고 살아온 불행한 여자이다. 반면에 이상현은 명문 가문에서 이렇다 할 상처 없이 성장했으며 경제적으로도 부유한 남자이다. 이상현과의 결혼으로 아마도 강현회는 지긋지긋한 가난과 사회적 낙인을 어느 정도 떼어낼 수 있게 될 것이다. 그는 그녀를 구원할 수 있는 이상적 남자인 것이다. 그러나 바로 이 점이 강현회가 결혼을 거부하는 이유라는 점에서 『표류도』는 연애소설이기를 거부하는 연애소설이다. 강현회는 "우린 서로 발이 땅에 붙어 있지 않아요."(182)라는 말로 번번이 구애를 물리친다.

자세히 보면 강현회는 처음부터 사랑을 두려워하고 있었다는 것을 알 수 있다. 그녀는 다방의 손님으로 온 이상현이 무심히 건네는 인사에도 고통을 느끼는데, 이는 "사랑은 환상"이고 "연애를 생각한다는 것은 굴종"이라 여기기 때문이다. 사랑이 그녀를 다시 음란한 여자라는 낙인의 폭력 속으로 끌고 들어갈 것이라 여기고 두려워하는 것이다. 그러나 "피차 사는 세계가 다를 적에는 자연히 친해질 수 없을 거예요. (중략) 철로처럼 끝까지 합쳐지지 않으니 못 친해지죠."(43)라는 말은 그녀가 상현과 자신의 계급적 차이를 부담스러워하고 있음을 암시한다.

그녀는 친해지고 싶다는 이상현의 말에 자신은 자존심이 강하기 때문에 그것은 불가능하다고 응답한다. 이는 그녀가 남성이 여성을 구원해주는 형식으로서 '낭만적 사랑'을 여성이 움켜쥘 수 있는 행복이 아니라 자아의 상실로 받아들이고 있음을 의미한다. 훗날 이상현이 강현회에게 '실연'을 당하는 것은 그가 너무 잘난 남자였기 때문이었던 것이다. 그러나 구애의 거부가 강현회가 열등감에 시달리고 있다는 증거로 해석되어서는 안 된다. 강현회가 대등한 관계에서만 사랑은 여성의 무덤이 되지 않을 것이라고 여긴다고 해야 할 것이다. '낭만적 사랑'이 여성의 이상으로 떠오르던 시절에 박경리는 그것을 회의하고 불신했던 것이다.

한국전쟁 이후 사랑은 '행복'에 대한 세속적 이상과 결합하며 사회의 무대에 '등정'했다. 특히 사랑과 성 그리고 가족이 삼위일체로 엮이며 '낭만적 사랑'이 탄생했다. 근대적 사랑의 각본이 한국 사회에 도래한 것이다. 기실 사랑은 어느 시대에나 있었다. 인간은 학습하지 않고도 누군가를 그리워하고 결합했다는 점에서 사랑은 본성적 열정이다. 그러나 사랑/연애가 결혼과 짝을 이루는 '낭만적 사랑'의 이상이 국가법과 결합해 사회적 위력을 발휘하기 시작한 것은 한국전쟁 이후부터다. 전후에는 근대화가 추구되면서 이성애 핵가족이 성을 포함하여 모든 기능을 흡수하고 규범과 기준을 정하는 제도가 되었다. '낭만적 사랑'은 핵가족의 이상을 실현할 결혼으로 통합되었다. 그리고 결혼한 부부의 성관계만이 '정상적'이고 '합법적'인 것으로 자리 잡기 시작했다. 남녀 간의 '낭만적 사랑', 결혼, 섹슈얼리티가 일치되는 제도 및 이데올로기 그리고 제도로서 이성애가 성립된 것이다. 이러한 낭만적 사랑은 여성 친화적인 사랑으로 추앙받기도 했으며, 핵가족은 부부애를 중요시하기 때문에 어느 정도 남녀 간 평등을 달성하기도 했다. 적어도 여성들은 가문의 대를 이어갈 아이를 낳기 위한 자궁으로 취급되지 않았다.

가정 내에서 여성의 위치가 근대 이전보다 더 중요해진 것도 사실이다. 집의 젠더는 여성이라고 할 정도로 어머니는 가족들의 일상과 내면에까지 심대한 영향을 미쳤다. 그러나 여성-어머니 역할이 중요해졌다고 해서 여성의 지위가 격상된 것은 아니었다. 가족을 위해 모든 비천한 일들을 도맡아 처리하는 것이 어머니에게 맡겨진 일이기 때문이었다.

'낭만적 사랑'은 여러 가지 문제를 발생시킨다. 그것은 먼저 남녀 간의 사랑을 제외한 모든 사랑을 부적절한 것으로 보기 때문에 '비정상'을 발명해낸다(김신현경, 9). 가령 '낭만적 사랑'의 이데올로기가 탄생하면서 과거에 다양한 성적 관계 중의 하나로 여겨진 동성애는 비정상적인 것을 의미하는 '도착'으로 전치된다. 고대 그리스 사회가 어떤 성별과 섹스하느냐보다는 육체적 열정에 머물러 성이 남용되는 것을 우려했던 것과 달리 이성애만이 정상적인 섹스로 간주되기 시작한다. 또한 혼인 관계 하의 성만이 바람직한 것으로 여겨지게 됨에 따라 사회 제도 바깥의 다양한 사람들의 사랑할 권리는 무시된다. 다른 한편으로 성 행동에 대한 평가가 남녀에 따라 다르게 이루어지는 '성적 이중 기준'의 사회에서 법과 문화의 억압을 받는 것은 아무래도 여성의 섹슈얼리티가 될 수밖에 없다. 남성의 성적 경험은 '섹스 자본'이 풍부하다는 증거가 되지만, 여성의 성적 경험은 '되바라짐'이나 타락의 증거가 되는 것이다. 결국 '정결'은 여성에게만 강요되는 도덕이 되는 것이다.

다른 한편으로 '낭만적 사랑'은 여성이 사회에서 어떻게 처신하고 자기를 어떻게 여겨야 하는지를 알려주는 보수적인 품행지침서의 역할을 할 수 있다. 저명한 흑인 페미니스트인 벨 훅스bell hooks(1952-)는 "우리(여성)가 아무리 훌륭하다 해도 가부장적 세계에서는 결코 충분히 훌륭하지 않다는 것을 알게 된 순간부터 사랑에 대한 집착은 시작된다"(11)고 했다. 여성의 열등성과 사랑에 대한 선망이 비례한다고 꼬집은 것이다. 나아가 그녀는 "사랑한다는 것은 결국 얼마만큼 사랑스러운 여성이 되는가의 문제"(벨 훅스, 11)라고 했다. 사랑이 그저 단순히 누군가를 원하는 것이 아니라 여성이 자신의 영원한 결핍을 극복하기 위해 사랑받을 만한 여성이 되기 위한 문화적 학습 과정이라고 비판한 것이다. 이와 유사한 맥락에서 제2의 페미니즘 물결을 주도한 슐라미스 파이어스톤Shulamith Firestone(1945-2012)은 "사랑을 다루지 않은 급진적 여성해방론에 관한 책은 정치적으로 실패작이다."(78)라고 비판한 바 있다. 파이어스톤은 사랑은 여성 억압의 주축임에도 불구하고 우리의 삶에서 경험되거나 로맨스 소설에서 환상적으로 묘사되어왔을 뿐 그것이 여성의 심리나 삶에서 어떤 역할을 하는지 분석되지 못했다고 비판했다(파이어스톤, 131-34).

우리가 잘 알고 있듯이 로맨스 소설은 부유한 남자와 가난한 여자가 신분 차에도 한눈에 반해 결혼을 하는 플롯을 공유한다. 이러한 '낭만적 사랑'의 각본을 가리켜 재클린 살스비Jacqueline Sarsby(1960-)는 "낭만적 사랑은 경제 결혼의 추악함을 은폐하기 위해 화려한 베일을 필요로 한다"고 풍자한 바 있다(살스비, 45). 낭만적 사랑은 말이 낭만적일 뿐이지 경제적으로 평등하지 않은 남녀가 성과 돈을 거래하는 교환이라고 본 것이다. 이러한 판단을 뒷받침하듯이 로맨스 드라마의 남성 주인공은 흔히 성격이 까칠한 재벌남이거나 실장님으로 신분이 높지만, 여성 주인공은 가진 것이라고는 미모와 순수한 감정밖에 없는 하층 계급의 처녀다. 여성들이 로맨스 소설의 애독자층이라는 사실은 여자들이 노력하지 않고 쉽게 타인의 성취에 편승하려는 기회주의적 태도를 내면화해서가 아니다. 결혼이 신분 상승의 기회로 여겨질 만큼 여성은 사회에서 경제적으로나 각종 권리 상에서 취약한 위치에 있다. 근대 혁명기에 출생, 가족, 부, 직업, 재산, 종교 등 차이를 넘어 인간의 공통성이 발견됨으로써 수직적 질서가 무너지고 인간의 평등이 선언되지만, 여성은 민법에 의해 남성 시민에 딸린 존재로 위치 지어짐으로써 '사회계약'의 주체가 될 수 없었다. 여성 시민이 배제된 형제들의 혁명에서 여성들은 사회적 존중 혹은 인간적 권리를 얻기 위해 남성 시민과의 '결혼'을 갈망할 수밖에 없었다. 권리를 가진 인간이 되기 위해서 여성은 낭만적 사랑에 목을 매게 된 것이다.

이러한 역사적 맥락을 참고하자면 박경리는 여성 독자에게 이상적인 남자와의 만남을 통한 구원의 가능성을 이야기하기보다 여성의 자아와 양립할 수 있는 사랑의 가능성을 탐구했다고 해야 할 것이다. 이 소설의 결말은 매우 잔혹하고도 끔찍하다. 출옥하는 강현회를 기다리고 있는 것은 딸 '훈아'의 죽음이기 때문이다. 딸을 잃은 후 강현회는 수예점을 연다. 그러나 마치 자신을 처벌하듯 작은 가게 속에 틀어박힌 채 죄수가 노역을 하듯 쉬지 않고 뜨개질을 한다. 그녀 나름대로 딸을 제대로 돌보지 않은 자신을 벌하면서 죽음의 낭떠러지로 떨어지지 않기 위해 안간힘을 쓴 것이다. 그러던 어느 날 갑자기 그녀는 이상현이 아니라 남편의 친구였던 김 선생(환규)에게 결혼을 하자고 제의한다. 자꾸만 죽음을 향해 가는 자신을 삶 가까이에 붙들어 두기 위해 타인의 필요를 인정한 것이다. 그러나 결혼에 대한 결심은 비주체적인 의존이기 전에 생에 대한 용기라고 해야 할 것이다.

강현회가 이상현이 아니라 김 선생을 선택한 것은 중요한 의미를 갖는다. 삶과 화합할 수 없는 이상을 추구하기보다 현실에 발을 붙이고 살겠다는 의지의 표현이기 때문이다. 지극히 현실적인 인물인 김 선생은 강현회의 관능이 향하는 인물은 아니다. 김 선생은 귀티 나고 우수에 차 있는 지식인 이상현을 능가하는 외모 자본을 소유하지도, 이렇다 할 부와 권력을 갖지도 못한 그저 평범한 남자이다. 그는 생존이나 이익을 중시한다는 점에서 다소 세속적인 인물이기도 하다. 바로 그렇기 때문에 강현회는 그와 오래전부터 알고 지냈지만 결코 연애 감정을 품은 적이 없다. 그러나 그가 지극히 현실적인 인물이라는 바로 그 점에서 그와의 결혼을 결심한 것이다. 비록 관능적 떨림을 찾아볼 수 없지만 '김 선생'과의 결혼생활이 애정을 결여한 기계장치 같은 것이 되리라고 예단할 수는 없다. 이 소설은 기실 로맨틱한 신비를 결여하고 있지만 오랜 시간 서로를 지켜보고 '인간적' 호감을 품어온 남녀가 결혼에 이르는 이야기로도 충분히 해석 가능하다.

자세히 보면 김 선생은 로맨틱한 연애소설의 주인공이 될 만한 자질을 갖추고 있다. 그는 인간은 각자 자신의 고독을 짊어진 섬, 즉 개체이지만 "섬은 자기의 의지대로 움직여야 합니다."(300)라고 할 만큼 개체의 자유나 능동성을 중시하는 인물이다. 그는 찬수와 동거했던 강현회를 세상의 눈치를 보지 않는 야문 여자였다고 회고할 만큼 여성의 자율성을 존중할 줄 아는 흔치 않은 남자이다. 강현회가 육체노동으로 재능을 발휘하지 못하는 것이 안타까워 번역 일을 구해줄 만큼 여성의 지성을 존중해주는 남자이기도 하다. 그는 백마를 타고 오지는 않았지만 사랑을 하면서도 자신의 자존을 포기하고 싶지 않은 여성이 오래도록 기다려온 '이상적 남자'인 것이다.

김 선생은 그녀의 프로포즈가 어떤 의미를 가진 것인지 정확하게 파악하고 있었다. 그는 "애정보다 마음이 맞는다는 것, 생각이 같다는 것, 헤치고 나갈 세계가 같다는 것, 그런 점이 둘을 결합시켜줄 것입니다. 상현이는 감정의 대상이요, 찬수는 지성의 대상이요, 환규는 의지의 대상입니다. 의지는 인간의 마지막 가능성입니다."(314)라는 말로 강현회의 프로포즈에 화답한다. 사랑은 인연이나 신비가 아니라 죽음 직전까지 표류할 수 있는 섬들이 삶으로 가까이 가게 만드는 에너지라고 여길 만큼 그의 사랑에 대한 생각은 성숙하다. 인간은 각자의 고독을 짊어진 섬이고, 사랑은 그 섬들이 각자의 거리를 존중하면서도 죽음의 유혹에 나포되지 않도록 서로를 지켜줄 수 있는 보살핌의 윤리라고 여기는 것이다. 강현회가 이상현과 헤어진 것은 각자의 사랑할 수 있는 능력, 즉

'사랑의 기술art'보다 대상 선택의 주체성과 대상이 가진 상품적 가치를 중심하는 '낭만적 사랑'은 '성숙한 사랑'이 아니라고 판단했기 때문이다. 특히 남성이 선택권을 갖고 여성의 수동성을 요구하는 '낭만적 사랑'은 여성의 존엄을 지켜줄 수 없다고 판단했기 때문에 강현회는 '합류적 사랑,' 즉 서로의 차이를 인정하고 상호 협상하는 사랑을 추구했던 것이다.

3. 현대적 의미 및 현대적 수용

가부장제 사회에서 여성들에게 로맨스는 억압적인 현실을 가로지르고 탈주하기 위한 자아의 기획이 되어왔다. 한국 식민지기 잡지나 소설에서는 아버지가 정해준 남자와 결혼하지 않기 위해 죽음을 결단하는 여자들의 이야기가 종종 등장한다. 그녀들은 눈물 섞인 유서 한 장을 남긴 채 달려오는 철도에 뛰어들거나 독약을 삼킴으로써 가부장적 친족 공동체에 저항하며 자유연애의 신도로서 죽었다. 이는 열정이 순진성의 베일을 두른 계산된 감정이 아니라 강력한 위반의 에너지임을 뜻한다. 주체의 열정과 대상 선택의 주권을 강조하면서 사회가 허락하지 않은 자유를 이야기하기 때문이다. 그러나 우리는 이제 열정을 예찬하기보다 남자와 여자가 평등하지 않은 사회에서 사랑이 여성에게 구원과 상승의 경험이 될 수 있는지부터 질문해야 할 것이다. 사랑의 자유를 위해서는 사랑의 이데올로기에 대한 비판적 분석부터 이루어져야 하는 것이다.

전후 한국 사회는 해방과 전쟁으로 무너진 가부장제를 복원하는 데 여성 작가들을 적극적으로 활용했다. '낭만적 사랑'의 이데올로기를 골자로 한 여성형 서사를 통해 여성을 계몽된 개인이 아니라 사랑에 순종하는 규범적 여성으로 길들이고자 한 것이다. 연애/사랑 소설은 가치관의 변화나 개인주의의 확산 등 전후 사회의 변화를 포착할 수 있는 무대인 한편으로 풍속을 정화하는 역할을 부여받은 것이다. 그리고 휴전이 되어 남성들이 후방으로 귀환함에 따라 가정 영역으로 되돌아간 여성들이 연애/사랑 소설의 독자층이 되었다. 그러나 박경리는 사랑의 환상을 독자에게 주입하기보다 전후의 재건 국면에서 식민지기의 신여성, 해방기의 노라, 전후의 '아프레 걸'로 이어지는 여성들의 자유를 향한 모색들이 어떻게 좌절되는가를 이야기했다. 그리고 여성의 자유와 양립할 수 있는 사랑의 가능성을 타진하고 그 가능성을 보여주었다.

가부장을 위시로 사회가 재편되는 전후에 사적 영역에 고립되며 사랑의 사제로 호명되기 시작한 여성 독자들에게 『표류도』는 익숙하면서도 낯선 텍스트였을 것이다. 사랑의 가치를 포기하지 않으면서도 낭만적 사랑의 각본을 비판하고 있기 때문이다. 박경리는 여성의 자아와 양립할 수 있는 사랑의 가능성을 타진함으로써 성찰적 주체로서 여성 독자를 창조했다고 할 수 있다. 그녀의 문학은 이후 여성 작가와 여성문학이 '제도적 여성성'에 맞서 대안적인 여성 주체화의 길을 모색하는 데 큰 밑거름이 되었다.

주요 토론 주제

1. 최근 '페미니즘'은 한국 사회의 가장 첨예한 이슈로 등장했습니다. 여성들의 봉기로 불리는 이러한 흐름을 최초로 주도한 것은 2015-2016년도 '#문단 내 성폭력' 해시태그 운동이었고, 이 사건을 계기로 한국문학사의 영예로 간주되던 (남성) 작가들의 이름은 가부장적 지배 질서의 카르텔은 아니었는가 하는 의혹과 심문의 대상이 되었습니다. 그간 여러분이 읽은 남성 작가들의 작품에서 여성은 어떻게 재현되어왔는지 생각해보고, 여성 작가 박경리의 여성에 대한 재현 방식과 비교·대조해봅시다.
2. 인터넷에서 '박인수 사건'에 대해 조사하고, 1950년대 한국 사회의 심층에 담긴 욕망과 불안이 무엇이었는지 분석해봅시다. 이 사건의 판결이 여성과 사회에게 어떤 영향을 미쳤을지를 염두에 두고 판결의 정당성을 검토해봅시다.
3. 한국사를 살펴보면 여성에 대한 이름 붙이기가 자주 이루어졌음을 확인할 수 있습니다. 1990년대의 '된장녀'부터 2000년대의 '개똥녀', '개념녀', 최근의 '김치녀'에 이르기까지 여성을 지칭하는 이름들의 함의를 살펴봅시다. 젠더화된 호명 정치의 의도나 효과에 대해 논해봅시다.
4. '낭만적 사랑'은 단지 수사적인 표현이 아니라 근대라는 역사적 단계에서 제도화된 사랑을 일컫는 말입니다. 이 개념에 대해 더 자세히 조사해보고, '낭만적 사랑'은 여성과 퀴어, 트렌스젠더 등 성적 소수자에게 자유와 해방을 가져다줄 수 있을지 논의해봅시다.
5. 강현회는 왜 자신이 이상하던 이상현과 결혼하지 않고 지극히 평범한 현실주의자인 김 선생과의 결혼을 선택하는가? 그것은 가부장제 사회와의 타협인가? 혹은 성숙한 결단인가? 여러분이라면 어떻게 하겠는지 토론해봅시다.

14

한국 영화와 여성
: 1970년대 호스티스 영화와 여성

김효정

주로 여성 성 노동자를 주인공으로 했던 호스티스 영화는 바닥으로 내려앉은 1970년대 한국 영화산업의 구원투수가 된다. 1970년대 초반부터 1980년대 초반까지 대중적 인기를 끈 호스티스 영화는 그 산업적인 성공으로도 중요하지만 한국 영화사 101년 중 처음으로 장르적인 틀을 갖추어 여성의 성을 본격적으로 스크린에 재현했다는 점에서 주목할 만하다. 이 글에서는 영화 속 여성 주인공들의 분석을 토대로 어떻게 한국 영화에서 여성 섹슈얼리티가 구현되었으며 대중적으로 상업화되기 시작했는지 알아보기로 한다.

1. 한국 영화 속 여성의 재현, 그리고 1970년대 한국 영화

한국 영화 속에서 여성은 늘 주변화된 인물로, 남성 주인공의 조력자 혹은 돌보는 역할에 머물거나 성적인 볼거리를 위한 소품처럼 설정되어왔다. 최초의 한국 영화 〈의리적 구투〉[1] 이후로 본격적으로 제작된 일제강점기의 조선 영화들에서도 이는 마찬가지다. 〈청춘의 십자로〉(안종화, 1934)에서 남자 주인공 영복의 도시 수난기는 그가 위험에 처한 애인과 여동생을 구원하는 것으로 행복한 결실을 맺는다. 이 영화 속의 여성 캐릭터들은 남자 주인공이 도시에서 생존하기 위해 필요한 담대함과 정의로움을 증명하는 도구로밖에 보이지 않는다. 물론 당시 모든 영화가 여성 캐릭터를 남자 주인공의 임무 정도로 치부하진 않는다. 이후에 제작된 〈미몽〉(양주남 감독, 1936), 〈반도의 봄〉(이병일 감독, 1941) 같은 작품들에서 여성 캐릭터는 주연으로 활약하며 제법 능동적인 면모를 보인다. 예컨대 〈미몽〉의 주인공 애순은 단순히 집안에 종속된 가정주부가 아닌, 외부로 나가 자신의 성적, 사회적 욕망을 충족시키고자 하는 여성이고, 〈반도의 봄〉의 정희는 배우가 되기 위해 고군분투하는 역할이다. 그러나 이 두 편 모두에서 여주인공들은 자신만의 온당한 길을 걷지 못하고 죽음으로 삶을 마감하거나(애순), 남성의 품으로 귀속되며(정희) 끝을 맺는다. 이러한 경향은 휴전 이후에 제작된 영화 〈자유부인〉(한형모 감독, 1956)에서도 나타난다. 〈자유부인〉의 여주인공 선영은 전업주부지만 우연한 기회에 양품점의 점원으로 일하게 되면서 제2의 인생을 시작한다. 그러나 선영이 댄스홀에 다니고 가게 사장과 바람이 나면서 향락의 길을 걷게 된다. 영화는 여성의 사회 활동을 가능은 하지만 위험한 것으로 정의하고 사회 활동을 고려하는 모든 여성들에게 일침을 가한다. 결과적으로 영화는 댄스홀에 같이 다니던 선영의 친구는 자살하고, 선영은 남편에게 용서를 비는 것으로 마무리된다.

〈자유부인〉은 서울 수도극장에서 개봉하여 45일간 장기 상영을 하며 서울에서만 10만 8천 명의 관객을 모으고 7000만 환이라는 수익을 올리면서 당시 한국 영화 중 "최고의 화제작"으로 기록되었다.[2] 기록적

---

1 엄밀히 말해 〈의리적 구투〉는 완전한 영화의 형태는 아니다. 이 작품은 '연쇄극'이라 하여 연극 중간에 삽입되어 스크린에 영사되는 방식으로 보여진 불완전한 형태의 영화다.

2 〈자유부인〉은 서울 수도극장에서 개봉하여 45일간 장기 상영을 하며 서울에서만 10만 8천 명의 관객을 모으고 7000만 환이라는 수익을 올리면서 당시 한국 영화 중 "최고의 화

인 관객 수를 기록한 〈자유부인〉의 흥행은 1960년대 한국 영화의 황금기를 알리는 신호탄이 된다. 당시 한국 영화는 휴전 이후 국가 재건 노력에 힘입어 영화 스튜디오들이 대거 생겨나고 외국 영화 장비들이 수입되면서 급성장을 맞는다. 아울러 이승만 정부는 영화 제작, 배급에 세금을 면제해주는 등 영화 제작 장려정책을 실행하면서 한국 영화산업은 연간 제작 편수 100편이 넘는 주요 사업으로 등극하게 되었다. 〈자유부인〉에 이은 황금기 한국 영화에서 가장 많은 편수를 차지했던 영화 장르는 멜로드라마였다. 〈미워도 다시 한번〉(정소영 감독, 1968), 〈초우〉(정진우 감독, 1966)와 같은 신파성 멜로드라마는 관객들, 특히 여성 관객들의 엄청난 사랑을 받았다. 당시 멜로드라마의 특징은 여성을 주인공으로 하고 여주인공의 고난을 이야기의 중심으로 하는 작품들이 많았다는 점이다. 다수의 1960년대 한국 영화에서 여성은 희생적인 엄마로(〈사랑방 손님과 어머니〉(신상옥 감독, 1961), 남성에게 버림받는 비련의 여주인공으로(〈초우〉), 혹은 남성에게 순종하는 지고지순한 여인으로(〈성춘향〉(신상옥 감독, 1961)) 정형화되어 가부장제 하의 여성 가치를 지켜내기 위해 싸우거나 그로 인해 핍박 혹은 처벌받는 인물로 그려졌다. 그럼에도 대중은 이러한 고전적인 여주인공과 이야기에 열광했고 이 영화들은 극장가의 히트작으로 등극하며 연일 관객몰이에 성공했다.

그러나 1960년대 말부터 상황이 급변한다. 박정희 정부가 주도하는 근대화 산업으로 텔레비전의 보급이 급속히 늘어나고 영화산업은 내리막길로 접어들게 된다. 1965년 기준 0.2%에 불과했던 텔레비전 보급률이 1969년에 들어 89.1%로 급증한다(함종호, 408). 이에 따라 극장 관객 수와 영화 제작 편수도 큰 영향을 받게 되는데 1969년 1억 7,300만

제작"으로 기록되었다. 이경림. "타락이라는 호기심을 툭 건드리다." 『동아비즈니스리뷰』 276.1(2019). https://dbr.donga.com/article/view/1303/article_no/9190/is_free/Y

명에 달하던 극장 관객 수가 1974년에는 1억 명 이하, 1인당 연간 영화 관람 횟수는 5-6회에서 1.8회로 급감하고 영화 제작 편수 또한 1969년 299편에서 1972년에는 202편, 1972년 122편으로 크게 감소한다(김소영·백해린·임대근, 75). 엎친 데 덮친 격으로, 영화를 상영하는 극장까지 정부가 요구하는 최소 요건에 부합해야 했다. 이러한 최소 요건에는 상영관의 크기에서부터 비상구의 수, 의자의 크기까지 당시 영화관들이 수용하기 어려운 항목들이 많았고 이로 인해 1979년 기준 전국 극장의 수는 690개에서 472개로 감소했다(이길성·이호걸·이우석, 27-28).

결정적으로 박정희는 1973년에 유신을 선포하고 곧이어 제4차 개정 영화법을 실행한다.[3] 4차 영화 개정의 기본 골자는 (정권 수호를 위한) 한국 영화의 사전 검열과 통제의 강화다. 4차 개정으로 인한 검열 정책으로 영화는 스크립트 단계에서, 촬영 후, 그리고 최종 편집 후 혹은 개봉하는 당일의 버전까지 두세 차례 이상의 검열을 통과해야 했으며 영화의 성격에 따라서는 부차적인 기습 검열까지도 감안해야 했다. 이러한 규제의 강화로, 전체 시나리오의 80% 정도가 반려되었다(박유희, 52).

박정희 정부 하 영화 검열에서 주시했던 두 가지 요소는 가난과 반공이었는데, '가난'은 정부에서 추진하던 경제개발계획과 근대화 프로젝트에는 어울리지 않는다고 하여 퇴치의 대상이었고, 반공이 적용되는 범주는 훨씬 더 넓고 관념적이었다(배수경, 46). 따라서 이 당시의 추상적이고 광범위한 검열의 '칼바람'으로 한국 영화는 더욱 크게 위축될 수밖에 없는 상황에서 영화의 주제들 역시 사회적 현실에서 점점 멀어져 갔다.[4] 이영일은 이러한 당시 검열의 세태에 대해 "영화 제작에 있

3 영화법 1차 개정은 1962년에, 2차는 1966년, 3차는 1971년에 이루어졌다.

4 당시 정부 검열에 의해 삭제되거나 개봉 불가 판정을 받은 작품과 이유로는, '가난한 연인의 묘사'(이만희, 〈휴일〉), '판잣집 배경'(김호선, 〈영자의 전성시대〉), '정복을 입은 경찰이나 군인의 출현' (하길종, 〈바보들의 행진〉)이다(박유희, 52-53; 배수경, 46).

어서는 시나리오의 사전 심의와 필름의 실사 검열 등을 강화했으며 실제의 검열에 있어서는 당시에 일반 사회를 폐쇄적인 분위기로 몰아넣었던 긴급조치 수준을 적용했다"고 기술했다(정중헌, 78).

이로써 1970년대 한국 영화산업은 새로운 경쟁 매체의 부상과 군사정권에 의한 '영화 통제 정책'이라는 이중고에 시달리게 되면서 외적으로는 영화의 양적 저하, 내적으로는 영화 장르의 말살과 질적 저하를 겪게 된다. 특히 검열 정책의 강화로 정치 및 사회를 다루는 드라마 장르는 멸종하고, 사회적 리얼리즘과는 거리가 먼, 여성의 성性적 수난기에 집중하는 호스티스hostess 멜로드라마(이후 '호스티스 영화'로 줄임)들이 범람하며 장르의 기형적 분포를 형성했다.[5] 1960년대에 만들어졌던 여성 주인공의 멜로드라마와는 차원이 다른, 새로운 형태의 여성 주도적 멜로드라마가 만들어졌던 셈이다. 다만 여성의 성을 착취하는 형태로 말이다. 따라서 1970년대는 검열과 불황으로 인해 어쩔 수 없이 여성과 여'성'을 상업화할 수밖에 없는 시대, 결과적으로 여성을 주연으로 하는 영화가 한국 영화사상 가장 많이 제작되었으면서도 동시에 가장 왜곡된 형태의 여성 재현이 봇물을 이루는 역설적 시기가 되었다.

2. 호스티스 영화의 탄생과 성공

호스티스 영화는 젊은 여성, 더 정확히 말하면 젊은 여성 성 노동자들을 주인공으로 한 멜로드라마를 말한다. 이 범주의 작품들은 1974년부터 1982년까지 약 8년 동안 엄청난 홍행 성적을 기록하며 정체된 한

5 박소영은 1970년대 한국 영화계에서는 하이틴 영화와 호스티스 영화의 성장이 두드러졌고 특히 후자의 경우, 그 인기를 분석하는 기사들이 쏟아져 나올 정도로 크게 주목받았다고 분석한다.

국 영화산업에 새로운 불씨가 되었다. 앞서 언급했듯, 이 시기는 호스티스 영화로 분류된 영화들을 포함한 다른 비슷한 여성 성 노동자 주인공을 단독으로 내세운 영화들이 한국 영화산업을 지배했던 처음이자 마지막 시기이기도 하다.

엄청난 붐을 일으켰던 호스티스 영화의 대중적 성공 이외에 또 다른 중요한 지표는 (여성)성의 본격적인 상업화다. 1960년대 후반부터 시작된 (외국) '섹스 영화'의 붐은 한국 영화에 섹슈얼리티가 본격적으로 투입되는 결정적인 계기가 되었다(조준형, 164). 호스티스 영화가 영화 내·외적으로 전제하는 여성성의 전시展示와 상업화는 이러한 문화적인 현상과 무관하지 않다. 따라서 호스티스 영화는 서구의 섹스 문화, 그리고 영화를 통한 성의 상업화가 본격적으로 한국 대중영화, 더 나아가 대중문화 속으로 유입되는 과정localization을 보여주는 텍스트이기도 하다.

'호스티스 영화,' 혹은 '창녀 영화'로 불리기도 했던 이 일련의 영화들은 시골 처녀가 도시에서 이 직업 저 직업을 전전하다가 성을 파는 여성으로 전락해 비극을 맞는다는 내용을 다루고 있으며 대부분이 성공했던 신문 연재소설이나 소설 원작을 영화화한 것이다. 시골에서 상경한 경아가 술집의 작부로 추락한다는 내용의 〈별들의 고향〉(최인호 원작, 이장호 감독)을 필두로, 시골 처녀 영자의 도시 수난기를 다룬 〈영자의 전성시대〉(조선작 원작, 김호선 감독)는 단일 관에서만 각각 46만, 35만 이상의 관객을 끌어모으면서 당시로서는 한국 영화사상 최고의 흥행 기록을 세웠다.

연이어 기록적인 흥행 돌풍을 몰고 온 이 두 영화는 호스티스 장르의 효시적 작품들로 꼽히는데 그럼에도 이들이 '호스티스 장르'라는 단어를 탄생시킨 것은 아니다. 〈영자의 전성시대〉의 흥행 이후로 신문이나 잡지 매체에서는 술집 작부를 주인공을 하는 영화들을 '영자 영화',

⋮ <별들의 고향>(1974)

'창녀 영화' 등 다양한 이름으로 칭하기 시작했다. 이 호칭들에서 알 수 있듯이, 영화가 불러온 대중적 인기와는 별개로 평단에서는 "성 묘사를 대담하고도 노골적으로 시도하여 현대의 홍등가, 주장가의 생리나 풍속을 원색적으로 과장 묘사한… 도색 영화, 혹은 포르노그래피의 변종" 정도로 취급했다 (유선영, 13). 그럼에도 비슷한 줄거리로 전개되고 비슷한 유형의 인물을 등장시킨 영화들, 예를 들어 〈여자들만 사는 거리〉(1976), 〈겨울여자〉(1977), 〈나는 77번 아가씨〉(1978), 〈O양의 아파트〉(1978), 〈내가 버린 여자〉(1978) 등이 줄줄이 흥행에 성공하자 '호스티스 영화'라는 다소 우회적인 표현이 본격적으로 사용되기 시작했다.

오른쪽 표에 의하면 1974년부터 1979년까지 박스오피스 상위 3위의 작품들 중 반 이상이 호스티스 영화들이었으며 1, 2위의 호스티스 영화들과 그다음 순위에 있는 비非호스티스 영화의 관객 수가 현저히 차이난다. 호스티스 영화들은 그만큼 많은 관객들이 인지하고 소비했던, 티켓 파워ticket power가 잠재했던 영화들로 간주할 수 있을 것이다. 그렇다면 호스티스 영화는 어떻게 이토록 즉각적이고 엄청난 대중적 인기를 얻어낼 수 있었던 것일까?

첫째는 검증된 성공, 즉 신문 연재 기사와 소설 원작의 성공이 이미 어느 정도의 흥행을 담보하고 있었기 때문일 것이다. 예를 들어 최인호

Year/ Ranking	1	2	3	4	5
1974	**별들의 고향** 464,308	어제 내린 비 147,823	토지 120,830	실록 김두한 68,980	아내들의 행진 55,730
1975	**영자의 전성시대** 361,213	바보들의 행진 153,780	인사여무 76,027	육체의 약속 69,522	용호문 47,050
1976	사랑의 스잔나 171,239	**겨울여자** 78,921	속 비밀객 73,713	진짜 진짜 잊지마 66,372	걷지말고 뛰어라 47,985
1977	**겨울여자** 586,147	고교얄개 258,978	태권동자 마루치 아라치 164,143	얄개행진곡 147,567	야행 135,047
1978	내가 버린 여자 375,913	**O양의 아파트** 281,726	**나는 77번 아가씨** 217,249	상처 208,960	사학비권 161,021
1979	**속 별들의 고향** 298,125	**내가 버린 남자** 239,718	**꽃순이를 아시나요** 216,628	마지막 찻잔 199,773	병태와 영자 180,858

* 굵게 표시된 영화들은 호스티스 영화로 분류되는 작품들이다.[6]

의 〈별들의 고향〉, 조선작의 〈영자의 전성시대〉, 이화여대 출신의 여대생 김문형이 쓴 수기라 해서 인기를 모았던 〈가시를 삼킨 장미〉 등은 소설 단계에서도 대중의 반응이 좋았던 작품이다. 불황기를 거치고 있는 영화 제작사 입장에서는 이런 작품들을 선택하는 것이 흥행을 고려한 비교적 안전한 선택이었을 것이다. 또한 유신 헌법 이후로 사회적 사실주의를 재현하는 것이 거의 불가능했던 환경에서 호스티스 소설/영화들은 어느 정도의 사회적 연관성social relevance, 가령 지방 출신 젊은이들의 도시 이동이나, 직장 내 여성들이 겪는 성폭력 등을 보여주었다. 이것이 많은 독자 혹은 관객들에게는 군사 정권기 동안 거의 멸종에 가까웠던 사회적 리얼리즘에 대한 갈증을 해소해주었을 가능성도 있다.

또 하나의 결정적인 호스티스 영화의 성공 요인은 영화가 표방하는 에로티시즘이다. 앞서 언급했듯이, 1970년대에 한국 영화산업은 불황

6 관객 수는 한국영상자료원의 한국영화연감을 참고한 것이다.

기로 접어들었고 원인 중 하나였던 텔레비전과의 경쟁을 극복하기 위한 수단으로 에로티시즘이 영화들에 스며들기 시작했다(조준형, 171). 이러한 극복의 노력과 무관하지 않은 일련의 흥행작들, 예를 들어 "32만 명의 관객을 동원했던 신상옥의 〈내시〉 이후로 20만 명에 가까운 관객을 동원한 〈벽 속의 여자〉(박종호), 남성 동성애를 다룬 것으로 화제가 된 김수용의 〈시발점〉, 이형표의 〈너의 이름은 여자〉 등, 이른바 한국 영화 안에서 '섹스 물결'이 일어나게 된다"(조준형, 169). 호스티스 영화에서는 이러한 한국 영화의 에로티시즘 차용이 여성 성 노동자의 도시 수난기라는 플롯을 통해 장르적 틀 안에서 본격화되고, 그 후속작들과 아류작들로 인해 관습화되었다. 이후 호스티스 영화가 점차 상업화, 프랜차이즈화의 길을 걷게 되면서, 호스티스 영화의 장르적 관습과 여성성의 재현 방식이 당대의 여성 성 담론과 성 윤리, 혹은 대중문화 속에서 여성을 상품화하는 방식을 직접적으로 반영하게 된다. 이제 많은 인기를 누렸던 두 편의 호스티스 영화의 내러티브narrative와 여주인공 캐릭터 분석을 통해 당대의 대중문화가 생산하고 소비했던 여성 섹슈얼리티female sexuality와 여성성femininity이 호스티스 영화 속에서 어떻게 구현되었는지를 추적해보고자 한다.

3. <영자의 전성시대>를 통해 본 여성의 수난시대[7]

김호선 감독의 1975년 작 〈영자의 전성시대〉는 이른바 '영자 영화' 혹은 '작부 영화'라는 장르 아닌 장르적 명칭을 탄생시킨 결정적인 작품

7 이 절의 〈영자의 전성시대〉 분석은 필자가 기고했던 한겨레신문 '한국 영화 100주년 기획' 기사를 수정, 확장한 것이다.

이다. 전해에 개봉한 〈별들의 고향〉(1974)과 더불어 시골에서 상경한 여성의 성적 추락기를 다룬 두 작품이 연이어 흥행을 하자 붙여진 별칭이다.

영화는 시골 출신의 '영자'(염복순)가 남동생과 가족들을 먹여 살리기 위해 등 떠밀려 시작한 서울살이를 보여주며 시작된다. 부잣집의 식모로 일하게 된 영자는 서울에 살게 된 것이 좋기만 하다. 게다가 주인집 사장님의 공장 직원인 '창수'(송재호)와의 로맨스까지 생기면서 그녀에겐 도시살이의 소소한 즐거움이 더해간다. 불행하게도 영자의 짧은 행복은 거기까지다. 어느 날 주인집 아들에게 강간을 당하고, 사모에 의해 쫓겨나면서 영자의 인생은 무너지기 시작한다. 영자는 공장에 취직을 하지만 종일 재봉틀을 돌려서 받는 월급으로는 월세도, 생활비도 감당하지 못한다. 버스 안내양으로 직업을 바꿔보지만, 사고로 팔을 잃는다. 보험회사에서 받은 모든 돈을 시골집에 부치고 장애를 가진 몸으로 할 수 있는 것이 없자 결국엔 집창촌으로 향하게 된다. 시간이 흘러 작부로 일하고 있는 영자를 창수가 우연히 만나게 되어 도움을 준다. 그러나 영자는 창수의 미래를 위해 그의 주변에서 사라지기로 결심한다. 먼 훗날 영자가 사는 곳을 찾아낸 창수는 그녀가 본인과 처지가 비슷한 장애인을 만나 결혼을 했다는 것을 알게 되고 그녀 곁을 떠난다.

: <영자의 전성시대>(1975)

영자의 일대기 중 가장 흥미로운 것은 그녀가 거치는 일련의 직업군들, 가령 식모, 여공, 버스 안내양, 술집 서빙 등이 1970년대 산업화 기간 동안 농촌 출신의 젊은 여성들이 가장 많이 택했던 직업들이라는 사실이다. 따라서 영화 속 영자는 하나의 고유한, 혹은 가상의 캐릭터가 아닌 동시대 비슷한 굴곡을 거친 수많은 여성들의 초상에 가깝다. 또한 흔하디 흔한 '영자'라는 이름에 성을 부여하지 않고 오로지 '영자'로만 칭하는 부분은(처음 보는 관공서 직원조차 영자를 성을 뺀 '영자 씨'라고 부른다) 그녀를 고유명사가 아닌 일반명사화함으로써, 하나의 아이콘icon으로, 더 큰 범주에서의 여성을 형상화한 의도로 볼 수 있다.

그럼에도 영화는 영자의 고된 일에서 오는 애환보다 영자의 성적 착취를 그리는 데 좀 더 많은 정성을 할애한다. 가령, 영자가 주인집 아들에게 강간을 당하는 대목은 영자의 시점이 아닌 가해자의 시점 쇼트shot(장면의 가장 작은 단위)로 전개되고 사실적인 효과를 위한 핸드헬드hand-held(손으로 들고 찍기)와 클로즈업close-up(밀착해서 찍는 방법)이 사용된다. 카메라는 시점 쇼트 안에 갇힌 영자의 몸과 헝클어진 머리를 착취적인 시선으로 훑어 내리듯 담아낸다. 피해자 영자는 피학적 객체로, 가해자 남성은 가학적 주체로 이분화되고 영자의 비극은 남성 시선에 의한 영화적 스펙터클spectacle(볼거리)로 둔갑한 것이다. 이러한 남성적 시선의 재현 방식은 영자가 집창촌에서 일을 시작하면서 반복되고 점층적으로 가학적인 요소가 추가된다.

영화의 결말은 이런 맥락에서 아이러니하다. 창수는 산전수전을 다 겪고 판잣집에서 새로운 삶을 시작한 영자를 찾아낸다. 그럼에도 이미 다른 남자와 결혼해서 아이들을 키우고 있는 그녀와 그 어떤 미래도 함께할 수 없음을 깨달은 그는 씁쓸히 돌아선다. 영화는 후반부의 말미까지 〈영자의 전성시대〉의 전성시대가 과연 무엇인지 고민하게 한다. 판잣집에서 가까스로 살아가는 영자의 삶이 '전성시대'인가? 타고 온 자전거를 챙겨 돌아서는 창수를 한 남자가 불러 세운다. 영자의 장애인 남편이다. 영자의 남편은 창수와 함께 자전거를 달리며 대포나 한 잔하자며 목청을 높이고 두 남자는 호탕하게 웃어젖힌다. 아스팔트를 가르는 두 남자의 뒷모습이 비치지만 그곳에 영자는 없다. 잠시 후 점점 작아지는 남자들의 뒷모습 위에 미소를 머금은 영자의 희미한 얼굴이 하늘 위에 중첩super-imposition된다. 이 마지막 장면만 놓고 보면 실체가 아닌 희미한 이미지로만 공중에 떠 있는 (주인공) 영자는 남성 연대를 공고히 해주는 하나의 신화적 인물처럼, 즉 궁극적으로 그것이 영자의 애초의 존재 이유였던 것처럼 보이기도 한다. 다시 말해, 영자의 전성시대는 남성들의 새로운 도약, 혹은 재기를 전제로 실현되는 것이다. 궁극적으로 이 영화는 『춘향전』과 같은, 남성을 위한 여성의 전통적인 희생 신화를 성적 착취를 곁들여 재생산하는 것 그 이상의 기능을 시도하지 않는다.

〈영자의 전성시대〉는 영자, 혹은 당대의 비슷한 처지의 젊은 여성들이 가지고 있는 사회적 이슈들을 외투 삼아 여성 섹슈얼리티의 상업화를 목표하고 있다고 할 수 있다. 영화가 대대적인 히트를 치고, 이와 유사하게 여성의 (성적) 추락을 기반으로 한 서사가 소설, 잡지, 라디오 희곡 등으로 끊임없이 복제, 생산되었다. 매체는 다르지만 이들 모두 비슷한 양상의 에로티시즘을 관객, 청자, 독자에게 전달했다. 특히 호스티스 영화의 유행과 동시에 기획되어 나오기 시작한 이들의 속편들과 아류작들은 1970년대 사회상에 대한 비판을 배제한 채 산업화의 역군으로 동원되었던 젊은 여성들을 성적 대상화하고 상품화하는 데 주력했다. 이들은 앞서 언급한 초반의 효시작들이 제시했던 최소한의 문제의식도 던지지 못한 채 1980년대 에로 영화의 범람을 예고하는 전초작들이 된 셈이다.

4. <가시를 삼킨 장미>: 성 노동자의 '여성 수기'의 상업화

〈별들의 고향〉(이장호 감독, 1974), 〈영자의 전성시대〉(김호선 감독, 1975), 〈여자들만 사는 거리〉(김호선 감독, 1976) 등으로 이어지는 시골 처녀들의 도시 수난기는 그들이 일터에서 겪는 에피소드를 그려내면서 그 나름의 사회 고발적 메시지를 전달했다. 그러나 1970년대 후반기에 들어서자 호스티스 영화는 주인공으로 시골 처녀뿐만이 아니라 여대생이나 직업여성까지 포함시키면서 젊은 여성의 성적 타락에 집중하는 에로틱 통속물로 추락하고 말았다. 특히 이 가운데 대부분의 작품들이 '호스티스 자전소설' 혹은 '수기'로 포장된 통속소설을 영화화한 것들이었고, 개봉 당시에는 현실의 호스티스를 소재로 극화했다는 점을 극대화하여 상업 전략으로 이용했다. 호스티스 수기의 경우 직업적 특성으로 인해 자신의 존재를 드러내지 못하는 경우가 많았으며, 따라서 그들의 경험을 바탕으로 한 적극적인 문학적 가공이 일어났을 수 있었다(박소영, 245). 장르 전성기의 후반부에 개봉된 〈가시를 삼킨 장미〉(정진우 감독, 1979) 역시 이러한 현상 안에서 볼 수 있는 작품이다. 〈가시를 삼킨 장미〉는 당시 이화여대 학생이었던 김문형이 『여원』에 발표했던 자전소설을 영화화한 것이다. 그러나 여성이 쓴 원작이라 해도 "남성 감독과 남성 시나리오 작가에 의해 적지 않은 각색"이 이루어졌

⋮ <가시를 삼킨 장미>(1979)

을 가능성이 높다(박소영, 245). 그런 의미에서 여성 작가의 소설이 남성 감독에 의해 각색되면서 영화에서 드러나는 변화들, 구체적으로 여성 시선의 (여)성 묘사가 남성 시선의 (여)성 묘사로 대체되는 과정과 특징은 당대의 성적 담론을 반영하는 중요한 단서가 될 것이다.

영화의 줄거리는 호스티스 영화의 기본 골자인 젊은 여성의 타락, 그에 따른 주인공의 좌절과 죽음 등을 고스란히 답습한다. 주인공 장미(유지인)는 부잣집 외동딸이자 일류 대학을 다니고 있는 대학생이다. 장미는 서울 한복판의 고급 아파트에서 남부러울 것 없이 혼자 사는 사치를 누리고 있지만 이유 없는 권태에 시달린다. 그녀는 성적 일탈로 이를 극복하고자 한다. 자신을 짝사랑하는 고향 친구 규식(송승환)에서부터 그의 과 동기들까지 장미는 주변 모든 남성들을 자신의 성적 판타지의 대상으로 삼는다.

본가인 부산에 내려가는 도중 장미는 기차에서 한 중년 남자(신성일)를 만나게 된다. 장미는 이 남자와 사랑에 빠졌지만 이들의 사랑은 결국 그의 부인과 장미의 부모에게 발각되며 파국을 맞는다. 아버지는 장미를 정신병원으로 보내지만 결국 그녀는 정신병원의 감금생활에서 나오게 된다. 서울로 돌아간 장미는 도시를 전전하며 방황하다가 백수건달 세호(한진희)를 만난다. 이 관계에서도 장미는 쾌락만 추구할 것을 다짐한다. 그러나 그녀는 곧 아이를 갖게 되고 세호에게 동거녀가 있다는 사실까지 알아내고는 다시금 절망한다. 재기할 수 없을 만큼 추락한 장미는 거리를 헤매다가 아직 태어나지 않은 아기의 인형을 사고 그것들을 품에 앉은 채 기차에 치여 삶을 마감한다.

주목할 점은 영화 〈가시를 삼킨 장미〉에서 여성의 성적 욕구는 대부분 그녀가 남성들과 관계를 갖는 도중이 아닌, 혼자 있을 때 자세하게 드러난다는 사실이다. 자신의 침대에 혼자 누워 있는 장미가 등장하는 장면들에서 카메라는 성적인 욕구 불만에 시달리고 있는 장미를 나신이 비치는 잠옷을 통해, 또 발끝에서부터 무언가를 간절히 원하는 것 같은 눈동자에 이르기까지 밀착해 보여준다. 여성의 성적 욕망은 욕망 그 자체로가 아니라 불특정 다수의 남성 관객을 위한 '전시용' 혹은 '관음증적 쾌락'의 대상으로만 구성되고 보여지는 셈이다.

원작 소설과 영화 모두 중심 서사는 장미가 만나게 되는 남성들과의 관계이지만, 소설에서는 그 '관계'가 주로 연애 관계로 그려졌다면, 영화에서는 주로 성적인 관계로 설정되었다. 또한 영화 〈가시를 삼킨 장미〉는 여성의 점층적인 성적 타락과 그 타락에 대한 (가부장에 의한) 처벌 순으로 내러티브를 구성한다. 장미의 아버지가 그녀를 정신병원에 가두는 것과 그녀의 헤어진 남자친구 규식이 그녀의 성적 일탈을 참지 못해 그녀에게 모욕을 퍼붓는 것이 그 대표적 예이다(이 사건으로 장미는 자살에 이르게 된다). 따라서 장미의 성적 타락의 정도에 따라 감금에서 죽음에 이르기까지의 처벌도 증강되는 셈이다. 그러나 원작 소설에서는 여주인공이 성경험 유무에 따라 처벌받지 않는다. 가장 중요한 점은 소설의 결말에서 장미는 죽지 않는다는 것이다. 반대로 여러 관계들을 통해 상처와 교훈을 반복한 장미는 홀가분한 심정으로 자신의 대학 졸업식에 참가하고, 여러 지인들로부터 "갈채와 축하"를 받는다(김문형, 289). 남성 시선으로 만든 영화에서는 미혼 여성의 남성 경험이 관음과 처벌의 대상으로, 여성 시선으로 쓰인 원작에서는 배움과 도약의 기회로 제시됨으로써 영화와 원작 소설은 서로 상반된 의미를 관객과 독자에게 전달한다.

5. 호스티스 영화와 검열

신상옥 감독의 〈내시〉나 〈벽 속의 여자〉가 음화 제조죄, 음란성에 대해 검열의 수정 지시나 제재를 받은 것과 달리, 앞서 언급한 호스티스 영화들은 거의 제재가 없거나 수정 삭제 명령을 받지 않았다는 사실은 아이러니하다. 많은 관객이 관람했던 호스티스 영화들이 다루는 소재들이 당시 검열법(제4차 영화법 기준)에 의해 재현될 수 없었던 사항들이었는데도 제재를 거의 받지 않았던 것이다. 1970년에서 1979년 사이에 개봉한 호스티스 영화들 중 전면 개작을 명령받은 작품은 단 한 작품도 없다. 이 영화들의 전면에 걸려 있는 설정들, 예를 들어 매춘, 혼외정사, 간통뿐만 아니라 1960년대의 리얼리스트 영화들이 가장 박해받았던 사회적 리얼리즘에 관련한 이슈들, 특히 가난, 하층민의 묘사 등은 박정희 정권 하 검열에서 가장 주시했던 부분들이었다. 1960년대 말 이만희의 〈휴일〉이 가난을 이유로 개봉조차 되지 못했던 것을 고려했을 때 〈영자의 전성시대〉가 결말만 고친 형태로 무사히 개봉된 것, 그리고 〈가시를 삼킨 장미〉가 몇몇 대사의 수정 삭제 등의 사소한 검열 지시만 받은 것은 이성적으로 이해하기 어려운 부분이다.

그렇다면 왜 호스티스 영화들은 이런 금지 조항들로부터 자유로울 수 있었는가? 가장 큰 이유는 이 영화들이 사회적 리얼리즘 영화들이 아니라 소프트코어 포르노그래피soft-core pornography(기존의 하드코어 포르노그래피 영화보다 순화된 버전의 극장 상영용 성인 영화), 즉 에로티시즘의 외피를 쓰고 있었기 때문일 것이다. 만약 이 영화들이 현실주의를 표방하는 사회 고발적 영화 틀 안에서 성적 재현이나 여주인공의 섹슈얼리티를 강조하지 않고, 리얼리즘에 입각한 재현 방식으로 가난과 노동 계급 관련 이슈들을 다루었더라면 문제가 되었을 것이 분명하다. 따라서 호스티스 영화들의 (여성의) 성 묘사가 이 영화들 속 사회적 이슈들의 재현에 방패막이가 되었거나 검열의 통제와의 타협 지점이 되었을 것이라는 유추가 가능하다.

또한 당시 검열은 영화의 결말을 중시했던 것으로 보이는데, 이만희

감독의 〈휴일〉의 경우 검열 당국이 남자 주인공이 군대를 가는 것으로 처리하면 개봉을 허가하겠다는 조건을 제시했던 것처럼, 호스티스 영화들도 이와 비슷하게 검열 요구를 충족하는 결말을 만들어내곤 했다. 가령 〈가시를 삼킨 장미〉의 여주인공처럼 자살하거나, 우울증으로 정신병원에 갇히거나, 홀연히 사라지거나 하는 것이 대부분의 호스티스 영화들의 결말이다. 즉 성적으로 타락한 여성이 비극을 맞이하는 것으로 처리하여 검열 당국이 받아들일 수 있을 만한 윤리적 수준을 유지했던 것이다. 따라서 여성의 성적 타락은 영자의 경우처럼 희생에 의한 것으로 설정되거나 장미의 경우처럼 그에 마땅한 처벌이 따랐다. 여주인공의 비극적 결말은 영화를 개봉시키기 위한 생존 전략으로 반복적으로 차용되면서 호스티스 영화의 내러티브의 전형이 되었다.

6. 호스티스 영화들이 제시한 성 담론과 현대적 의미

앞서 언급했듯이, 1970년대는 한국 영화사상 여성을 주인공으로 한 가장 많은 히트작들이 쏟아져 나왔던 시기다. 그러나 아이러니컬하게도 이 영화들은 여성과 관련한 사회 문화적 이슈들을 심도 있게 조명하는 것과는 거리가 멀거나, 그것들을 표피로만 삼아 여성의 성을 착취하고 결말에서 그들을 단죄하고 처벌함으로써 남성 중심의 이중적 성 윤리를 가시화하고 담론화했다. 1980년대 초반까지 인기를 누렸던 호스티스 영화들은 이러한 이중적이고 모순적인 성 담론이 빠르게 그리고 효과적으로 대중에게 흡수될 수 있게 했던 대표적인 문화상품으로서 호스티스를 주제로 한 각종 신문, 잡지 르포와 에세이들을 양산하는 데 기여했다.

호스티스 영화들이 강조하고 있는 '여성의 성적 희생' 혹은 '처벌받아야 하는 여성의 성 경험'의 주제는 1980년대에 본격적으로 에로티시즘을 강조한 영화들이 제작되면서 좀 더 노골적인 형태로 드러났다. 예를 들어, 대종상을 비롯해 유수의 시상식을 휩쓸었던 히트작 〈여인잔혹사: 물레야 물레야〉(이두용 감독, 1983)[8]는 길례라는 한 여자의 대서사극을 중심으로 하는 듯하나, 그녀를 수절 → 수청 → 씨내리 → 죽음에 이르는 갖가지 역할들을 단계별로 수행하는 조선시대 여성으로 제시한다. 그녀가 수행하는 역할들은 사실 가부장 제도를 수호하기 위해 여인들이 감내해야 했던 악행들을 집약한 것이다. 역설적인 것은 이 영화가 그리는 이 모든 (가부장 제도 하의) 보수적 가치들이 높은 수위의 에로티시즘을 통해 보여진다는 사실이다. 비슷한 맥락에서 독립투사인 남편의 독립자금을 대기 위해 동네 남자들을 상대로 매춘을 해야 했던 〈뽕〉(이두용 감독, 1986)의 안협댁과 〈씨받이〉(임권택 감독, 1987)에서 가부장제의 성윤리로 씨받이와 자살을 강요받았던 옥녀의 이야기는 여성의 성적 희생을 에로틱한 스펙터클로 변모시킨 것이다. 이 두 작품은 호스티스 영화에서 강조되었던 남성적 시선의 이분법적 성 담론을 반복함으로써 엄청난 인기를 모았다. 여성이 가부장 제도의 수호를 위해 희생되는 영화들에 에로티시즘이 포함되는 것에는 두 가지 시사점이 있다. 첫째는 여성에게 강요하는 가치와 여성을 통해 착취하는 가치가 양존하는 남성적 시선의 역설, 둘째는 1980년대 들어 한국 영화가 에로티시즘을 활용하는 범위 혹은 장르(사극에까지)의 폭이 넓어지며 비주얼 매체를 통한 여성의 성 상품화가 만연되었다는 점이다.

궁극적으로 '창녀 영화'로 폄하되었던 호스티스 영화를 단순히 한국 영화의 암흑기를 버티게 했던 소프트코어 상업영화로만 치부할 수 없는 이유는 그 상업적, 문화적, 학문적 의의가 적지 않기 때문이다. 사실

---

8 이 부분의 〈여인잔혹사: 물레야 물레야〉의 내용은 필자가 기고한 한겨레 기사를 수정하여 인용한 것이다. 김효정, "'가부장제 수호'에 당연시된 희생, 기구한 조선 여인사," 한겨레신문, 2019년 9월 25일자. http://www.hani.co.kr/arti/culture/movie/910805.html

상 한국 영화사에서 (남성 시선을 기반으로 한) 여성의 에로티시즘을 제외하고 여성의 재현, 그 이슈가 심도 있게 다루어지는 영화들이 영화산업의 중심이 되었던 적은 이제껏 없었다. 이런 맥락에서 볼 때, 호스티스 영화는 단순히 암흑기의 산물로서 덮어두어야 할 영화가 아니며, 여성이 처음이자 마지막으로 주류 상업영화의 주인공으로 등장했던 의미심장한 기록물인 것이다. 나아가 이러한 호스티스 영화의 부흥은 한국 여성 현대사에 방점을 찍을 만큼 비판과 시사점을 제시하는 유의미한 현상으로 재위치해야 할 것이다.

더 나아가 생각해볼 지점은 1970년대와 1980년대 박스오피스를 지배했던 전성기를 끝으로 더 이상 여성 주인공이 등장하는 영화가 한국 영화의 중심이 되거나, 최소한의 의미가 있는 경향을 불러온 적이 없다는 점이다. 물론 이 현상에 대해 1970년대와 1980년대의 군사 정권기의 영화 검열이 여성의 성 재현에 유달리 관대했고, 그로 인해 여성을 상품화하는 영화들이 산업적으로 장려되었다는 특이점을 고려할 수 있다. 그러나 1980년대 말에 이르러 군사 정권이 종말을 맞고 표현의 자유가 가능해지면서 다양한 종류의 영화들, 그리고 그 가운데 다양한 여성상을 보여주는 영화들이 쏟아져 나왔다. 특히 1990년대에 등장한 '기획영화', 즉 기존의 감독 중심 시스템이 아닌 영화 전문 기획자 혹은 프로듀서가 영화의 콘셉트를 구성하고 기획하는 영화들이 만들어지면서 영화 속에서 여성은 조금 더 다양하고 현실적인 면모를 보이게 된다. 기획자들의 능동적인 정보 수집과 분석, 트렌드 반영, 일반인들을 대상으로 한 설문 등에 기반하여 만들어진 기획영화의 대표작들이자 1990년대 최대 흥행작들 속에서 여성 주인공은 성우(〈결혼 이야기〉, 김의석 감독, 1992), 작사가(〈닥터 봉〉, 이광훈 감독, 1995) 등 이른바 '커리어 우먼'에 부합하는 직업군의 여성으로 설정되었다.

유감스럽게도 기획영화 속 여성의 재현은 혁명으로 이어지지 못했다. 2000년대의 한국 영화에서 여성이 주인공으로 등장하는 경우도 급감했거니와, 조연으로 등장한다 해도 지극히 소품적인 역할에 그치는 경우가 대부분이었다. 영화에 등장하는 거의 모든 여성이 연쇄살인범의 희생자나 반라의 시체로 등장하여 '여혐 논란'을 빚었던 박훈정 감독의 〈VIP〉(2017)는 현대의 한국 상업영화가 어떻게 여성을 소비하고 있는지 함축적으로 보여주는 결정적인 예다. 그 후로 지금까지 여성을 주인공으로 한 영화가 시장의 중심축이 된 예는 없었다. 2018년 기준, 여성이 주연을 맡은 영화는 총 24편으로, 상영관에서 개봉한 영화의 편수 중 3분의 1에도 못 미치는 수치다.[9] 이러한 수치는 감독부터 스태프까지 대부분의 인원이 남성으로 구성되는 남성 지배적 영화 제작 환경과 그간 영화계에 만연했던 성차별, 성추행 등의 악행과 무관하다고 할 수 없을 것이다. 그러나 고무적인 것은 적은 편수에도 독립영화와 상업영화, 다큐멘터리 등 다양한 부문에서 여성 감독이 증가세를 보이면서 여성 시선에 의한, 여성에 관한 영화들이 늘어나고 있다는 점이다. 〈벌새〉(김보라 감독, 2019), 〈아워 바디〉(한가람 감독, 2019), 〈정직한 후보〉(장유정 감독, 2020) 등은 그러한 최근의 경향을 증거하는 예들이다. 이러한 성장은 아직은 미미하나마 가슴 뛰는 진보가 아닐 수 없다.

9 김진수, "여성 감독 영화 고작 10편… "여성 서사 영화 많이 나와야," 여성신문, 2019년 2월 30일자. http://www.womennews.co.kr/news/articleView.html?idxno=185932

주요 토론 주제

1. 과거의 한국 영화 속 (여성) 성의 재현 혹은 상품화 (예컨대 앞서 논의한 1970년대)와 현재의 한국 영화 속 여성을 비교한다면 진화했다고 볼 수 있습니까? 진화했다면 어떤 부분이, 그러지 못했다면 어떤 부분이 존속되고 있습니까?
2. 현재 한국의 대중영화, 대중문화 속 여성 재현에 있어 가장 개선되어야 할 문제는 어떤 것입니까?
3. 2009년부터 2018년까지 개봉한 한국 영화 1,433편 중 여성 감독이 만든 작품의 비율은 9.7%에 불과합니다. 2019년 여성 감독의 영화는 10%를 조금 웃도는 수준을 기록했습니다. 이러한 현저한 남녀 감독 비율의 차이가 여성을 스크린에서 재현하는 데 있어 영향을 미친다고 생각합니까?
4. 최근에 개봉했던 영화나 텔레비전 드라마에서 여성은 어떻게 그려지고 있습니까? 어떤 캐릭터가 가장 인상에 남습니까?
5. 앞으로 어떤 여성 관련 주제가 영화화되거나 시사되었으면 좋겠습니까?

| 책을 마치며 |

기원전 3000년 전 그리스와 이스라엘에서 시작해서 중세, 르네상스 시대, 18, 19세기를 지나 현대의 한국에 이르기까지 여성과 함께하는 '페미니즘' 여행이 마무리되었다. 오로지 여성을 바라보는 여행이었지만 여행의 폭은 넓었다. 이 책에서 다룬 문화의 산물들은 신화와 종교, 법과 관습, 문학과 미술, 연극, 영화와 건축에 이르기까지 그 시대 최고의 문화유산들이다. 여성이라는 키워드로 인류의 문화유산을 다시 검토할 수 있다는 것은 여성이 사회와 문화의 주류에서 배제되어왔던 만큼 의미 있는 작업이라고 생각한다. 따라서 이 책은 『문화로 읽는 페미니즘』이면서 '페미니즘으로 읽는 문화'이기도 하다. 최고의 문화유산들이 시대의 이데올로기와 결합하여 여성을 표현하고 이념을 재생산했다. 남성들은 자신들이 원하는 여성에 대한 문화 이미지들을 만들어 부여했다. 하지만 다시 보면, 남성 중심의 표면 사이로 개성 있고 용감한 여성에 대한 헌사가 있었다는 점 또한 발견할 수 있다. 시대의 한계로 인해 왜곡되고 변형되기도 하지만 문화유산의 중심에는 여성에 대한 '매혹'이 존재한다.

페미니즘 여행은 학문이 발전해가면서 확장되어간 다양한 학제들을 아우르는 여행이었다. 이 여행을 통해서 확인할 수 있는 것은 여성의 문제는 단편적인 것이 아니라는 것이다. 여성의 문제는 유기체를 이루고 있는 종교, 철학, 법, 문화 등의 총체적 산물이며, 페미니즘 또한 그러하다. 따라서 여성과 여성에 특별한 관심을 기울이는 페미니즘을 이해하기 위해서는 인류가 살아온 과정과 사유의 과정에 대한 폭넓은 관심과 깊은 성찰이 필요하다. 지금 우리나라를 비롯한 전 세계에서 벌어지고 있는 여성을 둘러싼 논쟁과 갈등은 인류의 뿌리 깊은 가치와 맞닿아 있다. 갈등이 격화될수록 표면적으로 드러난 상황에 대한 인문학적 사유가 필요하다.

여성의 문제는 계속해서 변화하고 있는 생물이다. 여성의 지위는 고대 그리스 이후 오랜 기간 커다란 변화가 없었다. 동서양 공히 남성들은 계속해서 여성을 가정에 붙잡아두고 싶었고 이를 위해 종교, 법, 윤리강령을 활용했다. 우리나라 여성의 지위는 유교를 국시로 받아들인 조선시대 이후 더욱 위축되었다. 그럼에도 불구하고 변화를 갈망하는 소리들이 있었고 기록되었다는 것은 놀라운 일이다. 여성의 삶의 변화는 선각자와 호응하는 민중에 의해서 이루어졌다. 선각자들은 때로는 당당하게, 때로는 교묘한 비틀기 전략을 활용하면서 조금 더 이전보다 평등하고 상호 존중하는 사회를 이야기했다. 그럼으로써 변화의 물꼬를 터갔다. 인간을 대체할 AI의 등장, 양성을 초월한 제3의 성을 이야기하는 21세기에 여성의 문제 또한 새롭게 전개될 것이다. 급격한 변화를 제대로 진단하기 위해서는 사회의 변화를 감지하는 안테나뿐 아니라 인간 존중이라는 가치를 유지해야 한다. 그리고 변화가 여성과 남성 모두를 존중하는 방향으로 나아갈 수 있도록 독려해야 한다.

페미니즘은 여성만의 문제가 아니다. 20세기에 인류는 여러 번의 밀레니엄 동안 이루지 못했던 여성의 권리 신장을 성취해냈는데 참정권을 포함한 여성의 권리 신장은 남성의 참정권 확대와 더불어 진행되었다. 즉 여성의 권리는 남성의 권리와 더불어 성장했음을 확인할 수 있다. 남성과 여성은 파이를 나누는 것이 아니라 같이 파이를 키워갈 때 정치적으로나 경제적으로 성공할 수 있었다. 여성의 권리 신장에는 많은 남성의 도움이 필수적이었다. 일례로, 여성의 참정권과 교육권 확대를 위해서 혼신의 힘을 기울인 남성 선각자들이 있었기에 여성은 오늘의 지위를 얻게 된 것이다. 그런 의미에서 남성은 여성의 가장 좋은 동료이며 여성 또한 그렇다는 것을 확인하게 된다. 이 책이 상호 존중의 변화의 마중물이 되기를 기원한다.

김소임(편집위원)

| 참고문헌 |

1장 그리스 신화와 여성: 트로이전쟁 신화 속 여성들

관련자료

영화

〈트로이의 여인들The Trojan Women〉. 미카엘 카코야니스Michael Cacoyannis 감독. 1971.

〈이피게네이아Ifigeneia〉. 미카엘 카코야니스Michael Cacoyannis 감독. 1977.

〈트로이Troy〉. 볼프강 피터슨Wolfgang Peterson 감독. 2004.

〈킬링 디어The Killing of a Sacred Deer〉. 요르고스 란티모스Yorgos Lanthimos 감독. 2017.

참고문헌

김덕희. 「페미니즘 시각으로 본 비극의 세계: 아이스킬로스, 에우리피데스와 라신 비극 속의 이피게네이아」. 『프랑스학 연구』 29(2004): 1-26.

김윤성. 「탈가부장적 신화 읽기의 전략들: 텍스트의 전복, 해체, 확장」. 『종교문화연구』 25(2015): 127-55.

보나르, 앙드레. 『그리스인 이야기 1: 호메로스에서 페리클레스까지』. 김희균 옮김. 책과 함께, 2011.

보부아르, 시몬느. 『제2의 성』. 조홍식 옮김. 을유문화사, 2016.
스트라우스, 베리. 『트로이 전쟁』. 최파일 옮김. 뿌리와 이파리, 2010.
아이스퀼로스. 「아가멤논」. 『아이스퀼로스 비극전집 1』. 천병희 옮김. 도서출판 숲, 2009.
암스트롱, 카렌. 『축의 시대』. 정영목 옮김. 교양인, 2010.
에우리피데스. 「헤카베」 「안드로마케」 「트로이의 여인들」. 『에우리피데스 비극전집 1』. 천병희 옮김. 도서출판 숲, 2009.
_______. 「아울리스의 이피게네이아」 「헬레네」. 『에우리피데스 비극전집 2』. 천병희 옮김. 도서출판 숲, 2009.
이진성. 『그리스 신화의 이해』. 아카넷, 2013.
임철규. 『그리스 비극: 인간과 역사에 바치는 애도의 노래』. 한길사, 2018.
장영란. 『신화 속의 여성, 여성 속의 신화』. 문예출판사, 2001.
_______. 『그리스 신화』. 살림, 2005.
최혜영. 「에우리피데스의 헬레네와 아테네의 시칠리아 원정(기원전 415-413)」. 『서양사론』 110(2011): 122-49.
키토, H.D.F. 『고대 그리스, 그리스인들』. 박재욱 옮김. 갈라파고스, 2008.
헤로도토스. 『역사』. 천병희 옮김. 도서출판 숲, 2009.
헤시오도스. 『신들의 계보』. 천병희 옮김. 도서출판 숲, 2009.
호메로스. 『일리아스』. 천병희 옮김. 도서출판 숲, 2007.

2장 고대 그리스 드라마와 여성: 『안티고네』와 『리시스트라테』를 중심으로

관련자료

책

아리스토파네스. 『리시스트라테』. 이희원 옮김. 동인, 2004.
소포클레스. 『안티고네』. 박우수 옮김. 동인, 2007.

_______. 『오이디푸스 왕』. 강명순 옮김. 동인, 2003.
_______. 『콜로노스의 오이디푸스』. 김성환 옮김. 동인, 2002.
아누이, 장. 『안티고네』. 안보옥 옮김. 지만지, 2011.

영화

〈시라크Chi-Raq〉. 스파이크 리Spike Lee 감독. 2015.
〈안티고네Antigone〉. 요르고스 차벨라스Yorgos Tzavellas 감독. 1961.
〈카니발Il Cannibali〉. 릴리아나 카바니Liliana Cavani 감독. 1970.
〈테베 극들: 안티고네Theban Plays: Antigone〉. 돈 테일러Don Taylor 감독. 1986.
〈횔더린 역, 1948년 브레히트 각색 안티고네Die Antigone des Sophokles nach der Hölderlinschen Übertragung für die Bühne bearbeitet von Brecht 1948〉, 장-마리 스트로브와 다니엘 위예Jean Marie Straub and Danièle Huillet 감독. 1992.
〈안티고네Antigone〉. 소피 데라스페Sophie Deraspe 감독. 2019.

참고문헌

문혜경. 「고전기 아테네 여성의 사회적 지위」. 『역사와 경계』 50(2004): 149-77.
버틀러, 주디스. 『안티고네의 주장: 삶과 죽음, 그 사이에 있는 친족 관계』. 조현순 옮김. 동문선, 2000.
배린저, 밀러 S. 『서양 연극사 이야기』. 우수진 옮김. 평민사, 2001.
배철현. 「배철현 박사의 인문학 산책」. 한국경제신문 2019. 3. 25. S12.
아리스토파네스. 『리시스트라테』. 이희원 옮김. 동인, 2004.
이명호. 「누가 안티고네를 두려워하는가? 안티고네를 둘러싼 비평적 쟁투」. 『영미문학 페미니즘』 11.1(2003): 183-210.
이희원. 「아리스토파네스의 『리시스트라테』에 나타난 여성과 연극성 」. 『고전 르네상스 영문학』 16.2(2007): 5-31.
소포클레스. 『안티고네』. 박우수 옮김. 동인, 2002.
_______. 『콜로노스의 오이디푸스』. 김성환 옮김. 동인, 2002.

조은정. 「고전기 그리스 사회의 가족 개념과 이미지」. 『미술사학보』 45(2015): 7-30.

키토, H.D.F. 『고대 그리스, 그리스인들』. 1951. 박재욱 옮김. 갈라파고스, 2008.

Christal, Paul. *Women in Ancient Greece: Seclusion, Exclusion, or Illusion?*. Oxford: Fonthill, 2017.

Fox, Mary-Jane. "The Idea of Women in Peacekeeping: Lysistrata and Antigone." *International Peacekeeping* 8.2(2001): 9-22.

Hame, Kerri J. "Female Control of Funeral Rites in Greek Tragedy: Klytaimestra, Medea, and Antigone." *Classical Philology* 103.1(2008): 1-15.

Kirkpatrick, Jennet. "The Prudent Dissident: Unheroic Resistance in Sophocles' *Antigone*." *The Review of Politics* 73.3(2011): 401-24.

MacLachlan, Bonnie. *Women in Ancient Greece: A Source Book*. Bloomsbury Sources in Ancient History. London: Continuum, 2012.

Nevett, Lisa C. *House and Society in the Ancient Greek World*. New Studies in Archaeology. Cambridge: Cambridge UP, 1999.

Oost, Stewart Irvin. "Xenonphon's Attitude toward Women." *The Classical World* 71.4(1977-78): 225-36.

Pritchard, David M. "The Position of Attic Women in Democratic Athens." *Greece & Rome* 61.2(2014): 174-93.

Rehm, Rush. "Sophocles' *Antigone* and Family Values." *Helios* 33(2006): 187-218.

Roy, J. "Polis and Oikos in Classical Athens." *Greece & Rome* 46.1(1999): 1-18.

Saxonhouse, Arelene W. "Men, Women, War, and Politics: Family and Polis in Aristophanes and Euripides." *Political Theory* 8.1(1980): 65-81.

Seltman, Charles. "The Status of Women in Athens." *Greece & Rome* 2.3(1955): 119-24.

Shaw, Michael. "The Female Intruder: Women in Firth-Century Drama." *Classical Philology* 70.4(1975): 255-66.

Shero, L. R. "Xenophon's Portrait of a Young Wife." *The Classical Weekly* 26.3(1932): 17-21.

Steiner, George. *Antigones: How the Antigone Legend Has Endured in Western Literature, Art, and Thought*. New Haven: Yale UP, 1996.

https://en.wikipedia.org/wiki/Ancient_Greece

https://en.wikipedia.org/wiki/Athenian_democracy

https://en.wikipedia.org/wiki/Dionysia

https://en.wikipedia.org/wiki/Theatre_of_ancient_Greece

https://en.wikipedia.org/wiki/Women_in_Classical_Athens

https://en.wikipedia.org/wiki/Women_in_Greece

3장 성서와 여성

관련자료

책

박경미. 『시대의 끝에서: 성서와 역사 이야기』. 한티재, 2017.

이경숙. 『구약성서의 하나님, 역사, 여성』. 대한기독교서회, 2000.

톨스토이, 레프 니콜라예비치. 『아무도 모르는 예수』. 이동진 옮김. 해누리기획, 2006.

영화

〈막달라 마리아: 부활의 증인Mary Magdalene〉. 가스 데이비스Garth Davis 감독. 2018.

〈선 오브 갓Son of God〉. 크리스토퍼 스펜서Christopher Spencer 감독. 2014.

〈요한복음The Gospel of John〉. 필립 사빌레Philip Saville 감독. 2003.

참고문헌

Stanton, Elizabeth Cady. "Introduction." *The Women's Bible, A Classic Feminist Perspective*. New York: Dover Publications, 2002. 7-13.

Fiorenza, Elisabeth Schuessler. *In Memory of Her*. New York: Crossroad, 1983.

Park, In-Hee. "Women and Q: Metonymy of the Basileia of God." *Journal of Feminist Studies in Religion* 35.2(2019): 41-54.

Leloup, Jean-Yves. *The Gospel of Mary Magdalene*. Trans. Joseph Rowe. Rochester: Inner traditions, 2002.

King, Karen L. *The Gospel of Mary of Magdala, Jesus and the First Woman Apostle*. Santa Rosa: Polebridge Press, 2003.

뉴섬, 캐롤 A.·샤론 H. 린지. 『여성들을 위한 성서주석: 구약편』. 이화여성신학연구소 옮김. 대한기독교서회, 2015.

______. 『여성들을 위한 성서주석: 신약편』. 이화여성신학연구소 옮김. 대한기독교서회, 2012.

박인희. 「마리아복음서의 여성상에 대한 연구」. 『여성신학논집』(2013): 1-30.

4장 중세와 여성: 아서 왕 이야기 속의 궁정풍 사랑

관련자료

책

레스턴, 제임스. 『신의 전사들』. 이현주 옮김. 민음사, 2001.

말로리, 토마스. 『아서 왕의 죽음 1, 2』. 이현주 옮김. 나남, 2009.

영화

〈엑스칼리버Excalibur〉. 존 부어만John Boorman 감독. 1981.

: 가장 고전적인 접근 방법으로 아서 왕 이야기를 그린 영화.

〈카멜롯의 전설First Knight〉. 제리 주커Jerry Zucker 감독. 1995.

: 귀네비어 왕비와 랜슬롯 경의 사랑을 주된 주제로 삼은 영화.

〈킹 아더King Arthur〉. 안톤 후쿠아Antoine Fuqua 감독. 2004.

: 용감한 전사의 전설을 살린 아서 왕 이야기. 귀네비어 왕비 역시 현대적으로 해석한 영화.

〈킹 아서: 제왕의 검King Arthur: Legend of the Sword〉. 가이 리치Guy Ritchie 감독. 2017.

〈아더 왕의 검The Sword in the Stone〉. 볼프강 라이트만Wolfgang Reitherman 감독(디즈니 애니메이션), 1963.

〈킹덤 오브 헤븐Kingdom of Heaven〉. 리들리 스콧Ridley Scott 감독. 2005.

: 십자군전쟁에서 기사들의 활약과 전쟁을 다룬 역사 영화.

〈로미오와 줄리엣Romeo and Juliet〉. 프랑코 제피렐리Franco Zeffirelli 감독. 1978.

: 셰익스피어 원전에 맞게 로미오와 줄리엣의 사랑을 청순하게 그린 영화.

〈로미오와 줄리엣Romeo + Juliet〉. 바즈 루어만Baz Luhrmann 감독. 1996.

: 현대적인 장소와 의상으로 재조명한 로미오와 줄리엣의 사랑을 그린 영화.

참고문헌

구레비치, 아론. 『개인주의의 등장』. 이현주 옮김. 새물결, 2002.

김종갑. 「페미니즘과 가부장적 이데올로기: 토마스 말로리의 『아더 왕의 죽음』에 나타난 여성 숭배를 중심으로」. 『영미문학 페미니즘』 7.1(1999): 215-33.

뒤비, 조르주. 『중세의 결혼: 기사, 여성, 성직자』. 최애리 옮김. 새물결, 2001.

브린튼, 크레인. 『서양사상의 역사』. 최명관 · 박은구 옮김. 을유문화사, 1984.

샤하르, 슐람미스. 『제4신분, 중세 여성의 역사』. 최애리 옮김. 나남, 2010.

파워, 아일린. 『중세의 여인들』. 이종인 옮김. 즐거운 상상, 2010.

폰타나, 조셉. 『거울에 비친 유럽』. 김원중 옮김. 새물결, 1999.

하우저, 아르놀트. 『문학과 예술의 사회사 I: 선사시대부터 중세까지』. 백낙청 옮김. 창작과비평사, 1999.

하희정. 『역사에서 사라진 그녀들』. 선율, 2019.

호이징가, 요한. 『중세의 가을』. 최홍숙 옮김. 문학과지성사, 1989.
Benson, Larry D. *Malory's Morte Darthur*. Cambridge, MA: Havard Up, 1976.
Benton, John. "Clio and Venus: An Historical View of Medieval Love." *The Meaning of Courtly Love*. Ed. F.X. Newman. Albany: State U of New York P, 1968. 19-42.
Bruce, E. F. *The Gospel of John. Grand Rapids*. Michigan: William B. Eermans Publishing Company, 1994.
Demomy, A. J. *The Heresy of Courtly Love*. New York: the Delanc X, McMullen, 1942.
_______. "An Inquiry into the Origins of Courtly Love." *Medieval Studies* 6(1944): 175-260.
Fenster, Thelma S. ed. *Arthurian Women*. New York: Routledge, 1996.
Kennedy, Beverly. *Knighthood in Morte Darthur*. Cambridge: Boydell & Brewer Ltd, 1992. Print.
Lewis, C. S. *The Allegory of Love*. London: Oxford UP, 1976.
Lyman, Rebecca. *Early Christian Traditions*. Cambridge & Boston, Mass.: Cowley Publications, 1999.
Malory, Thomas. *Malory: Complete Works*. Ed. Eugene Vinaver. Oxford: Oxford UP, 1971.
Moller, Herbert. "The Meaning of Courtly Love." *Journal of American Folklore* 73:28(1959): 39-49.
Mustein, Bernard. *Love, Sex and Marriage throughout the Ages*. New York: Springer, 1974.
Newman, F. X. *The Meaning of Courtly Love*. Albany: State U of New York P, 1968.
Robertson, D. W. Jr. "The Concept of Courtly Love as an Impediment to the Understanding of Medieval Texts." *The Meaning of Courtly Love*. Ed. F. X. Newman. Albany: State U of New York P, 1968. 1-18.

Schultz, James A. *Courtly Love, the Love of Courtliness, and the History of Sexuality*. Chicago & London: U of Chicago P, 2006.
Smith, Nathaniel & Snow, Joseph. eds. *The Expansions and Transformations of Courtly Literature*. Athens: U of Georgia P, 1980.
Vallency, Maurice P. *In Praise of Love*. New York: The Macmillan Company, 1961.
Wollock, Jennifer G. *Rethinking Chivalry and Courtly Love*. Santa Babara, California: Praeger, 2011.

5장 르네상스 시대와 여성: 『말괄량이 길들이기』와 『베니스의 상인』를 중심으로

관련자료

책

셰익스피어, 윌리엄. 『베니스의 상인』. 이경식 옮김. 문학동네, 2011.
_______. 『말괄량이 길들이기』. 도해자 옮김. HUINE(한국외국어대학교 지식출판콘텐츠원), 2018.

영화

〈베니스의 상인The Merchant of Venice〉. 마이클 래드포드Michael Radford 감독. 2004.
〈내가 널 사랑할 수 없는 10가지 이유10 Things I Hate About You〉. 질 정거Gil Junger 감독. 1999.
: 1990년대 미국 고등학교를 배경으로 『말괄량이 길들이기』를 현대판으로 각색한 작품.

참고문헌

김소임. 「르네상스 시대 여성의 지위」. 『중원인문연구소 논문집』 12(1993):

49-65.
김종환. 「포오셔의 남장과 반지 트릭: 『베니스의 상인』 연구」. 『영어영문학』 53.4(2007): 673-90.
미셸, 앙드레. 『여성 해방의 역사』. 이혜숙 옮김. 백의, 1994.
브라이텐슈타인, 롤프. 『강한 여성을 위한 셰익스피어 다시 읽기』. 김소연 옮김. 좋은책, 2004.
송원문. 「케이트의 혀 『말괄량이 길들이기』에 반영된 영국 르네상스 여성의 육체에 대한 과학적 인식과 사회적 담론」. *Shakespeare Review* 37.1(1999): 65-91.
우트리오, 카리. 『이브의 역사』. 안미현 옮김. 자작, 2000.
이윤주. 「『베니스의 상인』: 포오샤를 중심으로 본 성 역할의 문제」. 『영미문학 페미니즘』 6.1(1998): 171-86.
정경숙. 「『말괄량이 길들이기』에 나타난 개인과 사회규범」. *Shakespeare Review* 36.4(2000): 851-80.
정미현. 「에라스무스의 여성관」. 『유럽사회문화』 14(2015): 193-221.
진원숙. 「르네상스 여성관과 여성교육」. 『계명사학』 12(2001): 111-39.
푹스, 에두아르트. 『풍속의 역사 II 르네상스』. 이기웅·박종만 옮김. 까치, 2001.
하위징아, 요한. 『중세의 가을』. 이종인 옮김. 연감서가, 2012.
한도인. 「베니스의 상인』에 나타난 부녀관계의 두 양상」. *Shakespeare Review* 52.4(2016): 691-709.
Aughterson, Kate. Ed. *Renaissance Woman: A Sourcebook Constructions of Femininity in England*. New York: Routledge, 1995.
Jardine, Lisa. *Still Harping Daughters: Women and Drama in the Age of Shakespeare*. New York: Columbia UP, 1989.
Kelly, Joan. "Did Women Have a Renaissance?" *Feminism & Renaissance Studies*. Ed. Lorna Hutson. New York: Oxford UP, 1999. 21-47.
Stone, Lawrence. *The Family, Sex, and Marriage in England 1500-1800*. New York: Harper & Row, 1977.

관련자료

책

리스, 진. 『광막한 사르가소 바다』. 윤정길 옮김. 펭귄클래식코리아, 2008.

: 버사의 서술을 통해 버사의 이야기를 다룬 1966년도 소설.

영화

〈보이지 않게 걷기To Walk Invisible〉. 셀리 웨인라이트Sally Wainwright 감독. 2016.

: 브론테 자매의 삶과 여성 작가로서 어떤 역경들을 이겨내야 했는지를 그들의 전기를 기반으로 만든 영화이다. 시대적 상황과 브론테 가정이 처해 있던 상황을 자세히 이해할 수 있으며 특히 세 자매가 브란웰 때문에 겪어야 했던 불안한 생활과 가명을 갖고 출판에 임할 수밖에 없었던 절박한 상황들에 방점이 있다.

〈제인 에어Jane Eyre〉. 로버트 스티븐슨Robert Stevenson 감독. 1944.

〈제인 에어Jane Eyre〉. 프랑코 제피렐리Franco Zeffirelli 감독. 1996.

〈제인 에어Jane Eyre〉. 캐리 후쿠나가Cary Fukunaga 감독. 2013.

참고문헌

문희경. 「18세기와 여성소설가」. 『18세기 영국소설강의』. 근대영미소설학회 편. 신아사, 1999. 410-45.

오정화. 「자서전 쓰기를 통해 공사 영역 경계 넘기: 로체스터 부인의 『제인 에어』」. 『젠더와 재현』. 오정화 외 지음. 이화여자대학교출판문화원, 2018. 289-315.

이소영. 「세 편의 『제인 에어』 영화를 통해 본 여성상의 시대적 변화」. 『젠더와 재현』. 오정화 외 지음. 이화여자대학교출판문화원, 2018. 230-60.

Bronte, Charlotte. *Jane Eyre*. Ed. Beth Newman. New York: St. Martin's

P, 1996.

Gilbert, Sandra M. and Susan Gubar. *The Madwoman in the Attic*. New Haven: Yale UP, 1984.

_______. eds. *The Norton Anthology of Literature by Women 2nd*. New York: Norton, 1996.

Poovey, Mary. *The Proper Lady and the Woman Writer*. Chicago: U of Chicago P, 1984.

_______. *Uneven Developments*. Chicago: U of Chicago P, 1989.

Spencer, Jane. *The Rise of the Woman Novelist*. Oxford: Basil Blackwell, 1986.

Woolf, Virginia. *The Death of the Moth and Other Essays*. London: Hogarth, 1947.

7장 여성의 교육과 참정권

관련자료

책

최홍기 외. 『조선 전기 가부장제와 여성』. 아카넷, 2006.

영화 및 드라마

〈서프러제트Suffragette〉. 사라 개브론Sarah Gavron 감독. 2015.

: 영국 여성의 참정권 운동을 정면에서 다룬 영화. 메릴 스트립이 에멀린 팽크허스트 역할을 맡아 카리스마 넘치는 연기를 보여준다. 노동자 계층의 여인으로 서서히 여성의 권리를 자각해가는 캐리 멀리건의 연기 또한 뛰어나다.

〈거룩한 분노The Divine Order〉, 페트라 비온디나 볼프Petra Biondina Volpe 감독. 2017.

: 20세기 후반이 되도록 참정권을 갖지 못한 스위스 여성들의 참정권 운동을 진지하게 다루

면서도 유머를 잃지 않는 코미디

〈다운튼 애비Downton Abbey〉(시즌 3. 4). 줄리안 펠로스Julian Fellowes 작. 2012.

: 20세기 초 영국의 귀족 집안의 이야기를 다룬 영국 ITV 방송 인기 드라마 <다운튼 애비>에는 시즌 3의 3, 4번째 에피소드에서는 백작의 딸이면서도 여성 참정권에 적극적으로 참여하는 시빌을 모습을 통해 참정권 운동이 노동자 계층에만 국한된 것이 아님을 보여준다.

참고문헌

김수자. 「여성의 첫 참정권 행사 1948년 5.10 선거」. 『우리나라 여성들은 어떻게 살았을까』. 청년사, 1999. 174-85.

데이비스, 나탈리 제몬, 아를렛 파르주 편. 『여성의 역사 3』(상 · 하). 조형준 옮김. 새물결, 1999.

박지향. 『영국사: 보수와 개혁의 드라마』. 까치, 2009.

문수현. 「해제」. 메리 울스턴크래프트 지음. 『여성의 권리 옹호』. 문수현 옮김. 책세상, 2018.

서지문. "영미 페미니즘의 대모들: 메리 울스턴크래프트와 버지니아 울프." 『페미니즘 어제와 오늘』. 한국영미문학페미니즘학회 편. 민음사, 2000. 13-50.

소네, 마르틴느. 「딸: 교육되어야 할 존재」. 『여성의 역사 3 상』. 나탈리 제몬 데이비스, 아를렛 파르주 편. 새물결, 1999. 153-90.

손정숙. 「신식학교, 여성에게 무엇을 가르쳤나?」. 『우리나라 여성들은 어떻게 살았을까』. 청년사, 1999. 60-71.

송태수. 「영국 1기 여성운동기 여성쟁점Woman's Issues의 변천 연구」. 『아시아 여성연구』 44.1(2005): 190-222.

울스턴크래프트, 메리. 『여성의 권리 옹호』. 문수현 옮김. 책세상, 2018.

위스터-행크스, 메리 E. 『젠더의 역사』. 노영순 옮김. 역사비평사, 2006.

이남희. 「민주주의와 성별정치학」. 『역사와 현실』 87(2013): 133-67.

정현백 · 김정안. 『처음 읽는 여성의 역사: 고대부터 현대까지, 우리가 몰랐던 일류 절반의 역사』. 동녘, 2011.

조지형. 「미국 여성의 법적 지위와 참정권 문제: 연방헌법 수정조항 제19조를 중심으로」. 『역사학보』 150(1996): 391-423.

최재인. 「19세기 미국 여성운동의 시작과 노예제폐지운동」. 『서양사 연구』 59(2018): 5-43.

카스나베, 데이비스. 「18세기 철학 저서에 나타난 여성의 이미지」. 『여성의 역사 3 하』. 나탈리 제몬 데이비스, 아를렛 파르주 편. 조형준 옮김. 새물결, 1999. 453-96.

존슨, 폴. 『미국인의 역사 II』. 명병훈 옮김. 살림, 2016.

Hufton, Olwen. *The Prospect before Her: A History of Women in Western Europe*. 1500-1800. London: Harper Collins, 1995.

Jordan, Thomas E. *Victorian Childhood: Themes and Variations*. Albany: State U of New York P, 1987.

Wollstonecraft, Mary. *A Vindication of the Rights of Woman*. Ed. Carol H. Poston. New York: W.W. Norton & Company, 1988.

손인수. 여성교육. 한국민족문화대백과사전. https://encykorea.aks.ac.kr/Contents/Item/E0036367

http://broughttolife.sciencemuseum.org.uk/broughttolife/people/elizabethgarrettanderson

https://en.wikipedia.org/wiki/Cheltenham_Ladies%27_College

https://en.wikipedia.org/wiki/Mixed-sex_education

https://en.wikipedia.org/wiki/Separate_spheres

https://en.wikipedia.org/wiki/suffragette

https://en.wikipedia.org/wiki/Women%27s_education_in_the_United_StatesHistory

https://historicaldetails.wordpress.com/2016/08/26/universal-suffrage-now-that-would-be-something-to-celebrate-thoughts-on-the-19th-amendment-and-womens-equality-day/

https://ko.wikipedia.org/wiki/%EC%97%AC%EC%84%B1%EC%9D%98_%EC%A2%85%EC%86%8D

https://suffragistmemorial.org/
https://www.bbc.com/news/uk-scotland-39191297
https://www.bl.uk/romantics-and-victorians/articles/the-figure-of-the-governess
https://www.britannica.com/topic/American-Equal-Rights-Association
https://www.history.com/topics/womens-history/the-fight-for-womens-suffrage
https://www.oxford-royale.co.uk/articles/history-womens-education-uk.html
https://www.lfhe.ac.uk/en/programmes-events/equality-and-diversity/international-womens-day/timeline.cfm

8장 페미니즘 운동의 발아와 성취

관련자료

책

조남주. 『82년생 김지영』. 민음사, 2016.
애트우드, 마거릿. 『시녀 이야기』. 김선형 옮김. 황금가지, 2002.
종, 에리카. 『비행 공포』. 이진 옮김. 비채, 2013.
치마만다 은고지 아디치에. 『우리는 모두 페미니스트가 되어야 합니다』. 김명남 옮김. 창비, 2016.

영화

〈델마와 루이스Thelma & Louise〉. 리들리 스콧Ridley Scott 감독. 1991.

참고문헌

정종훈. “여전한 국내 기업 ‘유리천장’ 임원 100명 중 4명만 임원.” 중앙일보 2019. 1. 16. https://news.joins.com/article/23605607

유엔개발계획(UNDP). 『2004 인간개발보고서』. 2004.

김지혜. 『선량한 차별주의자』. 창비, 2019.

러너, 거다. 『가부장제의 창조』. 강세영 옮김. 당대, 2002.

미드, 마가렛. 『세 부족사회의 성과 기질』. 조혜정 옮김. 이화여자대학교출판문화원, 1982.

밀레트, 케이트. 『성의 정치학』. 정의숙·조정호 옮김. 현대사상사, 1976.

박통희 외. 『편견의 문화와 여성리더십』. 대영문화사, 2004.

보부아르, 시몬 드. 『제2의 성』. 조홍식 옮김. 을유문화사, 2016.

아이젠슈타인, 헤스터. 『현대여성해방사상』. 한정자 옮김. 이화여자대학교출판문화원, 1986.

엠케, 카롤린. 『혐오사회: 증오는 어떻게 전염되고 확산되는가』. 정지인 옮김. 다산초당, 2017.

오툴, 에머. 『여자다운 게 어딨어: 어느 페미니스트의 12가지 실험』. 박다솜 옮김. 창비, 2015.

우에노 지즈코. 『여성은 어떻게 살아남을까』. 박미옥 옮김. 챕터하우스, 2018.

월비, 실비아. 『가부장제 이론』. 유희정 옮김. 이화여자대학교출판문화원, 1996.

이주희 외. 『유리천장 깨트리기: 관리직 여성의 일과 삶』. 한울, 2004.

전인권, 『남자의 탄생』. 푸른숲, 2003.

조은·조주현·김은실. 『성 해방과 성 정치』. 서울대학교출판문화원, 2002.

조은주. 『가족과 통치』. 창비, 2018.

타브리스, 캐롤. 『여성과 남성이 다르지도 똑같지도 않은 이유』. 히스테리아 옮김. 또 하나의 문화, 1999.

훅스, 벨. 『행복한 페미니즘』. 박정애 옮김. 백년글사랑, 2002.

Bem, Sandra, “The Measurement of Psychological Androgyny.” *Journal of*

Consulting and Clinical Psychology. 42.2(1974): 155-62.

Benokraitis, Nijole V. and Joe R. Feagin, *Modern Sexism: Blatant, Subtle, and Covert Discrimination*. Englewood Cliffs, NJ: Prentice-Hall, 1986.

Callahan, Joan, ed. *Reproduction, Ethics, and the Law: Feminist Perspectives*. Bloomington: Indiana UP, 1995.

Chodorow, Nancy. *The Reproduction of Mothering: Psychoanalysis and the Sociology of Gender*. Berkely: U of California P, 1978.

Echols, Alice. *Daring to Be Bad: Radical Feminism in America 1967-1975*. Minneapolis: U of Minneapolis P, 1989.

Estrich, Susan. *Sex and Power*. New York: Riverhead Books, 2002.

Ferguson, Ann. "Sex War: The Debate Between Radical and Libertarian Feminists." *Signs*, 10.1(1984): 106-12.

Giligan, Carol. *In a Different Voice*. Cambridge: Harvard UP, 1982.

Gordon, Linda. *Woman's Body, Woman's Right: A Social History of Birth Control in America*. New York: Penguine Books, 1977.

Hochschild, Arlie. *The Time Bind*. New York: Owl Books, 1997.

hooks, bell. *Ain't I A Woman? Black Women and Feminism*. London: Pluto P, 1982.

_______. *Feminist Theory From Margin To Center*. Boston: South End P, 1984.

Kramarae, Cheris, and Paula A. Treichler. *A Feminist Dictionary*. Boston: Pandora P, 1985.

Latin American and Caribbean Women's Collective. *Slaves of Slaves: The Challenge of Latin American Women*. London: Zed P, 1977.

MacKinnon, Catharine. *Feminism Unmodified: Discourses on Life and Law*. Cambridge: Harvard UP, 1989.

Mitchell, Juliet. *Women's Estate*. New York: Pantheon, 1971.

Morgan, Robin. ed. *Sisterhood is Powerful*. New York: Vintage, 1970.

Orenstein, Peggy. *Flux: Women on Sex, Work, Love, Kids, & Life in a*

Half-Changed World. New York: Anchor Books, 2000.
Ramazanoglu, Caroline. *Feminism and the Contradictions of Oppression*. London: Routledge, 1989.
Rubin, Galy. "The Traffic in Women: Notes on the 'Political Economy' of Sex." *Toward An Anthropology of Women*. Ed. Reina R. Reiter. New York: Monthly Review P, 1975. 157-210.
Rudy, Kathy. *Beyond Pro-Life and Pro-Choice: Moral Diversity in the Abortion Debate*. Boston: Beacon P, 1996.
Snitow, Ann, Christine Stansell, and Sharon Thompson, eds. *Powers of Desire: The Politics of Sexuality*. New York: Monthly Review P, 1983.
Spender, Dale. *There's Always Been a Women's Movement*. London: Routledge, 1983.
Tong, Rosemarie. *Feminist Thought: A Comprehensive Introduction*. Boulder: Westview P, 1989.
United Nations. *Handbook of International Data on Women*. 2000.
Willis, Ellen. "Abortion: Is a Woman a Person?" Ed. Snitow et al. *Powers of Desire: The Politics of Sexuality*. New York: Monthly Review P, 1983. 59-82.
http://www.newstof.com
http://www.public25.com

9장 미국 페미니즘 연극

관련자료

한국현대영미드라마학회 편. 『퓰리처상을 통해 본 현대 미국연극』. 건국대학교출판부, 2014.
Ensler, Eve. *The Vagina Monologues*. London: Virago, 2001.

Fornes, Maria Irene. *The Conduct of Life. Plays*. New York: Performing Arts Journal, 1980.

_______. *Sarita. Plays*. 89-145.

Nottage, Lynn. *Ruined*. New York: Theatre Communications Group, 2009.

Parks, Suzan-Lori. *The Red Letter Plays*. New York: Theatre Communications Group, 2001.

Vogel, Paula. *How I Learned to Drive. The Mammary Plays*. New York: Theatre Communication Group, 1998.

참고문헌

Adler, Thomas. *Mirror on the Stage: the Pulitzer Plays as an Approach to American Drama*. West Lafayette: Purdue UP, 1987.

Bigsby, C.W.E. *A Critical Introduction to Twentieth Century American Drama: Volume 3, Beyond Broadway*. Cambridge: Cambridge UP, 1985.

Case, Sue-Ellen. *Feminism and Theatre*. New York: Methuen, 1988.

Dolan, Jill. *The Feminist Spectator as Critic*. Ann Arbor: U of Michigan P, 1988.

Fornes, Maria Irene. *Plays*. New York: Performing Arts Journal, 1986.

Henley, Beth. *Crimes of the Heart*. New York: Viking, 1981.

Keyssar, Helene. *Feminist Theatre*. Basingstoke: Macmillan, 1984.

Koenig, Rachel. *Interviews with Contemporary Women Playwrights*. Ed. Kathleen Betsko and Rachel Koenig. New York: Beech Tree, 1987.

Morrow, Laura. "Orality and Identity in 'night, Mother and Crimes of the Heart." *Studies in American Drama, 1945-Present* 3(1989): 23-39.

Norman, Marsha. "Conversations with Marsha Norman." *Dramatists Guild Quarterly* 21.3(1984): 9-21.

_______. *'night, Mother*. New York: Hill and Wang, 1983.
O'Malley, Lurana Donnels. "Pressing Clothes/Snapping Beans/Reading Books: Maria Irene Fornes's Women's Work." *Studies in American Drama, 1945-Present* 4(1989): 103-18.
Schlueter, June. "Megan Terry's Transformational Drama: *Keep Tightly Closed in a Cool Dry Place* and the Possibility of Self." *Modern American Drama: The Female Canon*. 161-71.
_______. ed. *Modern American Drama: The Female Canon*. Rutherford: Fairleigh Dickinson UP, 1990.
Terry, Megan. *Calm Down Mother: Eight Plays from Off-Off-Broadway*. Eds. Nick Orzel and Michael Smith. New York: The Bobbs-Merrill, 1966. 255-81.
_______. *Comings and Goings*. *Four Plays*. 111-51.
_______. *Four Plays*. New York: Simon and Schuster, 1967.
_______. *Keep Tightly Closed in a Cool Dry Place*. *Four Plays*. 155-98.
Wasserstein, Wendy. *Uncommon Women and Others*. New York: Avon, 1978.

10장 미국 영화에 나타난 여성의 몸: 마릴린 먼로의 <7년만의 외출>에서 여성의 몸의 대상화

관련자료

〈백만장자와 결혼하는 법How to Marry a Millionaire〉. 진 네글레스코Jean Negulesco 감독. 1953.
〈뜨거운 것이 좋아Some Like It Hot〉. 빌리 와일더Billy Wilder 감독. 1959.
〈돌아오지 않는 강River of No Return〉. 오토 프레밍거Otto Preminger 감독. 1954.
〈금발이 너무해Legally Blonde〉. 로버트 루케틱Robert Luketic 감독. 2001.

〈악마는 프라다를 입는다The Devil Wears Prada〉. 데이빗 프랭클David Frankel 감독. 2017.

〈섹스 앤 더 시티Sex and the City〉. 마이클 패트릭 킹Michael Patrick King 감독. 2008.

참고문헌

먼로, 마릴린. 『마릴린 먼로: My Story』. 이현정 옮김. 해냄, 2003.

벨튼, 존. 『미국영화/미국문화』. 이형식 옮김. 경문사, 2008.

쿤, 아네트. 『이미지의 힘』. 이형식 옮김. 동문선, 2001.

해스켈, 몰리. 『숭배에서 강간까지』. 이형식 옮김. 나남, 2008.

Banner, Lois. "The Creature from the Black Lagoon: Marilyn Monroe and Whiteness." *Cinema Journal* 47.4(2008): 4-29.

Douglas, Susan. *Where the Girls Are: Growing Up Female with the Mass Media*. New York: Three Rivers, 1994.

Kim, L. S. "'Sex and the Single Girl' in Postfeminism: The F Word on Television." *Television News Media* 2(2001): 319-34.

Mulvey, Laura. "Visual Pleasure and the Narrative Cinema." *Feminism and Film Theory*. Ed. Constance Penley. New York: Routledge, 1988. 57-68.

Nichols, Bill. *Ideology and Image*. Bloomington: Indiana UP, 1981.

11장 미술과 여성: 여성 작가들의 목소리

관련자료

강은수·도날드 크래이그. 〈소리뜨개Voice Woven〉. 관객참여형 상호작용 시각청각 작품. 2016.

강은수와 협업팀. 〈어럴 파나Aural Fauna(소리생명체)〉. 상호작용 미디어 설치. 2019.

박성연. 〈2.9×3.6m〉. 털실, 솜 설치. 2012.

_______. 〈동네 다방과 동네 사람들Regular Cafe with Homemakers〉. 비디오 아카이빙. 2009-2013.

_______. 〈빈 깃발Empty Flag〉. 도자기, 나무막대기, 빔프로젝터, 사운드. 2016.

로슬러, 마사. 〈부엌의 기호학Semiotics of the Kitchen〉. 비디오. 1974-1975.

생팔, 니키 드. 〈그녀She〉. 설치. 1966.

시카고, 주디. 〈디너 파티The Dinner Party〉. 도자기, 자수 설치. 1974-1979.

정은영. 〈유예극장〉. 비디오 및 설치. 2018.

_______. 〈섬광, 잔상, 속도와 소음의 공연〉. 비디오 및 설치. 2019.

콜비츠, 케테. 〈죽은 아이와 함께 있는 여성Woman with a Dead Child〉. 에칭, 드라이포인트. 1903.

_______. 〈어머니Mothers〉. 목판화, 56×46cm. 1922.

_______. 〈어머니와 그녀의 죽은 아들Mother with Her Dead Son〉. 1937-1938.

_______. 〈어머니와 아들Mother and Son〉. 1937-1938.

참고문헌

강은수. 「비우는 듯 채우고 지우는 듯 그려내는」. 『Light, Sound, Wind』. 박성연 지음. 연북스, 2016. 70-71.

김은실. 「페미니즘 연구 안에 페미니즘 미술 혹은 예술 문화는 어떠한 기능을 갖는가?」. 〈다시, 바로, 함께, 한국미술-한국 페미니즘 미술의 확장성과 역할〉 세미나. (재)예술경영지원센터. 2019. 6. 21. 1-3.

이성희. 「개인들의 노래」. 2017. 국립현대미술관 《올해의 작가상 2018》 글. 2018. http://koreaartistprize.org/project/%ec%a0%95%ec%9d%80%ec%98%81/

바우어, 우타 메타. 「유예된 역사들: 불편한 진실을 이야기하다」. 국립현대미술관 《올해의 작가상 2018》 글. 2018.
채드윅, 휘트니. 『여성, 미술, 사회』. 김이순 옮김. 시공사, 2006.
파커, 로지카·그리젤다 폴록. 『여성, 미술, 이데올로기』. 이영철·목천균 옮김. 시각과 언어, 1995.
Nochlin, Linda. "From 1971: Why Have There Been No Great Women Artists?" *Art News*. 2015. 05. https://www.artnews.com/art-news/retrospective/why-have-there-been-no-great-women-artists-4201/
https://commons.wikimedia.org/wiki/File:Berlin_Kaethe_Kollwitz.jpg?uselang=ko
https://commons.wikimedia.org/wiki/File:Berlin,_Neue_Wache,_interior_view,_2005.jpg
https://commons.wikimedia.org/wiki/File:Botticelli_Venus.jpg
https://commons.wikimedia.org/wiki/File:Kaethe_Kollwitz_-_Frau_mit_totem_Kind.jpg
https://commons.wikimedia.org/wiki/File:Venus_de_Urbino,_por_Tiziano.jpg
https://commons.wikimedia.org/wiki/File:%22Die_M%C3%BCtter%22_-_K%C3%A4the_Kollwitz_;_Felsing_(printer)._LCCN2009630850.jpg?uselang=ko
https://en.wikipedia.org/wiki/Griselda_Pollock
https://en.wikipedia.org/wiki/Gustave_Courbet
https://en.wikipedia.org/wiki/Jean-Auguste-Dominique_Ingres
https://en.wikipedia.org/wiki/File:Jean_Auguste_Dominique_Ingres_-_The_Grand_Odalisque_-_WGA11841.jpg
https://en.wikipedia.org/wiki/Jean_Tinguely
https://en.wikipedia.org/wiki/Linda_Nochlin
https://en.wikipedia.org/wiki/File:Manet,_Edouard_-_Olympia,_1863.jpg
https://en.wikipedia.org/wiki/Mary_Moser
https://en.wikipedia.org/wiki/Rozsika_Parker

https://en.wikipedia.org/wiki/Sandro_Botticelli
https://en.wikipedia.org/wiki/Titian
http://folkency.nfm.go.kr/kr/topic/detail/6304
http://www.kangeunsu.com/2016/01/01/voice-woven/
http://www.kangeunsu.com/2019/06/01/aural-fauna/
http://www.korean-pavilion.or.kr/19pavilion/artist1.html
https://www.modernamuseet.se/stockholm/en/exhibitions/remembering-she-a-cathedral/
https://vimeo.com/145093016

12장 한옥과 여성 다시 보기

관련자료

책 (한옥, 여성 관련)

임창복. 『한국의 주택, 그 유형과 변천사』. 돌베개, 2011.
주남철. 『한국주택건축』. 일지사, 1990.
한필원. 『한국의 전통마을을 가다 1』. 『한국의 전통마을을 가다 2』. 북로드, 2005.
김현숙. 『조선의 여성, 가계부를 쓰다』. 경인문화사, 2018.
설순 외. 『삼강행실도』. 윤호진 옮김. 2011.
이배용 외. 『우리나라 여성들은 어떻게 살았을까 1』. 청년사, 1999.
최홍기 외. 『조선 전기 가부장제와 여성』. 아카넷, 2006.
한국여성연구소 여성사연구실. 『우리 여성의 역사』. 청년사, 2008.

참고문헌

김기주. 『조선시대 중기 이후 반가의 공간 사용과 평면 형식에 미친 가례의 영향』. 연세대학교 대학원 건축공학과 박사학위 논문. 1994.
김복한. 『규범』. 김기림 옮김. 학고재, 2018.
대한건축학회. 『한국건축통사』. 기문당, 2014.
동북아역사재단. 『中國 正史 東夷傳 校勘』. 2018.
서긍. 『고려도경』. 한국고전번역원 옮김. 서해문집, 2015.
이영한 외. 『주거론』, 『주택디자인』, 『공동주택디자인』. 대한건축학회, 2010.
이진경. 『한국의 고택기행』. 이가서, 2013.
일연. 『삼국유사』. 김봉두 편역. 교문사, 1993.
최완식 편역. 『주역』. 혜원출판사, 1995.
한국고문서학회. 『조선시대 생활사』. 역사비평사, 2011.
한필원. 『백일헌 이삼장군 고택』. ATA, 2011.
https://ko.wikipedia.org/wiki/요하공정

13장 한국 문학과 여성: 박경리의 『표류도』를 통해 본 사회 재건과 젠더 정치

관련자료

책

박경리. 『표류도』. 나남출판사, 1999.

권보드래 외 12인, 『문학을 부수는 문학들』. 민음사, 2018.

: **신소설부터 '페미니즘 리부트' 이후 여성 서사의 역사를 점검. '페미니즘 프리즘'으로 한국 문학의 중요한 마디들을 재검토하고 있다.**

훅스, 벨. 『올 어바웃 러브』. 이영기 옮김. 책읽는수요일, 2012.

김신현경. 『이토록 두려운 사랑』. 반비, 2018.

영화

〈표류도〉. 권영순 감독. 1960.

참고문헌

권영민. 『한국현대문학사』. 민음사, 2003.
김양선. 『한국 근·현대 여성문학장의 형성: 문학 제도와 양식』. 소명, 2012.
김은하. 「전후 국가 근대화와 "아프레 걸(전후 여성)" 표상의 의미」. 『여성문학연구』 17(2006): 177-201.
길밖세상. 『20세기 여성 사건사』. 여성신문사, 2001.
길버트, 산드라 외. 『다락방의 미친 여자』. 박오복 옮김. 이후, 2009.
문재안. 「아프레 껄의 생태-해방된 육체」. 『여성계』 5(1957): 138-50.
박정미. 「"음행의 상습 없는 부녀"란 누구인가?: 형법, 포스트식민성, 여성 섹슈얼리티」. 『사회와역사』 94(2012): 261-95.
박종화. 「해방 후의 한국여성」. 『여원』 8(1959): 67-78.
살스비, 재크린. 『낭만적 사랑과 사회』. 박찬길 옮김. 민음사, 1985.
이건호. 「처녀순결론」. 『여원』 11(1955): 29-40.
파이어스톤, 슐라미스. 『성의 변증법』. 김예숙 옮김. 풀빛, 2016.
플라톤. 『향연 : 사랑에 관하여』. 박희영 옮김. 문학과지성사, 2003.

14장 한국 영화와 여성: 1970년대 호스티스 영화와 여성

관련자료

책

김효정. 『야한영화의 정치학: 1910년대부터 2010년대까지 영화로 보는 성의 현대사』. 카모마일북스, 2019.
박남옥. 『박남옥: 한국 첫 여성 영화감독』. 마음산책, 2017.
유지나 외. 『한국영화, 섹슈얼리티를 만나다 』. 생각의나무, 2004.
주유신. 『시네페미니즘: 여성의 시각으로 영화를 읽는 13가지 방법』. 호밀밭, 2017.

크리드, 바바라. 『여성괴물, 억압과 위반 사이: 영화, 페미니즘, 정신분석학』. 손희정 옮김. 여성문화이론연구소, 2017.
해스켈, 몰리. 『숭배에서 강간까지: 영화에 나타난 여성상』. 이형식 옮김. 나남, 2008.

영화

〈별들의 고향〉. 이장호 감독. 1974.
〈영자의 전성시대〉. 김호선 감독. 1975.
〈여자들만 사는 거리〉. 김호선 감독. 1976.
〈겨울여자〉. 김호선 감독. 1977.
〈O양의 아파트〉. 변장호 감독. 1978.
〈나는 77번 아가씨〉. 박호태 감독. 1978.
〈영아의 고백〉. 변장호 감독. 1978.
〈속 별들의 고향〉. 하길종 감독. 1978.
〈꽃순이를 아시나요〉. 정인엽 감독. 1979.
〈가시를 삼킨 장미〉. 정진우 감독. 1979.

참고문헌

김효정. "'가부장제 수호'에 당연시된 희생, 기구한 조선 여인사." 한겨레신문. 2019. 9. 25. http://www.hani.co.kr/arti/culture/movie/910805.html
김진수. "여성 감독 영화 고작 10편…"여성 서사 영화 많이 나와야." 여성신문. 2019. 2. 30. http://www.womennews.co.kr/news/articleView.html?idxno=185932
김문형. 『가시를 삼킨 장미』. 신여원, 1980.
김소영·백해린·임대근. 『한국영화의 역사와 미래』. 컨텐츠하우스, 2019.
김종원·정중헌. 『우리 영화 100년』. 현암사, 2005.
박소영. 「1970년대 호스티스 수기의 영화화 연구」. 『한민족어문학』 81(2018): 241-74.

박유희. 「박정희 정권기 영화 검열과 감성 재현의 역학」. 『역사비평』 99(2012): 42-90.

배수경. 「한국 영화검열제도의 변천에 관한 연구: 정권별 특징과 심의기구의 변화를 중심으로」. 중앙대학교 석사논문. 2005.

유선영. 「동원체제의 과민족화 프로젝트와 섹스영화: 데카당스의 정치학」. 『언론과 사회』 15.2(2007): 2-56.

이길성·이호걸·이우석. 『1970년대 서울의 극장산업 및 극장문화 연구』. KOFIC, 2004.

이경림. "타락이라는 호기심을 툭 건드리다." 『동아비즈니스리뷰』 276.1(2019). https://dbr.donga.com/article/view/1303/article_no/9190/is_free/Y

정중헌. 「1970년대 韓國映畵史 硏究- 維新體制期를 중심으로」. 성균관대학교 박사논문. 2010.

조준형. 「박정희 정권 후반기 영화와 섹스 그리고 국가: 독일 성교육영화 〈헬가〉의 수입과 검열과정을 중심으로」. 『한국극예술연구』 45(2014): 163-211.

함종호. 「하길종 영화 ≪바보들의 행진≫에 나타난 니힐리즘과 비극성」. 『한민족문화연구』 39(2012): 405-40.

Kim, Molly, *Whoring the Mermaid: The Study of South Korean Hostess Film (1974-1982)*, Doctoral Diss. University of Illinois, Urbana-Champaign, 2013.

▎찾아보기 ▎

❙ 필자 소개(가나다순) ❙

김소임

이화여자대학교 영어영문학과를 졸업하고 미국 위스콘신대학교에서 석사학위를, 에머리대학교에서 박사학위를 받았다. 건국대학교 인문과학대학장, 한국현대영미드라마학회 회장 등을 역임했으며, 현재 건국대학교 글로컬캠퍼스 영어문화학전공 교수로 재직 중이다. 저서로는 『베케트 읽기』, 『영화로 보는 미국 역사』(공저), 『퓰리처상을 통해 본 현대 미국 연극』(공저), 역서로는 『욕망이라는 이름의 전차』, 『뜨거운 양철 지붕 위의 고양이』, 『존 왕』 등이 있다.

김은하

중앙대학교에서 한국문학을 전공하고 석박사 학위를 취득했다. 현재 경희대학교 후마니타스 칼리지에서 부교수로 재직 중이며 중핵교과와 '문학과여성'을 가르치고 있다. (사)한국여성연구소에서 발행하는 『여성과 사회』의 편집위원, 한국여성문학학회 『여성문학연구』 편집위원장, 대중서사학회 연구이사 등을 역임했다. 최근 저서로 『문학을 부수는 문학들: 페미니스트 시각으로 읽는 한국 현대문학사』(공저), 『소녀들: K-pop 스크린 광장』(공저), 『감정의 지도 그리기』(공저), 『개발의 문화사와 남성 주체의 행로』(단독) 등이 있다. 최근 논문으로는 「문학 정전의 해체와 재구성: 여성 글쓰기의 기원과 정체성을 찾아서」, 「젠더화된 전쟁과 여성의 흔적 찾기: 점령지의 성적 경제와 여성 생존자의 기억 서사」 등이 있다.

김효정

미국 인디애나대학교에서 커뮤니케이션으로 학사를, 뉴욕대학교에서 영화학으로 석사를 거쳐 일리노이대학교에서 "Whoring the Mermaid: The Study of South Korean Hostess Films(1974-1982)"로 박사학위를 받았다. 현재는 수원대학교 연극영화학부 객원교수로 재직 중이며 1970년대의 한국 영화와 검열에 관련한 연구를 계속 이어오고 있다. 최근 저서로는 『야한 영화의 정치학: 영화로 보는 성의 현대사』(2019), 참여 저서로는 *Prostitution and Sex work in Global Visual Media: New Takes on Fallen Women*(Palgrave McMillan: 2017), *Women Make Horror*(Rutgers Univ. Press: 2020), *Doris Wishman Book*(Edinburgh Univ. Press: Forthcoming) 등이 있다.

박성연

이화여자대학교 서양화과와 동 대학원을 졸업하고 영국 런던의 첼시 예술대학에서 석사학위를, 이화여자대학교에서 박사학위를 받았다. 현재 건국대학교 글로컬캠퍼스 미디어콘텐츠전공 교수로 재직 중이다. 미국 뉴욕 Art Omi, International Studio & Curatorial Program(ISCP), 미국 뉴햄프셔주 MacDowell Colony, 대만 Taipei Artist Village, 독일 Dusseldorf City Studio, 일본 Akiyoshidai International Art Village(AIAV)와 우리나라 국립현대미술관 창작스튜디오 등 국내외 유수한 펠로우십에 초청 및 선정되었다. 박성연의 작품은 한국문화예술위원회 아르코미술관, 서울시립미술관, 소마미술관, 경기도미술관의 주요 기획전에 소개되었다.

박인희

이화여자대학교 영어영문학과를 졸업하고 이화여자대학교 기독교학과에서 성서학으로 박사학위를 받았다. 현재 이화여자대학교에 출강하며, 이대 대학교회에서 성경공부 지도 목사로 사역 중이다. 국제 학술대회인 Society of Biblical Literature에서 활발히 논문을 발표하고 있으며, 주요 저서로 『가장 오래된 복음서 Q』, 공저 *Narrative, Metaphor, and Parable in Q, Mohr Siebeck WUNT Series 315*, 공역서 『여성들을 위한 성서주석: 신약편』, 『여성들을 위한 성서주석: 구약편』이 있다.

배경진

이화여자대학교 영어영문학과를 졸업하고 동대학원에서 석사와 박사수료 과정을 마친 후 영국의 맨체스터 대학교에서 박사학위를 취득했다. 현재 호서대학교 영어영문학과 부교수로 재직 중이며 영미 문학의 고전과 현대 작품을 주제와 장르별로 융합하여 가르치는 것에 관심을 두고 있다. 호서대학교 교양영어 대표교수, 국제협력원 부원장, 인문융합대학 부학장을 역임했으며 한국고전르네상스영문학회 부회장을 역임했다. 현재 한국중세근세영문학회 재무이사와 한국셰익스피어학회 국제교류이사로 활동하고 있다.

이소영

이화여자대학교 영어영문학과를 졸업하고 동 대학원에서 영문학 박사학위를 받았다. 근대영미소설학회 이사를 역임했고, 현재 이화여자대학교 글로벌소통교육실 교수로 재직 중이다. 저서로는 *Write Now*(공저), *IELTS Writing for Success*(공저), 『젠더와 재현』(공저), 『영화로 읽는 영미 소설: 사랑이야기』(공저) 등이 있고, 역서로는 『연애소설: 영미편』(공역)이 있다.

이영한

서울대학교 건축학과를 졸업하고 동 대학원에서 석사학위 및 박사학위를 받았다. 현재 서울과학기술대학교 건축학부 교수로 재직 중이며 EBS교육방송 사외이사, 지속가능과학회 회장으로 활동 중이다. 서울과학기술대학교 기획실장, 도시주택대학원장, 국제지역학회 부회장, 서비스산업총연합회 운영위원장 등을 역임했다. 『주거론』, 『주택디자인』, 『공동주택디자인』, 『전환기 한국, 지속가능발전 종합전략』의 집필위원장이며, 『서울의 문화재』, 『서울건축사』, 『서울의 건축』, 『2019 핫트렌드』 등을 집필했다.

이현주

이화여자대학교 영어영문학과에서 학사, 석사, 박사학위, 미국 워싱턴에 위치한 웨슬리신학대학교에서 목회학 박사학위를 받았다. 현재 감리교신학대학교 신학부 부교수이다. 저서로는 『찬송시로 만나는 찰스 웨슬리』, 『영어로 신학 맛보기』, *We Want to Be Real Christians* I & II, 『초기 개신교 선교사의 시와 헌신』, 『논리가 살아나는 영어 에세이 쓰기』, 『日記10分種, 英作文 100分』(대만판), 『난생처음 쓰는 영어 일기』 초급편과 직장인편, 『영작문 한권으로 따라잡기』, 『자 이제 제대로 된 영어를 하자』, 『오비디우스』 등 총 12권의 저서와 『아서 왕의 죽음』 1 & 2, 『이화』, 『유럽개인주의의 등장』 등을 포함한 총 9권의 역서가 있다.

이형식

경북대학교 문리대 영문과를 졸업하고 서울대학교 대학원에서 영문학 석사학위를, 미국 플로리다 주립대에서 박사학위를 받았다. 건국대학교 대학원 부원장, 언어교육원장, 문과대 학장, 문학과 영상학회 회장, 현대영미드라마학회 회장을 역임했으며 현재 건국대학교 문과대 영문과 교수이다. 저서로는 『영화의 이해』, 『현대미국희곡론』, 『미국연극의 대안적 이해』, 『무대와 스크린의 만남: 연극의 영화화』, 『다문화주의와 영화』가 있으며, 역서로는 『영화이론이란 무엇인가』, 『영화에 대해 생각하기』, 『미국영화 미국문화』 등이 있다.

이희원

이화여자대학교 영어영문학과를 졸업하고 미국 아이오와대학교에서 석사학위를 텍사스 A&M 대학교에서 박사학위를 취득했다. 현재 서울과학기술대학교 영어영문학과 교수로 재직 중이며 셰익스피어 및 영미드라마 관련 과목들을 가르치고 있다. 서울과학기술대학교의 어학원장, 도서관장, 인문사회대학장, 한국고전르네상스학회장과 한국영미문학페미니즘학회장을 역임했다. 최근 논문으로는 「『에드먼튼의 마녀』에 나타난 17세기 초 영국 마을 하층 여성들의 연극적 경계 넘기」, 「(흑인) 미국연극에서 미국여성문학으로: 로런 한스베리의 『태양 속의 건포도』 정전화 과정과 숨은 그림 찾기」가, 최근 역서로는 크리스토퍼 말로의 『몰타의 유대인』과 윌리엄 셰익스피어의 『베니스의 상인』이 있다.

최경희

이화여자대학교 영어영문학과를 졸업하고 동대학원 영어영문학과에서 석사학위와 박사학위를 받았다. 이화여자대학교와 서울과학기술대학교 영어영문학과에서 교양영어와 셰익스피어 및 드라마 관련 과목들을 가르쳤고 한국 셰익스피어학회와 한국 고전르네상스영문학회의 편집이사를 역임했다. 최근 논문으로는 「기억과 망각의 정치학: 『헨리 4세』 1부에 나타난 국가 통합의 전략」, 「근대초기 직업 작가의 자의식적 글쓰기: 토머스 내쉬의 『피어스 페닐리스』를 중심으로」 등이 있으며, 최근 역서로는 『헨리 5세』, 『네덜란드 매춘부』 등이 있다.

함인희

이화여자대학교 사회학과를 졸업하고 동대학원에서 석사학위를, 에머리대학교에서 박사학위를 받았다. 이화여대 사회과학대학장, 한국사회학회 편집위원장, 한국가족학회 부회장 등을 역임했으며, 현재 이화여자대학교 사회학과 교수로 재직 중이다. 저서로는 『인간행위와 사회구조』, 『한국사회의 발전과 행복』(공저), 『오늘의 사회이론가들』(공저), 『가족과 친밀성의 사회학』(공저), 역서로는 『가족난민』(공역) 등이 있다.

문화로 읽는 **페미니즘**

그리스 신화에서 한옥까지

펴낸날 1판 1쇄 2020년 7월 17일
2쇄 2021년 12월 21일
지은이 여성문화연구회
펴낸이 이승아
펴낸곳 이화여자대학교출판문화원
주소 서울특별시 서대문구 이화여대길 52 (우03760)
등록 1954년 7월 6일 제9-61호
전화 02) 3277-2965 (편집), 362-6076 (마케팅)
팩스 02) 312-4312
전자우편 press@ewha.ac.kr
홈페이지 www.ewhapress.com
책임편집 이혜지
디자인 정혜진

ISBN 979-11-5890-363-3 93330
값 25,000원

이 도서의 국립중앙도서관 출판예정도서목록(CIP)은 서지정보유통지원시스템 홈페이지(http://seoji.nl.go.kr)와 국가자료종합목록시스템(http://www.nl.go.kr/kolisnet)에서 이용하실 수 있습니다. (CIP제어번호 : CIP2020028007)